BIBLIOTHÈQUE DES EMPLOYÉS DES CONTRIBUTIONS INDIRECTES

ADOPTÉE POUR LES BUREAUX DE L'ADMINISTRATION CENTRALE

et recommandée au service par M. le Directeur général

NOUVEAU RECUEIL CHRONOLOGIQUE

Période de 1884 à 1892 inclus

Je me croirai trop heureux, si j'ai pu rendre le chemin plus facile à ceux qui entrent dans cette carrière.

LEFEBVRE DE LA BELLANDE.

(*Traité général des droits d'Aides.*)

POITIERS

LIBRAIRIE ADMINISTRATIVE P. OUDIN

12, RUE SAINT-PIERRE-LE-PUELLIER, 12

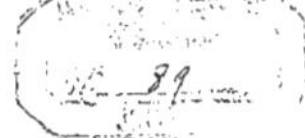

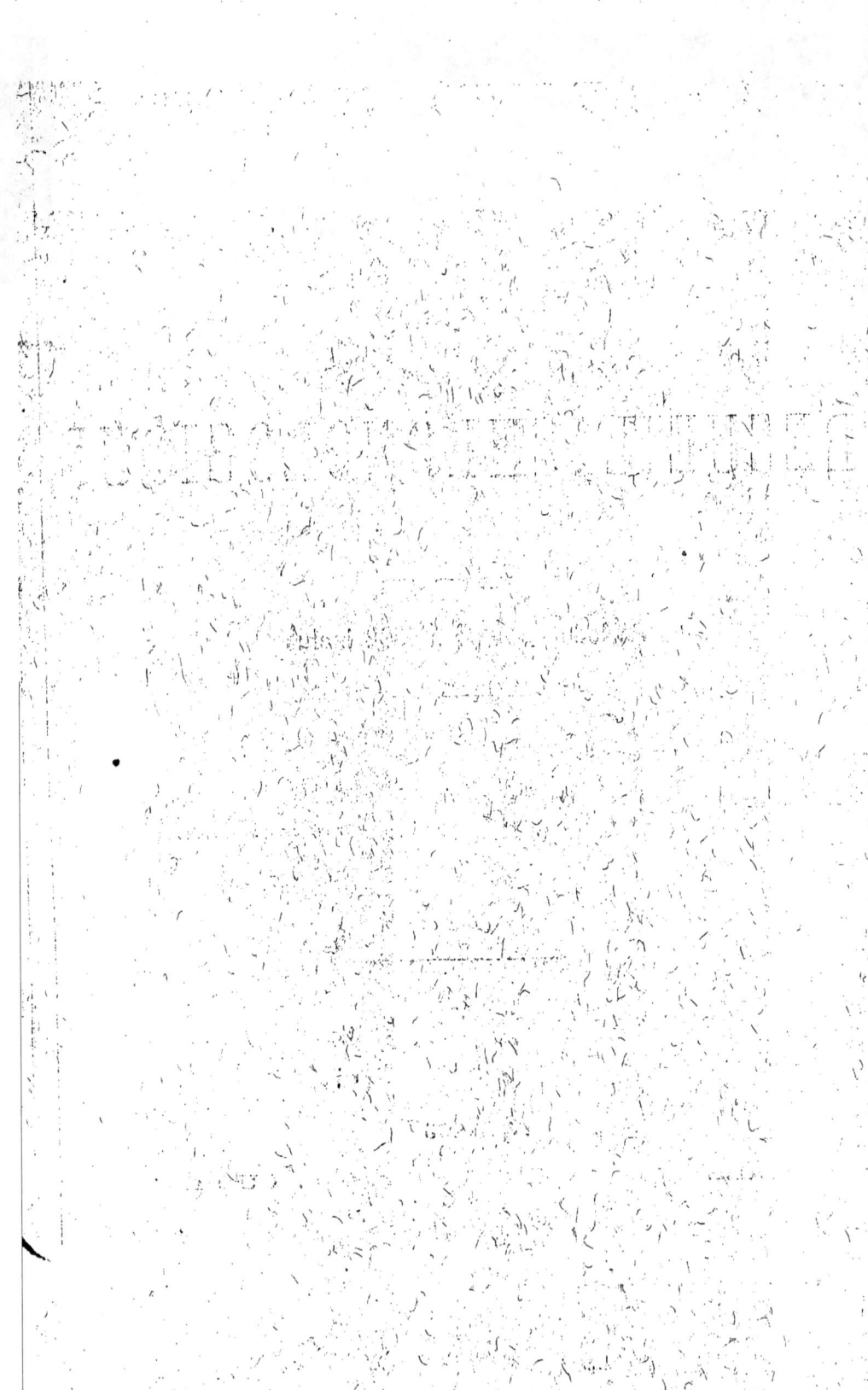

BIBLIOTHÈQUE DES EMPLOYÉS DES CONTRIBUTIONS INDIRECTES

ADOPTÉE POUR LES BUREAUX DE L'ADMINISTRATION CENTRALE

et recommandée au service par M. le Directeur général

NOUVEAU RECUEIL CHRONOLOGIQUE

Période de 1884 à 1892 inclus

Je me croirai trop heureux, si j'ai pu rendre le chemin plus facile à ceux qui entrent dans cette carrière.

LEFEBVRE DE LA BELLANDE.

(*Traité général des droits d'Aides.*)

POITIERS

LIBRAIRIE ADMINISTRATIVE P. OUDIN

12, RUE SAINT-PIERRE-LE-PUELLIER, 12

ANNÉE 1891

CIRC. DU 9 JANV, 1891, N° 614.

1re Division.—3e Bureau.

Primes d'apurement.

Les circulaires du 24 décembre 1829, nos 34-7, et du 31 décembre 1834, n° 97, ont déterminé les bases générales pour la fixation des primes d'apurement.

Depuis lors, de nouveaux produits sont entrés dans les éléments du décompte, notamment les doubles droits sur les glucoses dans les brasseries et les constatations opérées à la suite d'inventaires, en cas de surtaxe sur les sucres. La lettre commune n° 17 du 16 février 1889 a, de plus, accordé la prime d'apurement pour les taxes complémentaires qui viennent à être encaissées, lorsque des sucres déclarés pour le sucrage des vendanges sont conservés par les dépositaires après l'achèvement des opérations, et il doit être entendu que ce bénéfice s'étend aux droits sur les quantités que sont reconnues manquantes aux comptes de ces redevables.

L'Administration décide que, désormais, les produits des bacs, passages d'eau, moins-values et ponts affermés, de la pêche, des francs-bords et recettes accessoires, dont le recouvrement est très souvent entouré de difficultés, feront aussi partie des constatations passibles de prime.

Il en sera de même des recettes extraordinaires inscrites colonnes 5 et 6 du cadre 61 du relevé n° 104 A.

Enfin, il paraît juste de comprendre également dans les éléments du calcul des primes d'apurement le prix des allumettes dont le montant n'aura pas été consigné par les marchands en gros au moment de la remise de leurs commandes, ou n'aura pas fait l'objet d'obligations cautionnées. Le recouvrement de ces constatations et le choix des cautions que les marchands en gros sont tenus de fournir engagent la responsabilité des comptables aussi bien qu'en toute autre matière ; et d'ailleurs, avant l'exploitation du monopole par une compagnie, la lettre commune du 23 avril 1872, n° 1988, avait déjà décidé que les droits sur les allumettes recouvrés dans les conditions ordinaires devaient être passibles de la prime d'apurement.

En conséquence, les directeurs et sous-directeurs devront se conformer, pour établir leurs propositions de primes d'apurement, au nouveau modèle d'état imprimé à la suite de la présente circulaire.

Il arrive fréquemment que des comptables qui n'ont pu solder sans reprise ni débet, au 31 mars, la totalité des produits constatés pendant l'année précédente, sollicitent ultérieurement, quand la situation est apurée, le paiement de la prime.

Si le recouvrement a été suspendu par suite d'une instance judiciairement ou administrativement engagée, relativement à l'exigibilité même des droits, ou bien encore s'il a été retardé par les formalités inhérentes à la liquidation d'une faillite, il ne serait pas équitable de faire supporter aux receveurs les conséquences d'incidents qu'il ne dépendait pas d'eux d'éviter. Mais c'est à l'époque fixée pour la liquidation des comptes, c'est-à-dire au 31 mars, que l'administration doit être appelée à examiner s'ils ont fait toutes les diligences et pris toutes les dispositions nécessaires. Il est indispensable, dès lors, qu'ils produisent une demande dans laquelle ils exposent les faits et que les directeurs transmettent avec leurs observations et leur avis. L'Administration décide alors s'il y a lieu de réserver les droits des pétitionnaires à la prime, et sa décision est notifiée aux intéressés.

A l'avenir, le paiement tardif de la prime ne sera plus autorisé qu'en faveur des comptables qui auront, en temps utile, fait ainsi réserver leurs droits.

Le Conseiller d'État, Directeur général,
Signé : A. CATUSSE.

Pour ampliation :
L'Administrateur de la 1re Division,
Signé : L. SESTIER.

1re Division.

3e Bureau.

CONTRIBUTIONS INDIRECTES.

ETAT de proposition des primes d'apurement de comptes à allouer aux Receveurs particuliers qui solderont de net, sans reprises, débets ou non-valeurs, les produits constatés pendant l'année 18

Département d

Direction d

Le présent état doit parvenir à l'Administration avant le 30 janvier.

Envoi par le Sous-Directeur au Directeur le n° .
Envoi par le Directeur à l'Administration le n° .

Désignation des recettes particulières.	Nombre: de récoltants entrepositaires et non entrepositaires dans les lieux sujets.	Nombre: d'entrepreneurs de voitures publiques d'après les états de produits 61 A et 61 B des quatre trimestres réunis.	Nombre de licences trimestrielles d'après les quatre états de produits nos 82 A et 51 A réunis (sauf celles des débitants de boissons dans les villes rédimées).	Quart des licences trimestrielles des débitants de boissons dans les villes rédimées d'après les quatre états de produits réunis nos 82 A et 51 A.	Total des colonnes 2 A 5.	Quart du total, colonne 6.	Nombre de licences annuelles autres que celles des voitures publiques.	Total des colonnes 7 et 8.	Montant des produits constatés non compris les reprises des exercices antérieurs.	Montant des douzièmes non exigibles des propriétaires récoltants à l'époque du paiement des primes de l'année précédente.	Total des colonnes 10 et 11.	Déduction des sommes non passibles de primes. — (Voir le développement d'autre part.)	Reste en droits constatés passibles de primes. — (Différences entre les colonnes 12 et 13.)	Proposition des primes à accorder: A raison de 30 centimes par contribuable sur le nombre inscrit colonne 9.	Proposition des primes à accorder: A raison de 1 franc par 1,000 francs des produits constatés. (Colonne 14.)	Total des colonnes 15 et 16.	Observations: du sous-directeur.	Observations: du directeur.	Fixation de l'Administration.	Montant des primes de l'année précédente: Fixées.	Montant des primes de l'année précédente: Payées.
1	2	3	4	5	6	7	8	9	10	11	12	13	14	15	16	17	18	19	20	21	22
Totaux.																					

Recette principale
- Portion du Trésor dans les saisies. Cadre 53 du 104 A.
- Amendes et confiscations. Cadre 54 du 104 A.
- Droits sur acquits non rentrés. Cadre 55 du 104 A.
- Recettes extraordinaires. Colonne 21 du cadre 61 bis du 104 A.

Total égal à la récapitulation du relevé n° 104 A, colonne 71.

Certifié par le Directeur soussigné.

A , le 189 .

TABLEAU de développement des sommes non passibles de primes (Colonne 13 de l'état d'autre part).

Désignation des recettes particulières.	Cadres du relevé 104 A. 29 — Abonnements sur vendanges. — Taxes applicables aux quantités inscrites colonne 4 du cadre 29 du relevé 104 A.	35 — Sucres et glucoses. Taxes applicables aux quantités inscrites colonnes 1 à 9 du cadre 35 du relevé 104 A, déduction faite, s'il y a lieu, des droits perçus à titre de surtaxe.	36 — Allumettes chimiques. Constatations qui ont été précédées de consignations.	39 — Abonnements généraux et redevances proportionnelles sur les huiles végétales.	44 — Chemins de fer.	52 — Frais de casernement.	56 — Indemnités pour suite d'exercices.	57 — Recouvrements pour avances sur divers services.	58 — Prix des plombs apposés.	58 bis. — Redevance de 0 fr. 30 c. par 1,000 kil. de betteraves mises en œuvre par les fabricants de sucre.	59 — Indemnités pour frais de surveillance.	60 — Intérêts pour crédits de droits.	61 — Recettes extraordinaires. — Col. 3 et 4 du cadre 61 du relevé 104 A.	Douzièmes qui ne seront pas encore exigibles des propriétaires récoltants lors du paiement des primes.	Recettes effectuées par les receveurs des douanes.	Produits constatés sur les administrations de la guerre et de la marine.	Page 79 du relevé 104 B. Droits acquittés en obligations sur les bières, sels, huiles minérales, bougies, cartes, dynamite et allumettes.	Montant des décharges pour cause d'exportation ou pour toute autre cause sur les produits passibles de primes — proposées et non encore accordées.	accordées.	Totaux (Colonne 13 de l'état d'autre part.)
1	2	3	4	5	6	7	8	9	10	11	12	13	14	15	16	17	18	19	20	1
Totaux																				

Certifié par le Directeur soussigné.
A le 189

LETT. COMM. DU 12 JANV. 1891, n° 1.

Cabinet du Directeur général.

Supplément au Dictionnaire des contributions indirectes.

Monsieur le Directeur, un supplément au *Dictionnaire général des contributions indirectes* vient d'être préparé par M. Tournet, chef du 3e bureau de la 1re division, avec la collaboration de deux sous-chefs et d'un employé de l'Administration centrale. Mes prédécesseurs ont déjà recommandé les trois éditions du Dictionnaire qui ont été successivement publiées. Le supplément, qui paraîtra dans le courant du mois de mars prochain, répare certaines lacunes et imperfections que la pratique journalière des affaires a permis de découvrir, et met l'ouvrage au courant de la réglementation en vigueur au 1er janvier 1891 ; il est de nature à rendre des services ; c'est à ce titre que je le signale à l'attention des employés.

Les souscriptions doivent être adressées à l'éditeur, M. Oudin, imprimeur à Poitiers, qui fera connaître, par l'intermédiaire de ses correspondants habituels, les conditions de la publication.

Recevez, etc.

Le Conseiller d'État, Directeur général,

Signé : A. CATUSSE.

CIRC. DU 12 JANV. 1891, n° 615.

2e Division. — 3e Bureau.

Sucres. — Un entrepôt réel de sucres indigènes est accordé à la ville du Tréport.

Un décret en date du 30 octobre dernier, dont le texte est reproduit à la suite de la présente circulaire, institue dans la commune du Tréport, arrondissement de Dieppe (Seine-Inférieure), un entrepôt réel de sucres indigènes, sous les conditions déterminées par l'article 21 de la loi du 31 mai 1846.

Les mesures nécessaires sont prises pour que les sucres indigènes puissent être reçus, dès à présent, dans cet entrepôt.

J'invite les Directeurs à en informer le service et le commerce.

Le Conseiller d'État, Directeur général,

Signé : A. CATUSSE.

Pour ampliation :

L'Administrateur de la 2e Division,

Signé : DECHAUD.

ARRÊTÉ DU 16 JANV. 1891,

fixant les prix de vente des poudres à feu destinées à l'exportation (1).

Le Ministre des Finances,

Vu le décret du 21 mai 1886, relatif à l'exportation des poudres à feu ;

Vu l'arrêté du 26 mai 1886 ;

Vu la lettre du Ministre de la guerre, en date du 30 décembre 1890 ;

Vu la lettre du Directeur général des Contributions indirectes, en date du 8 janvier 1891 ;

Vu les traités des 20 novembre 1815 et 24 mars 1860, qui ont placé le pays de Gex et la partie neutralisée de la Haute-Savoie en dehors de la ligne des douanes,

Arrête :

Article premier. — Les prix des poudres à feu destinées à l'exportation (1) sont fixés ainsi qu'il suit :

Espèces de poudres.			Prix par kilogr. à payer par les exportateurs.	Observations.
			fr c.	
Poudres de commerce extérieur.		ordinaire	0 625	Y compris l'emballage pour les barillages supérieurs à 9 kilogr.
		forte	0 66	
Poudres de mine	ronde ou anguleuse	lente	0 55	Non compris l'emballage. Destinées à être exportées en grains ou à l'état de cartouches comprimées.
		ordinaire	0 80	
		forte	0 85	
	fin grain	ordinaire	1 20	Non compris l'emballage. Destinées à être exportées en grains ou à l'état de mèches de sûreté.
		forte	1 25	
	au nitrate d'amoniaque		1 50	Non compris l'encaissage. Destinées à être exportées à l'état de cartouches comprimées.
	au nitrate de soude		0 80	
	Cartouches comprimées au coton poudre et au nitrate d'ammoniaque.	N° 1	2 00	Non compris l'encaissage.
		N° 2	2 25	
Poudres de guerre	ancienne fabrication (A)		1 25	Non compris l'emballage. Destinées à être exportées à l'état nu ou à l'état de cartouches ou de pièces d'artifices.
	nouveaux types (B)	à canon noire	1 75	Non compris l'emballage. Destinées à être exportées à l'état nu ou à l'état de munitions confectionnées.
		à canon brune	2 00	
		à fusil	2 00	
	dites BN (C)	à canon et à fusil	2 50	
Poudres de chasse	livrées en boîtes	ordinaire (fine)	2 00	Non compris l'encaissage. Destinées à être exportées en boîtes ou à l'état de cartouches.
		forte (superfine)	2 50	
		spéciale (ou extrafine)	2 75	
	livrées à nu dans des barils	ordinaire (fine)	1 40	Non compris l'emballage. Destinées à être exportées à l'état nu.
		forte (superfine)	1 65	
		spéciale (ou extrafine)	1 90	
Poudres pyroxylées, livrées en boîtes.			14 00	Non compris l'encaissage. Destinées à être exportées en boîtes ou à l'état de cartouches.
Coton azotique (pour dynamites).			3 25	Non compris l'encaissage.
Coton-poudre de guerre (D)		en charges comprimées	6 00	Non compris l'encaissage.
		en pâte	4 50	Non compris l'encaissage.

(A) Cette désignation s'applique aux anciens types dits à canon et à mousquet.

(B) L'exportation de ces poudres pourra être suspendue par un arrêté du Ministre de la guerre.

(C) Les poudres de guerre dites BN sont des poudres à grande puissance balistique, destinées aux fusils de petit calibre et aux canons de tous calibres. L'exportation pourra en être suspendue par arrêté ministériel.

(D) L'exportation du coton-poudre de guerre pourra également être suspendue par arrêté du Ministre de la guerre.

Art. 2. — Les types de poudre de guerre dont l'exportation est autorisée sont les suivants :

Anciens types : poudres de guerre dites à canon et à mousquet ;

Nouveaux types : poudres à canon noires C_1, C_2, SP_1, SP_2, A $^{26}/_{34}$, A $^{30}/_{40}$, prismatiques RS, brunes prismatiques ;

Poudres à fusil F, F_2 ;

Poudres BN à canon et à fusil ;

Coton-poudre de guerre en charges comprimées, en pâte.

Art. 3. — Les prix d'exportation fixés pour les poudres de mine, de guerre, de chasse et pour le coton azotique sont applicables aux explosifs de même espèce vendus par la Régie dans le pays de Gex et dans la zone neutralisée de la Haute-Savoie.

Art. 4. — Les poudres de commerce extérieur vendues exclusivement pour l'exportation par la voie maritime pourront être livrées en barillets

(1) Transmis avec la circ. du 27 janv. 1891, n° 618.

(1) L'exportation s'entend des envois à l'étranger ou dans les colonies et possessions françaises, l'Algérie et la Tunisie exceptées.

dont les contenances sont indiquées au tableau ci-après avec les plus-values par 100 kilogrammes de poudre :

Dénomination des barillages. 1		Contenances normales 2	Plus-value à payer par 100 kilogr. de poudre. 3
		kil. gr.	fr. c.
Barils.	Baril.	45 000	»
	Demi-baril.	22 500	»
	Quart de baril.	11 250	»
Barillets.	Cinquième de baril. . .	9 000	0 10
		8 000	1 50
		7 500	2 00
	Sixième de baril. . . .	7 000	3 00
		6 000	5 00
		5 000	8 00
	Dixième de baril. . . .	4 500	8 00
		4 000	9 00
	Douzième de baril . . .	3 750	10 00
		3 000	15 00
	Vingtième de baril . . .	2 250	17 00
		2 000	20 00
	Vingt-cinquième de baril.	1 800	25 00
	Trentième de baril. . .	1 500	30 00

Les barillets désignés dans la colonne 1 du tableau ci-dessus pourront contenir des poids de poudre variables compris entre 9 kilogrammes et 1 kilogr. 500. Les plus-values à payer pour les contenances intermédiaires entre deux chiffres consécutifs de la colonne 2 seront égales à celles correspondant à la contenance immédiatement inférieure.

Art. 5. — Le présent arrêté sera déposé au bureau du contreseing, pour être notifié à qui de droit. Il sera publié au *Journal officiel* et au *Bulletin des lois*.

Paris, le 16 janvier 1891.

Signé : ROUVIER.

Pour copie conforme :

Le Conseiller d'État, Directeur général des contributions indirectes,

Signé : A. CATUSSE.

CIRC. DU 21 JANV. 1891, N° 616.

3e Division. — 1er Bureau.

Extension de l'essai du système de délivrance des acquits-à-caution par les marchands en gros à toutes les expéditions. — Création de registres nos 1 bis, 1-10 B bis, 4 A bis, 4 B bis, 1 ter, 1-10 B ter, 2 A ter, 2 B ter, 4 A ter et 4 B ter.

Par sa circulaire n° 539, du 5 janvier 1889, l'Administration a décidé que, sur certains points, des registres spéciaux (2 AA, 2 BB, 2 CC et 2 DD) seront mis, à titre d'essai, à la disposition des marchands en gros qui voudront libeller eux-mêmes les acquits-à-caution dont ils ont besoin.

La mesure avait principalement pour but d'abréger le délai d'attente que les déclarants ont parfois à subir dans les recettes buralistes avant d'être mis en possession des titres de mouvement. Ce but se trouve bien atteint lorsqu'il s'agit d'entrepositaires dont le genre de commerce ne comporte pas de paiement de droits à l'enlèvement des boissons. Mais les marchands en gros ordinaires, généralement obligés, par la nature de leurs opérations, de lever des congés en même temps que des acquits, ne réalisent pas par l'emploi des registres précités une économie de temps bien sensible.

Les appréciations formulées à cet égard par les chefs départementaux donnent lieu de penser que l'expérience tentée par l'Administration ne sera décisive qu'à la condition d'être étendue à toutes les expéditions indistinctement. En conséquence, et comme jusqu'ici cette expérience n'a pas gêné le fonctionnement du service, qu'elle n'a donné lieu à aucun abus, l'Administration vient de prendre des dispositions pour la rendre aussi complète et aussi concluante que possible.

A cet effet, elle a créé :

Une série *bis* de registres à l'usage des marchands en gros (nos 1 *bis*, blanc, orange et vert ; 1-10 B *bis* blanc, orange et vert ; 4 A *bis*, 4 B *bis*) qui, avec les registres nos 2 AA, 2 BB, 2 CC et 2 DD déjà en essai, forment la série complète.

Plus une série *ter* (nos 1 *ter*, 1-10 B *ter*, 2 A *ter*, 2 B *ter*, 4 A *ter*, et 4 B *ter*), correspondant aux registres de la série *bis* et destinés à rester dans les recettes buralistes, où ils serviront pour l'enregistrement sommaire des quantités et des droits et pour la délivrance des quittances et des bulletins d'acquits-à-caution.

Ainsi généralisé, le système de délivrance des expéditions par les marchands en gros offrira les avantages suivants :

1° Pour les négociants, économie de temps certaine dans les démarches à faire à la recette buraliste, et cela sans plus de travail et avec moins de frais que par le passé, puisque, d'une part, le libellé des titres de mouvement par l'expéditeur lui-même n'est ni plus long ni plus compliqué que celui des soumissions, et que, d'autre part, le commerçant n'aura plus à faire l'achat de ces soumissions ;

2° Pour les buralistes, simplification et par suite accélération en même temps que meilleure exécution des opérations, qui se trouveront ramenées à des travaux d'ordre, de dépouillement et de vérification, sans qu'il en résulte de réduction dans le chiffre des remises ;

3° Pour les agents d'exercice, allègement considérable du travail d'écritures qui, relativement au compte des sorties, ne consistera plus que dans le report en bloc, tous les dix jours, au portatif n° 50 A, des totaux des registres de la série *ter* ouverts à chaque marchand en gros faisant usage de registres de la série *bis*. En cas d'expédition hors d'un lieu sujet, les annotations de sorties seront faites aux registres de la série *ter* dans les colonnes restées sans emploi.

Les registres de la série *bis* sont de la dimension des registres nos 2 AA, 2 BB, 2 CC et 2 DD déjà créés, et les registres de la série *ter* de la dimension du registre n° 2 A de la série ordinaire. Les premiers n'ont qu'un timbre par feuillet, soit quatre expéditions et quatre timbres par feuille d'impression ; les seconds comportent huit timbres par feuillet, soit seize bulletins ou quittances et seize timbres par feuille d'impression.

L'approvisionnement nécessaire peut être demandé dès maintenant au matériel des finances par les receveurs principaux des divisions où l'expérience est en cours et où l'Administration compte que ces nouvelles dispositions recevront sans retard leur plein et entier effet.

Les expéditions des nouveaux registres sont disposées de la même façon que les acquits des modèles n° 2 AA, 2 BB, 2 CC et 2 DD, dont un spécimen est imprimé à la suite de la circulaire n° 539. Le service les reconnaîtra facilement et les acceptera dans les mêmes conditions que les ampliations des registres ordinaires. Lorsqu'il aura à les analyser aux divers bulletins, formules ou registres, il n'omettra jamais d'indiquer à la suite du numéro de l'expédition la lettre caractéristique de la série.

Aux villes indiquées par la circulaire précitée (Paris, Bordeaux, Marseille et Rouen) comme étant le siège de l'expérience du système de délivrance des expéditions par les marchands en gros, il convient d'ajouter Lyon et Nancy où l'on a autorisé récemment l'essai de ce système. Les employés de ces différents centres trouveront dans l'instruction des registres de la série *ter* les indications spéciales dont ils peuvent avoir besoin.

Les appareils de timbrage créés au début de l'expérience continueront d'être utilisés. Toutefois il devient nécessaire de faire disparaître sur les timbres à encrage automatique, qui ont été fournis en double exemplaire, les mots « cinquante centimes » que le buraliste remplacera à la main sur les expéditions par l'indication en chiffres de la somme encaissée. L'instrument tenu en réserve à la recette principale devra, en conséquence, être transmis immédiatement sous le timbre de la 3e division, 3e bureau, et, dès que l'Administration en aura fait le renvoi après modification, on agira de même pour le timbre actuellement en usage.

Les directeurs des départements où les épreuves s'effectuent auront à rendre compte, dans un délai de six mois, des résultats de l'extension donnée à la mesure.

L'Administration n'entend pas s'en tenir aux essais en cours ; elle désire au contraire étendre le plus possible les expériences. Elle invite, en conséquence, les directeurs à expliquer au commerce les avantages qu'il peut retirer du nouveau système et à en faciliter la mise en pratique.

Le Conseiller d'État, Directeur général,

Signé : A. CATUSSE.

Pour ampliation :

L'Administrateur de la 3e Division,

Signé : H. ROUSSAN.

CIRC. DU 22 JANV. 1891, N° 617.

1re Division. — 3e Bureau.

Fraudes sur les tabacs.

Un certain nombre de titulaires ou de gérants de débits de tabacs ont été, pendant l'année 1890, révoqués ou évincés, soit pour vente de tabacs de contrebande, soit pour sophistication ou trafic illicite des tabacs de la Régie. L'Administration est fermement résolue à continuer de punir ces contraventions avec la même sévérité. Afin que tous les débitants de tabac en soient bien prévenus, le service devra remettre à chacun d'eux un exemplaire de la présente circulaire, à la suite de laquelle est publiée la liste des mesures de révocation et d'éviction qui ont été prononcées.

Le Conseiller d'État, Directeur général,

Signé : A. CATUSSE.

Pour ampliation :

L'Administrateur de la 1re Division,

Signé : L. SESTIER.

Liste des titulaires ou gérants de débits de tabac qui ont été révoqués ou évincés pendant l'année 1890.

Départements.	Noms.	Qualité.	Résidences.	Nature de la contravention.
Aveyron.	Fillol.	Titulaire. .	Martiel.	Vente de tabac de contrebande.
Bouches-du-Rhône.	Mouronval (Dlle). .	Gérante. .	Marseille.	Vente de tabac falsifié.
Idem.	Davin (Gustave). .	Gérant. .	Eguilles.	*Idem.*
Idem.	Lescallet (Antoine). .	*Idem.* . .	Lambesc.	Mélange frauduleux.
Idem.	Ayme (Marius). . .	*Idem.* . .	Rognonas.	Vente de tabac falsifié.
Idem.	Lhaste.	*Idem.* . .	Chateaurenard. . .	*Idem.*
Côtes-du-Nord.	Latouche (Ve). . .	Gérante. .	Dinan.	Trafic du tabac de cantine.
Dordogne. . . .	Prince.	Titulaire. .	Corgnac.	Vente de tabac de contrebande.
Doubs.	Chêne.	Gérant. .	Fleurey.	Trafic du tabac de zone.
Gard.	Peloux.	Titulaire. .	St-Jean-de-Maruéjols.	Vente de tabac de contrebande.
Idem.	Dieulefès.	Gérant. .	Nîmes.	*Idem.*
Hérault.	Challiès.	*Idem.* . .	Florensac.	*Idem.*
Idem.	Lagoutte.	Titulaire. .	Pomérols.	*Idem.*
Loire-Inférieure.	Rochas.	*Idem.* . .	Mésanger.	Sophistication de tabac.
Lot-et-Garonne.	Pauquet.	*Idem.* . .	Castelnau.	Vente de tabac de contrebande.
Meurthe-et-Moselle	Gouet (Dme). . . .	Gérante. .	Nancy.	Trafic du tabac de zone.
Idem.	Knaff (Dlle). . . .	*Idem.* . .	*Idem.*	*Idem.*
Nord.	Colbeau-Lambert. .	Titulaire. .	Montrécourt. . . .	*Idem.*
Pas-de-Calais. .	Lesort (Ve). . . .	Gérante. .	Nœux-les-Mines. .	*Idem.*
Idem.	Ausler (Augustine). .	*Idem.* . .	Hesdin.	Mélange frauduleux.
Idem.	Debrocq.	Gérant. .	Saint-Omer. . . .	Trafic du tabac de zone.
Basses-Pyrénées.	Delfocq.	*Idem.* . .	Pau.	Sophistication de tabac.
Rhône.	Dubail.	*Idem.* . .	Lyon.	Vente de tabac de contrebande et sophistication du tabac de la Régie.
Idem.	Antoinet (Dlle). . .	Gérante. .	*Idem.*	Vente de tabac de contrebande.
Idem.	Senty.	Gérant. .	*Idem.*	*Idem.*
Haute-Saône. .	Clerc.	Titulaire. .	La Côte.	Trafic du tabac de zone.
Seine.	Blochet.	Gérant. .	Paris.	Sophistication de tabac.
Idem.	Amiot (Ve). . . .	Gérante. .	*Idem.*	*Idem.*
Idem.	Nicolas.	Gérant. .	*Idem.*	*Idem.*
Seine-Inférieure.	Lecocq.	Gérant. .	Le Havre.	Vente de tabac de contrebande.
Tarn.	Bories.	*Idem.* . .	Albi.	*Idem.*
Var.	Brun.	*Idem.* . .	Fréjus.	Vente de tabac falsifié.
Idem.	David.	*Idem.* . .	Vidauban.	*Idem.*
Idem.	Eyrence (Elisabeth). .	Gérante. .	Toulon.	*Idem.*
Idem.	Terras (Ve). . . .	*Idem.* . .	*Idem*	Vente de tabac de cantine pour du scaferlati coupe grosse.
Idem.	Hièze (Honorine). .	*Idem.* . .	*Idem.*	Sophistication de tabac.
Idem.	Philip (Casimir). .	Gérant. .	*Idem.*	*Idem.*
Idem.	Rilla (François). .	*Idem.* . .	*Idem.*	*Idem.*
Idem.	Pellerud (Marius). .	*Idem.* . .	*Idem.*	*Idem.*
Idem.	Gramon.	*Idem.* . .	Bargemon.	*Idem.*
Vaucluse. . . .	Moutte (Ve). . . .	Gérante. .	L'Isle	Vente de tabac de contrebande.
Idem.	Boët (Ve).	Titulaire. .	*Idem.*	*Idem.*
Idem.	Reynaud.	*Idem.* . .	Violès	*Idem.*
Vienne.	Montoux.	*Idem.* . .	Saint-Georges. . .	Sophistication de tabac.
Vosges.	Thomas.	*Idem.* . .	Ainvelle.	Vente de tabac de fraude.

Circ. du 27 janv. 1891, n° 618.

3e Division. — 1er Bureau.

Poudres à feu. — Fixation pour 1891 des prix de vente des poudres d'exportation.

En exécution de l'article 11 du décret du 21 mai 1886, un arrêté du Ministre des finances, en date du 16 janvier, dont le texte est reproduit à la suite de la présente circulaire, a fixé pour 1891 les prix de vente des poudres destinées à être exportées et a déterminé les espèces de poudre de guerre admises à l'exportation.

Les tarifs en vigueur l'année dernière ont été maintenus, sauf en ce qui concerne les poudres pyroxylées, livrées en boîtes, dont le prix de vente a été porté de 10 francs à 14 francs. Ces poudres comportent aujourd'hui des frais de fabrication plus élevés par suite des perfectionnements apportés dans leur préparation et de la création d'un nouveau type.

Les poudres de mine aux nitrates d'ammoniaque et de soude, les cartouches comprimées au coton-poudre et au nitrate d'ammoniaque nos 1 et 2 figurent pour la première fois au tarif d'exportation. Les prix sont respectivement fixés à 1 fr. 50 et à 0 fr. 80 le kilogramme pour les unes, à 2 francs et à 2 fr. 25 pour les autres. La valeur de l'encaissage des cartouches comprimées au coton-poudre et au nitrate d'ammoniaque, à payer en sus du prix du tarif, est celle qui est déjà établie pour les ventes à l'intérieur. (Circulaire n° 593 du 4 juillet 1890.)

En ce qui touche les plus-values à exiger des exportateurs pour l'emploi de barillets d'une contenance inférieure à 9 kilogrammes, les améliorations apportées dans l'outillage servant à la confection de ces barillets ont permis de faire des concessions sensibles.

Pour les indications générales relatives à l'exportation des poudres, le service continuera de se reporter à la circulaire n° 452 du 6 juin 1886, ainsi qu'à la notice imprimée à la suite de la circulaire n° 580 du 1er février 1890.

Le Conseiller d'État, Directeur général,
Signé : A. Catusse.

Pour ampliation :
L'Administrateur de la 3e Division,
Signé : H. Roussan.

Circ. du 28 janv. 1891, n° 619.

3e Division. — 1er Bureau.

Poudres à feu. — Mise en vente d'un nouveau type de poudre de mine lente.

La poudrerie de Sevran-Livry a étudié, en 1888, et livré à divers entrepôts, sous le nom de *poudre de mine lente spéciale*, un nouveau type à 65 p. 100 de salpêtre, dont l'emploi semble devoir prendre une certaine extension depuis l'abaissement récent du prix de vente des poudres de mine.

En conséquence, M. le Ministre de la guerre a décidé, après entente avec le Département des finances, qu'indépendamment de l'ancien type à 40 p. 100 de salpêtre, qui paraît approprié à certains usages et qui conservera la dénomination de *poudre de mine ronde ou anguleuse, lente*, les poudreries nationales fabriqueront le nouveau type à 65 p. 100 de salpêtre, qui sera dénommé *poudre de mine non grenée, lente*.

Cette nouvelle poudre étant identique à celle qui a été livrée jusqu'ici par la poudrerie de Sevran-Livry, la désignation de poudre de mine lente *spéciale* disparaît.

Les deux types de poudre de mine lente seront vendus au même prix (1 fr. le kilogr. en entrepôt et 1 fr. 25 dans les débits), mais les sacs en toile caoutchoutée, employés pour l'emballage, seront comptés à raison de 4 fr. 50 le sac de 50 kilogrammes et de 3 fr. 25 le sac de 25 kilogrammes.

A cause de l'état pulvérulent de la nouvelle poudre de mine, il a été décidé qu'elle serait vendue par barils entiers. En tout cas, il conviendrait de ne procéder, s'il y avait lieu, au défonçage et à la vidange des barils qu'avec les plus grandes précautions.

Les entrepôts peuvent dès maintenant s'approvisionner aux établissements qui leur fournissent les autres espèces de poudre de mine.

Le Conseiller d'État, Directeur général,
Signé : A. Catusse.

Pour ampliation :
L'Administrateur de la 3e Division,
Signé : H. Roussan.

Lett. comm. aut. du 28 janv. 1891, n° 725.

3e Division. — 1er Bureau.

Raisins secs. — Sorties non justifiées.

Monsieur le directeur, plusieurs directeurs ont posé la question de savoir si les raisins secs admis à l'entrepôt, et dont la sortie du lieu sujet n'est pas justifiée, étaient passibles du droit de fabrication créé par la loi du 26 juillet 1890, indépendamment des taxes locales.

Les lois des 17 juillet 1889 et 26 juillet 1890 n'ont pas eu pour effet d'établir un régime spécial d'entrepôt pour les raisins secs, mais de rendre applicables à ces produits les dispositions qui régissent l'entrepôt des boissons.

Or, l'administration a fait connaître à diverses reprises (Décision n° 475 du 26 novembre 1817, L. C. du 29 décembre 1825), que l'obligation imposée aux entrepositaires par l'article 37 de la loi du 28 avril 1816, de produire des bulletins de sortie pour les boissons expédiées hors du lieu sujet concerne uniquement les taxes locales, et que le défaut de justification de la sortie ne peut priver l'entrepositaire, en ce qui concerne les droits généraux, de la décharge des boissons enlevées de son magasin en vertu d'expéditions régulières.

Pour le même motif, on ne saurait exiger le droit général de fabrication sur les quantités de raisins secs dont la sortie du lieu sujet n'a pas été justifiée ; les manquants reconnus à la suite des recensements opérés chez les entrepositaires de raisins secs sont seuls passibles à la fois des taxes locales et de la taxe de fabrication de 10 fr. par 100 kilogrammes de raisins secs.

Recevez, etc.

Le Conseiller d'État, Directeur général,
A. Catusse.

Circ. du 29 janv. 1891, n° 620.

1re Division. — 1er Bureau.

Poursuites judiciaires. — Examen et conservation des documents susceptibles d'être produits en justice.

A diverses reprises, l'Administration a été déboutée de son action contre des redevables ou des délinquants parce qu'elle ne pouvait produire en justice les titres ou les engagements constituant la base de ses revendications, ou bien encore parce que ces titres ou engagements n'étaient pas réguliers.

Il y a lieu de prendre des mesures pour que les intérêts du Trésor soient mieux sauvegardés.

Désormais, avant de porter ou de suivre une affaire devant les tribunaux, les directeurs ou les sous-directeurs devront, lorsque le cas le comportera, se faire représenter les déclarations, soumissions, registres, portatifs, etc., établissant le droit de la Régie, et examiner si ces documents sont en état d'être soumis aux magistrats. Les registres qui ne pourront être déplacés seront contrôlés par un inspecteur.

Il est indispensable, en outre, que ces mêmes documents soient conservés avec le plus grand soin jusqu'à ce que les affaires auxquelles ils se rapportent aient reçu une solution définitive. A cet effet, dès qu'ils ne seront plus utiles dans le poste où il en aura été fait emploi, ils seront adressés à la direction ou à la sous-direction pour y être l'objet d'un classement spécial.

L'Administration croit devoir rappeler ici, du reste, que les agents de vérification et de contrôle ont pour obligation de veiller à la bonne conservation des archives, et qu'ils doivent notamment tenir la main à ce que les déclarations écrites et les soumissions soient mises en liasses mois par mois, et méthodiquement classées.

Enfin, avant toute livraison de vieux papiers aux Domaines, il conviendra de s'assurer qu'on ne remet à cette administration aucun document devant être conservé.

Au cas où la perte d'une pièce quelconque ou son irrégularité mettrait l'Administration dans l'obligation de renoncer à toute action judiciaire, le directeur devrait procéder à une enquête en vue de déterminer les responsabilités et proposer telle mesure qu'il jugerait nécessaire contre les agents qui auraient mis ainsi empêchement aux poursuites.

Le Conseiller d'État, Directeur général,
Signé : A. Catusse.

Pour ampliation :
L'Administrateur de la 1re Division,
Signé : L. Sestier.

Circ. du 30 janv. 1891, n° 621.

3e Division. — 1er Bureau.

Dynamite. — Décret du 26 juillet 1890. Indication sur l'enveloppe des cartouches de la nature et du dosage des substances constituant l'explosif.

Un décret en date du 26 juillet 1890, reproduit à la suite de la présente circulaire, spécifie dans son article 1er que toute cartouche de dynamite mise en vente doit porter sur son enveloppe l'indication de la nature et du dosage des substances constituant l'explosif.

L'article 2 porte que le Ministre des finances est chargé, en ce qui le concerne, de l'exécution du susdit décret. En vertu de cette disposition, les employés des contributions indirectes ont, dans la circonstance, un rôle de surveillance à remplir.

Les infractions à la réglementation nouvelle ne se rattachent à aucune des dispositions fiscales contenues dans les lois sur la matière. Elles ne sauraient, dès lors, être constatées judiciairement par des procès-verbaux à la requête de la Régie. Mais le service n'en devra pas moins veiller à ce que les mesures arrêtées dans un but de sécurité publique soient fidèlement observées. Lorsque, au cours de ses opérations ordinaires, il viendra à découvrir une infraction au décret du 26 juillet 1890, il en fera l'objet d'un rapport, lequel sera transmis au Procureur de la République, à qui il appartiendra d'y donner suite.

Le Conseiller d'État, Directeur général,
Signé : A. Catusse.

Pour ampliation :
L'Administrateur de la 3e Division
Signé : H. Roussan.

Circ. du 31 janv. 1891, n° 622.

3e Division. — 1er Bureau.

Allumettes chimiques. — Nouveau tarif général pour la vente des allumettes chimiques destinées à l'exportation.

Sur les propositions de l'Administration des manufactures de l'État, M. le Ministre des finances a approuvé un nouveau tarif général pour la vente des allumettes chimiques destinées à l'exportation.

Ce tarif, qui est imprimé à la suite de la présente circulaire, sera appliqué à partir du 1er février 1891. Il annule ceux notifiés par les circulaires nos 587, du 5 mai 1890, et 603, du 3 août suivant.

Le Conseiller d'État, Directeur général,
Signé : A. Catusse.

Pour ampliation :
L'Administrateur de la 3e Division,
Signé : H. Roussan.

—

Tarif général pour l'exportation des allumettes.
(1er février 1891.)

TYPES.	GENRE DE BOITES.	NOMBRE d'allumettes par boîte.	PRIX de la grosse de 144 boîtes.
	Allumettes cire.		
3 A	Prie-Dieu	50	3 30
11 D	Tabatière	50	4 20
16 B	Tiroir	50	3 90
30 J	Grande coulisse (cinq minutes)	40	8 15
41 I	Boîte de famille	500	21 00
16 P	Tiroir (petit modèle)	40	3 55
16 I	Tiroir (grand modèle)	60	4 95 A
28	Petite coulisse non vernie	25	1 10
29	Coulisse non vernie	60	2 70
36_1	Coulisse une couleur	50	1 75 B
36_2	Coulisse deux couleurs	50	1 90 B
	Allumettes bois rond.		
51 E_1	Portefeuille illustré, 1 couleur	50	0 95 C
51 E_2	— — 2 couleurs	50	1 00 C
52 E_1	— — 1 couleur	100	1 70 C
52 E_2	— — 2 couleurs	100	1 80 C
62	Portefeuille simple	200	3 30 D
	Allumettes suédoises paraffinées au phosphore amorphe.		
102 D	Grande coulisse	250	9 60
101 E	Coulisse moyenne	50	2 25
101 P	Petite coulisse	50	1 90

OBSERVATIONS.

A. Pour les contenances supérieures, le prix de la grosse sera augmenté de 3 centimes par allumette en sus de 60.

B. Pour les contenances supérieures, le prix de la grosse sera augmenté de 2 centimes par allumette en sus de 50.

C. Pour l'encaissage par moins de 50 grosses, le prix de la grosse sera augmenté de 5 centimes.

D. Pour l'encaissage par moins de 50 grosses, le prix de la grosse sera augmenté de 15 centimes.

Les commandes pour l'exportation d'allumettes cire ou bois rond doivent toujours être distinctes des commandes d'allumettes suédoises.

Il ne sera pas fait de livraison pour l'exportation inférieure soit à dix grosses d'allumettes au phosphore amorphe, soit à dix grosses d'allumettes en cire ou bois rond.

Le nombre de boîtes demandées dans chaque type doit être d'une grosse au moins.

Les prix du présent tarif comprennent l'emballage simple en bois.

Les emballages spéciaux sont à la charge des exportateurs.

Pour les allumettes en cire ou en bois rond, les prix s'entendent des marchandises prises à Marseille franco à quai ou en gare.

Pour les allumettes suédoises, ils s'entendent des marchandises rendues franco à quai sur le port de Marseille, en gare dans tous les autres ports d'exportation.

Les commandes sont reçues à Marseille, à l'agence d'exportation, 39, rue Vacon.

Dans tous les autres ports, elles doivent être remises en double expédition au receveur des contributions indirectes, dans les conditions réglées par la circulaire de l'Administration des contributions indirectes, n° 587, du 9 mai 1890.

Indépendamment des mentions habituelles, les commandes pour l'exportation devront porter l'engagement, signé par le négociant et par sa caution, de produire dans le délai d'un mois, à partir du jour de l'expédition, la justification de l'exportation des allumettes ou, à défaut de justification, de payer, en sus du montant de la facture établie d'après les prix figurant au présent tarif, les compléments de prix indiqués dans la circulaire précitée.

Les allumettes provenant de Marseille (cire ou bois rond) seront, comme les allumettes suédoises, expédiées en gare du port d'embarquement à l'adresse de l'exportateur.

Celui-ci devra s'engager auprès du receveur des contributions indirectes à payer soit les emballages spéciaux (zinc, fer-blanc, toile cirée ou goudronnée, etc.) dont il aura fait la commande, soit les frais de transport depuis Marseille pour les allumettes cire ou bois rond.

Au moment où l'exportateur prendra livraison des marchandises, il lui sera remis un acquit-à-caution qu'il sera tenu de faire décharger en douane.

L'Administration des manufactures de l'État ne prend aucun engagement en ce qui concerne les délais de livraison. Elle promet seulement de faire tout son possible pour livrer, dans les délais fixés par l'exportateur, les allumettes que celui-ci aura demandées et, à cet égard, elle entend rester seule juge des nécessités de son service.

NOTE DU 2 FÉVR. 1891, N° 2267.

2e Division. — 2e Bureau.

Contribution foncière. — Modification de la date de production des états de proposition des crédits à ouvrir.

Le tableau des productions périodiques annexé à la circulaire n° 344 du 5 août 1882 a fixé au 10 octobre l'époque de transmission des états de proposition relatifs aux crédits à ouvrir pour le paiement de la contribution foncière.

En présence des inconvénients qu'une production aussi tardive a paru présenter, au point de vue de l'ordonnancement des dépenses, l'Administration a décidé que les états de proposition dont il s'agit devront lui parvenir désormais le 15 mai au plus tard.

Monsieur le Directeur est prié de donner des ordres pour que cette décision reçoive son application en temps utile.

L'Administrateur,
Signé : DECHAUD.

CIRC. DU 10 FÉVR. 1891, N° 623.

3e Division. — 1er Bureau.

Primes d'apurement. — Attribution des sommes allouées à titre de prime d'apurement sur les produits des allumettes chimiques.

Aux termes de la circulaire n° 614, du 9 janvier dernier, il y a lieu de comprendre, parmi les produits passibles de la prime d'apurement, les constatations en matière d'allumettes chimiques dont le montant n'a pas été consigné au moment de la remise des commandes, ou n'a pas fait l'objet d'obligations cautionnées.

Suivant la règle générale, les allocations attribuées de ce chef à titre de primes doivent revenir aux comptables (receveurs particuliers sédentaires ou ambulants) par les soins desquels les recouvrements ont été effectués.

Comme conséquence, et par analogie avec ce qui se pratique pour l'acceptation des cautions des marchands en gros de boissons, distillateurs et autres redevables, c'est au receveur local (sédentaire ou ambulant) qu'incombe, dans tous les cas, le soin d'accepter ou de refuser les cautions présentées par les marchands en gros d'allumettes, soit qu'il s'agisse simplement de la garantie d'une commande isolée, soit que le cautionnement s'applique à la totalité des commandes d'une année.

Sont modifiées, sous ce rapport, les dispositions de la circulaire n° 575, du 30 décembre 1889, qui avaient chargé les receveurs principaux de discuter et recevoir les engagements des marchands en gros d'allumettes placés sous le régime du cautionnement annuel.

Le Conseiller d'État, Directeur général,
Signé : A. CATUSSE.

Pour ampliation :
L'Administrateur de la 3e Division,
Signé : H. ROUSSAN.

CIRC. DU 17 FÉVR. 1891, N° 624.

3e Division. — 1er Bureau

Allumettes chimiques. — Nouveau tableau des circonscriptions des manufactures d'allumettes.

L'Administration des manufactures de l'État vient d'apporter, dans la consistance des circonscriptions desservies par les manufactures d'allumettes, diverses modifications dont l'effet commencera le 25 février courant.

A partir de cette date, les receveurs des contributions indirectes auront à se conformer, pour la transmission des commandes, aux indications du tableau ci-après, qui remplace celui annexé à la circulaire n° 612 du 12 décembre 1890. Ils devront s'assurer que les adresses sont inscrites sur les commandes exactement comme elles sont libellées au nouveau tableau. Cette recommandation, qui a pour but d'éviter des retards dans l'arrivée des commandes à leur destination, est particulièrement importante en ce qui concerne celles adressées aux manufactures chargées d'approvisionner les circonscriptions de Bordeaux et de Marseille.

J'invite les directeurs à veiller à ce que les instructions nécessaires soient données, en temps utile, à tous les intéressés.

Le Conseiller d'État, Directeur général,
Signé : A. CATUSSE.

Pour ampliation :
L'Administrateur de la 3e Division,
Signé : H. ROUSSAN.

Circonscriptions des manufactures d'allumettes.

BORDEAUX. — Adresse : M. l'Ingénieur de la manufacture d'allumettes à Bègles (Gironde).	MARSEILLE — Adresse : M. l'Ingénieur de la manufacture d'allumettes du Prado, Marseille.	ORLEANS (Magasin) — Adresse : M. le Directeur de la manufacture des tabacs d'Orléans.	PANTIN (SEINE). — Adresse : M. le Directeur de la manufacture d'allumettes de Pantin.	TRÉLAZÉ (Maine-et-Loire). — Adresse : M. le Directeur de la manufacture d'allumettes de Trélazé (Maine-et-Loire).
Allier.	Ain.	Belfort (territoire de).	Aisne.	Calvados.
Ariège.	Alpes (Basses-).	Côte-d'Or.	Ardennes.	Côtes-du-Nord.
Aveyron. { Arrondissements de Rodez, Espalion, Villefranche.	Alpes (Hautes-).	Doubs.	Aube.	Finistère.
Cantal.	Alpes-Maritimes.	Eure-et-Loir.	Eure.	Ille-et-Vilaine.
Charente.	Ardèche.	Loiret.	Marne.	Indre-et-Loire.
Charente-Inférieure.	Aude.	Saône (Haute-).	Marne (Haute-).	Loir-et-Cher.
Cher.	Aveyron. { Arrondissements de Milhau, St-Affrique.	Yonne.	Meurthe-et-Moselle.	Loire-Inférieure.
Corrèze.	Bouches-du-Rhône.		Meuse.	Maine-et-Loire.
Creuse.	Corse.		Nord.	Manche.
Dordogne.	Drôme.		Oise.	Mayenne.
Garonne (Haute-).	Gard.		Pas-de-Calais.	Morbihan.
Gers.	Hérault.		Seine.	Orne.
Gironde.	Isère.		Seine-Inférieure.	Sarthe.
Indre.	Jura.		Seine-et-Marne.	
Landes.	Loire.		Seine-et-Oise.	
Lot.	Loire (Haute-).		Somme.	
Lot-et-Garonne.	Lozère.		Vosges.	
Nièvre.	Pyrénées-Orientales.			
Puy-de-Dôme.	Rhône.			
Pyrénées (Basses-).	Saône-et-Loire.			
Pyrénées (Hautes-).	Savoie.			
Sèvres (Deux-).	Savoie (Haute-).			
Tarn.	Var.			
Tarn-et-Garonne.	Vaucluse.			
Vendée.				
Vienne.				
Vienne (Haute-).				

CIRC. DU 25 FÉVR. 1891, N° 625.

3e Division. — 1er Bureau.

Poudres à feu. — Fabrications illicites. Surveillance à exercer.

Par des articles de journaux récents, l'Administration a appris, non sans étonnement, que de simples particuliers ont expérimenté en public des poudres de leur composition.

De son côté, le service des poudres et salpêtres a été appelé dernièrement à examiner une pétition dans laquelle le signataire déclare qu'il a trouvé une nouvelle poudre sans fumée et qu'il en a fait l'épreuve en présence de plusieurs chasseurs et d'un officier de l'armée.

M. le Ministre de la guerre s'est ému de cet état de choses ; il y voit un abus qui lui paraît appeler la répression. A son avis, il n'est pas démontré que les essais de cette nature ne comportent pas, en raison de leur importance, une fabrication clandestine et une consommation illicite de poudre de chasse. Il ajoute que la plupart des poudres proposées par les inventeurs sont des produits d'un maniement dangereux, qui ne sauraient être mis sans inconvénient entre les mains des chasseurs.

Il importe donc, dans l'intérêt du Trésor et dans celui de la sécurité publique, de mettre obstacle à la préparation et à l'emploi de semblables produits.

Ces recherches, lorsqu'elles ne se bornent pas à des études de laboratoire, comportent nécessairement la production de quantités notables d'explosifs, et elles constituent alors une infraction à la législation fiscale qui prohibe d'une façon absolue la fabrication de la poudre par les simples particuliers. Le service, qui sur certains points semble avoir usé de tolérance, ne doit pas perdre de vue qu'il est le gardien du monopole; il ne manquera pas de rappeler aux intéressés qu'ils s'exposeraient à des poursuites s'ils continuaient leurs essais de fabrication.

Je prie les directeurs d'appeler sur ce point la vigilance des inspecteurs.

Le Conseiller d'État, Directeur général,
Signé : Roussan.

Pour ampliation :
L'Administrateur de la 3e Division,
Signé : H. Roussan.

Circ. du 26 févr. 1891, n° 626.

2e Division. — 1er Bureau.

Contentieux. — Loi du 26 décembre 1890. — Admission des circonstances atténuantes par les tribunaux.— Recommandations diverses.

Par la circulaire n° 511, du 12 avril 1888, l'Administration a notifié au service la loi du 30 mars de la même année qui, dans son article 42, a rendu l'article 463 du Code pénal applicable aux délits et contraventions prévus par les lois sur les contributions indirectes.

Cette dispositon légale a été modifiée par l'article 12 de la loi de finances du 26 décembre 1890, ainsi conçu :

« Dans les cas prévus par l'article 42 de la loi du 30 mars 1888, il ne pourra être fait application de l'article 463 du Code pénal, s'il y a récidive pendant le délai d'un an à partir du jugement qui a reconnu la contravention ou le délit. »

Le jugement à partir duquel court la récidive doit s'entendre d'un jugement définitif ne pouvant plus être attaqué par la voie de l'opposition ou de l'appel, c'est-à-dire d'un jugement ayant acquis l'autorité de la chose jugée. Lorsqu'on se trouvera en présence d'une fraude véritable ou d'un contrevenant d'habitude, il conviendra donc de faire signifier le jugement à très bref délai, afin de retirer au condamné le bénéfice des circonstances atténuantes en cas de nouvelle contravention pendant l'année qui suivra la date de cette sentence. D'un autre côté, il ne faut pas perdre de vue que, pour porter tous ses fruits, la répression doit être prompte et qu'il y a un nouvel intérêt aujourd'hui à activer les poursuites. Il importe, dès lors, que les affaires constatant des fraudes réelles soient portées en justice à une date aussi rapprochée que possible du procès-verbal, et qu'aussitôt le jugement rendu, il en soit donné avis à l'Administration pour qu'elle puisse faire connaître s'il y a lieu ou non d'y acquiescer.

Avis de jugement.

Par les circulaires nos 339, du 5 juillet 1882, 444, du 4 février 1886, et 511, du 12 avril 1888, l'Administration a indiqué quels renseignements devaient présenter les avis de jugement. A l'avenir, il y aura lieu de faire connaître en outre : 1° si les jugements ont été rendus contradictoirement ou par défaut; 2° si les contrevenants se trouvent en état de récidive, et 3° si les tribunaux ont régulièrement appliqué les peines résultant de la récidive ou s'ils ont refusé de les prononcer. Il conviendra, de plus, d'exposer les motifs qui ont engagé les tribunaux à admettre les circonstances atténuantes. Les tribunaux ne sont pas, il est vrai, tenus d'insérer ces motifs dans leurs jugements, mais les avoués et avocats de la Régie pourront toujours fournir des renseignements utiles à cet égard. Enfin, en cas de saisie réelle, le produit de la vente des objets périssables devra toujours être exactement indiqué.

Grosses, copies et extraits des jugements.

L'Administration a grand intérêt à prendre connaissance des jugements contenant des motifs de principe ou de doctrine. Chaque fois qu'un jugement de l'espèce aura été rendu, les directeurs voudront bien lui en transmettre, au lieu et place de l'extrait 127, une copie *in extenso* sur papier libre.

Il arrive parfois que des greffiers remettent tardivement les grosses ou extraits qui leur sont réclamés. Si l'on se trouvait en présence de retards non justifiés, il y aurait lieu d'en informer spécialement l'Administration, qui aviserait.

Comptes rendus des affaires.

Les comptes rendus des affaires arrivent souvent incomplets et insuffisants et l'Administration se trouve fréquemment dans la nécessité de réclamer des renseignements complémentaires, ce qui re-

tarde la solution à intervenir. Il y a un réel intérêt à ce que l'Administration soit mise en mesure d'apprécier l'importance de la contravention et de statuer en toute connaissance de cause sur les propositions de transaction ou de poursuite qui lui sont soumises. J'appelle spécialement sur ce point toute l'attention des directeurs.

Feuilles 122 C.

Les diverses indications que comporte le premier cadre de la feuille 122 C ne sont pas toujours données avec la précision nécessaire, notamment en ce qui concerne la désignation exacte de la nature de la contravention. Il ne suffit pas, par exemple, de dire qu'il s'agit d'une expédition inapplicable ; il faut encore exposer sommairement, mais nettement, en quoi consiste cette inapplicabilité. En ce qui concerne le cadre des antécédents des contrevenants, il est indispensable qu'il présente des indications très complètes, notamment la date et le montant des condamnations prononcées, et qu'il indique si les jugements se rapportant à ces condamnations sont ou non définitifs, s'ils ont été exécutés ou suivis de transactions.

Reprises indéfinies.

Lorsqu'une affaire est présentée en reprise indéfinie, on est dans l'habitude de joindre au dossier la grosse du jugement ou de l'arrêt, ainsi que les exploits de signification et de commandement de payer. Toutes les pièces sont transmises à la Direction générale de la comptabilité publique, puis à la Cour des comptes, et, au cas de reprise des poursuites contre les condamnés redevenus solvables postérieurement à l'envoi du dossier, l'Administration est obligée de les redemander. Afin d'éviter l'inconvénient d'une telle réclamation et les lenteurs qui en résultent, les grosses des jugements et arrêts seront dorénavant conservées dans les directions et sous-directions, avec les exploits de signification et de commandement de payer. Ces actes originaux, qui devront être classés avec le plus grand soin, seront remplacés, dans le dossier de comptabilité, par des extraits des articles de dépense relatifs aux frais judiciaires de l'affaire, inscrits au livre de caisse n° 87 A.

Appels.

L'Administration insiste tout particulièrement pour être avisée sans le moindre retard de tous les appels qui viendraient à se produire. Elle invite, en outre, les directeurs à lui transmettre très exactement, au lieu de simples extraits, des copies complètes et *in extenso*, sur papier libre (qualités, motifs et dispositif), de tous les arrêts rendus, sans exception aucune.

Affaires civiles.

Les avis de jugements intervenus en matière civile ne sont parfois transmis que longtemps après la décision des tribunaux. Les directeurs et sous-directeurs ne devront pas manquer de se tenir exactement au courant de la suite des affaires de l'espèce et, dès qu'un jugement aura été rendu, ils auront à en rendre compte dans la huitaine au plus tard, en produisant une copie de la sentence, conformément aux prescriptions de la lettre commune de 26 janvier 1870.

Pourvois.

1° En matière correctionnelle.

L'article 373 du Code d'instruction criminelle porte que le condamné a trois jours francs après celui où l'arrêt a été prononcé pour déclarer au greffe qu'il se pourvoit en cassation.

Bien que ce principe soit général, il convient cependant de remarquer que si l'arrêt a été rendu par défaut, le droit de se pourvoir n'est ouvert qu'après l'expiration du délai d'opposition, d'où la nécessité de faire signifier l'arrêt et d'attendre que le délai de cinq jours, outre un jour par cinq myriamètres (article 187 du Code d'instruction criminelle), soit écoulé. C'est à partir de ce moment-là que, dans un autre délai de trois jours, le pourvoi peut être déclaré, s'il n'a pas été fait opposition à l'arrêt de défaut.

Il en serait autrement, toutefois, et l'arrêt, même rendu par défaut, pourrait et devrait être frappé de pourvoi dans les trois jours de son prononcé, s'il relevait purement et simplement le prévenu des poursuites sans dépens, auquel cas ce dernier n'ayant pas d'intérêt et partant pas le droit d'y former opposition, la décision devrait être considérée comme ayant acquis immédiatement son caractère définitif.

Dossiers officiels des pourvois. — En ce qui concerne la transmission à la Cour de cassation des dossiers des affaires correctionnelles ayant donné lieu à pourvoi, il importe que les directeurs ne consentent, en aucun cas, à reprendre tout ou partie des pièces qui les composent, le parquet de la Cour d'appel étant légalement chargé de l'envoi

officiel des dossiers par l'entremise de la Chancellerie.

Signification des déclarations de pourvoi. — Lorsqu'un pourvoi a été déclaré au nom de l'Administration, il est indispensable que cette déclaration soit immédiament signifiée aux parties adverses. La chambre criminelle de la Cour de cassation y tient absolument et, à différentes reprises, les magistrats de la Cour et du parquet ont appelé l'attention du défenseur de la Régie sur l'inobservation de cette formalité. L'original de l'exploit de signification du pourvoi doit être envoyé à l'Administration avec les copies de toutes les pièces qui constituent le dossier administratif destiné à l'avocat de la Régie. Il y a lieu, bien entendu, de comprendre dans ce dossier les copies des conclusions prises en première instance, ainsi que du mémoire produit en appel.

2° En matière civile.

Lorsque l'Administration décide qu'il y a lieu de se pourvoir en matière civile contre un jugement ou arrêt qui lui fait grief, elle charge son avocat près la Cour de cassation de former le pourvoi par une requête adressée à la chambre spéciale de la Cour. A ce moment, il est nécessaire que le défenseur de la Régie ait entre les mains le dossier complet comprenant : contrainte, opposition signifiée, mémoires sur timbre et en copies signifiées, copie signifiée du jugement ou de l'arrêt ou, à défaut, copie sur timbre, en un mot les originaux de tous exploits, mémoires, actes et jugements ou arrêts.

Les dossiers ainsi formés doivent être transmis à l'Administration dès qu'elle a fait connaître son intention de se pourvoir en cassation. On peut, d'ailleurs, les préparer aussitôt après qu'a été rendue la sentence à attaquer.

On remarquera la différence qui existe dans la marche à suivre, selon qu'il s'agit d'un pourvoi en matière correctionnelle ou d'un pourvoi en matière civile. Dans le premier cas, l'avocat de la Régie ne demande que des copies sur papier libre, parce que le dossier officiel, composé des originaux, reste entre les mains des parquets, tandis qu'en matière civile, chaque partie, représentée par son avocat conserve les originaux de ses actes et les copies à elle signifiées.

Le Conseiller d'Etat, Directeur général,
Signé : A. Catusse.

Pour ampliation :
L'Administrateur de la 2e Division,
Signé : Dechaud.

Lett. comm. du 4 mars 1891, n° 2.

3e Division. — 3e Bureau.

Poudres à feu. — Renvoi en poudrerie ou en raffinerie de poudres et de matériel. — Rappel des instructions.

Monsieur le directeur, les poudres à feu et les colis vides expédiés des entrepôts de la Régie sur les poudreries ou les raffineries doivent être remis à l'entreprise des transports de la Guerre. Les frais de transport incombent à l'Administration de la guerre et, sauf le cas où quelque erreur aurait été commise au lieu d'expédition, ils sont liquidés et payés sans que l'Administration des finances ait à intervenir. A moins d'instructions émanant directement du Ministre de la guerre, les envois ne peuvent être effectués qu'en vertu d'ordres de transport que les entreposeurs ont à demander, par l'entremise des chefs divisionnaires, aux fonctionnaires de l'intendance militaire ou à leurs suppléants légaux.

Sur divers points, ces dispositions, notifiées au service par la circulaire n° 122 du 11 juin 1874, ont été perdues de vue ; au lieu de provoquer la délivrance d'ordres de transport par l'intendance militaire, des entreposeurs ont, à plusieurs reprises, effectué des expéditions avec des acquits-à-caution. Or, le traité du 30 décembre 1885, relatif aux transports de la Guerre, stipule que les transports sont facturés par les compagnies de chemins de fer au Département de la guerre et que les relevés joints aux factures doivent être accompagnés, pour chaque article, de la lettre de voiture administrative. Dans l'opinion de l'Administration de la guerre, cette clause ne peut être appliquée à défaut du titre de mouvement réglementaire, et la remise d'un acquit-à-caution dressé par le service des finances ne saurait suppléer à la lettre de voiture administrative qu'ont à établir les fonctionnaires de l'intendance ; le paiement des frais de transport, liquidés d'après les prix du traité de la Guerre, incombe alors au Département des finances.

Je vous prie de rappeler les prescriptions qui précèdent aux entreposeurs de votre circonscription, et de les prévenir que, dans le cas où ils commettraient de nouvelles erreurs, la question se poserait de savoir si les frais de transport ne devraient pas être laissés à leur charge.

Recevez, etc.

Le Conseiller d'État, Directeur général,
A. CATUSSE.

CIRC. DU 9 MARS 1891, N° 627.

3e Division. — 3e Bureau.

Circulaires et lettres communes. — Création du Bulletin des Contributions indirectes.

Jusqu'ici les employés n'ont été admis à s'abonner qu'aux circulaires. La redevance était de 1 franc par an.

Un grand nombre d'agents ont exprimé le vœu de pouvoir conserver dans leur collection personnelle non seulement les circulaires, mais encore les lettres communes. Pour répondre à ce désir, l'Administration a décidé que ces documents seront désormais publiés par fascicules, tous les quinze jours, avec le tableau des mouvements du personnel, sous le titre de : *Bulletin des Contributions indirectes.* Le premier fascicule paraîtra le 20 avril prochain ; il comprendra les circulaires, les lettres communes et les mouvements de la première quinzaine du mois.

Le prix de l'abonnement est fixé à 2 francs par an. Il devra être payé au moment même de la souscription, et les sommes ainsi versées seront centralisées par le receveur principal du chef-lieu de la direction, qui en transmettra le montant, par virement de fonds, à son collègue de la Seine.

Les Directeurs auront à recueillir les souscriptions sans retard et à en faire connaître le nombre avant le 25 mars. Quant aux virements de fonds, ils devront être émis avant le 1er avril.

Le *Bulletin des contributions indirectes* est exclusivement réservé aux abonnés. Comme par le passé, les circulaires et les lettres communes seront adressées distinctement, dès leur publication, aux agents qui, en raison de leurs fonctions, les reçoivent gratuitement. Toutefois, à partir du mois d'avril, les lettres communes seront imprimées dans le format des circulaires. Pour les unes et pour les autres, une nouvelle série de numéros sera commencée et se continuera d'année en année, sans interruption. De plus, en ce qui concerne les circulaires, le premier envoi, effectué par l'Administration, comprendra les exemplaires transmis jusqu'à présent, lors du second envoi, par les soins de l'Imprimerie Nationale, aux entreposeurs spéciaux, aux receveurs particuliers sédentaires, aux receveurs de la garantie et aux receveurs des salines.

L'abonnement aux circulaires seules est supprimé. Les agents qui ont déjà payé le montant de leur souscription pour l'année courante et qui ne voudraient pas verser le complément du prix de l'abonnement au *Bulletin* seraient remboursés de leur avance. Si les opérations de virements étaient réalisées, la restitution s'effectuerait au moyen d'un prélèvement sur les versements des souscripteurs au *Bulletin*, et les receveurs principaux n'auraient à transmettre à leur collègue de la Seine que la différence entre les sommes précédemment transférées et le montant définitif des abonnements.

Le *Bulletin des contributions indirectes* sera expédié aux directeurs le 5 et le 20 de chaque mois. L'Administration s'efforcera d'éviter tout retard dans les envois. De leur côté, les directeurs auront à prendre les mesures nécessaires pour que les fonctionnaires abonnés soient mis, dans le plus bref délai, en possession de la publication. Au lieu d'employer, comme aujourd'hui, l'intermédiaire des sous-directeurs et des chefs locaux, ils adresseront, *le jour même de la réception*, à chaque agent individuellement l'exemplaire qui lui sera destiné.

Lorsqu'un employé abonné passera d'un département dans un autre, le directeur signalera le changement à l'Administration, sous le timbre du 3e bureau de la 3e division, par un état conforme au modèle n° 1 ci-joint, état qui sera produit, le cas échéant, le 10 et le 25 de chaque mois. En même temps, il adressera à son collègue du département dans lequel sera située la nouvelle résidence de l'agent l'avis nécessaire pour la distribution des exemplaires du *Bulletin* (modèle n° 2).

Chaque année, en vue de prévenir toute interruption dans l'envoi de la publication, le nombre des abonnements souscrits pour l'année suivante devra être porté à la connaissance de l'Administration le 15 novembre au plus tard. Les souscriptions seront, en conséquence, recueillies dès le commencement du mois de novembre et les directeurs veilleront à ce que les virements de fonds parviennent à la recette principale de la Seine avant le 25 novembre.

Le Conseiller d'État, Directeur général,
Signé : A. CATUSSE.

Pour ampliation :
L'Administrateur de la 3e Division,
Signé : H. ROUSSAN.

LOI DU 14 MARS 1891,

Concernant l'heure légale

(*Voir à la suite de la circ. du 14 août 1891, n° 13.*)

CIRC. DU 17 MARS 1891, N° 628.

1re Division. — 1er Bureau.

Admission dans les caisses publiques de pièces d'or espagnoles de 10 et 20 pesetas.

Un avis inséré au *Journal officiel* du 15 février dernier informe le public que les pièces d'or espagnoles de 10 pesetas (10 fr.) à l'effigie de S. M. le roi Alphonse XII et les pièces de 20 pesetas (20 fr.) et de 10 pesetas (10 fr.) à l'effigie de S. M. le roi Alphonse XIII, frappées dans les mêmes conditions de fabrication que nos pièces nationales de 10 et 20 francs, seront admises pour 10 et 20 francs dans les caisses publiques à partir du 1er mars courant.

Je prie les directeurs de donner les instructions nécessaires pour que tous les comptables et les débitants de tabacs acceptent sans difficulté les pièces dont il s'agit.

Le Conseiller d'État, Directeur général,
Signé : A. CATUSSE.

Pour ampliation :
L'Administrateur de la 1re Division,
Signé : L. SESTIER.

CIRC. DU 18 MARS 1891, N° 629.

1re Division. — 1er Bureau.

Dénombrement de la population. Instructions.

Un décret en date du 1er de ce mois dispose qu'il sera procédé le 12 du mois d'avril prochain au dénombrement de la population par les soins des maires.

Ainsi que je l'ai rappelé à différentes reprises, les résultats de cette opération intéressent très sérieusement l'impôt indirect, et l'Administration a le devoir de s'en préoccuper. Les chefs de service devront surtout porter leur attention sur la délimitation de l'agglomération dans les communes déjà soumises au droit d'entrée et dans celles qui seraient susceptibles d'y être assujetties. Il importe, en effet, d'assurer d'une part la perception de cette taxe dans l'étendue du rayon et dans les localités où elle est exigible et, d'autre part, le relèvement éventuel des tarifs ou l'établissement du régime de la taxe unique.

Définition de l'agglomération.

L'Administration croit utile de reproduire ici la définition de l'agglomération donnée par le Ministre de l'intérieur dans une circulaire adressée aux préfets le 4 mars 1851. Cette définition n'a pas varié depuis :

.... « On doit considérer comme agglomérée la population des maisons contiguës ou réunies entre elles par des parcs, jardins, vergers, chantiers, ateliers ou autres enclos de ce genre, lors même que ces habitations ou enclos seraient séparés l'un de l'autre par une rue, un fossé, un ruisseau, une rivière ou une promenade. On doit aussi, et quelle que soit la distance qui, dans les villes de guerre surtout, sépare les faubourgs de la cité proprement dite, considérer comme faisant partie de l'agglomération la population de ces faubourgs. Mais la population éparse dans les dépendances rurales, dans les hameaux ou villages séparés, dans les métairies, les maisons de campagne isolées, bien que dépendant de la commune, ne doit pas être considérée comme agglomérée.

« L'agglomération doit, en général, être appréciée d'après l'état des lieux ; elle existe toutes les fois qu'il peut y avoir continuité de communications et qu'on peut aller d'une habitation à une autre, même en franchissant les clôtures qui séparent ou limitent les propriétés.

« Ainsi, des communications sinon réelles, du moins possibles, à travers des enclos fermés de murs et de haies sont suffisantes pour constituer l'agglomération, mais elle est de fait interrompue par des terrains non clos, vagues ou en culture. »

D'après ces principes, on ne doit admettre comme étant en dehors de l'agglomération que les habitations qui en sont séparées de telle sorte que l'on ne puisse, d'aucun point de l'agglomération, y accéder sans avoir à traverser des terrains non clos.

Droits de contrôle des administrations financières.

En vue de sauvegarder les intérêts de la Régie, les chefs locaux, et, au besoin, les inspecteurs, les sous-directeurs et les directeurs doivent, dès à présent, se mettre en rapport avec les municipalités pour déterminer, d'un commun accord, le rayon de l'agglomération, et pour obtenir les renseignements et la communication des pièces qui leur seraient nécessaires. Leur intervention peut d'autant mieux se produire dans la circonstance qu'elle s'appuie sur les instructions suivantes qui viennent d'être adressées par M. le Ministre de l'intérieur aux préfets :

« En cas de doute, il sera bon que les municipalités se concertent avec les préposés des administrations financières ; l'article 22 de la loi de finances du 28 avril 1816 confère, en effet, à l'Administration des contributions indirectes le droit de provoquer un nouveau dénombrement, s'il y a lieu de penser que le travail des agents municipaux ait été inexact, et l'article 4 de la loi de finances du 4 août 1844 donne le même droit au conseil général du département et à l'Administration des contributions directes, s'il s'élève des difficultés relativement à la catégorie dans laquelle une commune devra être rangée, soit pour la fixation du contingent dans la contribution des portes et fenêtres, soit pour l'application du tarif des patentes.

« Les préposés des contributions directes et indirectes devront donc être, dans une certaine mesure, associés aux travaux préparatoires du recensement. Il y a, en effet, tout avantage pour la commune à ce que ces agents puissent se rendre compte, au cours même des opérations, de la régularité des procédés employés. Les municipalités devront, en conséquence, déférer aux demandes de renseignements ou de communication de pièces qui leur seraient adressées par les préposés des services financiers, à la condition, bien entendu, que la marche des opérations n'en soit pas entravée. »

Il ne paraît pas douteux qu'en présence de ces dispositions, les municipalités se prêteront à une entente préalable avec le service des contributions indirectes. Si cependant certaines d'entre elles pensaient que l'intervention des agents de la Régie avant les opérations du dénombrement ne serait pas justifiée, il y aurait lieu de m'en référer.

Dans les cas où l'accord n'aurait pu s'établir avec les municipalités pour la fixation du périmètre de l'agglomération, soit avant, soit après le dénombrement, les directeurs devraient se concerter avec les préfets en vue d'aplanir les difficultés. S'ils ne pouvaient y parvenir, ils exposeraient le litige à l'Administration, en ayant soin de joindre à leur rapport un plan descriptif des lieux, et de faire connaître, le cas échéant, l'avis de leur collègue des contributions directes.

Énumération des catégories de population qui doivent être comptées à part.

Aux termes de l'article 2 du décret du 1er mars « ne compteront pas dans le chiffre de la population servant de base à l'assiette de l'impôt ou à l'application des lois d'organisation municipale les catégories suivantes :

« Corps de troupes de terre et de mer ;
« Maisons centrales de force et de correction ;
« Maisons d'éducation correctionnelle et colonies agricoles de jeunes détenus ;
« Maisons d'arrêt, de justice et de correction ;
« Dépôts de mendicité ;
« Asiles d'aliénés ;
« Hospices ;
« Lycées et collèges communaux ;
« Écoles spéciales ;
« Séminaires ;
« Maisons d'éducation et écoles avec pensionnat ;
« Communautés religieuses ;
« Réfugiés à la solde de l'État ;
« Ouvriers étrangers à la commune attachés aux chantiers temporaires de travaux publics. »

« Toutefois, ajoute M. le Ministre de l'intérieur dans son instruction aux préfets, il faut éviter avec grand soin de confondre dans ce recensement spécial un certain nombre d'individus qui, bien que se rattachant aux catégories désignées ci-dessus, appartiennent néanmoins aux éléments ordinaires de la population municipale.

« C'est ainsi qu'on devra comprendre sur la liste nominative des habitants :

« Les officiers et assimilés qui ne sont pas logés avec leur troupe dans les quartiers et casernes, et les sous-officiers et gardes attachés aux états-majors, aux places, aux directions, aux écoles et aux hôpitaux militaires;

« (On fera, selon le cas, une distinction semblable à l'égard des officiers et employés de la marine);

« Les gendarmes et les préposés des douanes;

« Le personnel fixe des établissements désignés dans l'article 2 du décret du 1er mars, tels que les directeurs, économes, surveillants, professeurs, ainsi que les employés, gardiens, concierges et gens de service;

« Les membres des congrégations religieuses détachés d'une manière permanente au service des écoles ou hospices dans la commune, ou les membres des communautés cloîtrées qui ne quittent pas la commune et font partie de la famille communale;

« Les malades des hôpitaux qui ont conservé leur domicile dans la commune;

« Les élèves externes des établissements d'instruction publics et privés.

Marins.

« Les marins au service de l'État sont recensés comme corps de troupe. S'ils sont casernés à terre ou embarqués sur des bâtiments présents le 12 avril dans un port français, ils seront rattachés à la population comptée à part de la ville où est située la caserne du port.

« Quant aux marins embarqués sur des bâtiments qui naviguent, les autorités municipales n'ont pas à s'en occuper. Ils feront l'objet d'un recensement spécial effectué par les soins de M. le Ministre de la marine.

« En ce qui concerne les marins du commerce, il faut distinguer ceux qui se livrent à la pêche ou au cabotage et ceux qui naviguent au long cours.

« Les premiers (grand et petit cabotage, pêche) seront inscrits sur la liste nominative des communes où ils ont leur résidence, qu'ils y soient ou non présents le 12 avril.

« Les autres (voyage au long cours) seront compris dans la population comptée à part du port français où ils se trouveront le 12 avril.

« S'ils sont en cours de navigation, ils seront assimilés aux marins de l'État et recensés comme eux par les soins du Ministre de la marine. »

Examen des listes de dénombrement et des relevés récapitulatifs.

Après que les listes de dénombrement auront été dressées et récapitulées, les directeurs devront, pour les communes dont la population approchera des chiffres comportant une modification de tarif ou un changement de régime, demander communication de ces relevés en vue de rechercher si des omissions, des erreurs n'auraient pas été commises soit dans le dénombrement en lui-même, soit dans le classement de la population. Au cas où les rectifications à opérer devraient avoir pour conséquence de placer la commune dans une autre classe du tarif, il en serait rendu compte à l'Administration, qui provoquerait telle mesure qu'elle jugerait nécessaire.

Communes ayant une population totale de 4,000 âmes et au-dessus.

Lorsque les résultats du dénombrement seront parvenus à la préfecture, les directeurs en prendront connaissance, et ils établiront, suivant le modèle donné par la lettre commune n° 3, du 11 février 1886, un relevé, en double expédition, des communes pour lesquelles l'ancien ou le nouveau dénombrement aura donné une population municipale totale atteignant 4,000 âmes. L'un de ces relevés sera transmis sous le timbre du bureau compétent de la 1re division et l'autre sous le timbre du 1er bureau de la 3e division.

Si des écarts notables apparaissaient entre les résultats des deux dénombrements, on devrait en indiquer sommairement les causes dans la colonne d'observations.

Périmètre de l'agglomération; arrêtés préfectoraux.

Au cours de chaque période quinquennale, des difficultés surgissent assez souvent dans les villes sujettes au droit d'entrée, parce qu'aucun titre régulier n'établit nettement le périmètre de l'agglomération. Afin de les prévenir ou de faciliter leur solution, les directeurs devront désormais demander aux préfets de fixer cette délimitation dans l'arrêté destiné à mettre en vigueur les résultats du dénombrement de la population. Il reste entendu, toutefois, que le périmètre pourra être modifié dans la suite par d'autres arrêtés. En effet, suivant un avis du Conseil d'État en date du 11 octobre 1837, « l'article 22 de la loi du 28 avril 1816 a conservé toute sa force, et la publication quinquennale des tableaux officiels de la po-

pulation ne peut mettre obstacle à ce que, dans l'intervalle de cette période, les villes et les communes dans leur intérêt particulier, et l'Administration des contributions indirectes dans celui du Trésor, ne réclament contre les erreurs ou les changements qui auraient pour résultat de les astreindre indûment au paiement du droit d'entrée ou de les exempter à tort de cet impôt. »

Décrets rectificatifs du chiffre de la population agglomérée.

La question s'est posée de savoir si les arrêtés rectificatifs du chiffre de la population agglomérée que les préfets sont autorisés à prendre doivent toujours être ratifiés par un décret. M. le Ministre des finances s'est prononcé pour l'affirmative par les considérations suivantes :

D'après l'article 22 de la loi du 28 avril 1816, les difficultés relatives à l'assujettissement d'une commune au droit d'entrée ou à la classe dans laquelle elle doit être rangée par sa population sont déférées au préfet, dont la décision est provisoirement exécutée jusqu'à ce qu'il ait été statué par le Ministre des finances, sauf le recours de droit.

La loi déclare donc d'une manière formelle que les contestations de l'espèce tombent en premier ressort sous la juridiction des préfets. Mais elle dispose expressément aussi que les décisions qu'ils prennent en l'objet n'ont qu'un caractère provisoire. Il s'ensuit que pour rendre, s'il y a lieu, la situation définitive, il est nécessaire que l'autorité supérieure intervienne en la forme qui lui est propre. Or cette intervention ne peut être exercée que par l'autorité qui a créé la situation à modifier ; et comme, en l'espèce, la population agglomérée, c'est-à-dire celle qui détermine le régime fiscal, est fixée par un décret rendu sur l'initiative du département de l'intérieur, c'est dans la même forme que doivent s'opérer les rectifications que l'on juge nécessaire d'apporter au décret primitif.

Cette procédure doit être suivie, non pas seulement quand les rectifications demandées ont pour effet de placer une commune sous le régime du droit d'entrée ou de modifier la classe du tarif à laquelle elle appartient, mais encore lorsqu'il s'agit simplement de rectifier une erreur matérielle sans influence sur le régime fiscal.

Les directeurs sont invités à assurer, en ce qui les concerne, l'exécution de ces dispositions.

Le Conseiller d'État, Directeur général,
Signé : A. CATUSSE.

Pour ampliation :
L'Administrateur de la 1re Division,
Signé : L. SESTIER.

DÉCRET DU 20 MARS 1891,

Autorisant l'admission temporaire des maïs étrangers en grains destinés à la fabrication des glucoses (1).

Le président de la République française,

Sur le rapport du Ministre du commerce, de l'industrie et des colonies, et d'après l'avis conforme du Ministre des finances ;

Vu l'article 5 de la loi du 5 juillet 1836 ;

Vu l'article 1er de la loi du 8 juillet 1890,

Décrète :

Article premier. — Les maïs peuvent être admis temporairement en franchise de droit pour être transformés en glucose pour la réexportation, sous les conditions déterminées par l'article 5 de la loi du 5 juillet 1836.

Art. 2. — Les déclarants s'engageront par une soumission valablement cautionnée à réexporter ou à mettre en entrepôt, dans un délai qui ne pourra pas excéder quatre mois, les glucoses provenant de la transformation des maïs.

Art. 3. — Pour chaque quintal métrique de maïs, il devra être réexporté 50 kilogrammes soit de glucose massée, soit de glucose en sirop à 40 degrés Baumé (1,383 degrés du densimètre centésimal).

Art. 4. — Les déclarations pour l'importation temporaire pourront être reçues dans tous les bureaux.

La réexportation des produits de la fabrication ne pourra être effectuée que par les bureaux ouverts au transit.

Art. 5. — L'arrivée du maïs dans les glucoseries devra être constatée par le service des contributions indirectes chargé de l'exercice de la fabrique; pour que l'identité du maïs puisse être reconnue, un échantillon plombé sera joint à l'acquit-à-caution d'admission temporaire.

L'expédition de la glucose à l'étranger ne pourra s'effectuer qu'en vertu d'acquits-à-caution du service des contributions indirectes, indiquant l'acquit-à-caution, délivré à l'entrée par le service

(1) Transmis avec la circ. du 10 avril 1891, n° 2.

des douanes, à la décharge duquel la réexportation aura lieu.

Art. 6. — Toute substitution, toute soustraction, tout manquant ou tous abus constatés par le service des douanes ou des contributions indirectes donneront lieu à l'application des pénalités et interdictions prononcées par l'article 5 précité de la loi du 5 juillet 1836.

Art. 7. — Le Ministre du commerce, de l'industrie et des colonies et le Ministre des finances sont chargés, chacun en ce qui le concerne, de l'application du présent décret, qui sera publié au *Journal officiel* et inséré au *Bulletin des lois*.

Fait à Paris, le 20 mars 1891.

Signé : CARNOT.

Par le Président de la République :

Le Ministre du commerce, de l'industrie et des colonies, Signé: Jules ROCHE.

Le Ministre des Finances, Signé : ROUVIER.

Pour copie conforme :
Le Conseiller d'État, Directeur général,
Signé : A. CATUSSE.

CIRC. DU 28 MARS 1891, N° 630.

3e Division.— 1er Bureau.

Garantie. — Surveillance du titre.

L'Administration a fait, dans le courant de l'année 1890, l'acquisition d'un certain nombre de bijoux d'or et d'argent mis en vente dans le commerce, afin que, selon le désir exprimé par la Monnaie, des contre-essais fussent pratiqués, dans ses laboratoires, sur ses bijoux.

Aux termes d'une circulaire de cette Administration, dont le texte est reproduit ci-après, il est ressorti de ces contre-essais que, pour les ouvrages pleins aussi bien que pour les ouvrages creux ou soudés, les limites des tolérances légales ou réglementaires n'avaient pas été observées. Les écarts les plus considérables ont été constatés sur les bijoux creux ou soudés qui jouissent de la tolérance de 20 millièmes, et l'on peut être fondé à croire, en raison de cette circonstance, que les essayeurs des bureaux où les bijoux achetés dans le commerce avaient été contrôlés ont pratiqué par la méthode du touchau sur des parties ne renfermant pas de soudure.

A ce propos, la circulaire précitée rappelle aux essayeurs les instructions relatives au maintien du titre, ainsi que les obligations et la responsabilité qui leur incombent.

Les contrôleurs des bureaux de garantie devront s'inspirer de ces recommandations en raison de la surveillance que, selon le vœu de l'arrêté du 13 prairial an VII, ils sont expressément tenus d'exercer sur le titre des matières d'or et d'argent.

J'invite les directeurs à assurer l'exécution des instructions qui précèdent.

Le Conseiller d'État, Directeur général,
Signé : A. CATUSSE.

Pour ampliation :
L'Administrateur de la 3e Division,
Signé : H. ROUSSAN.

—

Administration des monnaies et médailles.

CIRC. DU 2 MARS 1891, n° 17.

Garantie. — Contre-essai de divers bijoux par l'Administration. — Rappel des instructions concernant le maintien du titre.

Monsieur, l'Administration a procédé au contre-essai d'un certain nombre de bijoux provenant d'achats faits dans diverses villes et composés d'objets pleins ne devant bénéficier que de la tolérance légale (3 millièmes pour l'or, 5 millièmes pour l'argent), d'objets creux ou soudés en or, pour lesquels une tolérance administrative de 20 millièmes est autorisée, et aussi d'ouvrages dont l'essai peut être fait au touchau, conformément à la décision ministérielle du 15 novembre 1822 et à la nomenclature qui y est annexée.

Ces vérifications ont permis de constater que le titre légal ou réglementaire n'est pas exactement observé. Spécialement les objets creux ou soudés en or sont, dans la proportion de moitié environ, au-dessous de 730 millièmes, limite de la tolérance ; quelques-uns de ces ouvrages ont même été reconnus au-dessous de 700 millièmes.

Comme suite à ces constatations, l'Administration a le devoir de vous rappeler ses précédentes instructions concernant le maintien du titre. La circulaire du 26 décembre 1822, n° 69, et celle du 3 mai 1838, n° 16, contiennent sur ce point les prescriptions suivantes : « Les essayeurs doivent « examiner avec la plus grande attention toutes « les pièces qui sont soumises à l'essai, pour dé« couvrir les surchages de soudure qui peuvent « considérablement altérer le titre des ouvrages, « et s'assurer si toutes les parties de rapport sont « au même titre. » Ils doivent aussi « essayer « souvent à la coupelle les pièces de touchau, « afin de rectifier par des opérations rigoureuses « le jugement quelquefois trompeur des yeux : « fondre une pièce creuse pour juger de la fabri« cation et du titre de ses analogues, toutes les « fois que cela est possible ».

L'Administration compte sur votre vigilance pour que la vérification du titre des ouvrages qui vous sont présentés soit désormais effectuée avec le plus grand soin : l'intérêt du public, la confiance que doit inspirer le poinçon de l'État et enfin le souci de votre propre responsabilité vous en font, d'ailleurs, une obligation étroite.

Le Directeur général,
L. Ruau.

Note du 28 mars 1891, n° 3.

2e Division. — 2e Bureau.

Vinaigres. — Statistique. — Production du vinaigre. — Renseignements à fournir.

L'Administration désire recevoir, pour le 20 *avril au plus tard*, un double relevé présentant, dans la forme tracée par le modèle ci-dessous, et pour chaque usine, la production du vinaigre dans chaque département pendant l'année 1890.

A cet effet, les relevés établis dans chaque arrondissement devront être *récapitulés* et *totalisés* par département sur un état collectif.

Il importe que les renseignements consignés sur ces relevés soient rigoureusement exacts.

Dans les usines qui mettent simultanément en œuvre des matières premières d'espèces différentes et où les produits se trouvent confondus, la part de production afférente à chaque espèce de matière première sera calculée au *prorata* des prises en charge auxquelles chacune de ces espèces aura donné lieu.

Le Conseiller d'État, Directeur général,
Signé : A. Catusse.

DÉPARTEMENT — CONTRIBUTIONS INDIRECTES. — STATISTIQUE.

d — VINAIGRES.

Relevé de la production du vinaigre pendant l'année 1890.

Arrondissement.	Désignation des fabriques. (1)	Quantités de matières premières mises en œuvre.				Résultats de la fabrication. Quantités produites en vinaigres				Total des vinaigres fabriqués. (2)	Quantités d'acide correspondant au volume des vinaigres fabriqués.	Quantité d'acide acétique qui aurait dû être produite d'après le rendement de 75 p. 0/0.	Droits correspondants aux quantités de boissons mises en œuvre (y compris les taxes locales).	Vinaigres employés en franchise à des usages industriels.	Quantités d'acide contenues dans les vinaigres		Observations. (3)
		Vins.	Cidres.	Bières.	Alcools.	de vins.	de cidres.	de bières.	d'alcools.						importés.	exportés.	
1	2	3	4	5	6	7	8	9	10	11	12	13	14	15	16	17	18
Total par département. .																	

(1) L'état récapitulatif départemental indiquera seulement dans cette colonne le nombre des usines.

(2) Dans les colonnes 7 à 11 ne doivent figurer que les quantités de vinaigre réellement fabriquées et correspondantes aux matières premières mises en œuvre, *abstraction faite, par conséquent, des vinaigres repassés.*

(3) Dans le cas où des glucoses, des mélasses, des marcs, etc., auraient été employés à la fabrication du vinaigre, il y aurait lieu d'indiquer la quantité de ces matières mises en œuvre, si ces matières ont ou n'ont pas été soumises à une fermentation préalable, et si elles ont fait l'objet d'une prise en charge au compte de fabrication.

Circ. du 28 mars 1891, n° 631.

3e Division. — 1er Bureau.

Garantie. — Ouvrages destinés à l'exposition française de Moscou.

Une décision prise par M. le Ministre des finances, à la suite de l'entente intervenue entre l'Administration des contributions indirectes et l'Administration des monnaies et médailles, dispose que les ouvrages d'or et d'argent qui seront expédiés à l'Exposition française de Moscou ne seront soumis, lors de leur sortie de France, ni à l'oblitération des marques légales intérieures, ni à l'apposition du poinçon d'exportation.

Ces ouvrages seront présentés au bureau de garantie et recevront une marque distinctive, la lettre M, de forme onciale. Une circulaire de l'Administration des monnaies, dont le texte est reproduit ci-après, donne le dessin figuratif de cette marque. Les exposants auront la faculté de l'appliquer eux-mêmes, en présence des employés de la garantie, avant la mise sous plomb des ouvrages, pour lesquels ils auront à souscrire des soumissions d'exportation.

Les ouvrages qui, lors de la clôture de l'Exposition, feront retour en France, accompagnés de ces soumissions, seront remis à leurs propriétaires, et, bien entendu, le droit de garantie, dont la présence des marques légales intérieures attestera l'acquittement, restera acquis au Trésor.

Par mesure exceptionnelle, les ouvrages qui auront été vendus en Russie, et qui, dès lors, ne seront pas représentés lors du retour des soumissions, profiteront du remboursement du droit de garantie, sur la demande que les intéressés auront à produire à cet effet. Si ces ouvrages rentraient ultérieurement en France, la marque distinctive (la lettre M), dont l'empreinte leur aura été appliquée au départ, permettra de les reconnaître et conséquemment de leur faire acquitter une seconde fois le droit précédemment restitué.

Ainsi que l'indique la circulaire de la Monnaie, les bureaux dans lesquels il sera fait emploi de ladite marque peuvent, dès à présent, adresser à cette Administration leurs demandes des poinçons (grand et petit module). L'Administration des contributions indirectes se chargera de faire, en temps et lieu, l'envoi des plaques de vérification revêtues de l'empreinte de la lettre M à chacun des bureaux de garantie ouverts à l'importation.

Le Conseiller d'État, Directeur général,
Signé : A. Catusse.

Pour ampliation :
L'Administrateur de la 3e Division,
Signé : H. Roussan.

—

Administration des monnaies et médailles.

Circ. du 11 mars 1891, n° 18.

Garantie. — Création d'une marque spéciale pour les ouvrages qui, revêtus du poinçon intérieur, seront envoyés à l'Exposition française à Moscou.

Monsieur, plusieurs fabricants et marchands de bijouterie, de joaillerie et d'orfèvrerie, qui se proposent d'envoyer à l'Exposition française de Moscou des ouvrages revêtus des marques intérieures de la Garantie, ont demandé que cet envoi pût se faire sans oblitération de ces marques et sans apposition du poinçon d'exportation, mais en conservant néanmoins le bénéfice du remboursement de l'impôt sur ceux de ces objets qui, vendus en Russie, ne rentreraient pas en France.

M. le Ministre des finances a décidé, le 27 février dernier, qu'il sera donné suite à cette demande, et il a adopté, sur la proposition de l'Administration, un régime particulier qui consiste « à em« preindre de la marque M (initiale du mot Mos« cou), que l'on créera spécialement à cet effet et « qui sera apposée aussi près que possible du poin« çon intérieur, les objets envoyés à l'Exposition « de Moscou et pour lesquels des soumissions d'ex« portation seront d'ailleurs souscrites ».

Aux termes de la même décision ministérielle, « cette marque aura deux modules, l'un pour les « gros et moyens ouvrages, et l'autre pour les « petits objets. Elle pourra être apposée par les « intéressés eux-mêmes, au bureau de garantie, « avant la mise sous plomb des objets, et en pré« sence des employés ».

« Au retour en France, les soumissions souscri« tes au départ seront remises au service. Les « objets rentrés seront purement et simplement « laissés à leurs propriétaires, et le droit sera « remboursé sur les ouvrages qui ne seront pas re« présentés. Si ces derniers étaient ultérieurement « réimportés, la lettre M. indiquerait que leur « admission en France ne peut s'effectuer que « sous paiement de l'impôt. »

Un dessin figuratif de cette marque spéciale est reproduit ci-contre. Vous remarquerez que la lettre M, de forme onciale, est inscrite dans un ovale régulier.

Les bureaux dans lesquels il sera fait emploi de cette marque peuvent, dès à présent, adresser à l'Administration, dans la forme habituelle, la demande des poinçons (gros et petits modules) qui leur seront nécessaires.

Quant aux plaques de vérification sur lesquelles l'Administration des monnaies va faire incruster le poinçon M, il en sera transmis un exemplaire par l'Administration des contributions indirectes à chacun des bureaux de garantie ouverts à l'importation.

Le Directeur général,
L. Ruau.

Circ. du 4 avril 1891, n° 1.

2e Division. — 2e Bureau.

Bougies. — Les chandelles-lampions stéariques destinées aux illuminations publiques sont exemptées de l'impôt.

Aux termes de l'article 9 de la loi du 30 décembre 1873, l'acide stéarique et autres matières à l'état de bougies ou de cierges, les chandelles et bougies à mèche tressée et ayant subi une préparation chimique et, enfin, les mélanges ou composés factices d'acide stéarique et d'autres substances sont passibles d'un droit de consommation intérieure fixé à 25 francs, en principal, par 100 kilogrammes.

En vertu de ces dispositions, les chandelles-lam

pions fabriquées en totalité ou en partie avec de l'acide stéarique avaient été, jusqu'ici, frappées de l'impôt.

Mais la question s'est posée récemment de savoir s'il ne conviendrait pas de faire bénéficier ces produits de l'exemption des droits qui a déjà été accordée aux allumettes-bougies et aux pelotes-bougies dites *rats de cave*.

Cette question vient d'être résolue dans le sens de l'affirmative par une décision du Ministre des finances en date du 21 mars dernier, décision basée sur ce que les chandelles-lampions stéariques, qui revêtent la forme de petits cônes destinés à être consommés dans des godets en verre, sont exclusivement préparées pour servir aux illuminations publiques et ne constituent pas un objet d'éclairage domestique, le seul que le législateur ait voulu atteindre.

Les produits dont il s'agit devront dorénavant être considérés comme indemnes de toute taxe, sous la réserve qu'ils conserveront leur caractère spécial, tant sous le rapport de la forme qu'au point de vue de leur destination.

J'invite les directeurs à porter la nouvelle décision ministérielle à la connaissance des intéressés et à en assurer l'exécution.

Le Conseiller d'État, Directeur général,
Signé : A. CATUSSE.

Pour ampliation :
L'Administrateur de la 2e Division,
Signé : DECHAUD.

CIRC. DU 8 AVRIL 1891, N° 2.

2e Division. — 2e Bureau.

Glucoses. — Décret concernant l'admission temporaire des maïs étrangers employés à la fabrication des glucoses. — Intervention du service dans l'application de ce décret.

Un décret du 20 mars 1891, dont le texte est reproduit à la suite de la présente circulaire, autorise, sous les conditions déterminées par l'article 5 de la loi du 5 juillet 1836, l'admission temporaire des maïs étrangers en grains destinés à la fabrication des glucoses.

L'article 2 de ce décret limite à quatre mois le délai pendant lequel les obligations d'admission temporaire pourront être apurées par l'exportation ou la constitution en entrepôt d'une quantité de glucose correspondant à ces obligations.

L'article 2 fixe à 50 kilogrammes par quintal métrique de maïs, soit de glucose massée, soit de glucose en sirop à 40 degrés Baumé (1,383 du densimètre centésimal), la quantité de glucose à représenter pour l'apurement des obligations d'admission temporaire.

L'article 4, dont l'exécution rentre exclusivement dans les attributions du service des douanes, dispose que l'exportation des produits destinés à l'apurement des obligations ne pourra s'effectuer que par les bureaux ouverts au transit, mais que les déclarations pour l'admission temporaire seront reçues dans tous les bureaux.

Enfin, l'article 5 stipule que l'arrivée du maïs dans les glucoseries devra être constatée par le service des contributions indirectes chargé de l'exercice des usines, et que l'expédition des glucoses à l'étranger ne pourra s'effectuer qu'en vertu d'acquits-à-caution délivrés par le même service et indiquant l'acquit-à-caution de douanes à la décharge duquel l'exportation aura lieu.

A cet effet, les dispositions suivantes ont été arrêtées de concert entre les deux administrations :

Afin de permettre aux employés des contributions indirectes de constater l'identité des maïs d'importation, le décret veut qu'un échantillon plombé soit joint à l'acquit-à-caution délivré à l'entrée par le service des douanes.

A l'arrivée des maïs dans les glucoseries, les acquits de douanes seront représentés aux employés qui vérifieront les chargements ; mais, jusqu'au moment où les industriels auront justifié de l'exportation d'une quantité de glucose correspondant au maïs introduit, les engagements pris par les soumissionnaires des titres de mouvement et par leurs cautions subsisteront en entier ; ces acquits ne seront donc pas immédiatement déchargés par suite du seul fait de la vérification du maïs ni même de la mise en œuvre ultérieure de ces produits.

Les maïs seront emmagasinés à part, de manière que le service puisse en suivre facilement l'emploi et s'assurer que l'intégralité en est réellement transformée en glucose. Ils seront pris en charge au compte général des matières premières concurremment avec les autres substances desti-

nées à la production des glucoses. La mise en œuvre en sera suivie dans les mêmes conditions que celle de ces autres substances, suivant les prescriptions de la lettre commune n° 8, du 23 février 1878, sans qu'il y ait lieu de se préoccuper de la question de savoir si le rendement effectif est ou n'est pas exactement en rapport avec la quotité admise comme base de conversion par l'article 3 du décret.

En dehors du compte ordinaire des matières premières, il sera ouvert sur un registre spécial (portatif 52 ou 50 A) un compte destiné à suivre l'apurement des acquits-à-caution de douanes.

Chaque titre de mouvement fera, à ce compte, l'objet d'un article distinct, où il sera analysé.

Les quantités de maïs énoncées à chaque acquit-à-caution seront émargées à ce compte, du côté des charges, pour leur poids total et pour leur quantité représentative de glucose à raison de 50 kilogrammes par quintal de maïs.

Un acte dressé au portatif constatera le résultat de la vérification du chargement. Les différences en plus ou en moins reconnues par rapport à l'énoncé du titre de mouvement seront provisoirement annotées au-dessous de la quantité déclarée, de manière que cette constatation, signalée ultérieurement au service des douanes, puisse, le cas échéant, être de la part de ce service l'objet d'un rappel de droits.

Les expéditions de glucose pour l'exportation à la décharge des soumissions d'admission temporaire donneront lieu à la délivrance d'acquits-à-caution n° 9 A énonçant le poids brut, le poids net des chargements et la quantité de maïs correspondante (100 kilogr. de maïs par 50 kilog. de glucose). Ces mêmes acquits indiqueront l'acquit de douanes auquel la sortie devra être imputée. Le service ne devra d'ailleurs admettre de déclarations d'exportation que pour les glucoses présentant au moins une densité de 40 degrés Baumé; quant aux produits d'une densité supérieure, ils seront exportés sans qu'il soit tenu compte de leur excès de densité, ni pour la décharge du compte, ni pour la conversion de la glucose en maïs.

Au fur et à mesure des expéditions, le compte général de fabrication et le compte de magasin seront déchargés dans les conditions prévues par la lettre commune précitée du 23 février 1878. Les acquits-à-caution délivrés pour ces expéditions seront en outre annotés au cadre des sorties du compte spécial ouvert pour l'apurement des acquits de douanes à l'article afférent au titre de mouvement en voie d'apurement.

Après avoir constaté l'exportation ou la mise en entrepôt des glucoses, le service des douanes renverra au lieu de départ, dûment déchargés, les acquits-à-caution d'exportation. Au vu de ces titres de mouvement, le cadre des sorties du compte spécial sera complété par l'indication de la date de l'exportation ou de l'entrée en entrepôt, et lorsque tous les acquits-à-caution délivrés à la décharge d'un même acquit de douanes seront ainsi rentrés, cet acquit sera à son tour déchargé par les employés et renvoyé, par la voie hiérarchique, au bureau d'émission, après avoir été annoté de la sortie ou des diverses sorties qui auront justifié l'apurement. La décharge sera ainsi intégrale lorsque les sorties de glucoses correspondront à la quantité de maïs énoncée au titre de mouvement primitif.

Mais il pourra arriver que ces sorties soient insuffisantes pour couvrir la totalité des introductions de maïs ou que ces sorties ne puissent pas être réalisées dans le délai de 4 mois spécifié à l'article 2 du décret. Dans ce cas, le service, à l'expiration du délai fixé et après avoir attendu que les derniers acquits délivrés aient pu lui être renvoyés, apurera le compte de l'acquit de douanes atteint de péremption et le déchargera, mais seulement jusqu'à concurrence de la quantité de maïs correspondant aux glucoses dont l'exportation ou la mise en entrepôt aura été justifiée. C'est dans ces conditions que le titre de mouvement sera renvoyé au bureau d'émission chargé de percevoir le droit sur la portion non apurée de la soumission d'admission temporaire.

Par la même raison, lorsque des manquants auront été constatés à l'arrivée sur des chargements de maïs, les acquits-à-caution de douanes ne pourront être déchargés que jusqu'à concurrence des quantités effectivement représentées. Quant aux excédents, ils resteront complètement en dehors de toute imputation de sortie des glucoses, comme n'ayant pas été compris dans les soumissions d'admission temporaire; ils seront seulement signalés au service de la douane par l'envoi d'un duplicata de l'acte de vérification inscrit au portatif.

L'article 6 du décret porte que toute substitution, toute soustraction, tout manquant ou tous abus constatés par le service des douanes ou des contributions indirectes donneront lieu à l'application des pénalités et interdictions prononcées par l'article 5 précité de la loi du 5 juillet 1836. L'exécution de cette disposition rentre exclusivement dans les attributions de l'Administration des douanes.

Les instructions qui précèdent devront être portées immédiatement à la connaissance du service et des intéressés, et les directeurs tiendront la main à ce qu'elles soient ponctuellement observées.

Le Conseiller d'État, Directeur général,
Signé : A. CATUSSE.

Pour ampliation :
L'Administrateur de la 2e Division,
Signé : DECHAUD.

DÉCRET DU 11 AVRIL 1891,

Autorisant la fabrication et la mise en vente des allumettes du type 26 A.

(*V. ce déc. à la suite de la circ. du 30 déc. 1891, no 16*)

LETT. COMM. DU 11 AVRIL 1891, N° 1

2e Division. — 2e Bureau.

Sucres. — Acquits-à-caution. — Perte en cours de transport. — Exigibilité du second droit.

En matière de sucres, l'Administration s'est réservé exclusivement de statuer sur les demandes tendant à la remise du simple droit garanti par les acquits-à-caution. (Circulaire n° 17, du 16 mars 1870.)

Quant au second droit exigible, à titre d'amende, sur ces produits, il peut être abandonné chaque fois que les différences constatées en plus ou en moins ne dépassent pas 2 p. 100 et qu'elles sont expliquées par l'état du chargement (Instruction générale du 15 décembre 1853, § 169). Au delà de cette limite, remise partielle ou totale du second droit peut encore être accordée, lorsque les circonstances de l'affaire le permettent (même instruction, § 172).

Or, dans certains départements, on exige toujours, paraît-il, le paiement du second droit sur les manquants constatés à l'arrivée, par suite de la disparition de sacs entiers ou de la perte d'une partie du contenu des sacs. Lorsque, comme c'est généralement le cas, ces manquants ne peuvent être attribués qu'à des circonstances fortuites, à des pertes provenant de coulages par des trous de sonde ; que le plombage des sacs est intact et que le service n'a aucun motif de soupçonner une manœuvre frauduleuse, il est cependant rigoureux de réclamer le paiement du second droit.

Afin de prévenir, de la part des intéressés, des réclamations fondées, l'Administration décide qu'à l'avenir, lorsque les Directeurs ne croiront pas devoir faire l'abandon du second droit sur les manquants, ils devront la consulter, en lui soumettant toutes les circonstances de l'affaire. C'est seulement après qu'elle aura fait connaître sa décision que le paiement de ce second droit pourra être définitivement exigé.

Le cas échéant, le service devrait, bien entendu, prendre toutes les mesures conservatoires pour éviter que le Trésor ne soit déchu de ses droits, si l'apurement de l'acquit-à-caution n'avait pu être opéré avant l'expiration du délai de 4 mois fixé par l'article 8 de la loi du 21 juin 1873.

Le Conseiller d'État, Directeur général,
A. CATUSSE.

LETT. COMM. DU 14 AVRIL 1891, N° 2.

3e Division. — 1er Bureau.

Enquête sur la circulation monétaire et fiduciaire dans les départements.

Le Ministre vient de décider qu'il sera procédé, le 22 avril courant, sur la circulation monétaire et fiduciaire, à une enquête dont l'objet est développé dans une circulaire de la Direction du Mouvement général des fonds imprimée à la suite de la présente lettre.

Pour arriver à un résultat aussi concluant que possible, il a paru qu'il y aurait intérêt à faire intervenir dans cette enquête, comme cela a eu lieu en 1878 et en 1885, les divers comptables des Régies financières.

En ce qui concerne l'Administration des contributions indirectes, l'enquête sera restreinte aux Receveurs principaux, aux Entreposeurs et aux Receveurs particuliers sédentaires ou ambulants, à l'exclusion des Receveurs buralistes.

Veuillez, sans le moindre retard, vous entendre avec le Trésorier général de votre département au sujet du concours que les comptables des contributions indirectes auront à lui prêter et transmettre les instructions et recommandations nécessaires aux agents qui doivent prendre part à l'enquête.

Le Conseiller d'État, Directeur général,
A. CATUSSE.

Direction du mouvement général des fonds

CIRC. DU 7 AVRIL 1891.

Enquête sur la circulation monétaire et fiduciaire dans les départements.

Le Conseiller d'Etat, directeur du Mouvement général des fonds, à MM. les Trésoriers-Payeurs des départements.

Monsieur le Trésorier-Payeur général, le Ministre vient de décider qu'il serait procédé dans les départements, comme en 1885, à une enquête monétaire à laquelle tous les comptables prendraient part, et qui aurait pour objet de faire connaître dans quelle proportion se trouvent dans la circulation les différentes coupures de billets de la Banque de France ainsi que les pièces nationales de vingt et de dix francs (or) et de cinq francs (argent) et les pièces étrangères de même nature ayant cours en France, avec l'indication de leurs millésimes.

Pour arriver à ce résultat, je vous prierai de faire parvenir directement aux Receveurs particuliers et aux Percepteurs de votre département un exemplaire des relevés (modèle n° 1) que vous trouverez ci-joints, en invitant ces comptables à se conformer exactement aux indications qui s'y trouvent mentionnées.

Le jour choisi pour cette enquête a été fixé au 22 avril. Chaque receveur particulier et percepteur devra donc à cette date, après la fermeture de ses bureaux, retirer de sa caisse, d'une part, les billets de la Banque de France qu'il classera par coupure et, d'autre part, les pièces d'or de vingt francs et de dix francs et les pièces d'argent de cinq francs, qu'il classera par nationalité, par coupure, et par année d'émission, en suivant l'ordre chronologique; il remplira ensuite, d'après les résultats de ces classements, le relevé dont vous lui aurez transmis la formule, comme il est dit plus haut. Je n'ai pas besoin d'ajouter que ces diverses opérations devront être faites avec le plus grand soin, de manière que tous les renseignements fournis soient la reproduction exacte des faits.

Dès que ces renseignements vous seront parvenus, vous établirez pour les comptables directs du département l'état récapitulatif (modèle n° 2), en y comprenant les résultats du relevé modèle n° 1, que vous aurez fait dresser à la date convenue pour l'encaisse de la Trésorerie générale.

Les comptables des Régies financières et ceux relevant de l'Administration des postes et des télégraphes devant prendre part à cette enquête, les instructions nécessaires leur seront données en temps utile par leurs administrations respectives. Mais vous aurez à faire parvenir aux chefs de service de ces régies et aux Directeurs des postes et télégraphes dans votre département, en nombre suffisant, des formules du relevé modèle n° 1, qu'ils seront chargés de transmettre aux agents placés sous leurs ordres ; vous leur remettrez également un état récapitulatif (modèle n° 2), sur lequel ils résumeront les relevés qu'ils auront reçus pour l'ensemble de leurs services. Ces pièces devront vous être renvoyées directement ; vous en grouperez les résultats avec ceux de l'état récapitulatif de la Trésorerie générale pour établir le tableau modèle n° 3 destiné à présenter l'ensemble des renseignements demandés pour chaque département. Enfin, vous m'adresserez ce dernier tableau, avec toutes les pièces ayant servi à l'établir, *le plus tôt qu'il vous sera possible.*

En vue de donner le résultat général de l'enquête dans le plus bref délai possible, sans attendre qu'il ait été procédé, dans chacune des diverses administrations financières, au relevé par millésime de chaque nature des pièces, vous devrez, le jour même où les états modèle n° 1 vous parviendront, établir pour les comptables directs, sur l'état modèle n° 4, un relevé sommaire des totaux. Les chefs de service des Régies et les Directeurs des postes et des télégraphes sont invités à procéder de même et à vous envoyer, le jour même où ils recevront les états modèle n° 1, un relevé sommaire modèle n° 4 que vous aurez eu soin de leur fournir. Vous récapitulerez ces résultats pour l'ensemble du département sur un imprimé du même modèle et vous me l'adresserez sans aucun délai.

Recevez, etc.

Signé : G. DE LIRON D'AIROLES.

CIRC. DU 16 AVRIL 1891, N° 3.

2ᵉ Division. — 2ᵉ Bureau.

Canaux et rivières canalisées. — Francs-bords. — Nouveau mode de paiement de la Contribution foncière.

Aux termes des instructions contenues dans les circulaires n°ˢ 203, du 3 mai 1839, et 443, du 24 janvier 1857, les receveurs des Contributions indirectes paient aux percepteurs, dès la réception des

avertissements, la contribution foncière assise sur les francs-bords des canaux et rivières canalisées situés dans leur circonscription. Ces paiements, effectués pour le compte du Receveur principal, figurent au bordereau mensuel n° 80 A et sont ensuite portés à un compte d'avances qui n'est soldé que dans les premiers mois de l'année suivante, au moyen de mandats de dépenses publiques délivrés par les Directeurs, après que les crédits nécessaires ont été accordés à l'Administration.

Cette manière de procéder a pour inconvénient de multiplier les écritures et la correspondance, de nécessiter des délais prolongés et d'exiger le concours d'un grand nombre d'agents. Elle a paru pouvoir être simplifiée, en adoptant des mesures analogues à celles en vigueur pour l'acquittement des contributions des forêts et des chemins de fer.

A cet effet, les dispositions suivantes ont été arrêtées, après entente avec les divers services intéressés :

Les percepteurs réuniront tous les avertissements concernant les impositions de francs-bords inscrites sur les rôles au nom de « *l'Etat, représenté par l'Administration des contributions indirectes* ». Ils les adresseront, avec un bordereau récapitulatif, au receveur des finances de leur arrondissement, qui les transmettra au trésorier général. Ce comptable supérieur centralisera tous les avertissements, avec les bordereaux établis par perception, et les remettra au Directeur des Contributions indirectes, qui fera aussitôt établir un état récapitulatif présentant le montant de la contribution foncière à payer pour l'ensemble du département.

Au vu de cet état, les crédits nécessaires pour l'acquittement de la contribution foncière seront demandés lors de la production de l'état 155 du mois qui suivra la réception des avertissements. Dès qu'il aura reçu l'ordonnance de délégation, le Directeur émettra un mandat unique de paiement sur la recette principale du chef-lieu au profit du trésorier général ; celui-ci, après avoir appliqué le montant du mandat au compte des « *Recouvrements en vertu de contraintes* », se fera adresser par les percepteurs les quittances à souche des cotisations acquittées, et les transmettra au receveur principal, qui les rattachera à sa comptabilité.

La formation de l'état récapitulatif sera précédée des vérifications prescrites par la circulaire n° 443 précitée.

Les Directeurs restent chargés, comme par le passé, de se pourvoir immédiatement devant le conseil de préfecture afin d'obtenir le dégrèvement des sommes indûment mises à la charge de la Régie.

Le montant des ordonnances de dégrèvement sera, le cas échéant, porté d'office par le trésorier général au compte des « *Reversements de fonds sur les dépenses des Ministères* » ; le récépissé souscrit à ce titre sera remis en même temps au Directeur des Contributions indirectes afin de permettre à cet ordonnateur secondaire de provoquer le rétablissement au budget de son administration de la portion de crédit employée à tort.

On procédera de la même manière pour l'acquittement des contributions foncières de francs-bords qui se trouveront comprises dans des rôles complémentaires. Les crédits nécessaires seront demandés assez à temps pour que l'ordonnance de délégation puisse parvenir à la Direction au commencement de la seconde année de l'exercice et en tout cas avant la clôture de cet exercice.

En supprimant l'intervention des comptables subordonnés et l'emploi du compte des avances provisoires, le système adopté réalise évidemment une simplification d'écritures appréciable. Il rend également sans objet la production des états n°ˢ 1 et 2 dont les modèles ont été annexés à la circulaire n° 443 du 24 janvier 1857, documents qui ne seront plus fournis à l'avenir.

Les Directeurs sont invités à assurer l'exécution immédiate des dispositions qui précèdent, lesquelles ont été portées à la connaissance des trésoriers généraux et des receveurs des finances par les soins de mon collègue de la Comptabilité publique.

Le Conseiller d'État, Directeur général,
Signé : A. CATUSSE.

Pour ampliation :

L'Administrateur de la 2ᵉ Division,
Signé : DECHAUD.

LETT. COMM. DU 20 AVRIL 1891, N° 3.

Bureau central et du Personnel.

Concours de préposés pour le grade de commis.

Le concours annuel institué pour l'admission des préposés au grade de commis aura lieu le 25 mai prochain.

Comme par le passé, tous les préposés de 1ʳᵉ et de 2ᵉ classe, âgés de 40 ans au plus, pourront y prendre part.

La liste des postulants sera close le 8 mai et transmise, dès le lendemain, en double expédition sous le timbre de la présente.

Les préposés nés pendant les années 1841 à 1850 inclus et promus à la 1ʳᵉ classe antérieurement à 1886, sont appelés à bénéficier cette année du quart des emplois de commis qui leur est attribué à l'ancienneté. Vous voudrez bien vous reporter, à cet égard, à la Lettre commune n° 7, du 3 avril 1890, dont toutes les dispositions devront, d'ailleurs, être strictement observées.

Les dossiers d'examen et la liste des candidats établie par ordre de mérite me seront adressés au plus tard le 9 juin.

Le Conseiller d'Etat, Directeur général,
A. CATUSSE.

CIRC. DU 21 AVRIL 1891, N° 4.

3ᵉ Division. — 1ᵉʳ Bureau.

Boissons. — Suppression du bureau de sortie de la Schlucht (Vosges).

Un décret en date du 1ᵉʳ avril 1891 dispose que le bureau de douane de la Schlucht (Vosges) est fermé à l'exportation des boissons.

Ce bureau devra être supprimé à la main sur le tableau annexé à l'instruction pratique des registres d'acquits-à-caution n°ˢ 2 A, 2 B, 2 C et 2 D, ainsi qu'au tableau imprimé à la suite de la circulaire n° 125, du 9 juillet 1874.

Le Conseiller d'Etat, Directeur général,
Signé : A. CATUSSE.

Pour ampliation :

L'Administrateur de la 3ᵉ Division,
Signé : H. ROUSSAN.

CIRC. DU 28 AVRIL 1891, N° 5.

3ᵉ Division. — 3ᵉ Bureau.

Acquits-à-caution. — Mesures tendant à établir l'authenticité des certificats de décharge.

Fréquemment les acquits-à-caution déchargés sont transmis à la Direction ou à la Sous-Direction d'origine, sans que la formule n° 111 servant de bordereau d'envoi ait été remplie. Parfois même ils parviennent non accompagnés d'imprimés de ce modèle. D'un autre côté, les signatures apposées tant sur les bandes des paquets qu'au bas des certificats de décharge sont le plus souvent inconnues des directeurs et sous-directeurs destinataires, ainsi que des commis par eux chargés de suivre l'apurement des expéditions, de sorte que les garanties indispensables d'authenticité font absolument défaut.

Il peut y avoir là une source d'abus contre lesquels il importe de se prémunir. L'Administration a, en conséquence, décidé que les vérificateurs appelés aujourd'hui à viser les certificats de décharge des acquits-à-caution devront désormais les marquer d'un timbre spécial qu'ils apposeront à côté de leur signature ou de celle de l'agent délégué.

Lors de l'envoi des acquits-à-caution, la bande des paquets sera revêtue du même timbre.

Ce timbre portera, conformément au spécimen dont l'empreinte est reproduite ci-dessous, les mots

« Contributions indirectes » et indiquera le nom et la qualité du vérificateur (Directeur, Sous-Directeur, Receveur-Entreposeur, Contrôleur ou Commis principal chef de poste) ayant à viser les certificats de décharge, ainsi que le lieu de sa résidence et le département. La partie du timbre portant le nom de l'employé est mobile et se trouve maintenue par une vis; elle peut s'enlever à volonté.

Cette disposition a été adoptée pour éviter d'avoir à remplacer trop fréquemment l'appareil. Toutes les fois qu'un agent possesseur du timbre changera de résidence ou sera nommé à d'autres fonctions, il détachera le bloc mobile et l'emportera dans son nouveau poste où il pourra l'utiliser, si son emploi le comporte, tous les instruments de l'espèce devant être construits sur le même modèle; le timbre, sans le bloc mobile, restera la propriété de l'emploi et sera remis, contre remboursement de sa valeur, au nouveau titulaire.

M. Ferret, graveur mécanicien à Paris, rue Olivier-de-Serres, n° 56, offre de fournir le timbre, muni de son bloc mobile, au prix de 8 francs, emballage et port compris. Il s'est, en outre, engagé à remplacer le bloc mobile, moyennant le prix de 2 francs, également franc de port et d'emballage, chaque fois que la demande lui en sera faite. Quant aux accessoires, boîte à tampon, encre grasse et brosse à encrer, il sera sans doute facile de se les procurer sur place.

Il est bien entendu, d'ailleurs, que l'Administration laisse à chacun la faculté d'acheter le timbre où bon lui semblera, pourvu que ce timbre soit du type réglementaire. Mais, dans les départements où l'on croirait devoir s'adresser à M. Ferret, il serait à désirer que les commandes fussent centralisées par le directeur qui, aussitôt après la livraison, en transmettrait directement le montant au fournisseur.

Le nouveau timbre devra être tenu sous clef et en lieu sûr. Les receveurs-entreposeurs, les contrôleurs et les commis principaux chefs de poste l'apposeront eux-mêmes. Les directeurs et les sous-directeurs ne pourront confier ce soin qu'à un commis de leurs bureaux qu'ils auront spécialement désigné ; en cas d'abus, leur responsabilité serait engagée. Si des acquits-à-caution déchargés soit dans un contrôle ou un poste de leur division, soit dans une autre circonscription administrative, leur étaient envoyés non revêtus du timbre, ils provoqueraient immédiatement les éclaircissements nécessaires.

Au moment de l'installation des sous-directeurs, des receveurs-entreposeurs, des contrôleurs et des commis principaux chefs de poste, les directeurs se feront représenter le timbre à leur nom ou son empreinte.

Je les invite à donner des ordres pour que la mesure soit partout appliquée dans le plus bref délai. Dès que tous les agents de leur département astreints à se pourvoir du timbre en seront munis, ils auront à m'en informer.

Le timbre ne devra pas exclusivement servir à accompagner la signature des vérificateurs sur les certificats de décharge des acquits-à-caution. Il sera utile, ainsi que cela se pratique journellement dans les études d'avoués ou de notaires, dans les maisons de banque ou de commerce, dans les établissements industriels, etc., qu'il soit également apposé sur la correspondance et les pièces d'une certaine importance. C'est le moyen de donner aux documents un caractère en quelque sorte authentique et de permettre de reconnaître plus tard leur origine, ce qui aujourd'hui est parfois difficile lorsque les signatures sont illisibles.

Cette opération devra, bien entendu, être accomplie sans que l'on s'écarte des précautions à prendre pour tenir le timbre dans les conditions de sûreté indiquées plus haut.

Le Conseiller d'État, Directeur général,
Signé : A. CATUSSE.

Pour ampliation :
L'Administrateur de la 3e Division,
Signé : H. ROUSSAN.

LETT. COMM. DU 29 AVRIL 1891, n° 4.

Bureau central et du personnel.

Recrutement des préposés.

Monsieur le Directeur, un concours pour le recrutement des préposés des divers services aura lieu le 15 juin prochain dans les directions.

Vous prendrez, d'urgence, les mesures nécessaires pour en faire connaître la date et les conditions, au moyen d'insertions gratuites dans les journaux de votre département, ainsi que dans le recueil des actes administratifs, et vous inviterez les chefs de service à donner aux intéressés toutes les indications utiles.

Les postulants devront se faire inscrire dans vos bureaux avant le 22 mai et produire pour cette date les pièces réglementaires, adhésion préfectorale comprise, que vous m'adresserez, dès le lendemain, sous le timbre de la présente, avec deux expéditions de la liste des candidats.

Les autres dispositions relatives au concours ont été fixées ou rappelées par la lettre commune n° 8, du 8 mai 1890. Veuillez vous y reporter et me faire parvenir, du 20 au 25 juin, les dossiers

d'examen et la liste des candidats établie par ordre de mérite.

Recevez, etc.

Le Conseiller d'État, Directeur général,
A. CATUSSE.

CIRC. DU 1er MAI 1891, N° 6.

2e Division. — 2e Bureau.

Bacs et passages d'eau. — Instructions relatives aux bacs dont le matériel appartient à l'État.

Par une circulaire en date du 6 février dernier, le Ministre des travaux publics a fait connaître aux Préfets qu'à l'avenir le matériel d'exploitation des bacs serait exclusivement fourni par les adjudicataires, et qu'en aucun cas, l'État ne mettrait à leur disposition une part quelconque de ce matériel (bateaux, agrès, trailles, chaînes noyées, maisons de passeur, bâtiments d'exploitation, etc.).

Bien que la mise à exécution de cette nouvelle mesure, dont l'application a été fixée au 1er avril courant, ne doive apporter aucune modification aux attributions de l'Administration des contributions indirectes en matière de bacs, il m'a paru utile de résumer succinctement les instructions données aux préfets.

Il est tout d'abord entendu que la mesure dont il s'agit ne sera appliquée que progressivement, au fur et à mesure de l'expiration des baux en cours.

En second lieu, les Ministres des travaux publics et des finances ont admis de concert que, par dérogation à la règle générale, la transmission aux nouveaux fermiers du matériel des passages d'eau sera faite, non pas aux enchères avec publicité et concurrence, mais à l'amiable. Les frais de cette cession resteront naturellement à la charge du fermier. Quant aux immeubles servant à l'exploitation des bacs, ils seront livrés aux Domaines pour être vendus par voie d'adjudication publique.

Il a été enfin décidé qu'il sera procédé ainsi qu'il suit pour la réadjudication des bacs dont le matériel était antérieurement fourni par l'État :

1° Les Ingénieurs dresseront, pour la réadjudication de chaque passage d'eau, un nouveau cahier des charges conforme au type : *Matériel appartenant au fermier.*

2° L'article 11 du cahier type sera libellé de la manière suivante :

« Art. 11. — Le nouveau fermier sera tenu de prendre les bateaux, agrès et ustensiles appartenant à l'État, trailles et accessoires compris, d'après l'estimation qui en sera faite par l'ingénieur de l'arrondissement, assisté d'un agent des Domaines, en présence du maire et des parties intéressées, à la charge par lui d'en rembourser la valeur dans le délai d'un mois. Il sera également tenu, à sa sortie, de laisser son matériel au fermier entrant. »

3° Les Ingénieurs feront, s'il y a lieu, la remise aux Domaines de toutes les maisons ou bâtiments quelconques appartenant à l'État et affectés à l'exploitation des bacs. Toutes les dispositions nécessaires seront prises pour que l'adjudication de ces immeubles coïncide autant que possible avec l'adjudication du passage d'eau.

Les Directeurs remarqueront qu'ils n'ont pas à intervenir dans les opérations relatives à la cession du matériel aux fermiers, cession dont le produit sera encaissé par l'Administration des Domaines, et qu'ils doivent également rester étrangers à la remise aux Domaines des immeubles affectés à l'exploitation des bacs.

Ils se borneront à s'assurer, par l'examen des dossiers qui leur seront communiqués en vue des adjudications de l'espèce, que le cahier des charges a bien été établi conformément aux instructions contenues dans la circulaire précitée du Ministre des travaux publics.

Mais ils ne devront pas perdre de vue que, chargés, comme par le passé, d'assister aux adjudications de la ferme des passages d'eau, ou de s'y faire représenter, ils ne doivent rien négliger pour éclairer les préfets sur la moralité des concurrents, sur leurs ressources pécuniaires et sur la valeur réelle, et réalisable au besoin, des immeubles affectés au cautionnement. La décision ministérielle du 28 août 1810, rappelée par la circulaire n° 330, du 25 décembre 1845, leur donne d'ailleurs qualité pour suppléer les préfets dans les actes conservatoires, tels que prises d'inscriptions hypothécaires et vérification de la teneur de ces inscriptions.

Toute négligence en cette matière engagerait sérieusement la responsabilité des Directeurs ou celle de leurs représentants.

Le Conseiller d'État, Directeur général,
Signé : A. CATUSSE.

Pour ampliation :
L'Administrateur de la 2e Division,
Signé : DECHAUD.

LETT. COMM. DU 2 MAI 1891, N° 5.

2e Division. — 2e Bureau.

Sucres et distilleries. — Campagne 1891-1892. — Organisation du service.

Monsieur le Directeur, afin que l'Administration puisse procéder en temps utile à la revision annuelle de l'organisation du service des sucres et distilleries pour la campagne de 1891-1892, il est indispensable que les propositions des directeurs soient transmises, au plus tard, dans la première quinzaine du mois de juin. Le moment est donc venu de réunir les éléments de cette revision, sauf à signaler, dans les conditions prescrites par la lettre commune n° 6, du 18 mai 1887, les usines sur la mise en activité desquelles il existerait quelque incertitude.

Établies sur les formules série P, nos 138 et 219, dont vous recevrez avec la présente lettre commune un nombre suffisant d'exemplaires, vos propositions seront fournies distinctement et en double expédition :

1° Pour les fabriques de sucre ;
2° Pour les raffineries ;
3° Pour les fabriques de glucose ;
4° Pour les brûleries et distilleries.

Les crédits budgétaires mis à la disposition de l'Administration n'ayant subi d'autre augmentation que celle que comportent les emplois créés dans les raffineries par application de la loi du 5 août 1890, la composition des sections d'exercice devra, autant que possible, être déterminée d'après l'effectif qui a servi de base à l'organisation actuellement en vigueur.

Malgré les recommandations sur lesquelles elle a maintes fois insisté, l'Administration a encore constaté certaines négligences dans la formation des relevés dont il s'agit et, notamment, de ceux relatifs aux distilleries. J'insiste tout particulièrement sur la nécessité de tenir la main à ce que les états nos 138 et 219 soient rigoureusement établis dans les conditions expliquées à la note qui fait suite au premier cadre de la feuille de titre.

Recevez, etc.

Le Conseiller d'État, Directeur général,
A. CATUSSE

CIRC. DU 4 MAI 1891, N° 7.

3e Division. — 1er Bureau.

Allumettes chimiques — Mise en vente, à prix réduit, des allumettes n° 101 P. — Nouveau tableau des prix de vente en gros.

Un décret en date du 7 avril 1891, et dont l'insertion au *Journal officiel* aura lieu en temps utile, autorise les manufactures de l'État à abaisser de 10 à 5 centimes le prix de vente aux consommateurs de la boîte d'allumettes *dites* suédoises, petite section, n° 101 P, faisant partie du stock repris par l'État de l'ex-compagnie concessionnaire du monopole.

Ces boîtes seront revêtues d'une étiquette portant la mention : « Prix réduit, cinq centimes » ; elles seront livrées par les manufactures aux marchands en gros à raison de 4 fr. 20 les 100 boîtes, pour les achats de 5,000 kilogrammes et au-dessus, et à raison de 4 fr. 30 les 100 boîtes pour les achats de 500 kilogrammes au moins, mais inférieurs à 5,000 kilogrammes.

Les livraisons au commerce de ces allumettes à prix réduit auront lieu à partir du 1er juin prochain. Les commandes pourront, dès lors, en être reçues dès à présent. Au contraire, à partir de ce jour il ne devra plus être reçu de commandes du type 101 P à l'ancien prix.

J'invite les Directeurs à veiller à ce que les avis utiles soient donnés aux intéressés.

Quelques modifications ont été apportées aux poids et aux contenances des caisses de divers types d'allumettes. Elles font l'objet du tableau ci-après.

Le Conseiller d'État, Directeur général,
Signé : A. CATUSSE.

Pour ampliation :
L'Administrateur de la 3e Division,
Signé : H. ROUSSAN.

Tableau des prix de vente en gros des allumettes.

(15 avril 1891.)

Numéros des types.	ESPÈCES D'ALLUMETTES.	Nombre d'allumettes par boîte ou par paquet.	Prix au détail de la boîte ou du paquet.	Poids de la caisse.	Nombre de boîtes ou de paquets par caisse.	Prix de la caisse par achats de 500 kilogr. à 5,000 kilogr.	Prix de la caisse par achats de 5,000 kilogr. et au-dessus.
			fr. c.	kilogr.		fr. c.	fr. c.
	Bois carré au phosphore ordinaire.						
	Demi-presse.						
90 P	Petite section. Paquet.	3,500	2 00	30	50	86 00	84 00
94 G	Grande section. Paquet.	500	0 30	120	1,000	258 00	252 00
88 G	Grande section. Portefeuille.	150	0 10	80	2,000	172 00	168 00
83 P	Petite section. Portefeuille.	150	0 10	55	2,000	172 00	168 00
85 P	Petite section. Portefeuille.	60	0 05	48	4,000	172 00	168 00
	Presse.						
87 G	Grande section. Paquet. (Pâte rouge ou marron.).	500	0 40	120	1,000	344 00	336 00
76 G	Grande section. Portefeuille. { Pâte rouge. (Pliage par 20 portefeuilles). Pâte marron. (Pliage par 50 portefeuilles). }	100	0 10	120	4,000	344 00	336 00
86 P	Petite section. Portefeuille. (Pâte rouge ou marron.).	100	0 10	85	4,000	344 00	336 00
84 P	Petite section. Portefeuille. (Pâte rouge ou marron.).	50	0 05	89	8,000	344 00	336 00
	Bois carré au phosphore amorphe.						
	Soufrées.						
76 A	Grande section. Portefeuille.	100	0 10	120	4,000	344 00	336 00
92	Petite section. Portefeuille.	100	0 10	54	2,500	215 00	210 00
91	Petite section. Portefeuille.	50	0 05	54	5,000	215 00	210 00
	Paraffinées suédoises.						
105 A	Moyennes. Paquet.	1,000	1 10	40	200	189 20	184 80
102 D	Moyennes. Coulisse en bois.	250	0 35	66	1,000	301 00	294 00
101 E	Moyennes. Coulisse en bois.	50	0 10	66	4,000	344 00	336 00
101 P	Petites. Coulisse en bois.	50	0 05	38	4,000	172 00	168 00
	Tisons amorphes.						
106	Petites. Coulisse en bois.	40	0 10	22	1,000	86 00	84 00
	Bois rond au phosphore ordinaire.						
53	Boîte ménagère.	500	0 45	85	1,000	387 00	378 00
52	Portefeuille.	100	0 10	55	2,500	215 00	210 00
51	Portefeuille.	50	0 05	55	5,000	215 00	210 00
	Bois strié ou cannelé.						
	Paraffinées.						
56	Boîte en bois, viennoise.	500	0 80	39	200	137 60	134 40
	Allumettes en cire.						
	Boîtes à coulisse.						
28	Au phosphore ordinaire.	40	0 10	36	4,000	344 00	336 00
34	Au phosphore amorphe.	30	0 10	9	1,000	86 00	84 00
	Boîtes illustrées en trois couleurs.						
41 I	Boîte de famille. (Pâte bleue ou marron.).	500	1 20	25	200	206 40	201 60
3 A	Prie-Dieu. (Pâte bleue ou marron.).	50	0 15	45	4,000	516 00	504 00
				13	1,000	129 00	126 00
11 D	Tabatière. (Pâte bleue ou marron).	50	0 15	56	4,000	516 00	504 00
				16	1,000	129 00	126 00
	Tiroir. (Pâte bleue ou marron.)	50	0 15	54	4,000	516 00	504 00
				15	1,000	129 00	126 00
30 J	Grande coulisse ; allumettes *dites* cinq-minutes. (Pâte bleue ou marron.).	40	0 25	20	600	129 00	126 00
33 G	Boîte d'amadou chimique.	50	0 15	11	1,000	129 00	126 00
	Caisse d'échantillons.	Divers.	Divers.	20	646	86 10	84 16
	Produits à l'usage des allumettes au phosphore amorphe.						
14 A	Poudre spéciale (par boîte de 20 flacons.).	»	0 75 le flacon	»	20	10 f 50 la boîte.	
15	Frottoirs (par paquet de 100 frottoirs.).	»	0 05 le frottoir	»	100	2 90 le paquet.	

OBSERVATIONS.

Le stock d'allumettes 101 P (suédoises de petite dimension par boîtes de 50), provenant des reprises faites par l'Etat à l'ancienne compagnie fermière, est mis en vente à des prix réduits à moitié (5 centimes la boîte au lieu de 10 centimes). Les livraisons au commerce à ces prix réduits ne commenceront toutefois qu'à partir du 1er juin 1891. Les livraisons aux anciens prix sont suspendues dès à présent.

La fabrication des types 90 P, 34 et 33 G est suspendue, et il ne sera donné suite aux demandes pour ces types que jusqu'à l'épuisement des quantités en magasin.

Les changements suivants sont apportés aux modules des caisses :

1° La caisse 85 P aura désormais une contenance double de l'antérieure (4,000 portefeuilles au lieu de 2,000) ;

2° Les deux modules de 10,000 et de 5,000 portefeuilles pour la caisse 84 P sont remplacés par un module unique de 8,000 portefeuilles ;

3° Le module de 10,000 portefeuilles pour la caisse 91 est supprimé ;

4° La contenance de la caisse 52 est réduite de 5,000 à 2,500 portefeuilles.

Les commandes établies conformément aux indications des tableaux antérieurs pour les contenances et le poids des caisses pourront encore être reçues jusqu'au 1er juillet 1891. A partir de cette date, le tableau ci-dessus sera seul applicable. Toutefois les caisses des anciens modules existant encore en magasin pourront être livrées aux négociants qui en feront la demande directe à la manufacture desservant la circonscription où se trouve le lieu de livraison.

Sauf cette exception, la composition des caisses ne peut être modifiée par les manufactures.

Il ne sera reçu aucune commande inférieure à 500 kilogrammes, les poids étant calculés d'après les tableaux officiels.

Toutes les commandes reçues sont soldées séparément et aussitôt que possible ; le négociant qui n'aurait reçu qu'un acompte ne devra donc jamais comprendre, dans ses commandes suivantes, les quantités qui resteraient à parvenir sur les antérieures.

LETT. COMM. DU 6 MAI 1891, N° 6.

3e Division. — 3e Bureau.

Matériel. — Modification du type des estampilles pour voitures publiques.

Monsieur le Directeur, à plusieurs reprises des doléances sont parvenues à l'Administration au sujet de la forme et de l'aspect des estampilles apposées sur les voitures publiques, par application des prescriptions légales.

Confectionnée en cuivre étamé, la plaque aujourd'hui en usage est de forme rectangulaire et d'assez grandes dimensions. Des entrepreneurs lui ont reproché de déparer leurs voitures et ont sollicité l'adoption d'une marque mieux appropriée aux exigences de leur industrie.

Il a paru juste de leur donner autant que possible satisfaction et, dans ce but, le type de la plaque vient d'être modifié.

Les nouvelles estampilles auront la forme d'une médaille ronde, de 79 millimètres de diamètre ; elles seront en cuivre rouge verni. L'Administration se trouvera prochainement en mesure de fournir aux receveurs principaux celles dont ils auraient à faire la demande pour les besoins du service ; mais, bien entendu, elles ne devront être employées que lorsque le stock des anciennes sera complètement épuisé.

Je vous prie de veiller à l'exécution de cette disposition.

Recevez, etc.

Le Conseiller d'Etat, Directeur général,
A. CATUSSE

DÉCR. DU 13 MAI 1891 (1).

Le Président de la République,

Sur le rapport du Ministre des finances ;

Vu l'article 2 de la loi du 29 juillet 1884 sur les sucres ;

Vu les décrets des 22 juillet 1885 et 26 novembre 1890 ;

Le Conseil d'Etat entendu,

Décrète :

Article premier. — Le premier paragraphe de l'article 7 du décret du 22 juillet 1885 est modifié ainsi qu'il suit :

« En ce qui concerne les cidres et poirés, la dénaturation s'opère :

« Dans les dépôts autorisés conformément à l'article 4, par l'addition en mélange intime au sucre d'un poids égal ou supérieur de fruits frais à cidre ou à poiré réduits en pâte par l'écrasement.

« A domicile, par le versement du sucre dans les moûts ; elle a lieu, dans ce cas, au jour fixé par l'Administration, toutes les fois que les récoltants ou leurs acheteurs en adressent la demande par écrit dans des délais qui seront fixés par l'Administration, pour chaque circonscription. »

Art. 2. — Le Ministre des finances est chargé de l'exécution du présent décret, qui sera publié au *Journal officiel* et inséré au *Bulletin des lois*.

Fait à Paris, le 13 mai 1891.

Signé : CARNOT

Par le Président de la République :

Le Ministre des Finances,
Signé : ROUVIER.

Pour copie conforme :

Le Conseiller d'Etat,
Directeur général des Contributions indirectes,
Signé : A. CATUSSE.

LETT. COMM. DU 20 MAI 1891, N° 7.

Bureau central et du personnel.

Mise en harmonie de l'administration des hommes classés dans la non-disponibilité ou dans l'affectation spéciale avec les dispositions de la loi du 15 juillet 1889 sur le recrutement de l'armée.

Monsieur le Directeur, sous le régime de la loi militaire du 27 juillet 1872 et par application de diverses décisions ministérielles, notamment de l'instruction du 28 décembre 1879 sur l'administration des non-disponibles, tous les agents et sous-agents des contributions indirectes appartenant à la réserve de l'armée active et à l'armée territoriale, les hommes dits « à la disposition » ou ceux classés dans les services auxiliaires, quoique faisant encore partie de l'armée active, étaient, après trois mois de fonctions, admis à jouir du bénéfice de la non-disponibilité, c'est-à-dire dispensés de répondre aux appels en cas de mobilisation et affranchis, en temps de paix, de toute obligation militaire.

La loi sur le recrutement du 15 juillet 1889, qui est aujourd'hui en vigueur, a apporté à cet état de choses certaines modifications qui sont indiquées ci-après.

Aux termes de l'article 51 de cette loi, sont

(1) Transmis avec la circ. du 17 juin 1891, n° 9.

seuls autorisés, en cas de mobilisation, à ne pas répondre aux convocations par voie d'affiches et de publications sur la voie publique, les titulaires des fonctions et emplois désignés aux tableaux annexés à la loi, sous la condition qu'ils occupent ces fonctions ou emplois depuis six mois au moins.

Ces tableaux sont les suivants en ce qui concerne l'Administration des contributions indirectes :

TABLEAU A. — Personnel placé sous les ordres des ministre de la guerre ou de la marine ou mis à leur disposition en cas de mobilisation.

Première catégorie. — Affectation spéciale. Personnel de la Trésorerie et des Postes aux armées.

TABLEAU B. — Désignation des fonctionnaires et agents qui, en cas de mobilisation, sont autorisés à ne pas rejoindre immédiatement quand ils n'appartiennent pas à la réserve de l'armée active : Directeur général ; administrateurs ; chefs de bureau ; directeurs ; sous-directeurs ; chefs de service dans un arrondissement ; inspecteurs ; receveurs principaux ; receveurs particuliers ; entreposeurs ; contrôleurs ; receveurs ambulants ; receveurs buralistes.

TABLEAU C. — Désignation des fonctionnaires et agents qui, en cas de mobilisation, sont autorisés à ne pas rejoindre immédiatement quand ils appartiennent à la réserve de l'armée active : Commis principaux ; commis ; préposés.

De l'ensemble de ces dispositions il résulte que, si la nouvelle loi a maintenu, au profit de certaines catégories d'employés, suivant qu'ils appartiennent à la réserve de l'armée active ou à l'armée territoriale, le principe de la non-disponibilité, elle ne lui a pas conservé le caractère général qui, sous les règlements antérieurs, en assurait le bénéfice à tous les agents sans distinction de grade. Les sous-chefs de bureau, les sous-directeurs au siège d'une direction, les marqueurs, présenteurs et peseurs du service de la garantie et, enfin, les surnuméraires restent tenus à toutes les obligations imposées aux hommes de leur classe. Il en serait de même des agents, appartenant encore au contingent de l'armée active, qui auraient été renvoyés en congé dans leurs foyers d'après les dispositions de l'article 23 de la loi de recrutement. Leur inscription sur les contrôles de la non-disponibilité n'est autorisée qu'après l'accomplissement des quatre semaines d'exercices auxquelles ils sont astreints avant leur passage dans la réserve de l'armée active. Enfin, les receveurs buralistes qui figurent pour la première fois au tableau des dispenses (tableau B), deviennent non disponibles dès leur incorporation dans l'armée territoriale.

Le classement dans la non-disponibilité ou l'affectation spéciale ne peut être effectué que sous la condition que les intéressés occupent depuis un délai de six mois au moins (au lieu de trois mois sous l'empire de l'ancienne législation) les emplois qui motivent leur inscription sur les contrôles de ces catégories. Ce délai est compté à partir de la date de l'entrée en fonctions dans l'administration, lors même que cette date serait antérieure à celle de l'origine du service militaire.

Mais, depuis la mise à exécution de la loi, il restait à déterminer dans quelle mesure le personnel des services publics pourrait, en ce qui concerne les manœuvres ou périodes d'instruction imposées par l'article 49 aux hommes de la réserve de l'armée active et de l'armée territoriale, bénéficier des dispenses prévues au dernier paragraphe dudit article.

Une note ministérielle en date du 20 mars 1891, insérée au Bulletin officiel du Ministère de la guerre (partie réglementaire, année 1891, nº 19), vient de fixer sur ce point la situation des fonctionnaires de tous ordres. Elle dispose que les obligations militaires du temps de paix seront déterminées par celles du temps de guerre, c'est-à-dire que les hommes maintenus à leur poste en cas de mobilisation seront dispensés des périodes d'instruction, et que les autres qui rejoignent un corps d'affectation les accompliront.

En ce qui concerne le personnel des contributions indirectes :

TABLEAU A. — Les hommes de la première catégorie du tableau A (affectation spéciale, personnel de la Trésorerie et des Postes aux armées) accompliront des périodes d'exercices dans les corps spéciaux auxquels ils sont affectés.

TABLEAU B. — Les hommes du tableau B sont dispensés de la période d'exercices qu'ils doivent accomplir dans l'armée territoriale et, suivant l'exception prévue par le dernier paragraphe de l'article 49 de la loi de recrutement, de celles qu'ils devraient accomplir dans la réserve.

TABLEAU C. — Les hommes du tableau C sont dispensés des périodes d'exercices qu'ils devraient accomplir tant dans la réserve de l'armée active que dans l'armée territoriale.

Les hommes classés dans l'affectation spéciale ou dans la non-disponibilité seront affranchis des déclarations de changement de domicile et de résidense prescrites par l'article 55 de la loi du 15 juillet 1889 ; ceux qui appartiennent aux services auxiliaires sont dispensés des revues d'appel passées pendant les opérations des conseils de revision,

En vue d'assurer à certains des agents désignés au tableau B le bénéfice de la dispense exceptionnelle des manœuvres de réserve, il peut devenir nécessaire de signaler, pour la première fois, ces agents au recrutement avant leur passage dans l'armée territoriale. En pareil cas, ils seront inscrits sur les contrôles et sur les bulletins de mutations, mais seulement au crayon, et suivant les mêmes règles que pour les inscriptions à l'encre qui s'appliquent aux hommes réellement classés dans la non-disponibilité ; ils seront rayés de ces contrôles également dans les mêmes conditions que les non disponibles. On inscrira, enfin, dans la colonne « Observations » la mention suivante : « Dispensés seulement des périodes d'exercices d'après les dispositions spéciales de l'article 49 de la loi du 15 juillet 1889. »

Sont maintenues les exemptions rappelées par la lettre commune nº 9, du 11 avril 1888, au profit des agents dits « hommes à la disposition ou classés dans les services auxiliaires » qui, appartenant par leur âge au contingent de l'armée active, sont, en temps de paix, envoyés dans leurs foyers, d'après les dispositions des articles 21, 22, 39 et 46 de la loi du 15 juillet 1889, substitués aux articles 17 et 22 de la loi de 1872. L'inscription sur les contrôles des agents de ces catégories s'effectuera dans les mêmes conditions que celle des employés qui feront partie de la réserve de l'armée active et de l'amée territoriale, après l'accomplissement des six mois de fonctions prescrits par l'art. 51. Comme précédemment, leur situation particulière sera mentionnée en caractères très apparents dans la colonne d'observations.

Les règles tracées par la circulaire nº 224, du 9 novembre 1877, et la lettre commune nº 23, du 3 août 1876, restent également applicables dans toutes leurs dispositions non contraires à la présente instruction.

En exécution de l'article 93 de la nouvelle loi, la note ministérielle du 20 mars dernier a prescrit la reconstitution des contrôles applicables aux classes 1866, 1867 et 1868. L'Administration est informée que quelques commandants de recrutement se sont déjà concertés dans ce but avec les directeurs ; il conviendra de fournir sans retard à l'autorité militaire les indications nécessaires à l'accomplissement de cette mesure.

Recevez, etc.

Le Conseiller d'État, Directeur général,

A. CATUSSE.

EXTRAIT DE LA LOI DU 15 JUILLET 1889 SUR LE RECRUTEMENT DE L'ARMÉE.

ART. 21 (modifié par la loi du 7 novembre 1890 insérée à l'*Officiel* du 8 novembre, nº 303, partie officielle). — En temps de paix, après un an de présence sous les drapeaux, sont envoyés en congé dans leurs foyers, sur leur demande, jusqu'à la date de leur passage dans la réserve :

1º L'aîné d'orphelins de père et de mère, ou l'aîné d'orphelins de mère dont le père est légalement déclaré absent ou interdit ;

2º Le fils unique ou l'aîné des fils, ou, à défaut de fils ou de gendre, le petit-fils unique ou l'aîné des petits-fils d'une femme actuellement veuve ou d'une femme dont le mari a été légalement déclaré absent ou interdit, ou d'un père aveugle ou entré dans sa soixante-dixième année ;

3º Le fils unique ou l'aîné des fils d'une famille de sept enfants au moins (1).

Dans les cas prévus par les trois paragraphes précédents, le frère puîné jouira de la dispense si le frère aîné est aveugle ou atteint de toute autre infirmité incurable qui le rende impotent ;

4º Le plus âgé des deux frères inscrits la même année sur les listes de recrutement cantonal ou faisant partie du même appel ;

5º Celui dont un frère sera présent sous les drapeaux au moment de l'appel de la classe, soit comme officier, soit comme appelé, soit comme engagé volontaire pour trois ans au moins, soit comme rengagé, breveté ou commissionné après avoir accompli cette durée de service, soit enfin comme inscrit maritime levé d'office, levé sur sa demande, maintenu ou réadmis au service, quelle que soit la classe de recrutement à laquelle il appartient.

Ces dispositions sont applicables aux frères des officiers mariniers des équipages de la flotte appartenant à l'inscription maritime et servant en qualité d'officiers mariniers du cadre de la maistrance.

Les dispositions des paragraphes 4 et 5 doivent toujours être appliquées de manière à ce que, sur deux frères se suivant à moins de trois années d'intervalle, et reconnus tous deux aptes au service, l'un des deux ne fasse qu'une année en temps de paix.

---

(1) L'expression « fils unique » suppose ici le cas où les six autres enfants seraient des filles.

Si ces deux frères servent comme appelés, le dispensé qui en fera la demande ne sera incorporé qu'après l'expiration du temps obligatoire de service de l'autre frère.

6º Celui dont le frère sera mort en activité de service, ou aura été réformé ou admis à la retraite pour blessures reçues dans un service commandé ou pour infirmités contractées dans les armées de terre ou de mer.

La dispense accordée conformément aux paragraphes 5º et 6º ci-dessus ne sera appliquée qu'à un seul frère pour un même cas, mais elle se répétera dans la même famille autant de fois que les mêmes droits s'y reproduiront.

Les demandes, accompagnées de documents authentiques justifiant de la situation des intéressés, sont adressées, avant le tirage au sort, au maire de la commune où les jeunes gens sont domiciliés. Il en sera donné récépissé.

L'appelé ou l'engagé qui, postérieurement, soit à la décision du conseil de revision, soit à son incorporation, entre dans l'une des catégories prévues ci-dessus, est, sur sa demande, et dès qu'il compte un an de présence au corps, envoyé en congé dans ses foyers jusqu'à la date de son passage dans la réserve.

Le jeune homme omis, qui ne s'est pas présenté ou fait représenter par ses ayants cause devant le conseil de revision, ne peut être admis au bénéfice des dispenses indiquées par le présent article, si les motifs de ces dispenses ne sont survenus que postérieurement à la décision de ce conseil.

Le présent article n'est applicable qu'aux enfants légitimes. Les enfants naturels reconnus par le père ou par la mère ne pourront jouir que de la dispense organisée par l'article suivant et dans les conditions prévues par cet article.

ART. 22. — En temps de paix, après un an de présence sous les drapeaux, peuvent être envoyés en congé dans leurs foyers sur leur demande, jusqu'à la date de leur passage dans la réserve, les jeunes gens qui remplissent effectivement les devoirs de soutiens indispensables de famille.

Les demandes sont adressées, avant le tirage au sort, au maire de la commune où les jeunes gens sont domiciliés. Il en sera donné récépissé. Elles doivent comprendre à l'appui :

1º Un relevé des contributions payées par la famille et certifié par le percepteur ;

2º Un avis motivé de trois pères de famille résidant dans la commune et ayant un fils sous les drapeaux ou, à défaut, dans la réserve de l'armée active, et jouissant de leurs droits civils et politiques.

La liste de ces jeunes gens est présentée par le maire au conseil de revision, avec l'avis motivé du conseil municipal.

Le nombre des jeunes gens dispensés par le conseil départemental de revision, à titre de soutiens indispensables de famille, ne peut dépasser 5 p. 100 du contingent à incorporer pour trois ans.

Toutefois, le Ministre de la guerre peut autoriser les chefs de corps à délivrer, en plus du chiffre fixé ci-dessus, des congés à titre de soutiens indispensables de famille aux militaires comptant un an et deux ans de présence sous les drapeaux.

Le nombre des congés accordés en vertu du paragraphe précédent ne pourra pas dépasser 1 p. 100 après la première année et 1 p. 100 après la seconde.

Il sera calculé d'après l'effectif des hommes de la classe appartenant au corps.

Les intéressés devront produire les justifications mentionnées ci-dessus.

Tous les ans, le maire de chaque commune présente au conseil de revision, siégeant au chef-lieu de canton, une délibération du conseil municipal faisant connaître la situation des jeunes gens qui ont été renvoyés dans leurs foyers comme soutiens de famille. Il est tenu de signaler au conseil de revision les plaintes des personnes dans l'intérêt desquelles l'envoi en congé a eu lieu en vertu du présent article et de l'article précédent.

Le conseil départemental de revision décide s'il y a lieu ou non de maintenir ces dispenses. Les jeunes gens dont le maintien en congé n'est pas admis sont soumis à toutes les obligations de la classe à laquelle ils appartiennent.

ART. 23. — En temps de paix, après un an de présence sous les drapeaux, sont envoyés en congé dans leurs foyers, sur leur demande, jusqu'à la date de leur passage dans la réserve :

1º Les jeunes gens qui contractent l'engagement de servir pendant dix ans dans les fonctions de l'instruction publique, dans les institutions nationales des sourds-muets ou des jeunes aveugles, dépendant du Ministère de l'intérieur, et y rempliront effectivement un emploi de professeur, de maître répétiteur ou d'instituteur ;

Les instituteurs laïques ainsi que les novices et membres des congrégations religieuses vouées à l'enseignement et reconnues d'utilité publique, qui prennent l'engagement de servir pendant dix ans dans les écoles françaises d'Orient et d'Afrique subventionnées par le Gouvernement français ;

2° Les jeunes gens qui ont obtenu ou qui poursuivent leurs études en vue d'obtenir :

Soit le diplôme de licencié ès lettres, ès sciences, de docteur en droit, de docteur en médecine, de pharmacien de 1re classe, de vétérinaire, ou le titre d'interne des hôpitaux nommé au concours dans une ville où il existe une Faculté de médecine ;

Soit le diplôme délivré par l'école des chartes, l'école des langues orientales vivantes et l'école d'administration de la marine ;

Soit le diplôme supérieur délivré aux élèves externes par l'école des ponts et chaussées, l'école supérieure des mines, l'école du génie maritime ;

Soit le diplôme supérieur délivré par l'institut national agronomique, l'école des haras du Pin aux élèves internes, les écoles nationales d'agriculture de Granjouan, de Grignon et de Montpellier, l'école des mines de Saint-Etienne, les écoles des maîtres ouvriers mineurs d'Alais et de Douai, les écoles nationales des arts et métiers d'Aix, d'Angers et de Châlons, l'école des hautes études commerciales et les écoles supérieures de commerce reconnues par l'Etat ;

Soit l'un des prix de Rome, soit un prix ou médaille d'Etat dans les concours annuels de l'école nationale des beaux-arts, du conservatoire de musique et de l'école nationale des arts décoratifs ;

3° Les jeunes gens exerçant les industries d'art qui sont désignées par un jury d'état départemental formé d'ouvriers et de patrons. Le nombre de ces jeunes gens ne pourra, en aucun cas, dépasser un demi pour cent du contingent à incorporer pour trois ans ;

4° Les jeunes gens admis, à titre d'élèves ecclésiastiques, à continuer leurs études en vue d'exercer le ministère dans l'un des cultes reconnus par l'Etat.

En cas de mobilisation, les étudiants en médecine et en pharmacie et les élèves ecclésiastiques sont versés dans le service de santé.

Tous les jeunes gens énumérés ci-dessus seront rappelés pendant quatre semaines dans le cours de l'année qui précédera leur passage dans la réserve de l'armée active. Ils suivront ensuite le sort de la classe à laquelle ils appartiennent.

Des règlements d'administration publique détermineront : les conditions dans lesquelles sera contracté l'engagement décennal visé au paragraphe 1° ; les justifications à produire par les jeunes gens visés aux paragraphes 2° et 4°, soit au moment de leur demande, soit chaque année, pendant la durée de leurs études ; la nomenclature des industries d'art qui donneront lieu à la dispense prévue au paragraphe 3° ; le mode de répartition de ces dispenses entre les départements, le mode de constitution du jury d'état pour les ouvriers d'art, ainsi que les justifications annuelles d'aptitude, de travail et d'exercice régulier de leur profession, que les jeunes gens dispensés sur la proposition du jury devront fournir jusqu'à l'âge de vingt-six ans.

Les mêmes règlements fixeront le nombre des diplômes supérieurs à délivrer annuellement, en vue de la dispense du service militaire, par chacune des écoles énumérées au troisième alinéa du paragraphe 2°, et définiront ceux de ces diplômes qui ne sont pas définis par la loi ; ils fixeront également le nombre des prix et des médailles visés au quatrième alinéa du même paragraphe.

ART. 37. — Tout Français reconnu propre au service militaire fait partie successivement :

De l'armée active pendant trois ans ;

De la réserve de l'armée active pendant sept ans ;

De l'armée territoriale pendant six ans ;

De la réserve de l'armée territoriale pendant neuf ans.

ART. 38. — Le service militaire est réglé par classe.

L'armée active comprend, indépendamment des hommes qui ne proviennent pas des appels, tous les jeunes gens déclarés propres au service militaire et faisant partie des trois dernières classes appelées.

La réserve de l'armée active comprend tous les hommes qui ont accompli le temps de service prescrit pour l'armée active.

L'armée territoriale comprend tous les hommes qui ont accompli depuis moins de six ans le temps de service prescrit pour l'armée active et sa réserve.

La réserve de l'armée territoriale comprend les hommes qui ont accompli le temps de service prescrit pour cette dernière armée.

ART. 39. — Chaque année, après l'achèvement des opérations du recrutement, le Ministre de la guerre fixe sur la liste du tirage au sort de chaque canton et proportionnellement, en commençant par les numéros les plus élevés, le nombre d'hommes qui seront envoyés dans leurs foyers en disponibilité après leur première année de service. Ces jeunes soldats resteront néanmoins à la disposition du Ministre, qui pourra les conserver sous les drapeaux ou les rappeler si leur conduite et leur instruction laissent à désirer, ou si l'effectif budgétaire le permet.

ART. 40. — La durée du service compte du 1er novembre de l'année de l'inscription sur les tableaux de recensement, et l'incorporation du contingent doit avoir lieu, au plus tard, le 16 novembre de la même année.

En temps de paix, chaque année, au 31 octobre, les militaires qui ont accompli le temps de service prescrit :

1° Soit dans l'armée active ;

2° Soit dans la réserve de l'armée active ;

3° Soit dans l'armée territoriale ;

4° Soit dans la réserve de l'armée territoriale.

Sont envoyés respectivement :

1° Dans la réserve de l'armée active ;

2° Dans l'armée territoriale ;

3° Dans la réserve de l'armée territoriale ;

4° Dans leurs foyers, comme libérés à titre définitif.

Mention de ces divers passages et de la libération est faite sur le livret individuel.

Après les grandes manœuvres, la totalité de la classe dont le service actif expire le 31 octobre suivant peut être renvoyée dans ses foyers en attendant son passage dans la réserve.

Dans le cas où les circonstances paraîtraient l'exiger, le Ministre de la guerre et le Ministre de la marine sont autorisés à conserver provisoirement sous les drapeaux la classe qui a terminé sa troisième année de service.

Notification de cette décision sera faite aux Chambres dans le plus bref délai possible.

En temps de guerre, les passages et la libération n'ont lieu qu'après l'arrivée de la classe destinée à remplacer celle à laquelle les militaires appartiennent. Cette disposition est exceptionnellement applicable, dès le temps de paix, aux hommes servant aux colonies.

Les militaires faisant partie de corps mobilisés peuvent y être maintenus jusqu'à la cessation des hostilités, quelle que soit la classe à laquelle ils appartiennent.

En temps de guerre, le Ministre peut appeler par anticipation la classe qui ne serait appelée que le 1er novembre suivant.

ART. 46. — Le nombre d'hommes entretenus sous les drapeaux est, en cas d'excédent, ramené à l'effectif déterminé par les lois au moyen du renvoi dans leurs foyers, après une année de service, des hommes dont les numéros du tirage précèdent immédiatement ceux qui ont été désignés pour la disponibilité aux termes de l'article 39.

ART. 49. — Les hommes de la réserve de l'armée active sont assujettis, pendant leur temps de service dans ladite réserve, à prendre part à deux manœuvres, chacune d'une durée de quatre semaines.

Les hommes de l'armée territoriale sont assujettis à une période d'exercices dont la durée sera de deux semaines.

Peuvent être dispensés de ces manœuvres ou exercices, comme soutiens indispensables de famille, et s'ils en remplissent effectivement les devoirs, les hommes de la réserve et de l'armée territoriale qui en font la demande.

Le maire soumet les demandes au conseil municipal, qui opère comme il est prescrit à l'article 22 ci-dessus.

Les listes de demandes annotées sont envoyées par les maires aux généraux commandant les subdivisions, qui statuent.

Ces dispenses peuvent être accordées, par subdivision de région, jusqu'à concurrence de 6 p. 100 du nombre des hommes appelés momentanément sous les drapeaux ; elles n'ont d'effet que pour la convocation en vue de laquelle elles sont délivrées.

Peuvent être dispensés de ces manœuvres ou exercices les fonctionnaires et agents désignés au tableau B de la présente loi.

ART. 51. — En cas de mobilisation, nul ne peut se prévaloir de la fonction ou de l'emploi qu'il occupe pour se soustraire aux obligations de la classe à laquelle il appartient.

Sont seuls autorisés à ne pas rejoindre immédiatement, dans le cas de convocation par voie d'affiches et de publications sur la voie publique, les titulaires des fonctions et emplois désignés aux tableaux A, B et C annexés à la présente loi, sous la condition qu'ils occupent ces fonctions ou emplois depuis six mois au moins.

Les fonctionnaires et agents portés au tableau A, qui ne relèvent pas déjà des Ministres de la guerre ou de la marine, sont mis à la disposition de ces Ministres et attendent leurs ordres dans leur situation respective.

Les fonctionnaires et agents du tableau B, qui ne comptent plus dans la réserve de l'armée active, et les fonctionnaires et agents du tableau C, même appartenant à la réserve de l'armée active, ne rejoignent leurs corps que sur ordres spéciaux.

Les hommes autorisés à ne pas rejoindre immédiatement sont, dès la publication de l'ordre de mobilisation, soumis à la juridiction des tribunaux militaires, par application de l'article 57 du code de justice militaire.

ART. 58. — Les hommes de la disponibilité et de la réserve de l'armée active peuvent se marier sans autorisation. Ils restent soumis, néanmoins, à toutes les obligations de service imposées à leur classe.

Les réservistes qui sont pères de quatre enfants vivants passent de droit dans l'armée territoriale.

ART. 93. — La présente loi est applicable aux hommes appelés en vertu des lois antérieures, libérés ou non du service militaire, jusqu'à ce qu'ils aient atteint l'âge de quarante-cinq ans.

CIRC. DU 21 MAI 1891, N° 8.

3e Division. — 1er Bureau.

Poudres à feu. — La poudrerie de Saint-Chamas approvisionnera désormais de poudre pyroxylée les entrepots de France et d'Algérie auxquels elle fournit actuellement les autres poudres de vente.

Aux termes de la circulaire n° 595, du 11 juillet 1890, toutes les demandes de poudre pyroxylée devaient, jusqu'à nouvel ordre, être adressées par les entreposeurs des contributions indirectes au directeur de la poudrerie nationale de Sevran-Livry.

Un décret du 1er avril 1891 ayant autorisé la vente en Algérie de la poudre de chasse pyroxylée, au même prix qu'à l'intérieur de la France, il est devenu nécessaire d'apporter quelques modifications à la règle rappelée ci-dessus.

D'après les nouvelles dispositions concertées avec le Département de la guerre, la poudrerie nationale de Saint-Chamas approvisionnera désormais en poudres de chasse pyroxylées les entrepôts de France et d'Algérie auxquels elle fournit actuellement les autres poudres de vente.

Le Conseiller d'Etat, Directeur général,
Signé : A. CATUSSE.

Pour ampliation :
L'Administrateur de la 3e Division,
Signé : H. ROUSSAN.

CIRC. DU 17 JUIN 1891, N° 9.

3e Division. — 1er Bureau.

Sucrage des cidres et poirés. — Dénaturation des sucres par malaxage dans les dépôts. — Décret du 13 mai 1891.

Aux termes de l'article 7 du décret du 22 juillet 1885, la dénaturation des sucres employés à l'amélioration des cidres et poirés ne pouvait avoir lieu qu'à domicile par le versement du sucre dans les moûts.

Au contraire, l'article 5 du même décret permettait, en ce qui concerne les vins, la dénaturation des sucres, soit à domicile, par le versement du sucre dans les moûts ou dans les cuves de fermentation, soit dans les dépôts autorisés, par l'addition en mélange intime au sucre d'un poids égal ou supérieur de raisins frais foulés.

Un décret en date du 13 mai 1891, rendu sur l'avis du Conseil d'État et dont le texte est reproduit à la suite de la présente circulaire, fait disparaître cette inégalité de traitement.

Il dispose que la dénaturation des sucres, en ce qui concerne les cidres, peut s'opérer :

Dans les dépôts autorisés, par l'addition en mélange intime au sucre d'un poids égal ou supérieur de *fruits frais* à cidre ou à poiré réduits en pâte par l'écrasement ;

A domicile, par le versement du sucre dans les moûts.

Le nouveau décret ne fait, en définitive, que rendre applicables au sucrage des cidres les dispositions qui existent déjà pour le sucrage des vendanges.

Sa mise en vigueur ne comporte pas, en conséquence, des recommandations spéciales ; le service se référera aux instructions qui ont été déjà données relativement à l'organisation des dépôts, à la surveillance des opérations de malaxage et à la tenue des comptes chez les dépositaires.

Il est bien entendu que, pour les cidres comme pour les vendanges, l'Administration conserve la faculté et délègue aux directeurs le soin de déterminer, d'après les exigences du service et d'après les ressources de personnel dont ils disposent, quelles seront les opérations qui devront avoir lieu à domicile et celles qui devront s'effectuer au dépôt.

Les opérations de sucrage des cidres n'ayant eu jusqu'ici qu'une importance assez limitée, il semble que, dans la plupart des cas, les récoltants pourront être admis à effectuer à domicile, comme ils l'ont fait jusqu'à ce jour, les dénaturations comportant l'emploi d'une caisse ou d'un sac entier. Les opérations au dépôt seront apparemment limitées à celles qui exigent le fractionnement des colis.

Le Conseiller d'Etat, Directeur général,
Signé : A. CATUSSE.

Pour ampliation :

L'Administrateur de la 3e Division,
Signé : H. ROUSSAN.

LETT. COMM. DU 23 JUIN 1891, No 8.

2e Division. — 2e Bureau.

Bougies. — Régime d'impôt applicable aux acides gras.

Monsieur le Directeur, à plusieurs reprises et notamment en 1884, le comité des Arts et Manufactures a décidé « que les corps gras neutres n'ayant subi aucun traitement chimique capable d'en séparer la glycérine n'étaient pas imposables, *mais que ces mêmes corps gras, séparés de la glycérine par une opération chimique, tombaient sous l'application de la loi.* »

Jusqu'ici, l'Administration avait admis qu'il suffisait, pour sanctionner les décisions du comité des Arts et Manufactures, de frapper de l'impôt les bougies, les cierges ou produits similaires fabriqués en totalité ou en partie avec des acides gras, sans que ceux-ci fussent soumis à des formalités de prise en charge et de circulation.

Mais aujourd'hui, en présence de l'extension de l'emploi des acides gras à la fabrication des bougies, et afin d'éviter les abus qui pourraient se commettre, il paraît utile, pour la sécurité de l'impôt, de soumettre les acides gras au même régime que l'acide stéarique lui-même.

Les acides gras ne sont, d'ailleurs, que des acides stéariques de qualité inférieure; moins complètement pressés que les acides stéariques purs, ils contiennent encore une certaine proportion d'acide oléique, mais ils n'en servent pas moins à faire directement, comme l'acide stéarique lui-même, de la bougie imposable.

En conséquence, toutes les prescriptions édictées par la loi du 30 décembre 1873 et le décret du 8 janvier 1874 relativement à l'acide stéarique, et notamment celles afférentes à la prise en charge au compte des fabricants et aux formalités à la circulation, devront dorénavant être appliquées aux acides gras.

Ces produits diffèrent peu *de visu* de l'acide stéarique; ils consistent en une matière solide, grasse, légère, translucide et généralement d'un beau blanc.

Le service devra s'attacher à ne pas les confondre avec les graisses pressées ou purifiées (corps gras neutres), telles que le suif, par exemple.

En cas de contestations, soit à la prise en charge, soit à la circulation, des échantillons seraient prélevés pour être transmis à l'Administration, sous le timbre de la présente.

Je vous prie de porter cette décision à la connaissance des intéressés et de donner au service les instructions nécessaires pour en assurer l'exécution.

Recevez, etc.

Le Conseiller d'Etat, Directeur général,
A. CATUSSE.

LETT. COMM. DU 25 JUIN 1891, No 9.

Bureau central et du personnel.

Concours pour les places vacantes à l'Administration centrale.

Monsieur le Directeur, un concours est ouvert en vue de pourvoir aux vacances d'emplois de commis à l'Administration centrale : seront admis à y prendre part les agents en possession du traitement de 2,000 à 2,400 francs.

Aucune modification n'est apportée aux conditions d'examen insérées dans la lettre commune no 14, du 22 juillet 1890.

Les épreuves écrites auront lieu le 28 septembre prochain.

Vous aurez à transmettre à l'Administration, du 1er au 5 août, la liste des candidats de votre département avec les notices individuelles et l'adhésion du préfet pour chaque candidature.

Recevez, etc.

Le Conseiller d'État, Directeur général,
A. CATUSSE.

LOI DU 29 JUIN 1891 (1).

Le Sénat et la Chambre des députés ont adopté,
Le Président de la République promulgue la loi dont la teneur suit :

Article premier. — A partir du 1er septembre prochain, et pour les campagnes suivantes, le rendement légal par 100 kilogrammes de betteraves mises en œuvre dans les fabriques de sucre indigène reste fixé à 7 kilogr. 750 grammes.

Lorsque le rendement effectif de chaque fabrique ne dépasse pas 10 kilogr. 500 grammes de sucre raffiné par 100 kilogrammes de betteraves, l'excédent est en totalité admis au bénéfice du droit réduit édicté par le premier paragraphe de l'article 1er de la loi du 5 août 1890.

La moitié de l'excédent obtenu en sus de 10 kil. 500 grammes de sucre par 100 kilogrammes de betteraves n'est également passible que de ce même droit réduit ; l'autre moitié est ajoutée aux charges imposables, au droit plein de 60 francs par 100 kilogrammes.

Aux fabricants qui, avant le 1er novembre de chaque année, déclarent au bureau de la régie qu'ils renoncent au bénéfice de la prime sur les excédents de rendement, il est alloué un déchet de 15 p. % sur le montant total de leur fabrication.

Les sucres correspondant à ce déchet sont passibles d'un droit égal à celui qui est applicable aux sucres représentant des excédents.

Sous l'un ou l'autre des deux régimes définis ci-dessus, la prise en charge fixée par le premier paragraphe du présent article est définitive, quels que soient les excédents et les manquants qui peuvent se produire.

Art. 2. — Le déchet de fabrication alloué aux fabricants-distillateurs par l'article 6 de la loi du 5 août 1890 est abaissé à 15 p. % à partir de la campagne 1891-92.

Art. 3. — Les mélasses expédiées d'une fabrique sur une autre fabrique ou sur une sucraterie exercée sont portées en décharge, au compte de fabrication, à raison de 30 kilogrammes de sucre raffiné par 100 kilogrammes de mélasses. Elles sont prises en charge chez le destinataire pour une quantité de sucre raffiné égale à celle dont le compte de l'expéditeur a été déchargé.

Ne peuvent être expédiées dans ces conditions que les mélasses épuisées, n'ayant pas plus de 50 p. % de richesse saccharine absolue.

Art. 4. — Toute modification relative à la fixation de la prise en charge ou du déchet, qui ferait l'objet d'une nouvelle disposition législative, ne serait applicable qu'un an après la promulgation de la nouvelle loi.

Disposition transitoire.

Art. 5. — Pour la campagne 1890-91, il sera alloué un déchet de 15 p. % sur le montant total de leur fabrication aux fabricants de sucre qui, par une déclaration faite au bureau de la régie cinq jours au plus tard après la promulgation de la présente loi, renonceront au bénéfice de la prime sur les sucres obtenus en sus de la prise en charge légale.

L'avant-dernier paragraphe de l'article 1er ci-dessus est applicable aux sucres représentant ce déchet.

La présente loi, délibérée et adoptée par le Sénat et par la Chambre des députés, sera exécutée comme loi de l'Etat.

Fait à Paris, le 29 juin 1891.

Signé : CARNOT.

Par le Président de la République :

Le Ministre des Finances,
Signé : ROUVIER.

Le Ministre de l'agriculture
Signé: Jules DEVELLE.

Pour copie conforme :

Le Conseiller d'Etat, Directeur général,
Signé : A. CATUSSE.

CIRC. DU 1er JUILL. 1891 No 10.

2e Division. — 2e Bureau.

Sucres. — Loi du 29 juin 1891. — Instructions pour l'application des nouvelles dispositions sur le régime des sucres.

Une loi du 29 juin 1891, insérée le lendemain au *Journal officiel* et dont le texte est imprimé à la suite de la présente circulaire, apporte plusieurs modifications au régime des sucres.

(1) Transmise avec la circ. du 1er juill. 1891, no 10.

Garantir, d'une part, le Trésor contre les mécomptes budgétaires que peut occasionner l'accroissement imprévu des excédents de fabrication et, d'autre part, les fabricants et les cultivateurs contre les éventualités des mauvaises récoltes ; assurer ainsi, dans la mesure du possible, la stabilité d'une législation soumise, pendant ces dernières années principalement, à de fréquents changements : telles sont les considérations qui l'ont inspirée.

A l'exception de la mesure transitoire stipulée par l'article 5 et qui sera applicable dans les délais ordinaires de promulgation, les dispositions de la nouvelle loi sont exécutoires à partir du 1er septembre prochain.

ARTICLE PREMIER.

Fixation, à titre définitif, du taux légal de la prise en charge.

En réglant le taux du rendement légal des betteraves pour les campagnes 1887-1888 à 1890-1891, l'article 1er de la loi du 4 juillet 1887 n'a pas formellement spécifié que la dernière fixation, celle de 7 kilogr. 750 p. 0/0, pourrait continuer à servir de base à la prise en charge pour les campagnes ultérieures.

C'est pour ne laisser subsister aucun doute à cet égard qu'a été introduite dans l'article 1er de la nouvelle loi la disposition d'après laquelle, à partir du 1er septembre prochain et pour les campagnes suivantes, le rendement légal reste fixé à 7 kilogr. 750 grammes de sucre raffiné par 100 kilogrammes de betteraves mises en œuvre.

Cette prise en charge sera définitive, quels que soient les manquants ou les excédents qui pourront se produire.

Toutefois, pour limiter les sacrifices qui seraient imposés au Trésor dans le cas où, dans certaines usines, le rendement effectif dépasserait sensiblement le rendement légal ; pour restreindre, par voie de réciprocité, les dommages que pourrait causer à des fabricants moins favorisés l'emploi d'une betterave de qualité défectueuse, la loi admet les industriels à se placer, pour la prise en charge, sous l'un des deux modes définis ci-après:

Premier mode de prise en charge au compte général de fabrication, ou régime de l'abonnement.

Régime de l'abonnement. — Sous ce régime, qui est celui créé par la loi du 29 juillet 1884, les fabricants conserveront le bénéfice de la taxe réduite de 30 francs, fixée par la loi du 5 août 1890, pour tous les excédents correspondant au rendement compris entre 7 kilogr. 750 grammes et 10 kilogr. 500 grammes par 100 kilogrammes de betteraves. Les excédents qu'ils obtiendront, en sus de ce dernier rendement, seront partagés en deux parties égales : l'une d'elles ne sera également passible que du même droit réduit de 30 francs, l'autre sera ajoutée aux charges imposables, au droit plein de 60 francs par 100 kilogrammes.

Ce mode de prise en charge sera de droit applicable chez ceux des fabricants qui, avant le 1er novembre de chaque année, au plus tard, n'auront pas fait, au bureau de la régie, la déclaration prévue par le quatrième alinéa de l'article 1er et dont il va être immédiatement question.

Deuxième mode de prise en charge au compte général de fabrication, ou régime de l'impôt à l'effectif avec allocation d'un déchet de 15 p. 0/0.

Les fabricants pour lesquels le taux de la prise en charge légale paraîtra trop élevé et qui renonceront au bénéfice de la prime sur les sucres produits en sus de cette prise en charge, auront droit, à titre de déchet, à une allocation de 15 p. 0/0 sur le montant total de leur fabrication. De même que les excédents obtenus dans les fabriques soumises au régime de l'abonnement, les sucres représentant cette allocation ne seront passibles que de la taxe réduite de 30 francs par 100 kilogrammes.

Les industriels qui désireront profiter de cette faculté, sont tenus d'en faire la déclaration au bureau de la régie avant le 1er novembre de la campagne pendant laquelle ils voudront en bénéficier.

Cette déclaration sera reçue, par les employés chargés de la surveillance de l'usine, au registre no 1 de la série des modèles du service des sucres.

Dans les fabriques qui, pour la prise en charge, se placeront sous le régime de l'impôt à l'effectif, le service exercera son action dans les mêmes conditions que dans les fabriques abonnées. Les écritures continueront à y être tenues comme par le passé ; mais les quantités prises en charge au compte général de la fabrication, en exécution des articles 3 de la loi du 29 juillet 1884 et 1er de celle du 29 du mois dernier, y seront inscrites jusqu'à concurrence de 15 p. 0/0, au titre de produits passibles du droit réduit de 30 francs, et, pour le surplus, soit 85 p. 0/0, au titre de produits imposables au droit plein. A cet effet, en attendant la revision des modèles, les modifications nécessaires seront faites à la main à l'intitulé des colonnes 6 et 7 du portatif général.

Les quantités successivement expédiées après paiement du droit de 60 francs ou garantie de l'acquittement de ce droit seront portées en décharge au même compte en atténuation des charges imposables.

Les fabricants pourront, en outre, faire sortir de leurs usines, comme produits passibles du droit de 30 francs seulement, une quantité équivalente, mais jamais supérieure à celle dont le compte de fabrication aura été chargé à ce titre. Néanmoins si, avant le deuxième inventaire, les charges imposables au droit plein se trouvaient couvertes par des sorties de même nature, les quantités expédiées seraient imputées à la décharge des produits imposables au droit de 60 francs, jusqu'à concurrence de 85 p. 0/0, et à celle des produits passibles seulement du demi-droit pour le surplus, soit 15 p. 0/0.

C'est, en effet, dans ces proportions que les excédents de fabrication constatés lors des inventaires généraux seront ajoutés aux charges du compte de fabrication.

Les manquants qui apparaîtraient à la suite du deuxième inventaire ne pourraient évidemment provenir que d'un rendement effectif inférieur au rendement légal. Il y aurait lieu, dans ce cas, de reviser le compte général de fabrication de manière à n'allouer le déchet de 15 p. 0/0 que sur les quantités réellement obtenues. Le manquant qui, après régularisation, ressortirait au compte des produits passibles du *tarif plein devrait être nécessairement* soumis à ce tarif, sous déduction des droits afférents aux quantités de sucre qui auraient été indûment frappées de la taxe réduite. A cet effet, il conviendrait de procéder à des déclassements dans les conditions analogues à celles prévues par la lettre commune n° 22, du 31 juillet 1888, pour la liquidation du dixième réservé sur la prise en charge, en vue de l'expédition des mélasses.

Le choix que feront certains fabricants du nouveau régime n'entraînera pas seulement des modifications dans la tenue de leurs comptes. Il y aura lieu de faire figurer distinctement ces industriels sur le relevé statistique de la production du sucre que publie mensuellement le *Journal officiel* et, par suite, sur les états n°s 42 A, 42 B et 43 qui servent à la formation de ce relevé. Les modifications à apporter à ces productions seront prochainement indiquées.

ART. 2.

Fabriques-distilleries. — Déchet de fabrication.

L'article 6 de la loi du 5 août dernier avait porté de 12 à 20 p. 0/0, à partir de la campagne 1890-91, la déduction allouée par la loi du 4 juillet 1887, à titre de déchet de fabrication, aux fabricants-distillateurs dont les usines étaient déjà installées au moment de la promulgation de la loi du 29 juillet 1884, en vue d'utiliser les jus des mêmes betteraves à la fabrication simultanée du sucre et de l'alcool. Cette fixation ne pouvait être maintenue en présence de la double disposition qui prescrit le partage des excédents au-dessus d'un rendement de 10 kilogr. 500 p. 0/0 et qui limite à 15 p. 0/0 le déchet de fabrication accordé aux fabricants ayant opté pour le régime de l'impôt à l'effectif. Il a paru juste de soumettre au même traitement les industriels placés sous un même régime. C'est ce qu'a réalisé l'article 2, en abaissant à 15 p. 0/0, à partir de la campagne 1891-92, le taux du déchet de fabrication présentement alloué aux fabricants-distillateurs.

ART. 3.

Mélasses expédiées des fabriques sur d'autres fabriques ou sur les sucrateries exercées.

D'après l'article 14 du décret du 25 août 1887, les mélasses expédiées d'une fabrique sur une autre fabrique ou sur une sucraterie sont inscrites en décharge, au compte général de fabrication, à raison de 14 kilogrammes de sucre raffiné par 100 kilogrammes de mélasses, quelle que soit, d'ailleurs, la richesse de ces produits. Cette quotité est incompatible avec la disposition de la loi qui prescrit le partage des excédents au delà d'un rendement de 10 kilogr. 500 grammes. Si elle avait été maintenue, les fabricants dont la production approcherait 10 kilogr. 500 grammes auraient pu expédier leurs bas-produits, comme mélasses épuisées, avec décharge de 14 p. 0/0 sur des fabriques où le rendement devrait rester inférieur à 10 kilogr. 500 grammes ou sur des sucrateries. Ils auraient, de la sorte, évité le partage des excédents, qui n'aurait pu davantage être effectué chez les destinataires. En effet, chez ceux de ces derniers qui sont fabricants, le rendement de 10 kilogr. 500 grammes n'aurait pu être obtenu ; chez ceux qui sont sucratiers, le sucre extrait des mélasses bénéficie du tarif réduit de 30 francs. C'est pour prévenir de semblables combinaisons, dont la mise à exécution aurait pu annihiler la disposition du 3e alinéa de l'article 1er de la loi, relatif au partage des excédents au delà de 10 kilogr. 500 grammes, que l'article 3 porte de 14 à 30 p. 0/0 par 100 kilogrammes de mélasses enlevées d'une fabrique à destination d'une autre fabrique ou d'une sucraterie exercée, la décharge à inscrire au compte général de fabrication de l'expéditeur, et qu'il stipule que ces mélasses seront prises en charge, au compte du destinataire, pour une quantité de sucre égale à celle dont le compte de l'expéditeur aura été déchargé ; l'article 3 exige, en outre, que la richesse saccharine absolue des mélasses épuisées expédiées dans ces conditions ne dépasse pas 50 p. 0/0. Cette disposition n'est applicable qu'à partir du 1er septembre prochain.

Lors des inventaires généraux qui seront effectués à la clôture de la campagne 1890-91, les mélasses restant en fabrique seront, comme par le passé, évaluées à 14 p. 0/0 de leur poids en sucre raffiné, attendu qu'on ne connaîtra pas, au moment de l'inventaire, la destination qui leur sera ultérieurement donnée. Mais il est bien entendu que, pour ceux de ces produits qui, postérieurement au 31 août 1891, seront envoyés à des fabriques de sucre ou à des sucrateries exercées, la décharge à porter au compte général ne sera pas moins calculée à raison de 30 p. 0/0, et que les excédents qui résulteront de cette manière de faire seront ajoutés, selon le cas, aux charges (reprises ou excédents) imposables au droit plein ou au tarif réduit.

On agira de même lors des inventaires généraux opérés pendant les campagnes suivantes.

Aucune modification n'est apportée au taux de la décharge (14 p. 0/0) accordée par la loi du 4 juillet 1887 pour les mélasses exportées ou livrées à la distillerie.

ART. 4.

D'après l'article 4, toute modification relative à la fixation de la prise en charge ou du déchet qui ferait l'objet d'une nouvelle disposition législative ne serait applicable qu'un an après la promulgation de la nouvelle loi.

Destiné à assurer plus de fixité à la législation sur les sucres, cet article ne comporte aucun commentaire.

ART. 5.

Disposition transitoire

La richesse saccharine des betteraves de la dernière récolte a été tellement faible que, dès la première période de la fabrication, les pouvoirs publics se sont émus de la situation et ont cherché les moyens d'y remédier. On avait d'abord demandé, par mesure transitoire, l'abaissement sensible de la prise en charge pour la campagne courante, afin que les fabricants puissent prendre livraison des betteraves dont, sur certains points, de grandes quantités étaient laissées pour compte aux cultivateurs.

Mais la question s'est agrandie, et, en dehors d'autres innovations, les projets primitivement élaborés ont abouti au rétablissement, à côté du régime de l'abonnement qui est conservé, de l'impôt à l'effectif qui avait été temporairement maintenu par la loi du 29 juillet 1884.

Du moment où la nouvelle loi adoptait cette mesure pour les campagnes à venir, il était juste qu'elle admît les fabricants à en bénéficier, dès la présente campagne, puisque ce sont précisément les résultats défavorables de la dernière fabrication qui ont conduit les pouvoirs publics à s'occuper de la question. Cela rencontrait d'autant moins de difficulté que les écritures de la campagne en cours n'étant pas closes, il n'était pas nécessaire de donner à la loi, en ce qui touche cette disposition, un effet rétroactif.

Les fabricants qui voudront bénéficier, pour la campagne 1890-91, de la disposition de l'article 5, sont tenus d'en faire la déclaration au bureau de la régie dans les cinq jours au plus tard qui suivront la promulgation de la loi.

Cette déclaration, qui devra être signée par le fabricant ou par son représentant, dûment et spécialement autorisé, sera, comme il a été expliqué plus haut, reçue au registre n° 1 par les employés chargés de la surveillance de l'usine.

Dès que le délai imparti aux fabricants pour l'option sera expiré, le relevé individuel des industriels qui auront demandé à profiter des concessions accordées sera immédiatement adressé à l'Administration, sous le timbre de la présente circulaire.

Pour régulariser les écritures, il suffira, dans les fabriques pour lesquelles la déclaration d'option aura été faite, de procéder de la manière suivante :

1° Aucune modification ne sera apportée dans les quantités inscrites au portatif n° 7 A, colonnes 8 à 10, à titre de *reprises* ou *entrées* ;

2° Les charges inscrites colonnes 6 et 7 comme résultant des pesées seront totalisées et fractionnées en deux portions. La première, représentant 85 p. 0/0 de ces charges imposables au tarif plein de 60 francs, sera maintenue dans les mêmes colonnes 6 et 7, en ayant soin de ne faire porter l'atténuation que sur les quantités inscrites col. 6, de manière à laisser intactes les inscriptions de la colonne 7 ayant fait l'objet d'obligations d'admission temporaire ; la seconde partie correspondant à 15 p. 0/0 des charges totales, portion imposable au tarif réduit de 30 francs, figurera dans une colonne spéciale ouverte à la main sous la rubrique : *Déchet de fabrication* ;

3° Enfin, les excédents constatés aux 2e et 3e inventaires seront répartis dans les colonnes 8 à 10 dans la même proportion, c'est-à-dire à raison de 85 p. 0/0 comme produits imposables (colonnes 8 et 9) et de 15 p. 0/0 comme produits passibles du tarif réduit de 30 francs par 100 kilogrammes (colonne 10).

Il pourra se faire que certains fabricants, n'ayant plus de sucre en leur possession, se trouveront dans l'obligation, — afin de pouvoir profiter du déchet de 15 p. 0/0 qui leur est accordé, — de demander l'autorisation de recevoir du dehors, comme produits imposables au tarif plein de 60 francs, des sucres qu'ils voudraient réexpédier, jusqu'à concurrence du boni auquel ils ont droit, comme produits libérés de la taxe réduite de 30 francs.

Rien ne s'oppose à ce que cette facilité leur soit accordée.

Avec le relevé individuel dont il a été question ci-dessus, il y aura lieu de transmettre à l'Administration, dans les dix jours qui suivront la promulgation de la loi du 29 du mois dernier, pour l'ensemble du département, deux relevés du modèle n° 42 A, présentant pour chacune des fabriques qui seront placées sous le régime de l'article 5 : l'un la situation du compte général de fabrication, telle qu'elle était avant la régularisation nécessitée par l'application de l'article précité ; l'autre la situation du compte modifié.

Les recommandations les plus pressantes devront être faites au service pour que ces renseignements soient établis avec le plus grand soin.

Le Conseiller d'État, Directeur général,
Signé : A. CATUSSE.

Pour ampliation :
L'Administrateur de la 2e Division,
Signé : DECHAUD.

LETT. COMM. DU 2 JUILL. 1891, N° 10.

2e Division. — 2e Bureau.

Distilleries. — Fabrication et renseignements généraux. — Création de l'état annuel n° 14.

Monsieur le Directeur, les renseignements fournis mensuellement au moyen de l'état 20 B ne donnent que des résultats d'ensemble, par arrondissements, sur la fabrication de l'alcool, alors qu'il est souvent utile de connaître en détail, d'une part, l'importance de la fabrication tout au moins dans chacune des distilleries soumises au régime de la permanence, d'autre part, les procédés spéciaux qui sont employés dans ces usines.

C'est dans ce but que l'Administration vient de faire imprimer un modèle qui sera fourni comme papier de service et qui prendra le n° 14 de la série spéciale du service des distilleries.

Le nouvel état est annuel.

Il comprendra, suivant l'ordre indiqué sur la feuille de titre, toutes les usines soumises à la permanence et ayant été en activité pendant la campagne écoulée. Quant aux distilleries qui sont surveillées d'une façon intermittente, elles continueront à figurer en totalité, par arrondissements, dans les cadres 1 et 3.

Le relevé n° 14 devra parvenir à l'Administration avant le 1er décembre, au plus tard, de chaque année.

Exceptionnellement, et afin que l'Administration ait, sans plus tarder, tous les renseignements utiles, il convient de lui adresser, avant le 1er août prochain, au plus tard, un relevé pour chacune des campagnes 1888-1889 et 1889-1890. A cet effet, vous recevrez, avec la présente lettre commune, un nombre suffisant d'exemplaires du nouveau modèle.

Pour l'avenir, et notamment pour la campagne en cours, les receveurs principaux adresseront leurs demandes sous le timbre du bureau du matériel des finances.

Bien que la contexture du nouveau modèle indique suffisamment la manière de le remplir, l'Administration croit devoir ajouter ici quelques explications pour guider le service.

Le premier cadre est, à peu de chose près, la

reproduction du premier cadre du relevé 20 B. Les colonnes 3 à 9 de ce dernier cadre, reproduites au troisième cadre du nouveau modèle, y ont été supprimées, de même que les colonnes 24 et 38. Les colonnes 14 et 15 ont été réunies en une seule relative au poids total des betteraves mises en œuvre. Cette dernière modification entraîne forcément celle de la quotité p. 0/0 du rendement, quotité qui devra être déterminée, non plus d'après le volume des jus ou le poids des cossettes, mais d'après le poids des betteraves mêmes. La quotité du rendement des substances farineuses, à faire figurer colonne 30, continuera à être déterminée comme l'indique le renvoi (b) du premier cadre du relevé 20 B, c'est-à-dire par la comparaison des chiffres portés colonnes 17 et 5 du nouvel état.

Les renseignements demandés au deuxième cadre n'ont d'utilité que lorsqu'ils s'appliquent à des usines soumises à la permanence. Les autres distilleries n'y figureront donc pas.

Les en-têtes des colonnes de ce cadre sont assez explicites : aucune recommandation spéciale ne paraît dès lors nécessaire, sauf en ce qui concerne les colonnes 29 et 30 relatives aux quotités des excédents ou manquants par rapport à la prise en charge. Ces quotités s'obtiendront en multipliant par 100 les chiffres inscrits colonnes 26 ou 27 et en divisant le produit par les quantités figurant colonne 25.

Le troisième cadre présente le développement des colonnes 4, 17 et 30 du premier. Les colonnes 2 à 9 de ce cadre sont la copie des colonnes correspondantes du relevé 20 B (1er cadre).

Lorsqu'il s'agira d'usines dans lesquelles il est mis en œuvre plusieurs espèces de substances farineuses à la fois, le service devra s'attacher à opérer, avec la plus grande exactitude possible, la distinction des quantités d'alcool obtenues par nature de substances employées.

Les quotités à faire figurer colonnes 18 à 24 s'obtiendront en multipliant par 100 les quantités inscrites colonnes 10 à 16 et en divisant le résultat par les quantités correspondantes de matières premières figurant colonnes 2 à 8.

Comme l'indique le renvoi placé au bas du quatrième cadre, les usines qui auront employé simultanément des matières premières de nature différente seront classées, pour éviter tout double emploi, dans celle des colonnes qui correspond à la partie la plus importante de leur production en alcool. Il importe en outre de remarquer que le total à faire figurer colonne 18 de ce cadre est le même que celui à porter colonne 23.

J'insiste tout particulièrement pour que les renseignements demandés, et dont la plus grande partie sont destinés à être publiés, soient établis avec la plus grande précision.

Vous voudrez bien veiller personnellement à ce qu'il en soit ainsi.

Pour simplifier le travail des employés de direction, l'Administration admet que, dans les départements où il existe des inspections spéciales, les indications fournies par les chefs de poste soient récapitulées par contrôles et inspections, comme celles figurant aux états 49 (Service des sucres). Mais alors, comme pour ces derniers, l'état n° 14 récapitulatif du département sera accompagné de ceux fournis par les inspecteurs et contrôleurs.

Recevez, etc.

Le Conseiller d'État, Directeur général,
A. CATUSSE.

CIRC. DU 7 JUILL. 1891, N° 11.

3e Division. — 1er Bureau.

Circulaires. — Publication des tables chronologique et alphabétique des années 1889 à mars 1891.

Les lois, décrets et règlements, publiés du mois de janvier 1889 à la fin du mois de mars 1891, forment un nouveau volume qui prendra le n° 8 et dernier de la quatrième série.

Je transmets, avec la présente circulaire, les tables chronologique et alphabétique de ce volume.

La circulaire n° 230 du 28 février 1878 a rappelé les obligations imposées aux agents qui reçoivent les circulaires à titre officiel. Les directeurs et sous-directeurs veilleront à ce que ces prescriptions soient exécutées et s'assureront, dans le cours de leurs vérifications, que le huitième volume, dûment relié ou cartonné, est déposé dans les archives de chaque poste.

Le Conseiller d'État, Directeur général,
Signé : A. CATUSSE.

Pour ampliation :
L'Administrateur de la 3e Division,
Signé : H. ROUSSAN.

LETT. COMM. DU 8 JUILL. 1891, N° 11.

Allumettes chimiques. — Exécution d'une décision ministérielle autorisant l'échange des stocks d'allumettes 101 P à 10 centimes.

Monsieur le Directeur, la circulaire n° 7 du 4 mai 1891 vous a informé qu'un décret du 7 avril précédent a autorisé l'Administration des manufactures de l'État à abaisser de 10 à 5 centimes le prix de vente aux consommateurs de la boîte d'allumettes dites suédoises petite section n° 101 P, et que les boîtes de l'espèce seront revêtues d'une étiquette portant la mention : « Prix réduit, cinq centimes. »

Les détenteurs de boîtes 101 P à 10 centimes ont fait valoir que la disposition susvisée les mettrait dans l'impossibilité d'écouler leurs stocks, à moins d'en abaisser le prix à 5 centimes et de se trouver ainsi en perte. A la suite de ces réclamations, le Ministre vient de décider que les stocks seront échangés, de manière à tenir compte à tous les détenteurs, marchands en gros et détaillants, de la différence de prix dont il s'agit. L'échange aura lieu pour toutes les boîtes 101 P, aussi bien celles provenant de l'ancienne compagnie concessionnaire du monopole que celles livrées par les manufactures, reconnaissables par la vignette qui les ferme.

J'indique ci-après la marche qui devra être suivie pour l'exécution de la décision ministérielle.

Dès la réception de la présente, vous donnerez l'ordre de procéder immédiatement à l'inventaire des boîtes 101 P à 10 centimes chez tous les détaillants et chez tous les marchands en gros. L'échange aura lieu chez les marchands en gros. A cet effet, ceux-ci sont autorisés à reprendre le stock des détaillants et, pour effectuer cette reprise, il leur est accordé jusqu'au 31 juillet courant inclusivement. Les détaillants seront avertis de cette disposition, et, en ce qui les concerne, les employés dresseront, aussitôt après l'inventaire, un bulletin 6 E indiquant exactement le nombre de boîtes inventoriées, ainsi que l'adresse du marchand en gros auquel elles devront être envoyées. Ce bulletin sera immédiatement adressé au Directeur des contributions indirectes dans le département duquel réside le négociant destinataire, et ce chef de service, ainsi fixé sur le nombre d'étiquettes qui lui seront nécessaires, en fera immédiatement la demande à son collègue des manufactures chargé des approvisionnements de la circonscription.

Le 1er août prochain, jour de l'expiration du délai accordé aux marchands en gros pour reprendre les stocks des détaillants, les employés procéderont chez les marchands en gros à l'inventaire définitif comprenant le stock déjà inventorié chez eux et les reprises faites par eux aux détaillants. Tout excédent sera exclu de l'échange, et le résultat de chaque inventaire devra être consigné sur un procès-verbal administratif sur lequel on fera apparaître *distinctement*, d'une part, la quantité de boîtes (sans vignettes) provenant de l'ancienne compagnie, d'autre part, la quantité de boîtes (avec vignettes) livrées par les manufactures.

Cet acte sera dressé en double expédition, dont une sera envoyée à l'Administration, sous le timbre de la présente.

Les marchands en gros seront invités à apposer eux-mêmes, sous la surveillance du service et dans un délai aussi bref que possible, les étiquettes portant la mention : « Prix réduit, 5 centimes ». Le procès-verbal administratif ne sera clos qu'après l'apposition des étiquettes sur les boîtes. Il constatera que cette apposition a été réellement effectuée et sera terminé ainsi qu'il suit : « Nous concluons, en conséquence, qu'il y a lieu, pour la manufacture de (1)   de se charger de la quantité de   boîtes 101 P à 10 centimes et de passer en sortie une égale quantité de boîtes à 5 centimes. »

L'échange consistera donc simplement dans l'envoi par les manufactures à chaque marchand en gros d'une quantité *égale* à celle inscrite au procès-verbal administratif.

L'expédition par les manufactures de la quantité d'allumettes 101 P à prix réduit à laquelle aura droit le marchand en gros est subordonnée à deux conditions : la première, c'est que ladite quantité ne pourra être que le *complément* d'une *caisse entière* du type 101 P, c'est-à-dire que, le contenu réglementaire d'une caisse de l'espèce étant de 4,000 boîtes, si la quantité *à échanger* est, par exemple, de 3,500 boîtes, le négociant aura à présenter une commande complémentaire pour 500 boîtes 101 P; la seconde, c'est que la quantité à échanger devra être comprise dans une commande d'ensemble comportant un poids de 500 kilogrammes au minimum. L'agent chargé de transmettre cette commande aura soin d'y joindre la seconde expédition du procès-verbal administratif.

(1) Indiquer ici la manufacture qui dessert la circonscription.

Je vous prie de vouloir bien surveiller personnellement l'exécution des instructions qui précèdent.

Recevez, etc.

Le Conseiller d'État, Directeur général,
A. CATUSSE.

LOI DU 11 JUILL. 1891 (1).

Le Sénat et la Chambre des députés ont adopté,

Le Président de la République promulgue la loi dont la teneur suit :

Art. 1er. — L'article 2 de la loi du 14 août 1889 est ainsi modifié :

« Le produit de la fermentation des marcs de raisins frais avec de l'eau, qu'il y ait ou non addition de sucre, le mélange de ce produit avec le vin, dans quelque proportion que ce soit, ne pourra être expédié, vendu ou mis en vente que sous le nom de vin de marc ou vin de sucre. »

Art. 2. — Constitue la falsification de denrées alimentaires prévue et réprimée par la loi du 27 mars 1851, toute addition au vin, au vin de sucre ou de marc, au vin de raisins secs :

1° De matières colorantes quelconques ;

2° De produits tels que les acides sulfurique, nitrique, chlorhydrique, salicylique, borique ou autres analogues ;

3° De chlorure de sodium au-dessus de un gramme par litre.

Art. 3. — Il est défendu de mettre en vente, de vendre ou de livrer des vins plâtrés contenant plus de deux grammes de sulfate de potasse ou de soude par litre.

Les délinquants seront punis d'une amende de 16 francs à 500 francs, et d'un emprisonnement de six jours à trois mois, ou de l'une de ces deux peines suivant les circonstances.

Ces dispositions ne seront applicables aux vins de liqueurs que deux ans après la promulgation de la présente loi.

Les fûts ou récipients contenant des vins plâtrés devront en porter l'indication en gros caractères. Les livres, factures, lettres de voitures, connaissements, devront contenir la même indication.

Art. 4. — Les vins, les vins de marc ou de sucre, les vins de raisins secs seront suivis, chez les marchands en gros ou en détail et chez les entrepositaires, au moyen de comptes particuliers et distincts. Ils seront tenus séparément dans les magasins.

Art. 5. — Les registres de prise en charge et de décharge des acquits-à-caution et les bulletins 6 E formés pour les laissez-passer énonçant des envois supérieurs à 200 kilogrammes de raisins secs seront conservés pendant trois ans dans les bureaux des directions et sous-directions. Ils seront communiqués sur place à tout requérant, moyennant un droit de recherche de 50 centimes.

Les demandes de sucrage à taxe réduite faites en vue de la fabrication des vins de sucre définis par l'article 2 de la loi du 14 août 1889 sont conservées pendant trois ans à la direction ou à la sous-direction des contributions indirectes, ainsi que les portatifs et registres de décharge des acquits-à-caution après dénaturation des sucres. Elles sont communiquées à tout requérant moyennant un droit de recherche de 50 centimes par article.

Art. 6. — La présente loi et la loi du 14 août 1889 sont applicables à l'Algérie et aux colonies.

La présente loi, délibérée et adoptée par le Sénat et par la Chambre des députés, sera exécutée comme loi de l'État.

Fait à Paris, le 11 juillet 1891.

Signé CARNOT.

Par le Président de la République :

Le Garde des sceaux,
Ministre de la justice et des cultes,
Signé : A. FALLIÈRES.

Le Ministre des Finances,
Signé : ROUVIER.

Pour copie conforme :
Le Conseiller d'État,
Directeur général des Contributions indirectes,
Signé : A. CATUSSE.

Pour ampliation :
L'Administrateur de la 3e Division,
Signé : H. ROUSSAN.

(1) Transmise avec la circ. du 18 juill. 1891, n° 12.

LETT. COMM. DU 11 JUILL. 1891, N° 12.

2e Division. — 2e Bureau.

Sucres. — Application de la loi du 29 juin 1891. — Revision de modèles. — Régime du déchet ; recommandations diverses.

Monsieur le Directeur, la circulaire n° 10 du 1er juillet courant a fait connaître que, pour l'application de la loi du 29 juin dernier, des modifications devraient être apportées à la contexture de certains imprimés actuellement en usage pour le service des sucres.

Ces modifications portent sur les portatifs n° 7, ainsi que sur les états nos 42 A et 43.

Portatifs nos 7, 7 A et 7 B.

A l'avenir, le portatif pour l'exercice des fabriques de sucre comprendra trois modèles différents.

Le modèle n° 7 restera, comme par le passé, spécialement réservé pour les fabriques-distilleries, où exceptionnellement, pour l'application des articles 2 de la loi du 4 juillet 1887 et 2 de celle du 29 juin 1891, la prise en charge s'opère à raison de 1,200 grammes de sucre raffiné par hectolitre de jus et par degré du densimètre.

Le modèle n° 7 A est destiné aux fabriques dans lesquelles on ne raffine pas. Ce modèle ne comprend que deux comptes : 1° un compte général de fabrication disposé de manière à pouvoir être utilisé, aussi bien dans les usines qui restent placées sous le régime de l'abonnement que dans celles qui se placeront sous le régime de la prise en charge à l'effectif, avec allocation d'un déchet de 15 p. 100 ; 2° et un compte auxiliaire de magasin pour les sucres achevés en poudre.

Enfin, il a été créé, pour les fabriques-raffineries, un modèle spécial qui porte le n° 7 B et qui, indépendamment des deux comptes de fabrication et des sucres achevés en poudre du portatif n° 7 A, comprend deux comptes auxiliaires concernant : l'un, la mise à l'étuve des sucres raffinés, et l'autre, le magasin des sucres raffinés.

En transmettant au matériel les demandes de portatifs pour le service des sucres, vous aurez soin de vous assurer qu'elles répondent bien aux besoins des établissements situés dans votre département.

Au moment de la prise en charge journalière de la quantité de sucre raffiné correspondant au poids des betteraves mises en œuvre, il est d'usage de négliger les fractions de kilogramme lorsqu'elles sont inférieures à 500 grammes et de forcer la fraction si le chiffre de 500 grammes est atteint ou dépassé. Or, dans les fabriques placées sous le régime de l'impôt à l'effectif avec déchet de 15 p. 100, la prise en charge doit, ainsi que l'a expliqué la circulaire n° 10 précitée, être répartie à raison de 85 p. 100 au compte des produits imposables au droit plein, et pour le surplus, soit 15 p. 100, au compte des produits passibles du droit réduit. Dans la pratique, il pourrait arriver qu'en opérant cette répartition le service fût amené à fractionner l'unité de poids d'un kilogramme. Le cas échéant, on n'inscrira pas de fractions au compte de fabrication ; mais, afin de ménager également les intérêts du Trésor et ceux des industriels, il conviendra de porter successivement, cinq fois de suite, ce kilogramme au compte des produits passibles du droit de 60 francs et, la sixième fois, au compte des produits imposables à 30 francs.

Cette répartition ne sera d'ailleurs que provisoire et, lors de la cessation des travaux de râpage, le service procédera à une revision d'ensemble, de manière à n'avoir, par rapport à la quantité totale de betteraves travaillées, qu'un seul forcement qui portera sur les produits à 60 francs.

Relevés nos 42 A et 43.

Le relevé n° 42 A a subi d'importantes modifications. L'intitulé des colonnes est suffisamment explicite pour qu'il soit inutile d'entrer dans des explications au sujet de la contexture du nouveau modèle, qui est, du reste, disposé de façon à pouvoir être utilisé pour les usines placées sous l'un ou l'autre régime. Mais, afin d'avoir toujours distinctement les résultats particuliers à chaque régime, l'Administration désire qu'il lui soit fourni, à l'avenir, un relevé 42 A spécial pour les fabriques de chaque catégorie. Comme conséquence, il conviendra de dresser également un état 42 B présentant d'une manière distincte, pour chacune de ces catégories, le développement des sorties.

Le relevé n° 43 a nécessairement subi les mêmes modifications que l'état 42 A ; toutefois, il présentera, séparément, par régime et pour l'ensemble, la situation de toutes les fabriques d'une même circonscription. Il n'y aura donc pas lieu de dresser deux relevés n° 43.

Jusqu'au 1er novembre exclusivement de chaque

année, terme de rigueur accordé aux fabricants pour se placer sous le régime du déchet, toutes les usines pour lesquelles il n'aura pas été fait de déclaration à cet effet seront considérées comme étant placées sous le régime de l'abonnement. Au fur et à mesure des déclarations d'option, elles seront transportées du premier état n° 42 A sur le second, et l'on aura soin, bien entendu, de répartir à ce moment la prise en charge aux portatifs nos 7 A et 7 B dans les conditions fixées par la loi, au moyen d'un acte motivé relatant la déclaration inscrite au n° 1er.

Vous voudrez bien demander immédiatement au matériel des relevés nos 42 A et 43 du nouveau modèle, afin que ceux qui seront fournis *à la fin du mois de juillet* présentent les indications relatives aux fabriques bénéficiant exceptionnellement, cette année, du déchet de 15 p. 100 prévu par l'article 5 de la loi du 29 juin dernier. Il est à peine besoin de faire remarquer que, pour les usines qui, pendant la campagne courante, auraient obtenu un rendement supérieur à 10 kilogr. 500, il n'y a pas lieu au partage des excédents sur les quantités obtenues au delà de ce rendement, les fabricants conservant, pour cette campagne, l'intégralité de leurs excédents.

Recevez, etc.

Le Conseiller d'État, Directeur général,
A. CATUSSE.

CIRC. DU 18 JUILL. 1891, N° 12.

3e Division. — 1er Bureau.

Fraudes commerciales dans la vente des vins. — Loi du 11 juillet 1891.

La loi du 14 août 1889, notifiée par la circulaire n° 572, du 18 novembre suivant, a eu en vue de prévenir ou de réprimer la fraude dans la vente des vins et de garantir la loyauté des transactions commerciales par l'obligation imposée aux expéditeurs de déclarer la nature exacte du produit par eux livré.

La vigilance avec laquelle le service des contributions indirectes s'est efforcé d'assurer l'application de cette loi a amené des résultats appréciables. Les dispositions législatives édictées n'étaient pas toutefois suffisamment complètes pour permettre à l'action de l'Administration de s'exercer avec toute l'efficacité désirable.

En outre, diverses questions, intéressant plus spécialement l'hygiène publique, n'avaient pas été réglées.

Le Parlement a jugé qu'il convenait, à différents points de vue, de compléter la loi du 14 août 1889, et, à cet effet, il a voté la loi du 11 juillet 1891 qui a été promulguée le 12 du même mois au *Journal officiel*.

La présente circulaire contient les recommandations que comporte l'exécution des nouvelles dispositions.

Article premier. — Vins de marc (piquette).

La loi du 14 août 1889 disposait que le produit de la fermentation des marcs de raisins frais avec addition d'eau et de sucre ne pourrait être vendu que sous le nom de vin de sucre ; mais elle avait omis d'indiquer quelle dénomination légale doivent recevoir les boissons qui proviennent de la fermentation d'un simple trempage de marcs sans addition de sucre et que l'on désigne d'habitude sous le nom de piquette.

L'article 1er de la nouvelle loi comble cette lacune ; il modifie l'article 2 de la loi du 14 août 1889 en disposant que « le produit de la fermentation des marcs de raisins frais avec de l'eau, qu'il y ait ou non addition de sucre, le mélange de ce produit avec le vin, dans quelque proportion que ce soit, ne pourra être expédié, vendu ou mis en vente que sous le nom de *vin de marc* ou *vin de sucre*. »

Ainsi, les piquettes reçoivent la dénomination légale de *vin de marc*, et elles sont rangées, au point de vue des formalités auxquelles sont soumises leur expédition, leur vente ou leur mise en vente, dans la même catégorie que les vins de sucre.

Art. 2 et 3. — Falsification par l'addition de matières colorantes, d'acides sulfurique, nitrique, etc...., de chlorure de sodium. — Vins plâtrés.

Les articles 2 et 3 concernent des prescriptions d'ordre exclusivement hygiénique. Le service des contributions indirectes est appelé à veiller à leur application dans les conditions générales où il

concourt à l'exécution des lois de police. Les infractions qu'il pourrait avoir à relever donneraient lieu à la rédaction, non de procès-verbaux judiciaires rapportés à la requête de la Régie, mais de procès-verbaux administratifs dressés suivant les règles rappelées par la circulaire n° 572, du 18 novembre 1889, et transmis au parquet.

Art. 4. — Comptes séparés.

L'obligation de déclarer la nature exacte du liquide (art. 1, 2 et 3 de la loi du 14 août 1889), la délivrance des titres de mouvement de couleurs spéciales (art. 5 de la même loi, arrêté ministériel du 19 août 1889) n'offraient pas de garanties complètes, du moment que les commerçants étaient admis à confondre dans les mêmes locaux les vins, les vins de sucre et les vins de raisins secs, et du moment que ces liquides étaient suivis, dans le même magasin, à un compte unique. Une telle situation laissait aux négociants la possibilité de mélanger librement les boissons et de déclarer à la sortie, en quelque sorte impunément, des vins de raisins secs, des vins de sucre ou des vins de mélange, pour des vins de raisins frais.

La tenue de comptes spéciaux et un emmagasinage distinct faciliteront notablement le contrôle et la surveillance.

Ces mesures sont prescrites par l'article 4 de la loi du 11 juillet 1891.

Elle constitue un retour à un état de choses qui, en vertu de recommandations administratives, a fonctionné de 1879 à 1880. Leur application, qui revêt aujourd'hui un caractère légale, a pour conséquence de faire revivre, dans leurs parties essentielles, les instructions données au service par la circulaire n° 272 du 4 septembre 1879.

Marchands en gros et entrepositaires.

Trois comptes distincts seront tenus chez les marchands en gros et chez les entrepositaires : l'un pour les vins proprement dits, le second où seront cumulés les vins de marcs, les vins de sucre et les mélanges de ces vins avec les vins proprement dits, le troisième enfin, où figureront les vins de raisins secs et les mélanges de ces vins avec ceux des deux catégories précédentes.

La loi n'impose pas aux marchands en gros l'obligation de placer les diverses espèces de vins dans des locaux distincts ; mais leur séparation doit être organisée dans les magasins de telle sorte qu'il n'y ait pas de confusion possible et que les employés n'éprouvent aucune difficulté, au cours de leurs vérifications, pour reconnaître l'espèce des boissons par la place qu'elles occupent.

Déclarations de mélanges. — De la tenue des comptes séparés résulte pour les assujettis l'obligation de déclarer au service les mélanges de vins d'espèces différentes auxquels ils désirent procéder.

Afin de faciliter l'accomplissement de cette formalité, l'Administration est disposée à mettre entre les mains des négociants qui en feront la demande des registres (n° 5 — Sucres) sur lesquels ils inscriront eux-mêmes leurs déclarations de mélanges.

Ces déclarations, *inscrites à l'avance*, seront libellées dans la forme du modèle ci-après :

« Le 20 juillet 1891, M. Denis, marchand en gros à Dijon, a déclaré vouloir mélanger, ce jour à quatre heures du soir, dix hectolitres de vin avec vingt hectolitres de raisins secs, pour un total de trente hectolitres qui seront pris en charge au compte des vins de raisins secs, et il a signé : Denis. »

Les opérations de mélange ne pourront avoir lieu qu'aux jours et heures indiqués sur les déclarations ; elles se traduiront dans les écritures par des décharges et des prises en charge correspondantes.

Les négociants se rendront aisément compte de l'intérêt qu'il y a pour eux à ne pas omettre d'inscrire sur leur registre spécial la déclaration des mélanges avant de procéder à ces opérations, car toute omission pourrait entraîner la constatation simultanée d'excédents et de manquants aux comptes distincts, sans préjudice des procès-verbaux judiciaires que motiveraient les excédents. En cas d'abus ou de négligence, les registres pourraient d'ailleurs leur être retirés.

Il va sans dire que les assujettis auront la faculté, s'ils le préfèrent, de faire leurs déclarations de mélanges à la recette buraliste de leur localité.

Les employés auront toujours le droit d'assister aux mélanges et ils s'en feront un devoir toutes les fois que leurs obligations le leur permettront.

Les Directeurs auront à adresser au Matériel des Finances la demande des registres qui seront nécessaires pour le service de leur département.

Inventaires. — Lors des recensements chez les marchands en gros et les entrepositaires, il ne peut être établi de compensation entre les excédents qui apparaîtraient à l'un des trois comptes et les manquants que ferait ressortir la balance de l'un des deux autres. Le cas échéant, les excédents doivent être saisis par procès-verbal, par application de l'article 100 de la loi du 28 avril 1816. Quant aux manquants, ils sont imposables sous le bénéfice des déductions légales, lesquelles doivent être calculées séparément pour chaque compte distinct.

L'obligation imposée aux marchands en gros, par l'article 9 de la loi du 19 juillet 1880, de déclarer aux employés, lors de leurs vérifications, les espèces et quantités de boissons existant dans leurs magasins, comportera dorénavant, pour les vins, celle de spécifier la catégorie à laquelle ces vins appartiennent. Toute déclaration reconnue inexacte donnerait lieu à l'application de l'article 11 de ladite loi.

Pour l'application du nouveau régime, un inventaire de transition devra être effectué chez les marchands en gros et entrepositaires. A la suite de ce recensement, et d'après les déclarations faites par les assujettis, on inscrira en sortie au compte ordinaire des vins, par acte motivé, les quantités appartenant à la catégorie des vins de marcs, de sucre, etc., et celles appartenant à la catégorie des vins de raisins secs, etc. On reprendra ces mêmes quantités aux entrées des deux nouveaux comptes qui seront ouverts en exécution de la loi. Le compte ordinaire des vins continuera d'être suivi et deviendra le compte des vins de vendange. Enfin, par mesure transitoire et pour que le jeu de la déduction ne soit pas interrompu au cours d'une même année, on devra, lors des recensements qui pourront être effectués *jusqu'à la clôture des comptes de* 1891 et après avoir établi au 50 D des calculs distincts, cumuler audit registre les éléments des trois comptes avant de dégager le manquant passible, lequel sera ensuite réparti, pour l'imputation aux états de produits, entre les trois catégories de vins proportionnellement aux manquants bruts constatés dans chacune de ces catégories.

Débitants.

Pour suivre séparément chez les débitants les vins de vendanges, les vins de sucre ou de marc et les vins de raisins secs, il ne sera pas nécessaire d'ouvrir des chapitres particuliers. La contexture des portatifs 53 A et 115 A est établie de telle sorte que déjà les vins, les vins alcoolisés, les cidres et les alcools sont suivis séparément par leur inscription dans des colonnes spéciales. Le même mode de procéder sera employé relativement aux différentes sortes de vins qui figureront dans des colonnes nouvelles ouvertes à la main ou dans des colonnes inutilisées de vins alcoolisés ou de cidres dont le titre sera modifié en conséquence.

Les prescriptions afférentes à l'emmagasinage distinct et aux déclarations de mélange sont nécessairement applicables aux débitants.

Mesures de comptabilité.

Outre l'intérêt qui existe à connaître exactement ce que les vins de raisins secs, les vins de sucre ou de marc rapportent à l'impôt, les mesures de contrôle et de surveillance de toute nature dont la loi a entendu entourer ces liquides font un devoir à l'Administration de les suivre dans tous leurs mouvements. Déjà un état de produit spécial a été créé pour le droit de fabrication sur les vins de raisins secs. Les manquants constatés à chacun des trois nouveaux comptes ouverts aux marchands en gros et aux débitants figureront à des états de produits spéciaux nos 51 B, 51 C, 52 A, 52 AA, 56 et 115 B. Le service utilisera les modèles actuels complétés et modifiés à la main.

Toutes les indications distinctes propres aux différentes sortes de liquides devront également apparaître sur tous les registres et documents de comptabilité : 76 H, 81, 82 ; 102, 104, etc., etc.

Recommandations relatives à la surveillance.

Malgré les prescriptions nouvelles de la loi du 11 juillet 1891, la porte resterait encore ouverte à de nombreux abus si le service n'exerçait pas, à d'autres points de vue, une surveillance très attentive sur les opérations des assujettis et sur la circulation des vins.

Par le mouillage, les marchands en gros peuvent accroître clandestinement les quantités de vins de raisins secs en leur possession, et cela en vue d'expédier une partie de ces liquides sous la dénomination de vins de vendanges, sauf à écouler sans expédition l'excédent que cette opération ferait apparaître au compte de ces derniers vins. La fraude fiscale servirait, dans ce cas, à masquer la fraude commerciale.

C'est par l'imprévu des recensements, par la

surveillance à la circulation et, en cas de soupçons, par des prélèvements d'échantillons à l'enlèvement, que le service s'attachera à prévenir ces abus.

Chez les débitants, il s'assurera, au cours de ses vérifications, que les dispositions de la loi prescrivant de ne vendre ou de ne mettre en vente les vins que sous la dénomination qui leur est propre, ne sont pas perdues de vue par les assujettis.

Art. 5. — Communication des documents relatifs : 1° aux réceptions de raisins secs ; 2° aux sucrages à taxe réduite en vue de la préparation des vins de sucre.

Il ne suffit pas que les opérations des commerçants soient soumises à une étroite surveillance. La garantie serait illusoire si les récoltants qui fabriquent librement le vin de leur récolte pouvaient impunément ajouter des raisins secs à leurs vendanges, mélanger des vins de sucre avec les vins de première cuvée et vendre les mélanges sous la dénomination de vins.

Le législateur l'a compris. Aussi a-t-il voulu autoriser un certain droit de contrôle sur les opérations des récoltants qui font emploi de raisins secs ou de sucre.

A cet effet, l'article 5 dispose que les registres de prise en charge et de décharge des acquits-à-caution de raisins secs, ainsi que les bulletins 6 E formés pour les laissez-passer énonçant des envois supérieurs à 200 kilogrammes, les demandes de sucrage à taxes réduites faites en vue de la fabrication des vins de sucre et les portatifs et registres de décharge des acquits-à-caution après dénaturation des sucres seront conservés trois ans à la direction ou à la sous-direction des contributions indirectes et communiqués à tout requérant moyennant un droit de recherche de cinquante centimes par article.

Contrairement aux dispositions du même genre édictées par la loi du 2 août 1872, en ce qui concerne la communication des documents se rapportant à la nature des spiritueux, l'autorisation préalable du juge de paix n'est pas nécessaire pour les recherches autorisées par la nouvelle loi.

On remarquera que le droit de recherche est limité aux demandes de sucrage faites en vue de la fabrication des vins de sucre et ne s'étend pas aux demandes relatives au sucrage des premières cuvées. Il ne paraît pas nécessaire cependant d'obliger les viticulteurs à présenter d'une manière générale des demandes distinctes pour chaque nature d'opérations ; ceux d'entre eux qui voudront se borner à établir une demande unique pour la préparation des vins de première cuvée et des cuvées ultérieures seront libres de le faire ; mais il est entendu que, dans ce cas, l'administration se considère comme autorisée à communiquer cette demande, le cas échéant, à toute réquisition légale.

Le droit de recherche est fixé à cinquante centimes par article ou par compte communiqué. Le requérant devra donc préciser et désigner exactement les articles ou les comptes qu'il désire consulter. Les sommes perçues seront encaissées à titre de *Recettes accidentelles*, sous la rubrique : *Droit de recherche créé par la loi du* 11 *juillet* 1891.

En vue de faciliter les recherches, les demandes de sucrage dont la communication pourrait être demandée seront classées par commune. Quant aux bulletins 6 E, au lieu d'être renvoyés au lieu d'origine après avoir été annotés par le service, ils seront conservés dans les archives de la direction ou de la sous-direction dans la circonscription de laquelle se trouve compris le lieu de destination, et seront classés, comme les demandes de sucrage, par commune.

Telles sont les nouvelles mesures que nécessite l'application de la loi du 11 juillet 1891.

L'Administration ne se dissimule pas que l'obligation imposée au service de concourir à l'exécution de lois rendues dans l'intérêt de l'hygiène et de la loyauté des transactions commerciales se traduit par un sensible surcroît de travail pour un personnel dont les occupations sont déjà multiples.

Elle est convaincue, toutefois, que ses agents sauront s'acquitter de cette nouvelle tâche, sans pour cela négliger les intérêts qu'il leur appartient plus spécialement de sauvegarder.

Le Conseiller d'État, Directeur général,
Signé : A. CATUSSE.

Pour ampliation :
L'Administrateur de la 3e Division,
Signé : H. ROUSSAN.

LETT. COMM. DU 23 JUILL. 1891, N° 13.

2e Division. — 2e Bureau.

Sucres et distilleries. — Campagne 1891-1892. — Organisation du service. — Recommandations diverses au sujet du pesage des betteraves et de l'utilisation des employés pendant le chômage.

Monsieur le Directeur, les états, série P, nos 138 et 219, ci-joints, mentionnent pour votre circonscription l'organisation du service des sucres et des distilleries qui vient d'être adoptée pour la campagne 1891-1892.

Limitée par l'exiguïté des crédits mis à sa disposition, l'Administration n'a pu accueillir toutes les propositions qui lui ont été soumises ; un certain nombre d'entre elles, d'ailleurs, ne lui ont pas paru complètement justifiées. Elle examinera, toutefois, avec intérêt, et donnera suite, s'il y a lieu, aux demandes complémentaires qui lui seront faites de renforcer, temporairement, à l'aide de préposés stagiaires, les effectifs des postes dont l'insuffisance numérique lui aura été pleinement démontrée.

Des surnuméraires et des préposés stagiaires concourront, comme par le passé, à la surveillance des fabriques et des râperies.

Pour l'utilisation des premiers, pour le recrutement des seconds, pour la rémunération, enfin, des agents de ces deux catégories, les directeurs auront à se conformer aux règles rappelées par les paragraphes 4, 5, 6 et 7 de la lettre commune n° 16 du 14 août 1890.

Pesage des betteraves. — Aménagement des bureaux et des ateliers. — Balances, bascules et poids. — Capacité des bennes. — Poids conventionnel des pesées.

A plusieurs reprises, et, notamment, par la circulaire n° 482 du 15 juillet 1887, l'Administration a précisé, d'une part, les diverses conditions que doivent nécessairement réunir, afin de pouvoir être agréées, chaque année, les installations aménagées pour le pesage des betteraves, et, d'autre part, les points principaux sur lesquels il importe essentiellement que la vigilance du service soit concentrée. Malgré la date récente de cette dernière instruction, il y a lieu de craindre que les propositions tendant à l'acceptation par les directeurs des installations en question ne soient pas toujours précédées d'un examen suffisamment approfondi. A cet égard, l'attention des vérificateurs est particulièrement appelée sur les dispositions qui ont fait l'objet du paragraphe *Acceptation des installations* de la circulaire précitée.

Quelques agents, des débutants généralement, ont été signalés, soit comme peu familiarisés avec l'objet de leur mission, soit comme connaissant imparfaitement le mécanisme de l'instrument de pesage dont ils étaient chargés de surveiller le fonctionnement. De semblables critiques ne devraient pas avoir lieu de se produire : elles engagent la responsabilité des chefs de poste et celle des agents de contrôle. Les uns et les autres ont, en effet, le devoir de s'assurer, par de fréquentes interrogations, que leurs subordonnés sont parfaitement renseignés sur leurs obligations. Je veux croire qu'ils s'acquitteront désormais plus exactement de cette mission.

Dans la circulaire précitée, page 9, 1er alinéa, l'Administration a insisté sur la nécessité de mettre les agents d'exécution en garde contre les manœuvres qui consisteraient à fausser, au moyen de cales, le jeu des bascules. On ne s'est pas toujours scrupuleusement conformé à cette utile recommandation. Du libre jeu des bascules dépend, cependant, l'exactitude des pesées. Il est donc essentiel qu'au lieu d'assister passivement au chargement des bennes et de tirer machinalement le verrou, comme cela se pratique trop souvent, l'employé de service s'assure par l'examen attentif des oscillations de l'index et, fréquemment même, par une pression exercée sur la benne, que l'instrument fonctionne toujours régulièrement. Les chefs de poste et les agents de contrôle ne devront rien négliger pour que cette partie du service soit à l'avenir l'objet de la sollicitude constante de leurs subordonnés.

Sections de surveillance placées auprès d'établissements qui doivent rester inactifs.

Chaque année, l'Administration recommande tout particulièrement aux directeurs de lui signaler, en temps utile, les sections de surveillance devenues disponibles dès le début de la campagne, par suite de la fermeture imprévue des établissements auprès desquels elles sont instituées. Cette année encore, on n'a pas tenu compte partout de cette recommandation à la stricte observation de laquelle j'attache une réelle importance. J'aime à croire que je n'aurai plus à faire cette remarque :

s'il en était autrement, je n'hésiterais pas à engager la responsabilité des chefs qui méconnaîtraient ainsi mes prescriptions.

Chômage des usines. — Utilisation des employés.

Dorénavant, le 1er et le 15 de chaque mois, à partir du 1er décembre de chaque année, même avant, si cela était nécessaire, et jusqu'au 1er août de l'année suivante, les directeurs adresseront à l'Administration, conformément au modèle transcrit ci-après, *la liste complète* des agents des services spéciaux devenus disponibles par suite de la cessation des travaux dans les distilleries, les râperies et les fabriques de sucre. L'état en question sera produit, lors même qu'il serait négatif. Dans la dernière colonne du cadre, on fera connaître d'une manière précise si les employés disponibles peuvent ou ne peuvent pas être détachés dans un autre département pour y renforcer le service général ou celui des distilleries.

Pendant le chômage, les agents célibataires disponibles, non susceptibles d'être utilisés dans leur région, continueront à être envoyés dans d'autres départements, soit pour y renforcer les sections dépendant du service général ou du service des distilleries, soit pour y être constitués en brigades spéciales de surveillance. A cet effet, les directeurs qui réclameront le concours de ces auxiliaires auront à me faire parvenir leur demande, sous le timbre de la présente, dans le courant du mois de décembre; ils indiqueront le nombre d'employés jugés nécessaires, en même temps que l'affectation qui leur sera donnée.

Les agents ainsi déplacés seront couverts de leurs dépenses par l'allocation d'une double indemnité de route et de séjour, liquidée, comme par le passé, d'après les dispositions de la lettre commune n° 24 du 9 septembre 1879. Néanmoins, les préposés qui seront détachés dans certaines grandes villes où la cherté des vivres est notoirement excessive, pourront, sur la proposition des directeurs, être indemnisés, en vertu de décisions spéciales de l'Administration, à raison de 1 franc au lieu de 0 fr. 50 seulement par jour.

Les employés utilisés dans les conditions qui viennent d'être exposées recevront souvent plusieurs destinations successives. Ils pourront, en effet, suivant les besoins du service, ou bien concourir à renforcer certains postes, ou bien être désignés pour remplir des intérims. Dans ce dernier cas, la question a été posée de savoir s'ils doivent toucher l'indemnité de séjour ou bien celle qui est réglementairement allouée aux intérimaires.

C'est évidemment à celle-ci qu'ils ont droit, quand les fonctions qui leur sont temporairement confiées au dehors du poste où ils ont été détachés en premier lieu les astreignent au déplacement prévu par la circulaire n° 259, du 25 janvier 1879.

Recevez, etc.

Le Conseiller d'État, Directeur général,
A. Catusse.

Modèle de l'état dont la production est prescrite par la lettre commune n° 13 du 23 juillet 1891.

DIRECTION d

2e DIVISION.

2e BUREAU.

CONTRIBUTIONS INDIRECTES

Liste complète des agents spéciaux disponibles dans le département d à la date du 189 , par suite de la cessation des travaux dans les distilleries, les râperies et les fabriques de sucre.

Nom.	Grade.	Résidence.	État-civil. (Célibataire ou marié.)	Indication des postes où les employés sont détachés dans le département.	Cause du détachement.	Observations. (Voir la lettre commune n° 13 du 23 juillet 1891.)

Certifié par le Directeur soussigné,

A , le 189 .

Circ. du 14 aout 1891, n° 13.

1re Division. — 1er Bureau.

Application de la loi du 14 mars 1891 sur l'heure légale.

Une loi du 14 mars 1891, dont le texte est reproduit à la suite de la présente circulaire, porte que l'heure légale en France et en Algérie est l'heure temps moyen de Paris.

En exécution de cette loi, les agents de la Régie devront désormais, dans tous les actes judiciaires ou administratifs, ainsi que sur tous les titres et documents comportant l'indication de l'heure, faire suivre cette mention des mots « heure légale ».

Certaines opérations ne peuvent être légalement effectuées, soit par le service, soit par les contribuables, que dans les limites de temps fixées par la loi. Cette obligation s'applique, notamment, aux visites que les employés sont autorisés à faire, pendant le jour seulement, à l'entrée des boissons dans les lieux sujets et aux entonnements dans les brasseries. Dans ces divers cas, il y aura lieu de tenir exclusivement compte de l'heure légale.

J'invite les directeurs à porter ces dispositions à la connaissance du service et des intéressés.

Le Conseiller d'État, Directeur général,
A. Catusse.

Pour ampliation :
L'Administrateur de la 1re Division,
Pour mon collègue,
Dechaud.

Loi du 14 mars 1891.

Le Sénat et la Chambre des députés ont adopté,

Le Président de la République promulgue la loi dont la teneur suit :

Article unique. — L'heure légale en France et en Algérie est l'heure temps moyen de Paris.

La présente loi, délibérée et adoptée par le Sénat et par la Chambre des députés, sera exécutée comme loi d'État.

Fait à Paris, le 14 mars 1891.

Signé : Carnot.

Par le Président de la République :
Le Ministre des Finances,
Signé : Rouvier.

Pour copie conforme :
Le Conseiller d'État, Directeur général,
Signé : A. Catusse.

Lett. comm. du 14 aout 1891, n° 14.

3e Division. — 3e Bureau.

Tabacs. — Frais supplémentaires de paquetage ou d'emballage à la charge des exportateurs de tabacs. — Nouveau mode de recouvrement.

Monsieur le Directeur, suivant les indications de la notice relative à l'exportation des tabacs de la Régie française, des modifications peuvent être apportées, sur la demande des exportateurs et à leurs frais, aux procédés habituels de paquetage ou d'emballage de certains produits.

Jusqu'à présent, les frais supplémentaires de paquetage ou d'emballage ont été remboursés directement par les négociants intéressés, soit sous forme de salaires remis aux ouvriers chargés de la main-d'œuvre, soit par le paiement des factures afférentes aux fournitures employées. Un tel système ne se prêtant pas au contrôle régulier des opérations et pouvant, dès lors, faciliter les abus, la Direction générale des manufactures de l'État a décidé que, dorénavant, les frais de main-d'œuvre et de fournitures seront inscrits en dépense dans les écritures courantes des manufactures, et qu'il sera fait recette, au profit du Trésor, des sommes payées par les exportateurs pour modifications aux conditions habituelles de livraison des différents produits. Ces sommes seront, d'ailleurs, autant que possible, liquidées d'après des tarifs fixés à l'avance.

Les frais supplémentaires de paquetage ou d'emballage seront recouvrés par les entreposeurs, en même temps que le prix des tabacs, au vu des indications que les manufactures porteront, à cet effet, sur les acquits-à-caution eux-mêmes.

Les factures n° 24 A constateront, dans la forme habituelle, le paiement des matières livrées aux prix du tarif général d'exportation, puis elles énonceront, dans un paragraphe additionnel, la somme acquittée à titre de supplément.

Ces perceptions supplémentaires seront inscrites et développées par quantités et sommes dans la marge du registre n° 35 : elles figureront en recette parmi les produits accessoires à la vente des tabacs, ligne 82 du bordereau 91 A.

Aux états mensuels n° 65 A, les entreposeurs mentionneront, cadre 7, au-dessous du total de l'année, les espèces et quantités de tabacs ayant donné lieu au paiement de frais supplémentaires de paquetage, ainsi que le chiffre des sommes payées à ce titre, lesquelles devront, d'ailleurs, être comprises dans la récapitulation du cadre 6.

L'Administration vous invite à donner immédiatement les instructions utiles pour assurer l'exécution des dispositions qui précèdent.

Recevez, etc.

Le Conseiller d'État, Directeur général,
A. Catusse.

Note du 24 aout 1891, n° 11468.

1re Division. — 1er Bureau.

Abus signalés dans la gestion des entrepôts de tabacs. — Nouvelles recommandations au service.

L'Administration, par la lettre commune n° 21 du 21 juillet 1888, a tout spécialement rappelé aux agents de contrôle leurs obligations les plus essentielles touchant la surveillance qu'ils doivent exercer sur la gestion des entrepôts. Néanmoins, de graves irrégularités, d'importantes malversations se sont encore produites qui continuent à révéler, d'une part, l'incurie des comptables intéressés, d'autre part, le défaut de sollicitude des agents du service actif, et surtout l'insuffisance bien évidente du contrôle des vérificateurs. Qu'il s'agisse d'excédents soustraits à la prise en charge ou de déchets indûment constatés, de falsifications d'écritures ou de détournements opérés sur les colis sous cordes et plombs, tous ces nouveaux faits accusent d'une manière d'autant plus fâcheuse l'action du service de la Régie que la plupart ont été mis à découvert, au cours de ses tournées, par l'Inspection générale des Finances.

A tous les points de vue, il importe de mettre un terme à un tel état de choses. L'Administration croit, dès lors, devoir renouveler à cet égard, en y insistant, ses recommandations antérieures.

L'absence absolue de différences de poids à l'arrivée ou à la mise en vente donne lieu de craindre que les agents du service actif n'exercent qu'un contrôle purement illusoire, ou que les entreposeurs n'omettent de faire constater le poids réel des colis avant leur emmagasinage. Le cas échéant, les comptables ne sont pas moins répréhensibles que les chefs locaux. Lorsqu'un chargement parvient à l'entrepôt, tous les colis, fussent-ils expédiés par la manufacture située dans la même ville, doivent être pesés en à un en présence de ces derniers. Afin d'éviter les abus, il est, en outre, nécessaire que les chefs locaux vérifient très exactement le poids de tous les colis de râpé et de gros rôles avant leur mise en vente et qu'ils s'assurent que les cordes et plombs sont intacts. S'il leur est formellement interdit d'admettre que des colis soient ouverts avant d'être passés sur la balance, encore moins doivent-ils tolérer, ainsi que cela se pratiquait dans un entrepôt, que les tabacs soient extraits du colis et pesés sans leur emballage. Les employés du service actif étant, en outre, chargés de servir les registres nos 26, 63 A et 82, les écritures passées à ces divers registres doivent être exclusivement de leurs mains. C'est là une recommandation sur laquelle l'Administration insiste particulièrement, ainsi que sur celle de tenir très régulièrement et toujours au courant le registre magasinier, lequel est destiné à permettre aux vérificateurs, lors des inventaires généraux, de contrôler les prises en charge et l'ordre de mise en vente des colis. Ces agents supérieurs ne devraient pas hésiter, du reste, à signaler spécialement à l'Administration les employés qui paralyseraient leur action en ne se conformant pas strictement, sous ces divers rapports, aux obligations qui leur incombent.

En raison de ce que les tabacs en *garenne* sont généralement sujets à des augmentations de poids suivant l'humidité plus ou moins grande qu'ils ont retenue de la fabrication et les influences atmosphériques, la constatation de déchets pendant la vente doit être un cas tout à fait exceptionnel; par la même raison, le défaut d'excédents, notamment dans les entrepôts où la vente est active, constitue un fait absolument anormal qui, lorsqu'il se produit, doit motiver immédiatement une demande d'explications catégoriques. Il en serait de même des écarts sensibles qui se remarqueraient entre les résultats présentés par les établissements d'une même circonscription administrative ou d'un même département. De telles situations doivent être l'objet d'un examen très attentif de la part des Directeurs.

Les agents supérieurs de contrôle ne sauraient trop multiplier les inventaires de garenne. Dans ces opérations, ils devront particulièrement se tenir en éveil contre les dissimulations de manquants ou les humectations frauduleuses. D'un autre côté, il est indispensable que leur intervention pour être efficace se produise toujours d'une manière inopinée. A cet effet, ils ont l'obligation de procéder, de temps à autre, à des contrevisites et de varier le plus possible les dates de leurs vérifications. En ce qui concerne les entrepôts qui ne sont pas situés au siège d'une Direction ou d'une Sous-Direction, les Directeurs régleront, en conséquence, l'itinéraire des Inspecteurs; ils auront, au surplus, à tenir fermement la main à ce que, sous aucun prétexte, ces agents supérieurs ne se dispensent d'intervenir dans les entrepôts de tabacs lorsqu'ils traversent les chefs-lieux d'arrondissement pour se rendre dans les recettes ambulantes, et à ce qu'ils ne remettent jamais au lendemain de leur arrivée dans une ville où existe un établissement de l'espèce le soin d'établir la situation des tabacs en garenne. Il doit en être de la reconnaissance des tabacs en vrac, comme de la représentation des fonds de caisse.

Ainsi que l'Administration l'a maintes fois recommandé, les vérificateurs qui procèdent à l'appel des factures sont tenus de confronter ces documents des demandes des débitants et du registre des ventes journalières. A cet égard, il n'est pas inutile de rappeler que ces rapprochements ne doivent pas seulement porter sur le total des quantités, mais qu'ils doivent être opérés en détail pour toutes les espèces de tabacs et pour les prix. Les vérificateurs ont aussi à examiner très attentivement si les additions au registre des factures sont exactes et si les reports des totaux sont régulièrement faits aux autres registres.

Les Directeurs et les Sous-Directeurs ne perdront pas de vue que la circulaire n° 282 du 12 décembre 1879 leur a fait une obligation, lors des tournées qu'ils effectuent, de porter plus spécialement leur contrôle sur le service des comptables supérieurs des chefs-lieux d'arrondissement. Enfin ce n'est qu'exceptionnellement que les Directeurs peuvent déléguer aux Inspecteurs, sauf, dans les villes où il existe un Inspecteur sédentaire, la mission de procéder aux vérifications à l'entrepôt de leur résidence.

L'Administration invite expressément les Directeurs à veiller à ce que toute défaillance, en ce qui concerne la suite du service dans les entrepôts, soit désormais soigneusement évitée. Après ses recommandations réitérées, elle n'aurait plus, du reste, qu'à frapper avec sévérité les agents, quel que soit leur grade, qui manqueraient encore, sous ce rapport, à leurs devoirs professionnels.

Une copie de la présente note commune devra être remise, sans retard, aux Sous-Directeurs, aux Inspecteurs, aux Entreposeurs, ainsi qu'à tous les chefs des services locaux appelés à intervenir dans les entrepôts.

Le Conseiller d'État, Directeur général
A. CATUSSE.

LETT. COMM. DU 4 SEPT. 1891, N° 15.

2° Division. — 2° Bureau.

Publication d'une « Histoire de la législation des sucres », par MM. E. Boizard et H. Tardieu.

Monsieur le Directeur, sous le titre « Histoire de la législation des sucres », MM. Boizard, chef de bureau à la Direction générale, et Tardieu, ingénieur des arts et manufactures, viennent de publier un ouvrage où se trouvent exposées les nombreuses transformations du régime économique et fiscal des sucres depuis 1664 jusqu'à la dernière loi du 29 juin 1891.

Présenté avec une connaissance approfondie du sujet, ce travail constitue une étude raisonnée de la législation.

Il prend la question à son origine, alors que les sucres de canne, coloniaux et étrangers, alimentaient seuls la consommation; puis il expose les débuts de l'industrie du sucre indigène et fait ressortir la lutte des intérêts multiples, représentés par la sucrerie indigène, par la sucrerie coloniale, par la marine marchande et par l'industrie de raffinage, qui se sont agités pendant de longues années pour faire modifier à leur profit la base de l'impôt. La question est ensuite envisagée au point de vue des sucres primés des divers pays producteurs d'Europe. Enfin, l'ouvrage se termine par un résumé général des lois et règlements en vigueur, par des annexes où l'on trouve le texte des lois depuis 1880, par des tableaux statistiques concernant la production indigène et coloniale, le mouvement des importations et des exportations, le produit de l'impôt, le relevé des prix moyens, etc., etc....

Cette publication offre un réel intérêt pour tous ceux qui désirent connaître et approfondir les causes des modifications si fréquentes dans la législation des sucres, ou qui veulent s'initier aux détails d'une question fort complexe. C'est à ce titre que je recommande l'intéressant ouvrage de MM. Boizard et Tardieu.

Recevez, etc.

Le Conseiller d'État, Directeur général,
A. CATUSSE.

LETT. COMM. DU 29 SEPT. 1891, N° 16.

3° Division. — 3° Bureau.

Matériel. — Instruments et objets de matériel livrés par les receveurs principaux aux receveurs particuliers. — Recommandations concernant la suite du compte d'ordre établi à la fin du registre 83.

Monsieur le Directeur, l'Administration a eu, plusieurs fois, l'occasion de constater que les instruments et autres objets de matériel livrés aux receveurs particuliers, ou devant exister en leur possession, n'étaient pas toujours enregistrés et décrits au cadre spécialement réservé pour les inscriptions de l'espèce à la fin des registres 83.

A la faveur de ces omissions plusieurs comptables secondaires, chez lesquels des manquants de matériel ont été reconnus, ont pu en décliner la responsabilité sous le prétexte qu'ils n'avaient pas reçu, soit du receveur principal, soit de leur prédécesseur, les objets trouvés en moins et, devant les affirmations contradictoires des parties en cause, en l'absence d'ailleurs de toute pièces authentique permettant de remonter à l'origine de la livraison et d'en suivre les transmissions successives, l'Administration s'est trouvée le plus souvent dans l'impossibilité d'établir quels étaient les auteurs de la perte des instruments et, par suite, d'en récupérer la valeur.

De pareils errements sont de nature à compromettre à la fois les intérêts du Trésor et la bonne exécution du service; il importe donc que des mesures soient prises en vue de les faire cesser.

Désormais, chaque fois qu'il sera démontré que les objets indiqués au registre 106 A comme devant exister dans les postes n'auront pas été inscrits et détaillés au cadre final du registre 83, l'Administration n'hésitera pas à rendre le receveur principal pécuniairement responsable de la valeur des instruments et ustensiles manquants dont les comptables secondaires n'auraient pas été mis à même de constater et de signaler la disparition. C'est au receveur principal, en effet, que revient plus spécialement le soin de s'assurer que les indications du cadre final du registre 83 sont complètes et régulières. Il lui appartient d'y enregistrer lui-même les objets livrés ou réintégrés; de plus, à la clôture des opérations de l'année, il a le devoir de vérifier dans toutes ses parties le registre épuisé, et de certifier, par l'apposition de visa de conformité, l'exactitude des reprises transportées aux comptes nouveaux.

De leur côté, les receveurs particuliers sont tenus, lorsqu'ils prennent possession de leur poste, d'exiger, en même temps que la remise des timbres et impressions devant rester en magasin, celle de tous les objets de matériel qui, d'après le compte d'ordre du registre 83, existaient aux mains de leur prédécesseur, et, s'ils constatent des différences, ils doivent s'empresser d'en informer officiellement le directeur ou le sous-directeur.

Quant aux chefs divisionnaires, ils ont à examiner, aux époques des versements, si tous les cadres du registre 83, et notamment celui des instruments et objets de matériel, sont régulièrement servis.

Enfin, les inspecteurs, au cours de leurs tournées, ne doivent jamais négliger de se faire représenter par les agents qu'ils vérifient tous les instruments inscrits à leur charge, et de provoquer le remplacement immédiat de ceux qu'ils trouveraient manquants ou en mauvais état.

Veuillez, je vous prie, adresser au service des recommandations dans ce sens, et veiller à ce qu'elles ne soient pas perdues de vue.

Recevez, etc.

Le Conseiller d'État, Directeur général,
A. CATUSSE.

LETT. COMM. DU 30 SEPT. 1891, N° 17.

3° Division. — 3° Bureau.

Matériel. — Baux à loyer. — Délais à observer pour la transmission des propositions de locations.

Monsieur le Directeur, les propositions relatives aux locations d'immeubles ne sont souvent produites que fort peu de temps avant l'époque à laquelle doit s'effectuer la prise de possession. Liée par la nécessité d'une décision immédiate, l'Administration se trouve alors dans l'impossibilité de discuter les projets avec l'indépendance voulue, et elle peut même se voir obligée de subir des conditions onéreuses ou d'accepter des installations ne répondant qu'imparfaitement aux besoins du service.

Pour lui réserver sa complète liberté d'action, il est indispensable que, dès le commencement de la période annale à l'expiration de laquelle les locations en cours doivent tomber à échéance, le service se préoccupe des installations à obtenir et que les propositions en vue de la conclusion des baux ou de leur renouvellement soient formées au moins six mois à l'avance. Toutes les fois que, pour une cause quelconque, ce délai ne pourra être observé, il devra en être donné avis par lettre spéciale indiquant les motifs du retard.

J'insiste pour que ces recommandations soient strictement observées à l'avenir. Afin d'en faciliter l'application, il conviendra de monter dans les Directions et Sous-Directions un registre des baux où seront relatés pour chaque location, indépendamment du montant du loyer, la durée du contrat, l'époque de son commencement et celle de son expiration, la date à laquelle, s'il y a lieu, le service aura été invité à rechercher des locaux et celle de la transmission des projets à l'Administration.

Dans un délai de 15 jours, vous enverrez à l'Administration un double de ce registre.

Je vous prie de veiller personnellement à l'exécution de ces prescriptions.

Recevez, etc.

Le Conseiller d'État, Directeur général,
A. CATUSSE.

LETT. COMM. DU 10 OCT. 1891, N° 18.

3° Division. — 1er Bureau.

Publication des tables chronologique et alphabétique des lettres communes de 1888 à mars 1891.

Monsieur le Directeur, les instructions transmises au service par lettres et notes communes pendant les années 1888 à 1890 et le 1er trimestre 1891 forment la matière d'un volume qui sera le quatrième de la collection commencée en 1871.

Je vous transmets ci-jointes les tables chronologique et alphabétique de ce volume.

La lettre commune n° 12 du 1er juin 1881 impose aux agents qui reçoivent les instructions de l'espèce à titre officiel l'obligation de les faire relier ou cartonner. Je vous prie de vouloir bien veiller à l'exécution de cette prescription.

Recevez, etc.

Le Conseiller d'État, Directeur général,
A. CATUSSE.

LETT. COMM. DU 19 OCT. 1891, N° 19.

2e Division. — 2e Bureau.

Sucres. — Rendement des sirops et masses cuites. — Rétablissement du relevé mensuel n° 42 C.

Monsieur le Directeur, depuis que la loi du 29 juillet 1884 a remplacé l'impôt à l'effectif par une taxe basée sur le poids des betteraves mises en œuvre, le compte auxiliaire des produits en cours de cristallisation n'est plus tenu au portatif général. Toutefois, ainsi que le prescrit la circulaire n° 404 du 17 août suivant, le service a continué à suivre le mouvement de ces produits et à en déterminer, par nature, le rendement en sucre au moyen d'indications consignées sur divers carnets.

D'un autre côté, ayant reconnu la nécessité d'un contrôle sur le rendement des masses cuites et des sirops, l'Administration a rétabli, par sa circulaire n° 486 du 29 août 1887, le carnet d'empli n° 4 et créé le relevé mensuel n° 76 qui, fourni tous les dix jours par les chefs de service, est récapitulé le 16 de chaque mois par département et transmis à la Direction générale.

En résumé, à l'exception du compte auxiliaire autrefois suivi au portatif général, le service possède les mêmes éléments de statistique qu'avant la loi de 1884.

Or, à cette époque, les renseignements fournis mensuellement au *Journal officiel* étaient complétés par certaines indications sur les rendements des sirops. Consultées avec intérêt par les industriels et les autres personnes qui s'occupent de la fabrication, ces indications permettaient, en outre, à l'Administration de se rendre compte de la marche et de la régularité des travaux dans les usines.

Ces considérations se présentent avec d'autant plus de force, aujourd'hui, que, d'une part, la statistique tient actuellement une bien plus large place qu'autrefois dans les transactions commerciales, puisqu'elle sert, le plus souvent, de base à la conclusion des marchés et que, d'autre part, eu égard au système de surveillance adopté, l'Administration doit, bien plus qu'avant, chercher à se rendre compte des différentes phases du travail dans les diverses usines.

C'est donc aussi bien dans l'intérêt du commerce et de l'industrie que dans celui d'un contrôle supérieur que l'Administration a décidé de rétablir l'ancien relevé n° 42 C.

A l'opposé de celui-ci, le nouvel imprimé, qui portera le même numéro que l'ancien, sera établi à la fin de la première quinzaine de chaque mois et présentera, comme le relevé 76 dont la production est maintenue, la situation depuis le commencement de la campagne. Il sera récapitulé par inspections et par départements comme les états n°s 42 et 43, et devra parvenir à l'Administration le 20 de chaque mois au plus tard.

L'intitulé des colonnes de l'ancien imprimé a été mis en harmonie avec la situation actuelle. Quelques autres renseignements sont demandés : ils fourniront des indications utiles aux divers intéressés.

On y a intercalé, notamment, les renseignements consignés jusqu'ici à la quatrième page du relevé 76, dans un cadre tracé à la main, lequel deviendra ainsi sans objet.

Les éléments à porter au nouvel état 42 C seront puisés aux registres auxiliaires n°s 4, 6 (*turbinage*) et 16. Aucune explication ne paraît nécessaire pour guider le service, familiarisé depuis longtemps avec la tenue de ces registres. On a, toutefois, indiqué dans une instruction, qui figure à la quatrième page de la feuille de titre du nouvel état, la manière de déterminer les diverses quotités de rendement. Vous recevrez, prochainement, un nombre suffisant d'exemplaires du modèle n° 42 C pour assurer les besoins de la campagne.

Pour les campagnes suivantes, les receveurs principaux adresseront leurs demandes sous le timbre du bureau du matériel des finances.

Je crois inutile d'insister pour que les renseignements demandés et qui sont destinés à être publiés soient établis avec la plus grande précision.

Vous veillerez personnellement à ce qu'il en soit ainsi.

Dès que vous aurez reçu les imprimés nécessaires aux besoins de la présente campagne, vous aurez à réunir d'urgence et à fournir sans aucun retard à l'Administration un relevé récapitulatif n° 42 C présentant, pour toutes les fabriques de sucre de votre département, les divers renseignements qui en font l'objet, depuis le commencement de la campagne 1891-1892 jusqu'à la fin de la première quinzaine du présent mois d'octobre. Les relevés à dresser postérieurement pour les périodes écoulées du 1er septembre au 15 de chacun des mois de novembre, de décembre, de janvier, etc., devront être adressés, par vos soins, à l'Administration, le 20 de chaque mois au plus tard.

Recevez, etc.

Le Conseiller d'État, Directeur général,
A. CATUSSE.

LETT. COMM. DU 28 OCT. 1891, N° 20.

3e Division. — 3e Bureau.

Ordonnancement. — Retards signalés par le service central de l'ordonnancement dans la constatation des dépenses. — Recommandations à ce sujet. — Nouvelles dispositions concernant la régularisation des dépenses pour frais de surveillance des sucrages et la demande des crédits pour primes d'apurement.

Monsieur le Directeur, aux termes de la circulaire n° 23 du bureau de l'ordonnancement, en date du 12 février 1890, les services faits et les droits acquis au 31 décembre de l'année qui donne son nom à l'exercice étant seuls considérés comme appartenant à cet exercice, les ordonnateurs secondaires doivent avoir constaté dans leurs écritures, avant la fin du mois de février de la seconde année, les droits des créanciers afférents à l'exercice portant le millésime de la première année. En conséquence, les situations établies ultérieurement ne doivent comprendre que des créances dont la constatation a été retardée par suite de circonstances exceptionnelles et imprévues.

Malgré ces prescriptions formelles, le service de l'ordonnancement a relevé, sur les états fournis en avril et en mai derniers par les ordonnateurs secondaires des contributions indirectes, que les constatations tardives étaient beaucoup plus nombreuses qu'elles n'auraient dû l'être et qu'elles n'avaient pas le caractère exceptionnel qui eût pu seul les justifier.

Ce sont là des critiques regrettables qu'il convient d'éviter à l'avenir, en ayant soin de porter sur le livre d'enregistrement des droits des créanciers les dépenses résultant des services exécutés ou en cours d'exécution, liquidés ou à liquider, à mesure qu'elles peuvent être fixées soit avec précision, soit par approximation et préalablement à la délivrance de tout mandat de paiement, sauf à faire figurer ensuite en déduction les sommes qui auraient été constatées en trop, ou à constater ultérieurement, dès que l'importance peut en être définitivement fixée, celles qui l'auraient été en moins.

La stricte exécution de ces recommandations est d'autant plus nécessaire qu'à partir de l'exercice courant les dates de clôture des différentes opérations de recette et de dépense vont, selon les dispositions de l'article 4 de la loi du 25 janvier 1889, se trouver fixées ainsi qu'il suit :

Au 31 mars de la seconde année, pour la liquidation et l'ordonnancement des sommes dues aux créanciers de l'État ;

Au 30 avril suivant, pour le paiement des dépenses, la liquidation et le recouvrement des droits acquis pendant l'année du budget.

Nécessité d'une vérification approfondie, dans les derniers jours de décembre, de la comptabilité départementale.

J'insiste donc pour que dès les derniers jours de décembre, époque à laquelle cessent les engagements de dépenses, vous fassiez procéder à une vérification très approfondie de la comptabilité départementale et pour que vous hâtiez, par tous les moyens en votre pouvoir, la constatation et la liquidation de toutes les créances connues, ainsi que la régularisation des dépenses qui auraient été payées au compte des avances provisoires ou de celles que vous auriez, en vertu des règlements en vigueur, portées directement en dépenses publiques au moment même du paiement.

États 155 des mois de janvier, février et mars. (Exercice précédent.)

Vous vous attacherez notamment à obtenir dans le plus bref délai la délégation des crédits voulus pour délivrer, aussitôt après la liquidation des dépenses, les mandats destinés à en permettre le paiement. C'est ainsi que vous devrez, autant que possible, comprendre à votre état 155 du mois de janvier (exercice précédent) l'intégralité des crédits qu'il vous appartient de demander pour les dépenses non encore acquittées de l'exercice, de manière à n'avoir plus à porter sur les relevés des mois de février et de mars que les sommes concernant les créances imprévues qui viendraient à se révéler et pour lesquelles vous auriez, conformément aux prescriptions de la circulaire 23 précitée, à indiquer les raisons qui en ont retardé la constatation. Votre attention devra se porter spécialement sur les frais de transport des tabacs et des poudres, dont la liquidation éprouve parfois des retards injustifiés.

Régularisation des dépenses éventuelles afférentes à l'exercice précédent.

Relativement aux dépenses éventuelles, subordonnées à des autorisations spéciales, dont il est d'usage que l'Administration provoque elle-même l'ordonnancement et dont le détail figure sur la feuille de titre de l'état n° 155, vous aurez à produire vos propositions d'admission ou de régularisation le 15 janvier au plus tard. C'est là un délai extrême qui ne devra pas être dépassé et que vous devrez, au contraire, chercher à devancer. Si, par exception, vous n'étiez pas en mesure de vous y conformer, il y aurait lieu d'en aviser par lettre spéciale les bureaux compétents ; mais vous êtes formellement averti qu'à moins de circonstances extraordinaires, résultant d'événements de force majeure, l'Administration n'hésiterait pas à rejeter toute proposition qui serait produite après la date précitée du 15 janvier et à faire retomber les conséquences pécuniaires de ce rejet sur les agents dont la responsabilité serait engagée.

Remise des mandats aux titulaires des créances restant à liquider en fin d'exercice. — Obligation de rechercher les détenteurs de mandats non acquittés dans un certain délai.

Je crois, enfin, devoir vous rappeler qu'il vous incombe personnellement de veiller à ce qu'il ne soit apporté aucun retard dans la remise des mandats aux ayants droit et que vous êtes même tenu, pour restreindre dans les plus étroites limites le nombre des créances restant à liquider en fin d'exercice, de faire rechercher les détenteurs de mandats non acquittés dans un certain délai et de les inviter à se présenter aux caisses des comptables chargés d'effectuer le payement.

Mode de régularisation des dépenses concernant les frais de surveillance des sucrages.

Jusqu'ici, les propositions concernant diverses dépenses extraordinaires occasionnées par la surveillance du sucrage des vins et des cidres n'ont été généralement présentées qu'en fin de campagne. Or, dans certains départements, notamment sur les points où se fabriquent des cidres et dans la région de l'Est, les opérations de sucrage se poursuivent jusqu'en février ou en mars. La dépense est alors imputable partie sur l'exercice expiré et partie sur l'année courante.

A l'avenir, toutes les fois que la période du sucrage portera sur deux exercices, vous aurez à fournir deux propositions distinctes : l'une du 10 au 15 janvier, pour les dépenses de l'exercice expiré ; l'autre à la clôture de la campagne, pour celles de l'année courante.

Nouvelle classification des dépenses pour primes d'apurement.

Parmi les dépenses dont l'Administration s'est réservé de provoquer l'ordonnancement figurent les primes d'apurement de comptes allouées aux comptables qui soldent sans reprise ni débet, avant le 31 mars, la totalité des droits constatés pendant l'année précédente. Les primes étant fixées par le Conseil d'administration au vu de propositions formées par les directeurs avant le 30 janvier, c'est-à-dire à une époque où il n'est pas encore possible de connaître celles qu'il y aura lieu de payer ou de réserver et celles qui tomberont en déchéance, il en résulte que des sommes assez importantes, inscrites dans les écritures comme dépenses engagées, demeurent chaque année sans emploi et ressortent en annulation à la fin de l'exercice. Pour obvier à cet inconvénient, j'ai décidé que les primes d'apurement seront, à l'avenir, rangées dans la catégorie des dépenses dont les directeurs ont à demander eux-mêmes, chaque mois, l'ordonnancement. Les sommes à payer, suivant l'état général de fixation arrêté par le Conseil d'administration, aux comptables ayant rempli avant le 31 mars les conditions prescrites, devront donc être comprises à votre état 155 du mois d'avril. De même, quand le payement de primes réservées sera autorisé, vous réclamerez sur le premier relevé qui suivra la notification des décisions l'ouverture du crédit nécessaire, en ayant soin d'indiquer, dans la colonne d'observations, les noms et résidences des ayants droit, ainsi que la somme revenant à chacun d'eux.

Modifications à faire subir aux indications du tableau des productions périodiques.

J'ai fait imprimer à la suite de la présente lettre commune un relevé des diverses productions

périodiques dont l'envoi devra, par application des dispositions qu'elle contient, être obligatoirement avancé. Veuillez, je vous prie, en examiner attentivement les indications, et prescrire les mesures utiles pour que, dans tous les postes, le

tableau annexé à la circulaire n° 344, du 5 août 1882, soit annoté en conséquence.

Recevez, etc.

Le Conseiller d'État, Directeur général,
A. Catusse.

DIRECTION GÉNÉRALE DES CONTRIBUTIONS INDIRECTES.

Modifications au tableau des productions périodiques annexé à la circulaire n° 344, du 5 août 1882.

Indication des modèles et états.	Objet des modèles et états.	Désignation des agents qui sont appelés à fournir les documents à l'Administration.	Nature de la périodicité déterminée pour la production des documents.	Date à laquelle les documents ou les éléments des productions doivent parvenir à la Direction.	Délai fixé pour la transmission des documents à l'Administration.	Observations.
»	État de proposition des indemnités complémentaires à accorder aux buralistes et aux receveurs d'entrée et d'octroi (modèle annexé à la circulaire n° 347, du 24 décembre 1820).	Directeurs et sous-directeurs.	Annuel. . . .	Avant le 10 janvier.	Du 10 au 15 janvier.	
157	État des visites chez les assujettis de *la garantie.*	Chef de poste ou de circonscription d'exercice.	Trimestriel. . .	Avant le 10 du mois qui suit le trimestre.	Du 10 au 15 du mois qui suit le trimestre.	
158	État récapitulatif des frais de vacation (garantie) pour chaque circonscription administrative.	Directeurs et sous-directeurs.	*Idem.*	*Idem.*	*Idem.*	A fournir en double expédition.
»	État des frais de tournées des contrôleurs de la garantie.	Contrôleurs de la garantie.	*Idem.*	*Idem.*	Du 10 au 15 du mois qui suit le trimestre et *seulement lorsqu'il y a lieu.*	*Idem.*
»	État de renseignements pour la fixation de l'indemnité à accorder aux entreposeurs sur les quantités de *tabacs saisis et classés.*	Directeurs.	Annuel. . . .	Avant le 10 janvier.	Du 10 au 15 janvier.	
Q	Bordereau des recettes et dépenses des octrois.	Préposés en chef ou receveurs d'octroi.	Trimestriel. . .	Avant le 10 du mois qui suit le trimestre.	Du 10 au 15 du mois qui suit le trimestre.	
»	État récapitulatif des produits des octrois par département (Lettre commune du 3 décembre 1864).	Directeurs.	Annuel. . . .	. . . .	Du 10 au 15 janvier (avec les bordereaux du 4ᵉ trimestre).	
Y	Relevé sommaire des recettes par bureau d'octroi (Circulaire n° 13/5, du 18 janvier 1828).	Préposés en chef d'octroi.	*Idem.*	Avant le 10 janvier (avec les bordereaux du 4ᵉ trimestre).		
197	État de proposition de répartition de fonds de gestion disponibles en fin d'année (octrois gérés par la Régie). — (Circulaire n° 525, du 24 décembre 1857).	Directeurs et sous-directeurs.	*Idem.*	Avant le 10 janvier.	Du 10 au 15 janvier.	

Lett. comm. du 28 oct. 1891, n° 21.

Bureau central et du personnel.

Concours pour le grade de contrôleur.

Monsieur le Directeur, un concours est ouvert en vue de pourvoir aux vacances qui se produiront dans le cadre du contrôle pendant la période d'une année environ.

Seront admis à y prendre part les agents âgés de moins de 43 ans au 1er janvier 1892 et compris dans l'une des catégories ci-après :

1° Receveurs ambulants dont la nomination est antérieure au 1er janvier 1890 ;

2° Commis principaux de tous les services dont l'élévation à la 3ᵉ classe est antérieure au 1er juillet 1890 ;

3° Commis principaux premiers commis de direction ayant obtenu la 3ᵉ classe de leur grade avant le 1er janvier 1891.

Aucune modification n'est apportée aux conditions d'examen indiquées dans la lettre commune n° 24, du 21 novembre 1890.

Les épreuves écrites auront lieu le 30 janvier prochain.

La liste des candidats de chaque département et les notices individuelles appuyées des avis préfectoraux devront parvenir à l'Administration du 25 au 30 novembre.

Un tiers des contrôles vacants continuera à être attribué au tour d'ancienneté. Vous êtes autorisé à faire figurer au tableau 137 C spécial les receveurs ambulants et les commis principaux assimilés entrés dans leur 42ᵉ année avant le 1er janvier 1892 (c'est-à-dire nés avant 1851) et âgés de moins de 46 ans, qui appartiennent aux promotions antérieures à 1885.

Recevez, etc.

Le Conseiller d'État, Directeur général,
A. Catusse.

Note comm. du 14 nov. 1891, n° 22.

3ᵉ Division. — 3ᵉ Bureau.

Matériel. — Baux à loyer. — Plans à fournir à l'appui des propositions de location.

Fréquemment les propositions de location d'immeubles, en vue de l'installation des services, ne présentent pas la description des locaux, et parfois même les projets de baux ne contiennent à cet égard que des indications insuffisantes.

Afin de mettre l'Administration en mesure de juger, en toute connaissance de cause, si les bâtiments offerts réunissent les convenances voulues, tant sous le rapport des bureaux et des magasins que pour l'habitation personnelle des agents, il y aura lieu, à l'avenir, de joindre à chaque projet de location un plan des différentes parties de l'immeuble.

Ce plan, qui devra énoncer les dimensions de chaque pièce et sa destination, sera dressé sans frais par le service. En aucun cas, à moins d'instructions spéciales de l'Administration, on ne confiera l'exécution du travail à des architectes ou à des dessinateurs dont le concours entraînerait le paiement d'honoraires à la charge de l'État.

En ce qui concerne les poudrières, on produira, indépendamment du plan des magasins et de leurs dépendances, un croquis topographique indiquant le nombre et le siège des maisons situées dans un rayon de 500 mètres. On devra faire connaître, en outre, si ces établissements sont en contre-bas des lieux circonvoisins ou s'ils les dominent, et signaler spécialement les accidents de terrain et les ouvrages de fortifications ou autres, susceptibles d'offrir des garanties contre les conséquences d'une explosion.

Le Conseiller d'État, Directeur général,
A. Catusse.

Lett. comm. du 17 nov. 1891, n° 23.

3ᵉ Division. — 3ᵉ Bureau.

Tabacs. — Concordance des écritures des entrepôts de la Régie avec celles des manufactures de l'État. — Approvisionnements des entrepôts en fin d'année.

Monsieur le Directeur, la lettre commune du 3 décembre 1872 a fait connaître que, la comptabilité des manufactures de l'État étant close le 25 de chaque mois, le service de ces établissements est, en fin d'année, tenu de régler ses envois de telle sorte que les entrepôts de la Régie ne puissent recevoir ni prendre en charge aucune quantité de tabacs dans l'intervalle du 25 au 31 décembre ; elle a disposé, en outre, que les entreposeurs devraient combiner leurs demandes en conséquence, tout en maintenant leurs approvisionnements au niveau de la consommation.

Or, il est arrivé que, pour certains entrepôts éloignés, les expéditions effectuées par des manufactures dans la dernière quinzaine de décembre se trouvaient encore en cours de transport à la fin du mois, et qu'elles n'ont pu ainsi être prises en charge aux lieux de destination qu'après le 1er janvier. Les comptes des établissements expéditeurs et ceux des établissements destinataires devant nécessairement être en parfaite concordance, le service des manufactures s'est vu alors obligé d'annuler dans ses écritures les opérations de sorties déjà enregistrées, et d'inscrire les quantités en restes à justifier.

C'est là un inconvénient qu'il convient d'éviter à l'avenir, en ne demandant aux manufactures, dans l'intervalle du 15 au 25 décembre, que des envois dont le transport doit, en raison de leur poids, s'effectuer soit sous le régime des colis postaux ou des petits paquets, soit par vitesse accélérée.

Je vous prie de donner des instructions dans ce

seus aux entreposeurs sous vos ordres et de tenir personnellement la main à leur exécution.

Recevez, etc.

Le Conseiller d'État, Directeur général,
A. CATUSSE.

LETT. COMM. DU 1er DÉC. 1891, N° 24.

Bureau central et du personnel.

Concours pour le surnumérariat.

Monsieur le Directeur, un concours général pour l'admission au surnumérariat aura lieu le 8 février 1892.

Veuillez en informer le préfet de votre département et le prier de faire publier l'avis ci-joint dans le Recueil officiel des actes de la préfecture. Vous aviserez aussi aux moyens de faire insérer gratuitement cet avis, dont vous recevrez un nombre d'exemplaires suffisant, dans tous les journaux de la région. Vous ne négligerez pas non plus de faire connaître les conditions et la date de l'examen aux receveurs et chefs de poste, en les invitant à donner aux intéressés toutes explications utiles.

Les jeunes gens en possession du diplôme de licencié ès lettres, ès sciences ou en droit, sont dispensés de la formalité de l'examen. Ils n'en doivent pas moins fournir, à l'appui de leur demande, que vous aurez soin d'annoter de vos observations, toutes les pièces réglementaires. Leur admission a lieu, du reste, quelle que soit l'époque à laquelle ils se présentent, et la durée de leur stage ne dépasse pas trois mois.

L'exception consacrée en faveur des fils d'employés des contributions indirectes, relativement à l'âge auquel ils peuvent être commissionnés, ne s'étend pas aux fils de receveurs buralistes qui n'ont pas appartenu aux cadres de l'Administration.

Afin de profiter des avantages que leur assure une prompte nomination à l'emploi de surnuméraire, les candidats ont intérêt à se tenir à la disposition de l'Administration. Néanmoins, ils seront admis, comme par le passé, à déclarer, par écrit, s'ils entendent accepter leur nomination partout, ou seulement dans un rayon déterminé. Cette déclaration devra être visée par le chef de famille, et, il importe que les intéressés le sachent, aucune restriction ne pourra y être apportée dans la suite. Vous aurez, en outre, le soin de prévenir les candidats que, une fois en possession d'un emploi salarié, les agents de l'Administration ne sont plus admis à servir dans leur département d'origine, ni dans celui de leur femme.

Les listes de candidatures seront closes le 8 janvier et, dès le lendemain, transmises, en double, à l'Administration avec les pièces à l'appui.

Vous y joindrez l'adhésion du préfet, pour chaque postulant, et, afin de prévenir tout retard, vous soumettrez les demandes à ce haut fonctionnaire, au fur et à mesure qu'elles vous parviendront. Tout candidat qui ne serait pas agréé par l'autorité préfectorale serait éliminé du concours et avisé par vous de la décision prise à son égard.

Vous comprendrez également dans l'envoi la feuille n° 128, dont la première page sera seule remplie. Cette formule vous sera renvoyée avec la liste dûment revêtue des décisions de l'Administration.

Le supplément de points à accorder aux candidats en possession de titres universitaires reste fixé comme suit : 40 points pour le baccalauréat complet; 20 points pour le baccalauréat scindé, pour le baccalauréat de l'enseignement secondaire spécial et pour le brevet supérieur de capacité; enfin 10 points pour le brevet de capacité élémentaire.

L'examen des dossiers du dernier concours a permis de constater que les prescriptions de la circulaire n° 206, du 20 janvier 1877, relatives à l'aptitude physique des candidats, avaient encore été négligées sur certains points. J'insiste dès lors à nouveau pour que la visite corporelle soit faite avec le soin le plus scrupuleux. Il demeure entendu, d'ailleurs, que tout candidat réformé du service militaire ou reconnu impropre au service de la régie doit être exclu du concours. Quant aux jeunes gens qui, encore sous les drapeaux ou liés par un engagement décennal, demandent à concourir, il est expressément recommandé de n'inscrire que ceux susceptibles de devenir disponibles dans l'année même du concours.

Le classement départemental constitue, vous le savez, un simple élément d'appréciation et ne doit, dès lors, sous aucun prétexte, être communiqué aux postulants. Cependant j'ai pu acquérir la certitude que mes recommandations, sur ce point, ont encore été méconnues dans divers départements. Je vous les réitère donc et j'appelle en même temps votre attention sur la nécessité de faire surveiller de très près les opérations du concours par les membres du Comité.

C'est ici le lieu de rappeler qu'aux termes du paragraphe 4 de l'article 5 de l'arrêté ministériel du 24 janvier 1877, les candidats ne peuvent se présenter devant une commission dans laquelle siégerait leur père, leur oncle ou leur allié au même degré.

Les dossiers d'examen devront parvenir à l'Administration le 24 février, au plus tard. C'est une limite que je vous prie de ne pas dépasser.

Recevez, etc.

Le Conseiller d'État, Directeur général,
A. CATUSSE.

CIRC. DU 8 DÉC. 1891, N° 14.

3e Division. — 3e Bureau.

Tabacs. — Mise en vente de cigares à 35 centimes en coffrets de 50 ou de 25 et en paquets de 6.

Dans le but de donner un nouvel essor à la consommation des cigares de France à 35 centimes (*Londres extra et cazadores chicos*), la Direction générale des Manufactures de l'État a décidé que dorénavant ces cigares seront ornés d'une bague en chromolithographie semblable à celle dont un grand nombre de fabricants étrangers munissent leurs produits de qualité analogue. De plus, en ce qui concerne les *cazadores chicos*, il a paru possible d'en autoriser la vente à la pièce dans les débits ordinaires, sans avoir, étant donné leur module, à craindre de substitutions frauduleuses de la part des débitants. Les cigares de l'espèce seront donc, à l'avenir, livrés aux entreposeurs soit en coffrets de 50 ou de 25 destinés à la vente au détail, soit en paquets de 6 qui remplaceront les paquets de 4 actuellement en usage, et devront, comme ceux-ci, être vendus entiers. Toutefois, les débitants auront, sans qu'il puisse en résulter aucune augmentation de prix pour les consommateurs, à payer un supplément de 10 centimes par coffret de 25.

Pour la tenue des écritures, les entreposeurs se conformeront aux dispositions des deux derniers paragraphes de la lettre commune n° 14, du 30 juin 1886, relative au paiement des frais supplémentaires d'emballage des cigares à 10 centimes en coffrets de 250.

Le Conseiller d'État, Directeur général,
A. CATUSSE.

Pour ampliation :
L'Administrateur de la 3e Division,
Signé : H. ROUSSAN.

CIRC. DU 19 DÉC. 1891, N° 15.

3e Division. — 1er Bureau.

Nouvelles dispositions prises en vue de faciliter l'emploi des registres d'expéditions de la série *bis* à l'usage des marchands en gros.

Après avoir mis à l'essai sur certains points quatre registres spéciaux (Nos 2 AA, 2 BB, 2 CC et 2 DD) à l'usage des marchands en gros qui désiraient libeller eux-mêmes leurs acquits-à-caution (circulaire n° 539 du 5 janvier 1889), l'Administration a jugé nécessaire d'étendre l'expérience à toutes les expéditions indistinctement (circulaire n° 616 du 21 janvier 1891). A cet effet, elle a créé, pour compléter la série *bis*, des registres de congés (Nos 1 *bis*, 1-10 B *bis*, 4 A *bis* et 4 B *bis*) spécialement affectés aux marchands en gros. D'un autre côté, elle a établi des registres *ter* (Nos 1 *ter*, 1-10 B *ter*, 2 A *ter*, 2 B *ter*, 4 A *ter* et 4 B *ter*) correspondant aux registres *bis* et servant, dans les recettes buralistes, pour l'enregistrement sommaire des quantités et des droits énoncés aux expéditions de la série *bis*. Enfin elle a expliqué dans sa circulaire n° 616 les conditions de fonctionnement du nouveau système, les avantages qu'il peut offrir aux négociants, aussi bien qu'aux buralistes et aux agents d'exercice ; en même temps, elle a exprimé le désir de ne pas s'en tenir aux essais en cours, et elle a engagé les directeurs à faire des démarches auprès du commerce pour généraliser l'expérience.

Le nombre des négociants qui ont demandé à faire usage de registres spéciaux ayant dépassé de beaucoup les prévisions, le premier tirage des registres *bis* et *ter* a été promptement épuisé. Le matériel des finances s'est trouvé en conséquence dans la nécessité de réduire ou d'ajourner certains envois ; mais un nouveau tirage va lui permettre de compléter les expéditions de registres et de satisfaire à toutes les demandes nouvelles qui pourront lui être adressées.

De son côté, l'Administration, à l'occasion de la réimpression des registres spéciaux, a pris des dispositions pour simplifier les opérations de timbrage, pour réduire les frais et les délais que nécessite la fabrication des instruments et pour rendre ainsi plus prompte et moins dispendieuse la mise en pratique du nouveau système de délivrance des expéditions sur tous les points où le commerce demande à en profiter.

Au début de l'expérience, chaque expédition et la soumission y attenante devaient être estampillées par le buraliste au moyen d'un timbre à encrage automatique dont l'empreinte portait à la fois sur l'une et sur l'autre pièce. Sur les nouveaux modèles de la série *bis*, les indications précédemment réservées sont imprimées dans la forme ci-dessous qui est d'ailleurs la même que celle de l'empreinte du timbre, sauf le nom du bureau qui reste seul en blanc :

DÉCLARATION.		AMPLIATION.
Bon pour laisser passer		Bon pour laisser passer
enlèvement à heures		enlèvement à heures
minutes du	CONTRIBUTIONS INDIRECTES.	minutes du
le 189 .	Encaissé / Reçu	le 189 .
le 189 .		le 189 .

Toutes les recettes buralistes étant aujourd'hui pourvues d'un timbre humide portant le nom du bureau, l'Administration a pensé que la simple apposition de ce timbre dans l'espace réservé à cet effet offrirait des garanties équivalentes à celles qu'on avait voulu se ménager avec le timbre à encrage automatique. Elle a en conséquence supprimé ce dernier appareil.

En ce qui concerne les timbres de série, dont la fourniture par l'intermédiaire de l'Administration réclame toujours un certain délai et devient une cause de retards dans l'application du nouveau système, il est plus avantageux à tous les points de vue de se les procurer sur place. D'essais auxquels l'Administration a fait procéder, il ressort, en effet, que les poinçons d'acier, dont on se sert pour marquer le bois et les métaux et que l'on trouve chez tous les quincailliers, peuvent parfaitement servir pour la marque des séries. Ces poinçons, dont la durée est illimitée, ne coûtent que 40 à 50 centimes pièce (lettres de 7 à 8 millimètres de hauteur), soit 10 à 12 francs le jeu de 25 lettres.

L'acquisition en sera faite à l'avenir directement par les chefs divisionnaires auxquels l'Administration en remboursera le prix au vu d'un état de proposition à fournir en double expédition sous le timbre du 3e bureau de la 3e division, avec factures acquittées à l'appui. Lesdits poinçons seront pris en charge comme instruments non sujets à consignation.

Il conviendra autant que possible (afin surtout de faciliter le classement des acquits) de n'adopter qu'une série de lettres par division administrative. On commencera par la lettre A et, au fur et à mesure que des marchands en gros demanderont à faire usage de registres spéciaux, on continuera B, C, D, etc., puis par AA, AB, AC, etc., BA, BB, BC, etc. Lorsqu'un marchand en gros cessera son commerce, la marque disponible pourra, bien entendu, être attribuée à un nouveau négociant.

Dans tous les départements où l'emploi des registres spéciaux paraît possible, les directeurs feront demander au matériel des finances un spécimen de chacun des modèles, et, dès que ces modèles seront parvenus, le service s'attachera à se rendre bien compte de leur agencement. Il en donnera ensuite communication aux marchands en gros, et, loin de les détourner d'en faire usage, il leur en expliquera le mécanisme, peu compliqué d'ailleurs, en insistant sur les avantages qu'ils peuvent trouver à s'en servir, tels que : économie de temps dans les démarches à faire à la recette buraliste ; économie de frais d'impression sans augmentation de travail d'écritures, les registres de la série *bis* se substituant simplement, dans les maisons de commerce importantes, aux registres actuels de soumissions ; suppression des causes d'erreur inhérentes au mode actuel de transcription des soumissions par les buralistes et de dépouillement des sorties par les employés.

On fera bien comprendre aux négociants qu'il n'y aura pas là pour eux une aggravation de responsabilité ; on les rassurera sur les conséquences des irrégularités que, par inexpérience, ils pourraient commettre en libellant les expéditions, irrégularités qui seront d'ailleurs redressées par les buralistes, lors du timbrage des titres de mouvement. L'Administration entend, au surplus, que cette dernière opération, qui ne réclame qu'un temps très court, soit effectuée au moment même du dépôt des titres de mouvement et sans que le marchand en gros ou son représentant ait à attendre son tour pour approcher du guichet.

Il n'est pas indispensable, pour l'application complète de ce système, que des registres spéciaux soient déposés chez tous les négociants. Pour ceux de ces redevables qui ne voudraient pas profiter de la faculté de libeller eux-mêmes leurs expéditions ou auxquels on ne jugerait pas à propos de l'accorder, le buraliste pourrait tenir les registres *bis*, ce qui, en définitive, ne représenterait pas pour lui plus de travail d'écritures que s'il avait à détacher les expéditions des registres de la série ordinaire et n'exigerait de sa part que quelques dispositions d'ordre matériel. De cette façon, il y aurait uniformité et simplification dans la tenue des comptes des sorties dont tous les éléments se trouveraient aux registres *ter* et seraient reportés en bloc tous les dix jours au portatif 50 A. Au surplus, que les expéditions des registres *bis* soient libellées par les marchands en gros ou qu'elles le soient par les buralistes, la généralisation de la mesure mettrait en tous lieux à la disposition du service, et sans l'astreindre à un travail spécial, des moyens de contrôle à peu près équivalents à ceux qu'il trouve actuellement, sur certains points seulement, dans la feuille 50 B. La tâche des agents d'exécution et des vérificateurs serait alors grandement facilitée.

Indépendamment des titres et intercalaires libres, les registres *bis* et *ter* du nouveau tirage sont établis dans les calibres ci-après :

N° 1 *bis* (1 timbre au feuillet, 4 timbres à la feuille.)	Registres de	10 f^lles (blanc). 25 f^lles (blanc). 50 f^lles (blanc).	Les modèles 1 *bis* orange et vert ne comportent, quant à présent, que des titres et intercalaires libres.
N° 1-10 B *bis* (1 timbre au feuillet, 4 timbres à la feuille).	Registres de	10 f^lles (blanc). 25 f^lles (blanc). 50 f^lles (blanc).	Les modèles 1-10 B *bis* orange et vert ne comportent, quant à présent, que des titres et intercalaires libres.
N° 2 AA (1 timbre au feuillet, 4 timbres à la feuille.)	Registres de	10 f^lles (blanc). 25 f^lles (blanc). 50 f^lles (blanc).	Les modèles 2 AA orange et vert ne comportent, quant à présent, que des titres et intercalaires libres.
N° 2 BB (1 timbre au feuillet, 4 timbres à la feuille).	Registres de	10 f^lles (blanc). 25 f^lles (blanc).	
N° 2 CC (1 timbre au feuillet, 4 timbres à la feuille).	Le nouveau modèle 2 CC rouge ne comporte, quant à présent, que des titres et intercalaires libres.		
N° 2 DD (1 timbre au feuillet, 4 timbres à la feuille).	Le nouveau modèle 2 DD bleu ne comporte, quant à présent, que des titres et intercalaires libres.		
N° 4 A *bis* (1 timbre au feuillet, 4 timbres à la feuille).	Registres de 10 feuilles (blanc).		Les modèles 4 A *bis* orange et vert ne comportent, quant à présent, que des titres et intercalaires libres.
N° 4 B *bis* (1 timbre au feuillet, 4 timbres à la feuille).	Registre de 10 feuilles (blanc).		
Tous les Registres *ter* (8 timb. au feuillet, 16 timbres à la feuille).	Registres de	10 feuilles (blanc). 25 feuilles (blanc). (Sauf le 4 A *ter* qui ne comporte que des registres de 10 feuilles.)	

Les receveurs principaux des départements où l'expérience est en cours établiront leurs demandes d'après les indications qui précèdent.

Il existe encore dans les départements et au bureau du matériel des finances, notamment dans les registres n°s 2 AA (blanc), 2 BB, 2 CC et 2 DD, des modèles sur lesquels le « Bon pour laisser passer, etc. », n'est pas imprimé. Ces modèles seront utilisés, jusqu'à épuisement, dans les départements où il existe des timbres à encrage automatique (Seine, Gironde, Bouches-du-Rhône, Seine-

Inférieure, Rhône et Meurthe-et-Moselle). Les inspecteurs y tiendront la main.

Le Conseiller d'Etat, Directeur général,
A. CATUSSE.

Pour ampliation :
L'Administrateur de la 3e Division,
Signé : H. ROUSSAN.

LETT. COMM. DU 28 DÉC. 1891, N° 25.

3e Division. — 3e Bureau.

Matériel. — Prorogation du traité des transports.

Monsieur le Directeur, le traité passé avec les Compagnies syndiquées des chemins de fer pour le transport des tabacs, des poudres à feu, des impressions et autres objets du matériel des finances, qui devait prendre fin le 31 décembre de l'année courante, est prorogé, d'accord avec lesdites Compagnies, jusqu'au 31 mars 1892.

Veuillez donner immédiatement connaissance au service de cette disposition et veiller personnellement à son exécution.

Recevez, etc.

Le Conseiller d'État, Directeur général,
A. CATUSSE.

CIRC. DU 30 DÉC. 1891, N° 16.

3e Division. — 1er Bureau.

Allumettes chimiques. — Modifications des circonscriptions des manufactures. — Mise en vente de nouveaux types.

L'Administration des manufactures de l'Etat vient de dresser un nouveau tableau des prix de vente en gros des allumettes applicable à partir du 1er janvier 1892.

Ce tableau, qui est reproduit ci-après, comporte :

1° Une modification des circonscriptions des manufactures d'allumettes, entraînée par la suppression de la circonscription du magasin d'Orléans, lequel n'avait été établi qu'à titre provisoire. A partir du 1er janvier 1892, les receveurs des contributions indirectes auront donc à se conformer, pour la transmission des commandes, aux indications de ce tableau, qui remplace celui annexé à la circulaire n° 624 du 17 février 1891 ;

2° La création de deux nouveaux types d'allumettes qui portent dans la nomenclature les n°s 94 P et 26 A.

Le type 94 P n'est qu'une transformation d'un type déjà existant, le n° 94 G, dont la suppression future est décidée en principe.

Quant au type 26 A, qui contient 40 allumettes en cire au phosphore amorphe et dont le prix de vente au détail est de 10 centimes, la fabrication et la mise en vente en ont été autorisées par un décret du 11 avril 1891, inséré au *Journal officiel* du 15 du même mois et dont le texte est imprimé à la suite de la présente circulaire.

L'obligation pour les marchands en gros de posséder tous les types réglementaires et ceux de luxe demandés par les consommateurs de la région (voir circulaire n° 587 du 9 mai 1890) est supprimée en ce qui concerne divers types anciens (n°s 90 P, 94 G, 83 G, 101 P, 34 et 33 G), pour lesquels les commandes ne seront soldées que jusqu'à l'épuisement des stocks des manufactures.

En revanche, il a été reconnu indispensable d'établir cette obligation pour les deux types nouveaux (94 P, 26 A), ainsi que pour un autre type de création récente, le n° 76 A (circulaire n° 612 du 12 décembre 1890), qui tous trois satisfont aux conditions que la loi a fixées pour les types réglementaires. Les marchands en gros devront satisfaire à cette obligation dans un délai de trois mois.

Pour le type 76 A, en particulier, on devra exiger que l'approvisionnement des négociants en gros servis directement par les manufactures soit au moins représenté par une caisse en vidange. Quant aux négociants qui s'approvisionnent de seconde main et qui font plutôt le commerce de demi-gros, ils devront se mettre en mesure de satisfaire aux demandes de leur clientèle, mais sans être tenus d'effectuer leurs achats par caisses entières.

En raison de l'intérêt qui, au point de vue de l'hygiène et de la sécurité, s'attache à la divulgation des allumettes amorphes, il y a lieu, tout en laissant à cet égard des délais suffisamment larges, d'étendre aux débitants de tabacs, vendant couramment des allumettes au phosphore ordinaire du type n° 76 G, l'obligation de s'approvisionner d'au moins quelques échantillons du type n° 76 A dont le calibre et le prix sont les mêmes.

L'Administration se réserve, s'il y a lieu, de prendre ultérieurement des mesures analogues en ce qui concerne les types 26 A et 94 P.

Si des commerçants, pour répondre à son désir, s'approvisionnaient par caisses entières de ces types et tentaient des efforts réels, mais infructueux, pour leur mise en vente, elle serait disposée à examiner les demandes de renvoi en manufacture qui pourront lui être adressées, après un temps d'épreuve suffisant.

J'invite les directeurs à se bien pénétrer des intentions de l'Administration et à prendre les dispositions nécessaires pour assurer l'approvisionnement des négociants et des débitants en allumettes de ces trois nouveaux types.

J'insiste en dernier lieu, suivant les recommandations déjà faites par la circulaire n° 587 précitée, pour que les commandes d'allumettes et la remise des accusés de réception ne souffrent jamais le moindre retard.

Le Conseiller d'État, Directeur général,
A. CATUSSE.

Pour ampliation :
L'Administrateur de la 3e Division,
Signé : H. ROUSSAN.

Circonscriptions des manufactures d'allumettes.

BÈGLES-BORDEAUX.	MARSEILLE.	PANTIN.	TRÉLAZÉ.
Adresse : M. l'Ingénieur de la manufacture d'allumettes, Bègles (Gironde).	Adresse : M. l'Ingénieur de la manufacture d'allumettes avenue du Prado, 123, Marseille.	Adresse : M. le Directeur de la manufacture d'allumettes de Pantin (Seine).	Adresse : M. le Directeur de la manufacture d'allumettes de Trélazé (Maine-et-Loire).
Allier. Ariège. Aveyron. Cantal. Charente. Charente-Inférieure. Cher. Corrèze. Creuse. Dordogne. Garonne (Haute-). Gers. Gironde. Indre. Landes. Lot. Lot-et-Garonne. Nièvre. Puy-de-Dôme. Pyrénées (Basses-). Pyrénées (Hautes-). Sèvres (Deux-). Tarn. Tarn-et-Garonne. Vendée. Vienne. Vienne (Haute-).	Ain. Alpes (Basses-). Alpes (Hautes-). Alpes-Maritimes. Ardèche. Aude. Belfort (Territoire de). Bouches-du-Rhône. Corse. Côte-d'Or. Doubs. Drôme. Gard. Hérault. Isère. Jura. Loire. Loire (Haute-). Lozère. Pyrénées-Orientales. Rhône. Saône (Haute-). Saône-et-Loire. Savoie. Savoie (Haute-). Var. Vaucluse.	Aisne. Ardennes. Aube. Eure. Marne. Marne (Haute-). Meurthe-et-Moselle. Meuse. Nord. Oise. Pas-de-Calais. Seine. Seine-Inférieure. Seine-et-Marne. Seine-et-Oise. Somme. Vosges.	Calvados. Côtes-du-Nord. Eure-et-Loir. Finistère. Ille-et-Vilaine. Indre-et-Loire. Loir-et-Cher. Loire-Inférieure. Loiret. Maine-et-Loire. Manche. Mayenne. Morbihan. Orne. Sarthe. Yonne.

Direction générale des manufactures de l'Etat.

TABLEAU DES PRIX DE VENTE EN GROS DES ALLUMETTES.

(1er janvier 1892).

NUMÉROS des TYPES.	ESPÈCES D'ALLUMETTES.	NOMBRE d'allumettes par boîte ou par paquet.	PRIX au détail de la boîte ou du paquet.	POIDS de la CAISSE.	NOMBRE de boîtes ou de paquets par caisse.	PRIX DE LA CAISSE par achats de 500 kil. à 5,000.	de 5,000 kil. et au-dessus.
			fr. c.	kilog.		fr. c.	fr. c.
	BOIS CARRÉ AU PHOSPHORE ORDINAIRE						
	DEMI-PRESSE.						
90 P.	Petite section. Paquet.	3,500	2 00	50	50	86 00	84 00
94 G.	Grande section. Paquet.	500	0 30	120	1,000	258 00	252 00
83 G.	Grande section. Portefeuille.	150	0 10	80	2,000	172 00	168 00
83 P.	Petite section. Portefeuille.	150	0 10	55	2,000	172 00	168 00
85 P.	Petite section. Portefeuille.	80	0 05	48	4,000	172 00	168 00
	PRESSE.						
87 G.	Grande section. Paquet (pâte rouge ou marron).	500	0 40	120	1,000	344 00	336 00
94 P.	Petite section. Paquet.	500	0 30	48	500	129 00	126 00
76 G.	Grande section. Portefeuille. { Pâte rouge. Pliage par 20 portefeuilles. Pâte marron. Pliage par 50 portefeuilles. }	100	0 10	120	4,000	344 00	336 00
86 P.	Petite section. Portefeuille (pâte rouge ou marron).	100	0 10	85	4,000	344 00	336 00
84 P.	Petite section. Portefeuille (pâte rouge ou marron).	50	0 05	80	8,000	344 00	336 00
	BOIS CARRÉ AU PHOSPHORE AMORPHE.						
	SOUFRÉES.						
76 A.	Grande section. Portefeuille.	100	0 10	120	4,000	344 00	336 00
92	Petite section. Portefeuille.	100	0 10	54	2,500	215 00	210 00
91	Petite section. Portefeuille.	50	0 05	54	5,000	215 00	210 00
	PARAFFINÉES SUÉDOISES.						
105 A.	Moyennes. Paquet.	1,000	1 10	40	200	180 20	184 80
102 D.	Moyennes. Coulisse en bois.	250	0 35	66	1,000	301 00	294 00
101 E.	Moyennes. Coulisse en bois.	50	0 10	66	4,000	344 00	336 00
101 P.	Petites. Coulisse en bois.	50	0 05	38	4,000	172 00	168 00
	TISONS AMORPHES.						
106	Petites. Coulisse en bois.	40	0 10	22	1,000	86 00	84 00
	BOIS ROND AU PHOSPHORE ORDINAIRE.						
53	Boîte ménagère.	500	0 45	85	1,000	387 00	378 00
52	Portefeuille.	100	0 10	55	2,500	215 00	210 00
51	Portefeuille.	50	0 05	55	5,000	215 00	210 00
	BOIS STRIÉ OU CANNELÉ.						
	PARAFFINÉES.						
56	Boîte en bois, viennoise.	500	0 80	30	200	137 00	134 00
	ALLUMETTES EN CIRE.						
	BOÎTES A COULISSE.						
26	Au phosphore ordinaire.	40	0 10	36	4,000	344 00	336 00
26 A.	Au phosphore amorphe (petites).	40	0 10	9	1,000	86 00	84 00
34	Au phosphore amorphe (moyennes).	30	0 10	9	1,000	86 00	84 00
	BOÎTES ILLUSTRÉES EN COULEURS.						
41 I.	Boîte de famille (pâte bleue ou marron).	500	1 20	25	200	206 40	201 00
3 A.	Prie-Dieu (pâte bleue ou marron).	50	0 15	45 13	4,000 1,000	516 00 129 00	504 00 126 00
11 D.	Tabatière (pâte bleue ou marron).	50	0 15	56 16	4,000 1,000	516 00 129 00	504 00 126 00
16 B.	Tiroir (pâte bleue ou marron).	50	0 15	54 15	4,000 1,000	516 00 129 00	504 00 126 00
30 J.	Grande coulisse : allumettes *dites* cinq minutes (pâte bleue ou marron).	40	0 25	20	600	129 00	126 00
33 G.	Boîte d'amadou chimique.	50	0 15	11	1,000	129 00	126 00
»	CAISSE D'ECHANTILLONS.	Divers	Divers.	20	670	86 10	84 15
	PRODUITS A L'USAGE DES ALLUMETTES AU PHOSPHORE AMORPHE.						
13 A.	Poudre spéciale (par boîte de 20 flacons).	»	0 75 le flacon.	»	20	10 fr. 50 la boîte.	
15 A.	Frottoirs (par paquet de 100 frottoirs)	»	0 05 le frottoir	»	100	2 fr. 90 le paquet	

OBSERVATIONS.

L'Administration met en vente, à partir du 1er janvier 1892, deux types nouveaux :

1° Un paquet 94 P (petite section) de 500 allumettes fabriquées en presse, paquet à vendre au détail 0 fr. 30, comme le 94 G fabriqué en demi-presse. Elle se réserve, si la vente de ce nouveau type dépasse ses prévisions, d'en fabriquer une partie en demi-presse après en avoir informé les négociants.

2° Une boîte-coulisse n° 26 A, contenant 40 allumettes en cire au phosphore amorphe, dites *Allumettes du fumeur de cigarettes*, au prix de 0 fr. 10 au détail.

Les négociants en gros sont invités à s'approvisionner de ces types, ainsi que du type au phosphore amorphe 76 A, dans le délai de trois mois.

Les commandes pour les types 90 P, 94 G, 83 G, 101 P, 34 et 33 G, ne seront soldées que jusqu'à l'épuisement des stocks des manufactures, et il ne sera plus exigé des négociants qu'ils en soient approvisionnés.

Les commandes doivent être faites par caisses entières, conformément aux indications du tableau ci-avant, qui est seul applicable pour le calcul des poids et, par suite, pour la détermination du prix à payer.

Il ne sera reçu aucune commande inférieure à 500 kilogrammes.

La composition des caisses ne peut être modifiée par les manufactures.

Toutes les commandes reçues sont soldées séparément et aussitôt que possible ; lorsque, par suite du défaut d'approvisionnement d'un type, un négociant ne reçoit qu'un acompte, il ne doit pas comprendre, dans les commandes suivantes, les quantités qui resteraient à parvenir sur les antérieures.

—

DÉCRET DU 11 AVRIL 1891.

Le Président de la République,

Vu la loi du 2 août 1872 qui a attribué à l'État le monopole de la fabrication et de la vente des allumettes chimiques ;

Vu la loi du 15 mars 1873 ;

Vu le décret du 30 décembre 1889 ;

Sur le rapport du Ministre des finances,

Décrète :

Article premier. — L'administration des manufactures de l'État est autorisée :

1° A fabriquer et à mettre en vente, dans les conditions prévues par le décret du 30 décembre 1889, une nouvelle espèce d'allumettes en cire au phosphore amorphe par boîte de 40, aux prix de gros et de détail indiqués audit décret pour les allumettes en cire au phosphore ordinaire par boîte de 40 ;

2° A cesser la fabrication des espèces d'allumettes ci-après :

a) En bois au phosphore ordinaire par kilogramme contenant au moins 3,500 allumettes ;

b) En cire au phosphore amorphe, par boîte de 30 ;

c) Amadou chimique, par boîte de 50.

Art. 2. — Le Ministre des finances est chargé de l'exécution du présent décret, qui sera inséré au *Journal officiel* et au *Bulletin des lois*.

Fait à Paris, le 11 avril 1891.

Signé : CARNOT.

Par le Président de la République :

Le Ministre des Finances,

Signé : ROUVIER.

Pour copie conforme :

Le Conseiller d'Etat, Directeur général,

Signé : A. CATUSSE.

ANNÉE 1892

LETT. COMM. DU 7 JANV. 1892, N° 26.

3e Division. — 3e Bureau.

Tabacs. — Cigarettes fabriquées par les particuliers avec du tabac des manufactures nationales. — Jurisprudence.

Monsieur le Directeur, en vue de protéger la vente des cigarettes du monopole contre le préjudice causé à l'écoulement de ces produits par la fabrication clandestine et le colportage des cigarettes dites « à la main », qui, depuis un certain temps, ont pris une extension inquiétante, l'Administration avait fait dresser des procès-verbaux contre les particuliers qui se livraient à cette industrie et chez lesquels le service trouvait des machines, moules ou ustensiles de fabrication, en même temps qu'une quantité quelconque de tabac provenant des manufactures de l'Etat.

Les actes dressés dans ces conditions, que la Régie avait déférés aux tribunaux, avaient toujours été suivis de jugements de condamnation à la confiscation et à l'amende édictées par l'article 221 de la loi du 28 avril 1816.

Mais le tribunal du Mans et, après lui, la cour d'Angers (arrêt du 11 juin 1890) ayant refusé de faire application des dispositions pénales dudit article dans un cas de fabrication frauduleuse de cigarettes par un cafetier (le procès-verbal, dans l'espèce, avait relevé seulement le fait de fabrication et non le fait de vente), l'Administration a dû porter la question devant la Cour de cassation qui, dans son audience du 30 novembre 1890, a décidé que « l'on ne saurait considérer comme du tabac *en préparation*, au sens de l'article 221, du tabac déjà fabriqué et revêtu des marques de la Régie, par cela seul qu'il est mis en œuvre pour la fabrication des cigarettes ».

Bien que cette interprétation laissât subsister dans son intégrité le droit que la Régie tient de la loi de s'opposer à ce que le tabac, dont la vente lui est exclusivement réservée, soit revendu par des particuliers, ce qui, du reste, avait été reconnu, postérieurement à l'arrêt précité, par la cour de Paris (arrêts des 10 juin, 24 juin et 22 juillet 1891), l'opinion publique avait été impressionnée par cet arrêt, et il a paru nécessaire d'obtenir la confirmation du droit revendiqué par la Régie.

C'est ce qui vient d'avoir lieu.

Aux termes d'un récent arrêt de la Cour de cassation, en date du 19 novembre 1891 : « Le monopole attribué à la Régie des contributions indirectes au profit de l'Etat comprend la *revente* aussi bien que la vente des tabacs, et la sanction pénale de ce monopole se trouve dans l'article 222 de la loi du 28 avril 1816, qui prohibe la vente *en fraude* du tabac. On doit entendre par là *toute vente de tabac non autorisée*. Si la seule fabrication des cigarettes à la main, en dehors du cas prévu par l'article 221, n'est pas punie, il en est autrement de la *vente de ces mêmes cigarettes, fussent-elles fabriquées avec du tabac revêtu des marques de la Régie* ».

En résumé, dans l'état actuel de la jurisprudence, ce n'est pas le fait de fabriquer des cigarettes avec du tabac provenant des manufactures de l'Etat qui est punissable, mais le fait de revendre sans autorisation ce même tabac sous forme de cigarettes, lequel tombe sous l'application des pénalités édictées, non par l'article 221 qui vise la fabrication, mais par l'article 222 ainsi conçu : « Ceux qui seront trouvés vendant en fraude du tabac à leur domicile, ou ceux qui en colporteront, qu'ils soient ou non surpris à le vendre, seront arrêtés et constitués prisonniers, et condamnés à une amende de 300 à 1,000 francs, indépendamment de la confiscation des tabacs saisis, de celle des ustensiles servant à la vente et, au cas de colportage, de celle des moyens de transport ».

Ainsi donc, les agents de surveillance sont fondés à verbaliser toutes les fois qu'ils parviennent soit à constater le fait matériel, soit à obtenir l'aveu de la *vente* des cigarettes fabriquées par les particuliers.

Il demeure d'ailleurs bien entendu que tout particulier à la charge duquel serait relevé le fait de fabrication de cigarettes reste passible des pénalités prévues par l'article 221 de la loi du 28 avril 1816, s'il est, en même temps, trouvé détenteur de tabacs en feuilles ou en préparation, quelle qu'en soit la quantité, ou de plus de 10 kilogrammes de tabacs fabriqués non revêtus des marques de la Régie.

Quant aux débitants de tabac, il leur est formellement interdit de fabriquer des cigarettes et de les livrer à leur clientèle. Ces agents sont, en effet, tenus par les règlements de vendre les tabacs tels qu'ils les reçoivent des entreposeurs, et ils ne doivent faire subir à ces produits aucun mélange, aucune manipulation, aucune transformation quelconques. Le cas échéant, l'Administration est fermement décidée à priver de leur mandat ceux d'entre eux qui méconnaîtraient leurs devoirs à cet égard, indépendamment des poursuites dont ils pourraient être l'objet. Je désire que vous les en avertissiez par une annotation consignée sur le carnet d'observations qu'il a été prescrit d'ouvrir dans chaque débit.

Recevez, etc.

Le Conseiller d'Etat, Directeur général,

A. CATUSSE.

LOI DU 11 JANV. 1892,

portant établissement du tarif des douanes.

Le Sénat et la Chambre des députés ont adopté,

Le Président de la République promulgue la loi dont la teneur suit :

Article premier. — Le tarif général des douanes et le tarif minimum relatifs à l'importation et à l'exportation sont établis conformément aux tableaux A et B annexés à la présente loi.

Le tarif minimum pourra être appliqué aux marchandises originaires des pays qui feront bénéficier les marchandises françaises d'avantages corrélatifs et qui leur appliqueront leurs tarifs les plus réduits.

Art. 2. — Les produits d'origine extra-européenne importés d'un pays d'Europe sont soumis aux surtaxes spécifiées dans le tableau C annexé à la présente loi.

Les sucres étrangers continuent à acquitter les surtaxes établies par les lois des 19 juillet 1880 et 5 août 1890.

Les produits européens importés d'ailleurs que des pays d'origine acquitteront les surtaxes spécifiées au tableau D annexé à la présente loi.

Art. 3. — Les droits et immunités applicables aux produits importés, dans la métropole, des colonies, des possessions françaises et des pays de protectorat de l'Indo-Chine sont fixés conformément au tableau E annexé à la présente loi.

Sont exceptés du régime du tableau E les territoires français de la côte occidentale d'Afrique (sauf le Gabon), Taïti et ses dépendances, les établissements français de l'Inde, Obock, Diégo-Suarez, Nossi-Bé et Sainte-Marie de Madagascar. Toutefois les guinées d'origine française provenant des établissements français de l'Inde sont exemptes de droits. Des exemptions ou détaxes pourront être, en outre, accordées à d'autres produits naturels ou fabriqués originaires des établissements susvisés, suivant la nomenclature qui sera arrêtée pour chacun d'eux par des décrets en Conseil d'Etat. Les produits naturels ou fabriqués originaires de ces établissements, qui ne seront admis, à leur entrée en France, au bénéfice d'aucune exemption ou détaxe, seront soumis au droit du tarif minimum.

Les produits étrangers importés dans les colonies, les possessions françaises et les pays de protectorat de l'Indo-Chine — à l'exception des territoires énumérés au paragraphe 2 — sont soumis aux mêmes droits que s'ils étaient importés en France.

Des décrets en forme de règlements d'administration publique, rendus sur le rapport du ministre du commerce, de l'industrie et des colonies, et après avis des Conseils généraux ou Conseils d'administration des colonies, détermineront les produits qui, par exception à la disposition qui précède, seront l'objet d'une tarification spéciale.

Les paragraphes 1 et 3 du présent article ne seront exécutoires, pour chaque colonie, qu'après que le règlement prévu par le paragraphe 4 sera intervenu, sans que cependant l'effet de cette disposition puisse excéder le délai d'un an.

Toutefois le Gouvernement pourra faire bénéficier immédiatement, en tout ou en partie, des dispositions du tableau E les colonies qui, actuellement, appliquent dans leur ensemble aux produits étrangers les droits du tarif métropolitain ou qui frappent les denrées coloniales venant de l'étranger des droits inscrits audit tarif.

Art. 4. — Les Conseils généraux et les Conseils d'administration des colonies pourront aussi prendre des délibérations pour demander des exceptions au tarif de la métropole. Ces délibérations seront soumises au Conseil d'État, et il sera statué sur elles dans la même forme que les règlements d'administration publique prévus dans l'article précédent.

Art. 5. — Les produits originaires d'une colonie française importés dans une autre colonie française ne seront soumis à aucun droit de douane.

Les produits étrangers importés d'une colonie française dans une autre colonie française seront assujettis dans cette dernière au paiement de la différence entre les droits du tarif local et ceux du tarif de la colonie d'exportation.

Art. 6. — Le mode d'assiette, les règles de perception et le mode de répartition de l'octroi de mer seront établis par des délibérations des Conseils généraux ou des Conseils d'administration, approuvées par décrets rendus dans la forme des règlements d'administration publique.

Les tarifs d'octroi de mer seront votés par les Conseils généraux ou Conseils d'administration des colonies. Ils seront rendus exécutoires par décrets rendus sur le rapport du Ministre du commerce, de l'industrie et des colonies. Ils pourront être provisoirement mis à exécution en vertu d'arrêtés des gouverneurs.

Les dépenses du service des douanes (personnel et matériel) seront comprises dans les dépenses obligatoires des budgets locaux des colonies.

Art. 7. — Les dispositions de l'article 10 de la loi du 29 décembre 1884, relatives à l'Algérie, sont maintenues en vigueur.

Art. 8. — Le Gouvernement est autorisé à appliquer les surtaxes ou le régime de la prohibition à tout ou partie des marchandises originaires des pays qui appliqueraient des surtaxes ou le régime de la prohibition à des marchandises françaises.

Ces mesures doivent être soumises à la ratification des Chambres, immédiatement si elles sont réunies, sinon dès l'ouverture de la session suivante.

Art. 9. — . . . .

Art. 10. — . . . .

Art. 11. — L'article 2 de la loi du 8 juillet 1890, portant exemption des maïs, riz et blés durs employés à la fabrication de l'amidon sec en aiguilles et en marrons, est abrogé.

Art. 12. — Est abrogé l'article 7 de la loi du 26 juillet 1890.

Cet article est remplacé par la disposition suivante :

« Un droit de fabrication sera perçu chez le fabricant, à raison d'un franc par hectolitre de vins de raisins secs pris en charge. »

Art. 13. — A partir de la promulgation de la présente loi, le bénéfice de l'admission temporaire ne pourra être accordé à aucune industrie qu'en vertu d'une disposition législative, après avis du Comité consultatif des arts et manufactures.

Toutefois le Gouvernement continuera à accorder des autorisations d'admission temporaire dans les cas suivants :

Demandes d'introduction d'objets pour réparations, essais, expériences ;

Demandes d'introduction présentant un caractère individuel et exceptionnel, non susceptible d'être généralisé ;

Demandes d'introduction de sacs et emballages à remplir.

L'admission temporaire est accordée au maïs étranger employé à la production des alcools purs, à 90 degrés et au-dessus, et des amidons, destinés à l'exportation.

Sont maintenues en vigueur les facultés actuellement concédées, en matière d'admission temporaire, en vertu de décisions antérieures à la présente loi, pour les produits suivants :

Sucres destinés au raffinage ou à la préparation des bonbons, fruits confits, etc.

. . . .

Cacao et sucre destinés à la fabrication du chocolat.

Huiles brutes de graines grasses.

Huile brute d'olive.

Huile de palme.

. . . .

L'admission temporaire sera également accordée aux produits suivants :

Cages de montres pour monteurs de boîtes (1).

Cages de montres pour planteurs d'échappements (2).

. . . .

Boîtes de montres à décorer, dorer, graver.

Art. 14. — . . . .

Art. 15. — . . . .

Art. 16. — . . . .

Art. 17. — Sont abrogées toutes les lois antérieures en ce qu'elles ont de contraire à la présente loi.

Art. 18. — La présente loi sera mise en vigueur le 1er février 1892.

Art 19. — Les droits résultant de la loi du 7 mai 1881 et portés sous le numéro 197 du tableau A annexé à la présente loi ne seront perçus que jusqu'au 30 septembre 1892 inclusivement.

(1) On entend par cage de montres pour monteurs de boîte, la platine avec son cadran et un pont pour donner la hauteur (à l'exclusion de toute autre pièce).

(2) On entend par cages de montres pour planteurs d'échappement : la platine, — le coq avec sa raquette et, le cas échéant, le pont d'ancre, — la barrette et le chariot, — le pont et la roue de champ, — le pont et la roue de centre (à l'exclusion de toute autre pièce).

La présente loi, délibérée et adoptée par le Sénat et par la Chambre des députés, sera exécutée comme loi de l'État.

Fait à Paris, le 11 janvier 1892.

Signé CARNOT.

Par le Président de la République :

Le Ministre du commerce, de l'industrie et des colonies,

Signé : JULES ROCHE.

Le Ministre de l'agriculture,

Signé : Jules DEVELLE.

Pour copie conforme :

Le Conseiller d'État,
Directeur général des Contributions indirectes,

Signé : A. CATUSSE.

TABLEAUX ANNEXÉS A LA LOI RELATIVE A L'ÉTABLISSEMENT DU TARIF DES DOUANES.

Tableau A. — Tarif d'entrée.

Numéros.	Matières végétales.	Droits (Décimes compris). Tarif général.	Tarif minimum.
		fr. c.	fr. c.
	FRUITS ET GRAINES	100 kilog.	
84	Fruits de table, frais : Citrons, oranges, cédrats et leurs variétés non dénommées.	8 00	5 00
	Mandarines et chinois.	15 00	10 00
	Carrobes ou carouges.	2 00	1 50
		le kilog.	
	Raisins et fruits forcés.	2 00	1 50
		100 kilog.	
	Raisins de table ordinaires.	12 00	8 00
	Raisins de vendange, marcs de raisins et moûts de vendange, en fûts ou autrement.	12 00	8 00
	Pommes et poires de table.	3 00	2 00
	Pommes et poires à cidre et à poiré.	2 00	1 50
	Autres.	5 00	3 00
85	Fruits de table, secs ou tapés : Figues.	6 00	2 00
	Raisins.	25 00	15 00
	Pommes et poires de table.	15 00	10 00
	Pommes et poires à cidre et à poiré.	6 00	4 00
	Amandes et noisettes en coques.	6 00	3 00
	Amandes et noisettes sans coques.	12 00	6 00
	Noix en coques.	6 00	Exemptes.
	Noix sans coques.	12 00	Exemptes.
	Pruneaux et prunes.	15 00	10 00
	Pistaches.	100 00	50 00
	Autres.	15 00	5 00
86	Fruits de table, confits ou conserves : à l'eau-de-vie.	100 00 (A)	80 00 (A)
	au sucre ou au miel.	Régime des fruits confits au sucre ou des confitures au sucre ou au miel, suivant leur état. (Voir n. 93 et 95.)	Régime des fruits confits au sucre ou des confitures au sucre ou au miel, suivant leur état. (Voir n. 93 et 95.)
	autres.	10 00 (B)	8 00 (B)
87	Fruits à distiller : Anis vert, baies de genièvre et fenouil.	20 00	15 00
	Baies de myrtille (C) et figues de cactus.	Exemptes.	Exemptes.
88	Fruits et graines oléagineux.	Exempts.	Exempts.
	DENRÉES COLONIALES DE CONSOMMATION.		
		100 kilog. net (de sucre raffiné.)	
90	Sucres des colonies et possessions françaises (D) : en poudre (y compris les poudres blanches) d'après leur rendement présumé au raffinage.	60 00	—
		100 kilog. net (poids effectif).	
	raffinés autres que candis.	90 00	—
	raffinés candis.	64 20	—
		100 kilog. net (de sucre raffiné.)	
91	Sucres étrangers, en poudre dont le rendement présumé au raffinage est de 98 p. 100 ou moins, d'origine européenne ou importés des entrepôts d'Europe.	60 00 (plus 7 fr. par 100 kilog. net sur le poids effectif).	—
	d'origine extra-européenne.	60 00	—
		100 kilog. net (poids effectif.)	
	plus de 98 p. 100.	72 00	—
	Sucres étrangers, raffinés, autres que candis.	72 00	68 00
	candis.	90 00	85 00
		100 kilog. net.	
92	Mélasses pour la distillation, y compris les eaux d'exosmose, des colonies et possessions françaises (D).	Exemptes.	Exemptes.
	des pays étrangers.	0 05	0 05
		par degré de richesse saccharine absolue (E).	

(A) Non compris la taxe intérieure de consommation.

(B) Non compris la taxe intérieure pour les fruits confits au vinaigre.

(C) A la charge d'être dirigées sur une distillerie.

(D) On ne considère comme produits des colonies et possessions françaises que ceux qui sont importés directement.

(E) Dans le cas où les déclarants, contestant les essais faits dans les laboratoires de douane, réclameraient l'expertise légale, celle-ci serait faite par des chimistes inscrits sur la liste générale prévue par l'article 9 de la présente loi et statuant dans les conditions fixées par l'article 4 de la loi du 7 mai 1881.

Numéros.	Matières végétales.	Droits (Décimes compris). Tarif général.	Tarif minimum.
		fr. c.	fr. c.
		100 kilog.	
92	Mélasses (suite.) autres que pour la distillation, ayant en richesse saccharine absolue. 50 pour 100 ou moins.	22 50	18 00
	plus de 50 pour 100.	48 00	38 40
		100 kilog.	
93	Sirops, bonbons, fruits confits au sucre. des colonies et possessions françaises (A).	Mêmes droits que le sucre raffiné.	
	des pays étrangers.		
	Biscuits sucrés. des colonies et possessions françaises (A).	Moitié des droits du sucre raffiné.	
	des pays étrangers.	Moitié des droits du sucre raffiné et de la farine augmentée de 10 00	6 00
95	Confitures. au sucre ou au miel (B). des colonies et possessions françaises (A).	Moitié des droits du sucre raffiné.	
	des pays étrangers.		
	sans sucre ni miel.	10 00	8 00
96	Café. en fèves et pellicules.	156 00	—
	torréfié ou moulu.	208 00	—
97	Cacao. en fèves et pellicules.	104 00	—
	broyé (en pâte, en tablettes ou en poudre).	150 00	—
	Beurre de cacao.	150 00	—
		100 kilog.	
98	Chocolat contenant plus de 55 pour 100 de cacao.	150 00	—
	contenant 55 pour 100 de cacao ou moins.	130 00	100 00
109	Tabacs en feuilles ou en côtes. pour la Régie.	Exempts.	—
	pour compte particulier.	Prohibés.	—
	fabriqués pour la Régie.	Exempts.	—
	pour l'usage personnel des importateurs, jusqu'à concurrence de 10 kilogr. par destinataire et par année (C). Cigares et cigarettes.	3,600 00	—
	Tabac à priser et à mâcher.	1,500 00	—
	Tabac à fumer du Levant.	2,500 00	—
	de toute autre origine.	1,500 00	—
	autres.	Prohibés.	—
	Sauce de tabac (praiss).	Prohibés.	—
	HUILES ET SUCS VÉGÉTAUX.	100 kilog.	
110	Huiles fixes. pures d'olive (D).	15 00	10 00
	de palme.	1 00	1 00
	de coco, de touloucouna, d'illipé et de palmiste.	3 00	3 00
	de ricin et de pulghère.	6 00	4 00
	de lin, de ravison, de niger, de coton, de sésame, d'arachides.	6 00	6 00
	de colza, de moutarde, d'œillette, de pavot, de navette.	15 00	12 00
	autres.	15 00	12 00
111	aromatisées.	100 00	80 00
	BOISSONS.	l'hectolitre de liquide.	
171	Boissons fermentées. Vins provenant exclusivement de la fermentation des raisins frais jusqu'à 11 degrés exclusivement, c'est-à-dire jusqu'à 10°9.	1 20 Par degré alcoolique et par hectolitre de liquide.	0 70 Par degré alcoolique et par hectolitre de liquide.
	À partir de 11 degrés inclusivement.	Même droit pour les 10 premiers degrés et payement, par chaque degré en sus, d'une taxe de douane égale au montant du droit de consommation de l'alcool.	Même droit pour les 10 premiers degrés et payement, par chaque degré en sus, d'une taxe de douane égale au montant du droit de consommation de l'alcool.
		l'hectolitre de liquide.	
172	Vinaigres autres que ceux de parfumerie jusqu'à 8 degrés acétiques.	8 00	6 00
	au-dessus de 8 degrés acétiques.	1 00 Par degré acétique.	0 75 Par degré acétique.
172 bis.	Cidre et poiré jusqu'à 6 degrés.	0 70 Par degré et par hectolitre de liquide.	0 50 Par degré et par hectolitre de liquide.
	au-dessus de 6 degrés.	Régime de l'alcool.	

(A) On ne considère comme produits des colonies et possessions françaises que ceux qui sont importés directement.
(B) La pâte sucrée et aromatisée, désignée dans les anciens tarifs sous la dénomination de sorbets, est assimilée aux confitures au sucre.
(C) Avec interdiction de vente et sous réserve de l'autorisation de l'Administration et de la formalité de l'acquit-à-caution garantissant, à défaut de décharge, le payement, à titre d'amende, d'un second droit d'importation.
(D) Les huiles d'olive destinées à la savonnerie seront admises aux droits de 5 francs au tarif général et de 3 francs au tarif minimum, à charge d'être rendues impropres à l'alimentation et dénaturées aux frais des importateurs sous la veillance du service des douanes.

Numéros.	Matières végétales et minérales. Fabrications.	Droits (Décimes compris.) Tarif général.	Tarif minimum.
		fr. c.	fr. c.
		100 kilog.	
172 ter	Boissons fermentées (suite). Bière (fût compris, poids brut).	12 00 (A)	9 00 (A)
		l'hectolitre de liquide.	
172 quat.	Hydromel.	20 00	20 00
173	Jus d'orange.	Mêmes droits que les vins.	
173 bis	Toutes autres boissons non dénommées.	Régime de l'alcool.	
		l'hectolitre de liquide.	
174	Boissons distillées. Alcools. (C) Eaux-de-vie. en bouteilles.	80 00 (B)	70 00 (B)
		l'hectolitre d'alcool pur.	
	autrement qu'en bouteilles.	80 00 (B)	70 00 (B)
	autres.	80 00 (B)	70 00 (B)
		l'hectolitre de liquide.	
174 bis	Liqueurs.	80 00 (B)	80 00 (B)
		100 kilog.	
174 ter	Pommes et poires écrasées.	2 00	1 50
174 quat.	Eaux minérales (cruchons compris).	Exemptes.	Exemptes.
	COMBUSTIBLES MINÉRAUX.	100 kilog.	
197	Huiles de pétrole, de schiste et autres huiles minérales propres à l'éclairage (D) brutes.	18 00 (E)	—
	raffinées et essences.	25 00 (E)	—
198	Huiles lourdes et résidus de pétrole et d'autres huiles minérales.	12 00	12 00
	PRODUITS CHIMIQUES.		
238	Acides. acétique (F) contenant moins de 40 p. 100 d'acide cristallisable.	10 00	5 00
	contenant de 40 à 80 p. 100 d'acide cristallisable.	20 00	10 00
	contenant plus de 80 p. 100 d'acide cristallisable.	30 00	15 00
		Valeur.	
	tannique ou tanin sous toutes ses formes.	5 p. % de la valeur (G) (H).	—
251	Sel marin, sel de saline et sel gemme (I) bruts ou raffinés, autres que blancs.	2 40	—
	raffinés blancs.	3 30	—
266 bis	Éther acétique et sulfurique de tout degré.	30 00 (J)	30 00 (J)
266 ter	Chloroforme.	75 00 (J)	75 00 (J)
266 quat.	Collodion.	30 00 (J)	30 00 (J)
281	Saccharine.	Prohibés.	Prohibés.
282	Produits chimiques non dénommés à base d'alcool.	Droits à fixer par le Comité consultatif des arts et manufactures d'après la quantité d'alcool entrant dans leur fabrication, sans qu'en aucun cas le droit de douane puisse être inférieur à 5 p. 100 de la valeur (J).	—
		Valeur.	
	autres.	5 p. 0/0 de la valeur (K)	—
298	Vernis à l'alcool.	40 00 (L)	30 00 (L)
303	Ocres broyées ou autrement préparées pour la peinture.	0 35 (L)	0 25 (L)
	COMPOSITIONS DIVERSES.	100 kilog.	
311	Parfumeries. Savons.	12 00	8 00
	Savons transparents à base d'alcool ou de sucre.	00 00 (M)	40 00 (M)
	autres.	12 00	8 00

(A) Y compris la surtaxe représentant le droit de fabrication perçu sur les bières françaises.
(B) Non compris les taxes intérieures.
(C) Les produits dans la composition ou dans la fabrication desquels il entre de l'alcool acquittent, indépendamment du droit de douane qui les concerne, les taxes intérieures sur l'alcool employé et d'après les bases déterminées par le Comité consultatif des arts et manufactures.
(D) La distinction entre le brut et le raffiné sera fixée par un règlement d'administration publique, après avis du Comité consultatif des arts et manufactures.
(E) Dans le cas où les déclarants, contestant les essais faits dans les laboratoires des douanes, réclameraient l'expertise légale, celle-ci sera faite par des chimistes inscrits sur la liste générale prévue par l'article 9 de la présente loi et statuant dans les conditions fixées par l'article 4 de la loi du 7 mai 1881.
(F) Sous les réserves prévues par l'article 10 de la présente loi.
(G) Ces acides seront dénaturés et rendus impropres à toute transformation en vinaigre.
(G) Non compris la taxe intérieure.
(H) Ce droit s'applique aux tanins préparés à l'eau, à l'alcool ou à l'éther.
(I) Les droits portés à l'article 251 ne comprennent pas la taxe intérieure de consommation.
(J) Non compris la taxe intérieure sur l'alcool.
(K) Avec faculté de conversion en droits spécifiques équivalents.
(L) Non compris la taxe de consommation intérieure afférente à l'alcool.
(M) Y compris les taxes intérieures sur les matières ayant servi à leur préparation.

Numéros.	Fabrications.	Droits (Décimes compris). Tarif général.	Tarif minimum.
		fr. c. l'hectolitre d'alcool pur.	fr. c.
311	Parfumeries. Autres. alcooliques.	100 00 (A)	80 00 (A)
		100 kilog.	
	non alcooliques.	15 00	12 00
315	Médicaments composés, (B) Eaux distillées alcooliques.	Régime des eaux-de-vie.	Régime des eaux-de-vie.
	non alcooliques.	12 00	10 00
316	non dénommés figurant dans une pharmacopée officielle.	Droits spécifiques à déterminer par l'École supérieure de pharmacie à raison de 20 p. 0/0 de la valeur.	Droits spécifiques à déterminer par l'École supérieure de pharmacie à raison de 15 p. 0/0 de la valeur.
	n'y figurant pas.	Prohibés.	Prohibés.
321	Bougies de toute sorte (C).	19 00 (A)	16 00 (A)
323	Chandelles à mèche tissée, tressée ou moulinée, ayant subi une préparation chimique.	15 00 (A)	12 00 (A)
474	Cartes à jouer (D).	Prohibées.	Prohibées.
	OUVRAGES EN MÉTAUX.		
	Orfèvrerie. — Bijouterie. — Monnaies.	100 kilog.	
495	Orfèvrerie d'or, d'argent, de platine ; joaillerie, bijouterie (E).	1,000 00	500 00
495 bis	Monnaies d'or et d'argent.	1 00	1 00
	Monnaies de cuivre et de billon ayant cours légal en France.	0 25	0 25
	Monnaies de cuivre et de billon hors de cours.	Prohibées.	Prohibées.
496	Ouvrages dorés ou argentés par divers procédés. Bijouterie doublée d'or ou d'argent, sur argent, sur cuivre, maillechort ou chrysocale.	600 00	500 00
	Plaqué et orfèvrerie argentée, objets en nickel pur ou en plaqué de nickel.	150 00	100 00
496 bis	Bijouterie fausse : agrafes, broches, bracelets, bagues, boucles, boutons, chaînes, dés à coudre, coulants, anneaux, bourses, cottes de mailles, etc., etc., en métaux non précieux, avec ou sans garniture de corail vrai ou faux, de vitrifications, de nacre, os, ivoire, écaille, perles fausses ou vraies, etc., etc. Aluminium, maillechort, nickel, cuivre, acier fin à pointes, dorés, argentés, oxydés avec garnitures.	250 00	200 00
	Cuivre, maillechort, nickel, passés à l'eau-forte, vernis, émaillés, polis, nickelés avec garnitures. Bijouterie de deuil en fer garnie de verroteries ou de bois durci.	150 00	100 00
	Zinc, plomb, acier ordinaire et fer, sans garnitures ou ornements.	50 00	25 00
	Horlogerie petit volume.	la douzaine.	
497	Mouvements de montres sans boîtes. (F) Mouvements et porte-échappements à l'état d'ébauche ou de finissage, sans trace aucune de plantage d'échappement.	1 29	1 00
498	Mouvements et porte-échappements avec échappement fait ou présentant seulement des traces de plantage d'échappement, mais ni dorés, argentés, ou nickelés :		
	Si l'échappement est à cylindre.	10 00	5 00
499	Si l'échappement est à ancre ou autre.	15 00	8 00
	Mouvements entièrement finis, dorés, argentés ou nickelés :		
	Si l'échappement est à cylindre.	30 00	25 00
	Si l'échappement est à ancre ou autre.	54 00	30 00

(A) Non compris les taxes intérieures.

(B) Indépendamment des droits compensateurs qui pourront être établis sur les médicaments composés avec des matières grevées de taxe de douane ou d. consommation.

(C) Les bougies de paraffine suivent le régime de la paraffine.

(D) Les cartes pour les enfants sont assimilées à la bimbeloterie.

(E) Les ouvrages d'or ou d'argent ne peuvent être introduits que s'ils remplissent les conditions de titre exigées par la loi pour les objets de fabrication française destinés à la vente intérieure. Sont maintenues les exceptions spécifiées aux derniers paragraphes de l'article 23 de la loi du 19 brumaire an VI.

(F) 1° Sont considérés comme trace de plantage d'échappement le perçage ou l'empierrage d'un ou de plusieurs trous des mobiles d'échappement ; mais non le *simple pointage* de ces mêmes trous. Le coq toutefois peut être percé.

2° Sont taxées comme les mouvements et porte-échappements complets, et classées sous les rubriques n°s 497 ou 498, suivant qu'elles ne présentent pas ou qu'elles présentent des traces de plantage d'échappement, les platines ou fausses platines seules de ces mouvements ou porte-échappements.

3° Sont considérés comme échappements faits, et taxés comme s'ils étaient à ancre, tous mouvements, porte-échappements, platines ou fausses platines seules, dans lesquels auront été enlevées les pièces permettant de constater l'absence ou la présence des traces de plantage d'échappement.

4° Sont considérés comme présentant des traces de plantage d'échappement à cylindre tous mouvements, porte-échappements, platines ou fausses platines seules, dans lesquels les deux trous des balanciers et roues d'échappement auront été percés ou empierrés ; et comme présentant des traces de plantage d'échappement à ancre, tous les mouvements, porte-échappements, platines ou fausses platines seules dans lesquels les trois trous des balanciers, ancres et roues d'échappement auront été percés ou empierrés.

5° Sur le mouvement de toute montre importée en France, à l'endroit le plus rapproché possible du barillet et d'une manière visible, devra désormais avoir été apposée, par les soins du producteur étranger, la lettre : **M**, pour la montre à boîte en métal commun ; **A**, pour la montre à boîte en argent ; **O**, pour la montre à boîte en or.

6° L'insertion dans une boîte d'or ou d'argent d'un mouvement portant la lettre **M** ne pourra se faire qu'après avoir payé le

Numéros.	Fabrications.	Droits. (Décimes compris.) Tarif général.	Tarif minimum.
		fr. c. la pièce.	fr. c.
500	Montres finies sans complication de système. Avec boîtes en or : Si l'échappement est à cylindre.	6 00	3 25
	Si l'échappement est à ancre ou autre.	7 00	4 25
500 bis	Avec boîtes en argent : Si l'échappement est à cylindre.	2 00	1 25
	Si l'échappement est à ancre ou autre.	3 00	1 75
500 ter	Avec boîte en toute autre matière non précieuses (A) : Si l'échappement est à cylindre.	2 00	0 75
	Si l'échappement est à ancre ou autre.	2 50	1 25
501	Montres compliquées (répétitions), chronographes, secondes indépendantes, chronomètres de poche quel que soit le genre de l'échappement. Boîtes en or.	20 00	15 00
501 bis	Boîtes en argent.	15 00	8 00
501 ter	Boîtes en matières non précieuses (A).	10 00	5 00
502	Compteurs de poche de tous genres (podomètres, etc.).	Régime des montres finies sans complication de système, avec échappement à cylindre.	
503	Boîtes de montres. en or.	2 00	1 25
	en argent.	1 00	0 60
	en matières non précieuses (A).	0 50	0 25
	ARMES, POUDRES ET MUNITIONS.		
583	Poudre à tirer.	Prohibée.	
		Le kilog.	
584	Dynamite.	0 50 (C)	0 50 (C)
585	Capsules de poudre fulminante, de guerre (B).	Prohibées.	
		100 kilog.	
	de chasse, y compris les amorces ou détonateurs de mines.	80 00	75 00
586	Cartouches de guerre pleines.	Prohibées	
	vides.	80 00	75 00
	pour sociétés de tir.	50 00	43 00
	de chasse pleines.	Prohibées.	
	vides (enveloppes de cartouches amorcées ou non).	80 00	75 00
587	Projectiles.	Régime de la loi du 14 août 1885.	
		100 kilog.	
588	Mèches de mineurs ordinaires.	35 00	30 00
	à rubans.	50 00	45 00
	en gutta-percha.	80 00	75 00
589	Artifices pour divertissements.	125 00	100 00
	OUVRAGES EN MATIÈRES DIVERSES.		
646	Bimbeloterie (jeux, jouets et autres).	75 00	60 00
648	Allumettes chimiques et bois préparés pour allumettes. importés pour le compte du monopole : en bois.	12 00	12 00
	autres.	20 00	20 00
	importés pour compte particulier.	Prohibés.	Prohibés.

complément du droit fixé pour la montre d'or ou d'argent et avoir fait apposer, à côté de cette lettre **M**, à titre d'acquit du droit complémentaire, un poinçon spécial et différent suivant la nature du métal de la boîte : or ou argent.

Même obligation pour l'insertion dans une boîte d'or d'un mouvement portant la lettre **A**.

7° Les agents chargés par la loi de vérifier actuellement l'apposition des poinçons de garantie sur les matières d'or et d'argent seront chargés de percevoir le droit complémentaire et d'apposer en même temps le poinçon spécial. Ils seront en outre tenus de s'assurer que tout mouvement de montre d'or ou d'argent, sur lequel aurait apposée l'une des lettres voulues par l'article 5° ci-dessus, porte bien la lettre correspondant à la nature du métal de la boîte ou, en cas contraire, le poinçon spécial d'acquit du droit complémentaire.

8° Toute infraction aux présentes dispositions rendra passible le contrevenant des pénalités prévues par la loi sur la garantie des matières d'or ou d'argent.

(A) Seront taxées comme boîtes en or ou en argent les boîtes en matières communes garnies d'ornements en or ou en argent ou d'ornements dorés ou argentés.

(B) Dans les conditions déterminées par la loi du 14 août 1885.

(C) Non compris la taxe intérieure.

Tableau C. — Surtaxes applicables aux produits d'origine extra-européenne importés d'un pays d'Europe.

Numéros.	Désignation des produits.	Régime.
		fr. c. 100 kilog.
658	Sucres de toutes sortes.	(Voir le n° 91.)
667	Tabacs. en feuilles ou en côtes.	6 00
	fabriqués.	8 00
675	Huiles et essences minérales.	5 00
685	Tabacs de santé et d'habitude.	Exemptes.

Tableau D. — Surtaxes applicables aux produits d'origine européenne importés d'ailleurs que des pays de production.

Numéros.	Désignation des produits.	Régime.
		fr. c.
		100 kilog.
706	Huiles fixes pures, non dénommées.	1 00
713	Huiles et essences minérales.	5 00

Tableau E. — Régime applicable aux produits importés des colonies, possessions françaises et pays de protectorat de l'Indo-Chine.

	Désignation des produits.	Régime.
Produits d'origine coloniale (A).	Sucres, mélasses non destinées à la distillation.	Droits du tarif métropolitain.
	Sirops et bonbons, biscuits sucrés.	Droits du tarif métropolitain.
	Confitures et fruits de toute sorte confits au sucre et au miel. . . .	Droits du tarif métropolitain.
	Cacao.	Moitié des droits du tarif métropolitain.
	Cacao broyé.	Moitié des droits du tarif métropolitain.
	Chocolat.	Moitié des droits du tarif métropolitain.
	Café en fèves, ou torréfié, ou moulu.	Moitié des droits du tarif métropolitain.
	Thé.	Moitié des droits du tarif métropolitain.
	Poivre, piment, girofle, cannelle, cassia lignea, amomes et cardamomes, muscades, macis et vanille.	Moitié des droits du tarif métropolitain.
	Non spécifiés ci-dessus originaires des colonies ou possessions. . . .	Exempts.
Produits d'origine étrangère	importés de l'Algérie — après y avoir été nationalisés par le payement des droits du tarif de la métropole.	Exempts.
	importés de l'Algérie — après y avoir acquitté des taxes spéciales.	Payement de la différence entre les droits du tarif algérien et ceux du tarif métropolitain.
	importés de l'Algérie — ayant joui de la franchise en Algérie ou en arrivant par suite d'entrepôt ou de transbordement.	Droits du tarif métropolitain.
	importés des autres colonies ou possessions françaises.	Droits du tarif métropolitain.
Les prohibitions ou restrictions établies par le tarif des douanes dans un intérêt d'ordre public, ou comme conséquence de monopoles, sont applicables aux importations des colonies ou possessions françaises, soit qu'il s'agisse de produits coloniaux, soit qu'il s'agisse de produits étrangers.		

(A) Les produits des colonies et possessions françaises ne sont admis au régime de faveur qu'à la condition de l'importation directe et sur la production des justifications d'origine réglementaires.

LETT. COMM. DU 12 JANV. 1892, N° 27.

3e Division. — 3e Bureau.

Frais de commis et de bureaux. Forme à donner aux propositions de revision de ces frais.

Monsieur le Directeur, par suite d'un oubli regrettable des recommandations contenues dans les circulaires nos 109 du 17 août 1835 et 427 du 21 août 1849, les propositions formulées en vue d'obtenir une revision des frais de bureaux et de commis auxiliaires alloués aux comptables ne parviennent plus, dans la généralité des cas, à l'Administration qu'appuyées de justifications incomplètes ou tout à fait insuffisantes pour permettre de statuer avec connaissance de cause.

Afin de remédier à cet inconvénient, les propositions de l'espèce devront, à l'avenir, être établies sur un état, en double expédition, conforme au modèle ci-joint.

Sur une première ligne ouverte à cet état, les chefs de service (Directeurs ou Sous-Directeurs) présenteront l'importance du travail incombant au comptable à l'époque de la dernière fixation de l'allocation pour frais de bureaux et de commis auxiliaires, et, sur des lignes subséquentes, les mêmes renseignements relativement aux deux dernières années révolues et à la période écoulée de l'année en cours. On aura soin d'indiquer, dans le renvoi réservé à cet effet au bas de la page, les attributions de chaque employé auxiliaire et celles que le comptable se réserve personnellement. Si, en dehors de ces éléments d'appréciation, il existait des circonstances exceptionnelles susceptibles d'être prises en considération, elles seraient exposées aussi brièvement que possible, et, dans tous les cas, d'une manière précise, dans les colonnes d'observations.

Enfin, on ne devra jamais omettre d'indiquer, dans les colonnes à ce réservées, le montant annuel des remises et indemnités touchées par le comptable pour sa coopération à des services spéciaux (allumettes, bougies, bières, sels, sucres, manufactures de l'État, octrois). On joindra, en outre, comme pièce justificative, une déclaration du comptable concernant les sommes payées pour une année à chacun de ses commis auxiliaires, ainsi que les quittances des parties prenantes afférentes aux salaires des trois derniers mois.

Recevez, etc.

Le Conseiller d'État, Directeur général,

A. CATUSSE.

Département

d

Direction

d

DIRECTION GÉNÉRALE DES CONTRIBUTIONS INDIRECTES.

3e Division — 3e Bureau.

EMPLOIS COMPTABLES

État présentant, en ce qui concerne l (1) d l'importance du travail : 1° Lors de la dernière fixation des frais de commis auxiliaires et de bureaux ; 2° Pendant les deux dernières années révolues et la période écoulée de l'année en cours (distinctement par année).

Exercice 189 .

(1) Recette principale ; Entrepôt spécial ; Recette principale entrepôt ; Recette particulière entrepôt ; Recette particulière sédentaire.

Rési-dences.	Population agglomérée.	Recettes principales.									Entrepôts des tabacs				Entrepôts des poudres.				Recettes particulières sédentaires.					Recettes buralistes annexées.				
		Nombre des recettes qui doivent verser aux recettes principales. (Recettes entrepôts, recettes sédentaires ou ambulantes.)	Recettes centralisées en 189 .					Nomb. d'articles aux registres.			Quantités de tabacs vendues.	Produit.	Nombre		Quantités de poudres vendues.	Produit.	Nombre de factures délivrées.	A quelle distance est située la poudrière?	Nombre de receveurs buralistes et d'octroi relevant de la recette.	Nombre		Sommes		Nombre, d'après le relevé n° 180 A.				Produit.
			Droits au comptant.	Droits constatés.	Tabacs.	Poudres.	Total.	74 B spécial. (Contentieux, acquits, etc.)	87. Livre de caisse.	89 A B C, etc. (Consignations, avances, etc.)			des factures délivrées.	des acquis d'exportation.						de débitants de boissons abonnés et exercés.	de quittances du registre 74.	versées par les receveurs buralistes et d'octroi.	reçues directement des redevables.	d'expéditions timbrées.	d'expéditions sans timbre.	d'articles des registres 1, 2, 4 B, 10 s'appliquant au droit d'entrée.	d'articles 1-10 A, 4-10 B, 4 B-10 s'appliquant aux droits perçus dans les villes à taxe unique.	
1	2	3	4	5	6	7	8	9	10	11	12	3	14	15	16	17	18	19	20	21	22	23	24	25	26	27	28	29

Résidences.	Population agglomérée.	Montant des allocations concédées		Nombre		Somme payée par le comptable pour sa part de loyer.	Montant de la prime d'apurement de compte.	Indemnités, remises et allocations de toute nature afférentes à chaque emploi.		Observations et propositions		Décision de l'Administration.
		pour frais de bureau (non compris les frais de loyer).	pour frais de commis et hommes de peine.	de feux et demi-feux (pièces affectées au service).	de commis auxiliaires.			Désignation des taxes. — (Allumettes, bougies, bières, sels, sucres, Manufactures de l'État, Octrois, etc.)	Montant des indemnités ou remises applicables à chaque taxe.	du sous-directeur.	du directeur.	
30	31	32	33	34	35	36	37	38	39	40	41	42

Attributions { de chacun des commis auxiliaires. . . . . . / que le comptable se réserve personnellement.

Le (*) soussigné certifie, sous sa responsabilité personnelle, l'exactitude des renseignements consignés au présent état.

A , le 189 .

(*) Directeur ou Sous-Directeur.

ARRÊTÉ DU 23 JANV. 1892,

Fixant les prix de vente des poudres à feu destinées à l'exportation.

Le Ministre des Finances,
Vu le décret du 21 mai 1886 relatif à l'exportation des poudres à feu ;
Vu l'arrêté du 26 mai 1886 ;
Vu la lettre du Ministre de la guerre, en date du 31 décembre 1891 ;
Vu la lettre du Directeur général des contributions indirectes, en date du 13 janvier 1892 ;
Vu les traités des 20 novembre 1815 et 24 mars 1860, qui ont placé le pays de Gex et la partie neutralisée de la Haute-Savoie en dehors de la ligne des douanes,

Arrête :

Article premier. — Les prix des poudres à feu destinées à l'exportation (1) sont fixés ainsi qu'il suit, pour toute commande dont la valeur atteint au moins 100 francs :

Espèces de poudres.	Prix par kilogramme à payer par les exportateurs.	Observations.
	fr. c.	
Poudres de commerce extérieur. — ordinaire	0 625	Y compris l'emballage pour les barillages supérieurs à 9 kil.
Poudres de commerce extérieur. — forte	0 66	
Poudres de mine — ronde ou anguleuse — lente	0 56	Non compris l'emballage. Destinées à être exportées en grains ou à l'état de cartouches comprimées.
Poudres de mine — ronde ou anguleuse — ordinaire	0 80	
Poudres de mine — ronde ou anguleuse — forte	0 85	
Poudres de mine — fin grain — ordinaire	1 20	Non compris l'emballage. Destinées à être exportées en grains ou à l'état de mèches de sûreté.
Poudres de mine — fin grain — forte	1 25	
Poudres de mine — au nitrate d'ammoniaque	1 50	Non compris l'encaissage. Destinées à être exportées à l'état de cartouches comprimées.
Poudres de mine — au nitrate de soude	0 80	
Poudres de mine — Cartouches comprimées ou coton-poudre et au nitrate d'ammoniaque — N° 1	2 »	Non compris l'encaissage.
Poudres de mine — Cartouches comprimées ou coton-poudre et au nitrate d'ammoniaque — N° 2	2 25	
Poudres de guerre — Ancienne fabrication (A)	1 25	Non compris l'emballage. Destinée à être exportée à l'état nu ou à l'état de cartouches ou de pièces d'artifices.
Poudres de guerre — Nouveaux types (B) — à canon — noire	1 75	Non compris l'emballage. Destinées à être exportées à l'état nu ou à l'état de munitions confectionnées.
Poudres de guerre — Nouveaux types (B) — à canon — brune	2 »	
Poudres de guerre — Nouveaux types (B) — à fusil	2 »	
Poudres de guerre — *dites* BN (C) à canon et à fusil	9 50	
Poudres de chasse — livrées en boîtes — ordinaire (fine)	2 »	Non compris l'encaissage. Destinées à être exportées en boîtes ou à l'état de cartouches.
Poudres de chasse — livrées en boîtes — forte (superfine)	2 75	
Poudres de chasse — livrées en boîtes — spéciale (ou extra-fine)	3 25	
Poudres de chasse — livrées à nu dans des barils — ordinaire (fine)	1 40	Non compris l'emballage. Destinées à être exportées à l'état nu.
Poudres de chasse — livrées à nu dans des barils — forte (superfine)	1 65	
Poudres de chasse — livrées à nu dans des barils — spéciale (ou extra-fine)	1 90	
Poudres pyroxylées, livrées en boîtes	14 »	Non compris l'encaissage. Destinées à être exportées en boîtes ou à l'état de cartouches.
Coton azotique (pour dynamites)	5 25	Non compris l'encaissage.
Coton-poudre de guerre (D) — en charges comprimées	6 50	Non compris l'encaissage.
Coton-poudre de guerre (D) — en pâte	4 50	Non compris l'encaissage.

(A) Cette désignation s'applique aux anciens types *dits* à canon et à mousquet.
(B) L'exportation de ces poudres pourra être suspendue par un arrêté du Ministre de la guerre.
(C) Les poudres de guerre *dites* BN sont des poudres à grande puissance balistique, destinées aux fusils de petit calibre et aux canons de tous calibres. L'exportation pourra en être suspendue par arrêté ministériel.
(D) L'exportation du coton-poudre de guerre pourra également être suspendue par un arrêté du Ministre de la guerre.

Art. 2. — Les types de poudre de guerre dont l'exportation est autorisée sont les suivants :
Anciens types : poudres de guerre *dites* à canon et à mousquet ;
Nouveaux types : poudres à canon, noires C_1, C_2, SP_1, SP_2, $A^{26}/_{34}$, $A^{30}/_{40}$, prismatiques, RS, brunes prismatiques ;
Poudres à fusil F_1, F_2 ;
Poudres B N à canon et à fusil ;
Coton-poudre de guerre en charges comprimées en pâte.

Art. 3. — Les prix d'exportation fixés pour les poudres de mine, de guerre, de chasse et pour le coton azotique sont applicables aux explosifs de même espèce vendus par la Régie dans le pays de Gex et dans la zone neutralisée de la Haute-Savoie.

Art. 4. — Les poudres de commerce extérieur vendues exclusivement pour l'exportation par la voie maritime pourront être livrées en barillets dont les contenances sont indiquées au tableau ci-après avec les plus-values par 100 kilogrammes de poudre :

Dénomination des barillages. 1		Contenances normales. 2	Plus-value à payer par 100 kilogr. de poudre. 3
		kil. gr.	fr. c.
Barils.	Baril	45 000	»
	Demi-baril	22 500	»
	Quart de baril	11 250	»
Barillets.	Cinquième de baril	9 000	0 10
		8 000	1 50
	Sixième de baril	7 500	2 00
		7 000	3 00
		6 000	5 00
		5 000	8 00
	Dixième de baril	4 500	8 00
		4 000	9 00
	Douzième de baril	3 750	10 00
		3 000	15 00
	Vingtième de baril	2 250	17 00
		2 000	20 00
	Vingt-cinquième de baril	1 800	25 00
	Trentième de baril	1 500	30 00

Les barillets désignés dans la colonne 1 du tableau ci-dessus pourront contenir des poids de poudre variables compris entre 9 kilogrammes et 1 kilogr. 500. Les plus-values à payer pour les contenances intermédiaires entre deux chiffres consécutifs de la colonne 2 seront égales à celles correspondant à la contenance immédiatement inférieure.

Art. 5. — Le présent arrêté sera déposé au bureau du contreseing pour être notifié à qui de droit. Il sera publié au *Journal officiel* et au *Bulletin des lois*.

Paris, le 23 janvier 1892.

Signé : ROUVIER.

Pour copie conforme :

Le Conseiller d'État,
Directeur général des Contributions indirectes,

Signé : A. CATUSSE.

DÉCRET DU 25 JANV. 1892.

Le Président de la République française,
Vu la loi du 26 juillet 1890, et notamment les articles 5 et 7 de cette loi ;
Vu le décret du 7 octobre 1890, et notamment les articles 14 et 15 de ce décret ;
Vu l'article 12 de la loi de douane du 11 janvier 1892 ;
Sur le rapport du Ministre des finances,

Décrète :

Article premier. — Les paragraphes 5, 6, 7 et 8 de l'article 14 du décret du 7 octobre 1890 sont abrogés et remplacés par les dispositions suivantes:
« Tout excédent sera saisi par procès-verbal et ajouté aux charges ; tout manquant de raisins secs donnera lieu au paiement :
« 1° Des droits généraux et locaux ;
« 2° De la taxe de fabrication, à raison de 1 franc par hectolitre de vin ;
« Le tout, à raison de 3 hectolitres de vin par 100 kilogrammes de raisins secs. »

Art. 2. — L'article 15 du décret du 7 octobre 1890 est abrogé, et remplacé par les dispositions suivantes :
« Le compte général de fabrication est chargé, au minimum, d'une quantité de vin correspondant à la quantité de raisins secs mise en œuvre d'après les bases déterminées par l'article 6 de la loi du 26 juillet 1890.
« Les excédents en volume constatés dans les cuves de fermentation ou à l'entonnement sont ajoutés aux charges.
« Le compte général est déchargé :
« 1° Des quantités de vin, excédents compris, qui, dès l'achèvement de chaque fabrication, seront portées à l'état de produits comme passibles du droit de fabrication et seront ensuite immédiatement prises en charge au compte définitif des produits achevés.
« 2° Des manquants constatés, soit à l'entonnement, soit en cours de fabrication, et qui auront donné lieu à la constatation immédiate : (*a*) des droits généraux et locaux; (*b*) de la taxe spéciale de fabrication ;
« 3° Enfin des pertes matérielles dûment constatées. »

Art. 3. — Le Ministre des finances est chargé de l'exécution du présent décret, qui sera publié au *Journal officiel* et inséré au *Bulletin des lois*.

Fait à Paris, le 25 janvier 1892.

Signé : CARNOT.

Par le Président de la République :

Le Ministre des Finances,

Signé : ROUVIER.

(1) L'exportation s'entend des envois à l'étranger ou dans les colonies et possessions françaises, l'Algérie et la Tunisie exceptées.

CIRC. DU 27 JANV. 1892, N° 17.

3e Division. — 1er Bureau.

Tarif des douanes. — Nouveau régime douanier ; tarif général, tarif minimum. Loi du 11 janvier 1892.

Une loi, en date du 11 janvier 1892, a établi un nouveau tarif général des douanes et un tarif minimum pouvant être appliqué aux marchandises originaires des pays qui feront bénéficier les marchandises françaises d'avantages corrélatifs et qui leur appliqueront leurs tarifs les plus réduits.

Afin que le service des contributions indirectes puisse, en ce qui le concerne, concourir à assurer l'exécution des règles propres à l'importation, il m'a paru utile de lui notifier, dans leur ensemble, les dispositions de la nouvelle réglementation douanière qui sont relatives aux objets passibles de taxes intérieures. Je résume ci-après les principales de ces dispositions, me réservant d'insister ultérieurement sur celles qui pourraient nécessiter des instructions particulières.

J'appelle, dès à présent, l'attention du service :

1° Sur l'article 11 de la loi, qui abroge l'article 2 de la loi du 18 juillet 1890, portant exemption des maïs, riz et blés durs employés à la fabrication de l'amidon sec en aiguilles et en marrons ; des instructions ont déjà été données par la deuxième Division, en prévision de cette abrogation ;

2° Sur l'article 12, qui abroge l'article 7 de la loi du 26 juillet 1890, concernant le droit de fabrication sur les vins de raisins secs, et le remplace par une disposition établissant un droit de fabrication de 1 franc par hectolitre de vins de raisins secs pris en charge chez le fabricant ; cette disposition, applicable dès le 1er février prochain, entraîne la modification partielle du décret du 7 octobre 1890, modification qui fera l'objet d'une circulaire spéciale ;

3° Enfin, sur le paragraphe de l'article 12, qui accorde l'admission temporaire aux maïs étrangers employés à la production des alcools purs à 90 degrés et au-dessus et des amidons destinés à l'exportation. La loi ne spécifie pas à quel service incombera l'exécution de cette dernière mesure ; si les agents des contributions indirectes doivent être appelés à y concourir, des instructions leur seront adressées à ce sujet par la Division compétente.

J'aborde maintenant l'examen du tarif.

Boissons.

Le nouveau tarif général établit sur les vins *provenant exclusivement de la fermentation des raisins frais* un droit de 1 fr. 20 par degré alcoolique et par hectolitre de liquide jusqu'à 11 degrés exclusivement, c'est-à-dire jusqu'à 10° 9. Cette taxe est réduite, pour le tarif minimum, à 0 fr. 70 par degré alcoolique et par hectolitre de liquide. Pour les vins à partir de 11 degrés inclusivement, les droits sont les mêmes sur les dix premiers degrés, avec paiement, par chaque degré en sus, d'une taxe de douane égale au montant du droit de consommation de l'alcool.

A partir du moment où ces taxes ont été acquittées entre les mains de la douane, aucune distinction n'est plus à faire entre les vins de provenance étrangère et les produits de la viticulture française. Les uns et les autres sont, au point de vue des taxes intérieures, soumis au même régime. C'est ainsi que les vins étrangers dont la richesse alcoolique excède 15 degrés continuent d'être passibles, indépendamment des taxes de douane indiquées ci-dessus et des taxes intérieures propres au vin, du double droit de consommation et, s'il y a lieu, des doubles droits d'entrée et d'octroi sur l'alcool compris entre 15 et 21 degrés. Au-dessus de 21 degrés, ils sont assujettis aux taxes intérieures de l'alcool pour leur volume total.

Il résulte des déclarations faites devant les Chambres que les vins de liqueur continueront à suivre le régime des vins ordinaires, et les vins mutés à l'alcool, le régime de l'alcool. (Circulaire de la douane du 22 janvier 1892, n° 2123.)

Les vins d'origine étrangère autres que ceux provenant exclusivement de la fermentation des raisins frais (vins de raisins secs, vins de sucres, etc.) sont compris dans le tarif douanier dans les boissons fermentées non dénommées, qui suivent, au point de vue du régime intérieur aussi bien qu'au point de vue des taxes d'importation, le régime de l'alcool.

Les spiritueux de toute espèce autres que les liqueurs, tant en cercles qu'en bouteilles, sont imposés à raison de 80 francs par hectolitre d'alcool pur au tarif général, et de 70 fr. par hectolitre d'alcool pur au tarif minimum. Pour les liqueurs, les droits sont respectivement de 90 et de 80 francs par hectolitre de liquide. Les fruits à l'eau-de-vie paient 100 francs et 80 francs par 100 kilogrammes.

Les vinaigres, autres que ceux de parfumerie, sont soumis par le *tarif général* à *un droit de 8* francs par hectolitre jusqu'à 8 degrés acétiques et de 1 franc par degré acétique au-dessus de 8 degrés. Ces droits sont abaissés par le tarif minimum à 6 francs par hectolitre et 0 fr. 75 par degré.

Les droits sur les cidres et poirés jusqu'à 6 degrés sont respectivement de 0 fr. 70 (tarif général) et de 0 fr. 60 (tarif minimum) par degré et par hectolitre de liquide. Au-dessus de 6 degrés, ces boissons suivent le régime de l'alcool. L'hydromel paie un droit de 20 francs par hectolitre de liquide (tarif général et tarif minimum). Enfin, le jus d'orange acquitte les mêmes droits que le vin.

De même que les vins, tous les liquides dont il vient d'être question ont à supporter en outre les taxes intérieures, suivant le régime qui leur a été assigné par la douane. Une exception, toutefois, est à faire en ce qui concerne le jus d'orange, qui, assimilé au vin par le tarif douanier, doit être considéré, au point de vue des taxes intérieures, comme liquide alcoolique, le régime intérieur du vin étant applicable exclusivement aux boissons qui *ont* le raisin pour base (lois des 14 août 1889, 26 juillet 1890, et 11 juillet 1891).

Avant de donner mainlevée, le service des douanes s'assure que ces taxes ont été perçues ou garanties par les agents des contributions indirectes.

Quant à la bière, le droit d'importation est fixé à 12 francs et à 9 francs par 100 kilogrammes (fûts compris, poids brut). Cette taxe comprend, comme par le passé, indépendamment du droit de douane, l'équivalent du droit intérieur de fabrication.

Produits à base d'alcool.

Une annotation du tarif spécifie expressément que les produits dans la composition ou dans la fabrication desquels il entre de l'alcool acquittent, indépendamment du droit de douane qui les concerne, les taxes intérieures sur l'alcool employé; et d'après les bases déterminées par le Comité consultatif des arts et manufactures.

Tous ces produits figurent au tarif douanier dans la quatrième section du tableau A sous les dénominations suivantes : acide tannique ou tanin, éther acétique et sulfurique, chloroforme, collodion, produits chimiques à base d'alcool non dénommés, vernis à l'alcool, ocres broyées ou autrement préparées pour la peinture, savons transparents à bases d'alcool, parfumeries alcooliques, médicaments composés et eaux distillées alcooliques.

Il n'est rien changé, d'ailleurs, aux instructions données par la circulaire du 26 mai 1883, n° 370, en ce qui concerne la distinction à établir, au point de vue des taxes intérieures, entre les produits passibles du droit général de consommation et ceux pour lesquels il n'y a lieu d'appliquer que le droit de dénaturation de 37 fr. 50 par hectolitre d'alcool pur.

Tabacs.

L'importation des tabacs en feuilles ou en côtes et des tabacs fabriqués, pour compte particulier, continue d'être prohibée. Est seulement permise, à des conditions déterminées, l'introduction, pour l'usage personnel des importateurs et jusqu'à concurrence de 10 kilogrammes par destinataire et par an, des tabacs fabriqués *dits* de santé et d'habitude, avec interdiction de vente et sous réserve de l'autorisation de l'administration et de la formalité de l'acquit-à-caution garantissant, à défaut de décharge, le paiement à titre d'amende d'un second droit d'importation.

L'introduction du praiss ou sauce de tabac est interdite comme précédemment.

Pétroles et huiles minérales.

Les huiles de pétrole, de schiste et autres huiles minérales propres à l'éclairage sont imposées au tarif général à raison de 18 francs par 100 kilogrammes (poids net) pour les huiles brutes et de 25 francs par 100 kilogrammes pour les huiles raffinées et les essences. Ces taxes comprennent l'équivalent du droit de fabrication établi par la loi du 4 septembre 1871 sur les huiles de schiste fabriquées à l'intérieur.

Aux termes de l'article 19 de la loi du 11 janvier 1892, les droits de 18 et 25 francs ne seront perçus que jusqu'au 30 septembre 1892 inclusivement. Une nouvelle tarification devra donc être fixée avant cette date.

Bougies.

Le nouveau régime douanier comporte des droits de 19 francs et de 16 francs par 100 kilogrammes sur les bougies, et de 15 francs et 12 francs sur les chandelles à mèche tissée, tressée ou moulinée, ayant subi une préparation chimique (tarif général et tarif minimum).

Ces droits sont indépendants de la taxe intérieure de consommation, qui continuera à être perçue dans les mêmes conditions que par le passé (Voir circ. n° 109 du 11 janvier 1874).

Sucres.

Les seules modifications importantes consistent dans une élévation sensible du droit sur les candis et dans la tarification au degré pour les mélasses destinées à la distillation.

La perception des droits sur les sucres étrangers et coloniaux rentre exclusivement dans les attributions de l'administration des douanes, aussi bien pour la portion représentant l'impôt intérieur (60 francs par 100 kilogrammes de raffiné) que pour les surtaxes de douane proprement dites.

Sels.

Le tarif général impose les sels bruts ou raffinés, autres que blancs, à raison de 2 fr. 40 les 100 kilogrammes et les sels raffinés blancs à raison de 3 fr. 30 les 100 kilogrammes.

Ces droits sont indépendants de la taxe intérieure de consommation, dont la perception, du reste, incombe également au service des douanes.

Ouvrages d'or et d'argent. Horlogerie.

Les ouvrages d'or et d'argent sont soumis à des taxes d'importation diverses ; mais, d'après une annotation du tarif qui règle définitivement une question jusqu'ici controversée, ils ne peuvent être introduits que s'ils remplissent les conditions de titre exigées par la loi pour les objets de fabrication française destinés à la vente intérieure. Sont maintenues les exceptions spécifiées aux derniers paragraphes de l'article 23 de la loi du 19 brumaire an VI.

Les objets importés, quel que soit le pays d'origine, doivent être dirigés, par acquit-à-caution et sous le plomb de la douane, sur les bureaux de garantie pour y être contrôlés.

En ce qui concerne les mouvements de montres, le tarif contient, sous forme d'annotations, des dispositions spéciales, à l'exécution desquelles les agents des contributions indirectes devront prêter leur concours. Des instructions particulières seront adressées au service à ce sujet.

Cartes à jouer.

Comme précédemment, les cartes à jouer de fabrication étrangère sont frappées de prohibition d'une manière absolue.

Seules, les cartes pour jeux d'enfants sont admises à titre de bimbeloterie.

Poudres à feu.

La prohibition subsiste, d'une manière générale, pour les poudres à feu.

Quant à l'importation des cartouches pour sociétés de tir, elle est autorisée moyennant un droit de 50 francs par 100 kilogrammes (tarif général) et de 43 francs par 100 kilogrammes (tarif minimum). Le service aura à se reporter à cet égard aux instructions contenues dans les circulaires 109 du 17 février 1875, 425 du 2 mars 1885, 489 du 30 septembre 1887 et 559 du 12 juillet 1889. Les capsules de poudre fulminante de chasse, y compris les amorces ou détonateurs de mines, peuvent être introduits à raison de 80 et 75 francs les 100 kilogrammes.

En ce qui concerne les capsules au fulminate de mercure, dans la catégorie desquelles rentrent les amorces Flobert, il résulte d'un avis du Comité consultatif des arts et manufactures, en date du 11 novembre 1891, qu'elles doivent acquitter, indépendamment du droit de douane, la taxe de *dénaturation sur l'alcool* ayant servi à la préparation du fulminate de mercure qu'elles contiennent (7 litres 20 d'alcool par kilogramme de fulminate).

Est également autorisée l'introduction des mèches de mineurs et des artifices pour divertissements aux tarifs ci-après, savoir :

	TARIF GÉNÉRAL.	TARIF MINIMUM.
	—	—
Mèches ordinaires, les 100 kilogr.	35	30 f
Mèches à rubans.	50	45
Mèches en gutta-percha. . . .	80	75
Artifices pour divertissements. .	125	100

L'importation de la dynamite reste soumise au régime établi par la loi du 8 mars 1875 et le décret du 28 octobre 1882. Jusqu'à ce jour le droit de douane et la taxe intérieure avaient été cumulés dans les tarifs. *D'après la nouvelle loi, le droit* de douane est fixé à 50 centimes par kilogramme (tarif général et tarif minimum), *non compris la taxe intérieure*, dont la perception sera faite par la douane pour le compte de l'administration des Contributions indirectes.

Allumettes chimiques.

Les allumettes chimiques et les bois préparés pour allumettes, importés pour le compte du monopole, sont soumis à un droit de douane ainsi fixé :

Allumettes en bois, 12 francs les 100 kilogrammes ;

Autres, 20 francs les 100 kilogrammes.

Toute importation des mêmes matières pour compte particulier est prohibée, quelle qu'en soit la quantité. Cette restriction apportera sans doute une sérieuse entrave à la fabrication frauduleuse qui s'alimentait, en grande partie, de bois préparés venant de l'étranger.

Le Conseiller d'État, Directeur général,
Signé : A. CATUSSE.

Pour ampliation :
L'Administrateur de la 3e Division,
H. ROUSSAN.

CIRC. DU 28 JANV. 1892, N° 13.

3e Division. — 3e Bureau.

Tabacs. — Mise en vente de cigares Aromaticos à 25 centimes et de cigares Trabucos finos à 30 centimes. — Nouvelles dispositions concernant la vente des cigares Camelias à 25 centimes et des cigares Londrès à 30 centimes.

En vue de favoriser la consommation des cigares de France d'un prix supérieur à 10 centimes, la Direction générale des Manufactures de l'État a, depuis quelques années, adopté un ensemble de mesures qu'elle a réalisées d'une manière progressive, selon les nécessités de sa fabrication. C'est ainsi qu'après avoir supprimé les cigares *Londrès chicos* à 20 centimes et les *Londrès cilindrados* à 30 centimes, elle a successivement créé les cigares *Londrecitos* à 15 centimes, les *Favoritos* et les *Operas* à 20 centimes, les *Camelias* à 25 centimes, les *Brevas* à 30 centimes et les *Cazadores chicos* à 35 *centimes* (lettres autographiées de l'Administration, en date des 17 avril 1885 et 27 avril 1889). Pour compléter ces améliorations, elle vient d'arrêter les dispositions suivantes :

Suppression des cigares « Trabucos » à 25 centimes. Création de cigares « Aromaticos » à 25 centimes et de cigares « Trabucos finos » à 30 centimes.

Les cigares *Trabucos* à 25 centimes, dont la consommation était peu importante et le prix de revient hors de proportion avec le prix de vente, sont supprimés. Par contre, il est créé deux nouvelles sortes en Havane pur, dont l'une de dimensions notablement inférieures sera vendue sous le nom d'*Aromaticos*, à raison de 25 centimes le cigare, et l'autre sous la dénomination de *Trabucos finos*, au prix de 30 centimes. Ces cigares seront livrés en coffrets de 50 pour la vente au détail, ainsi qu'en coffrets de 25 et en paquets de 6 destinés à être vendus entiers.

Mode de livraison des cigares « Camelias » à 25 centimes et des cigares « Londres » à 30 centimes.

Lors de la création des cigares *Camelias* à 25 centimes, il avait été jugé impossible, étant donné le nombre considérable des types de cigares mis en vente, de différencier suffisamment la nouvelle espèce pour que l'on pût en autoriser la vente à l'unité dans les débits, sans avoir à craindre des substitutions préjudiciables aux intérêts du Trésor et des consommateurs. L'Administration avait, en conséquence, décidé que les livraisons ne s'effectueraient qu'en paquets de 6 cigares, qui devraient être vendus entiers. Mais il a été reconnu que c'était là un obstacle au développement de la consommation. Afin d'y remédier, le service de la fabrication a modifié légèrement les longueurs des espèces similaires à 20 centimes et à 30 centimes (*Favoritos* et *Londrès*) et donné aux *Camelias* un module intermédiaire qui permettra de déjouer toute tentative de substitution frauduleuse dans les débits. Les *Camelias* seront donc à l'avenir livrés, comme les *Aromaticos* et les *Trabucos finos*, soit en coffrets de 50 ou 25, soit en paquets de 6.

Ce mode d'emballage sera également appliqué aux *Londrès* à 30 centimes, qui jusqu'ici ont été livrés en paquets de 50 et de 100.

Frais supplémentaires d'emballage à payer par les débitants.

Pour tous les cigares en coffrets de 25, les débitants auront à payer, sans pouvoir en demander le remboursement aux consommateurs, un supplément de 1 franc par kilogramme. Ils continueront, au surplus, de supporter celui de 50 centimes par kilogramme exigible pour les *Londrecitos*, *Millares* et les cigares à 10 centimes en coffrets de 50, les suppléments de 25 centimes et 15 centimes par kilogramme afférents aux cigares à 10 centimes en coffrets de 100 et de 250, enfin la taxe additionnelle de 10 centimes par kilogramme sur les cigares à 7 c. 5 en paquets de 10.

Nomenclature des cigares de France.

Le tableau ci-après présente la nouvelle nomenclature des cigares de France, avec l'indication de leur mode d'habilitation, de leur prix de vente et de la taxe additionnelle à payer par les débitants.

Désignation des cigares.	Prix de vente à la pièce aux consommateurs.	Prix de vente au kilogramme aux débitants.	Prix de vente au kilogramme aux consommateurs.	Habilitation.	Taxe additionnelle à la charge des débitants.
	fr. c.	fr. c.	fr. c.		
Londrès extra. Cazadores chicos.	0 35	80 00	87 50	Cigares ornés de bagues en paquets de 6. Cigares ornés de bagues, en coffrets de 50 et de 25 et en paquets de 6.	» 10 c par coffret de 25
Londrès. Trabucos finos. Brevas.	0 30	68 00	75 00	En coffrets de 50 et de 25 et en paquets de 6. En coffrets de 100.	10 c par coffret de 25 »
Camelias. Aromaticos.	0 25	56 00	62 50	En coffrets de 50 et de 25 et en paquets de 6.	10 c par coffret de 25
Operas. Favoritos.	0 20	44 00	50 00	En coffrets de 100 et de 25 et en paquets de 6	10 c par coffret de 25.
Londrecitos. Millares.	0 15	33 00	37 50	En coffrets de 100 et de 50.	10 c. par coffret de 50.
A 10 cent., cylindriques et comprimés.	0 10	22 00	25 00	En coffrets de 250, de 100 et de 50 et en paquets de 25 et de 10.	10 c. par coffret de 50 ou de 100. 15 c. par coffret de 250.
A 7 cent. 5, cylindriques et comprimés.	0 075	16 50	18 75	En paquets de 25 et de 10.	10 c. par kilogr. en paquets de 10 cigares.
A 5 cent. { Bout tourné. Bouts coupés ordinaires et comprimés.	0 05	11 00	12 50	En paquets de 25	»

Approvisionnements.

Les approvisionnements des Manufactures de l'État en *Trabucos* et en *Camelias* (ancien module) sont aujourd'hui complètement épuisés, et la manufacture de Reuilly, qui est chargée de la fabrication des nouvelles espèces, se trouve dès à présent en mesure de commencer les expéditions de *Camelias* (nouveau module) tant en coffrets qu'en paquets. Mais, en ce qui concerne les *Aromaticos* et les *Trabucos finos*, ce n'est qu'à partir du 1er mars prochain qu'elle pourra satisfaire aux demandes des entreposeurs.

Il est bien entendu, d'ailleurs, qu'il ne devra être livré aux débitants de cigares des nouveaux modules que lorsque les cigares anciens des mêmes prix auront été écoulés. J'invite les chefs divisionnaires à veiller personnellement à l'exécution de cette prescription.

Le Conseiller d'État, Directeur général,
Signé : A. Catusse.

Pour ampliation :
L'Administrateur de la 3e Division,
H. Roussan.

Circ. du 28 janv. 1892, n° 19.

3e Division. — 1er Bureau.

Vins de raisins secs. — Modification dans l'assiette du droit de fabrication. — Article 12 de la loi de douane du 11 janvier 1892 ; instructions pour son application.

Par son article 7, la loi du 26 juillet 1890 a établi, sur les vins de raisins secs préparés pour en faire commerce, un droit spécial de fabrication qui, dans la pensée du législateur, était destiné à compenser certaines inégalités existant, au point de vue de la concurrence, entre les vins de vendanges et les vins de raisins secs.

Ce droit a été fixé, par l'article précité, à 40 centimes par degré de richesse alcoolique jusqu'à 10 degrés, et à 60 centimes par degré de 10 à 15 degrés, sans que la quantité d'alcool imposée puisse être inférieure à 25 degrés par 100 kilogrammes de raisins secs.

Dès cette époque, il avait été entendu que le jour où les tarifs d'importation pourraient être revisés, le droit de fabrication serait supprimé ou tout au moins remanié.

Le droit de douane sur les raisins secs vient d'être élevé, par la loi du 11 janvier courant, à 25 francs en tarif général, et à 15 francs en tarif minimum. Mais le Parlement a jugé que cette nouvelle tarification ne devait pas entraîner la disparition complète du droit de fabrication, et il a conservé une taxe légère, ayant plutôt le caractère d'une taxe de statistique que celui d'une taxe fiscale.

En conséquence, l'article 12 de la loi de douane du 11 janvier, qui a consacré, à ce point de vue, les intentions du Parlement, et dont le texte est inséré à la suite de la présente circulaire, ne se borne pas à abroger l'article 7 de la loi du 26 juillet 1890. Il le remplace par une nouvelle disposition spécifiant que le droit de fabrication sera perçu chez le fabricant, à raison d'un franc par hectolitre de vin de raisins secs pris en charge.

Rien n'est changé aux autres prescriptions de la loi du 26 juillet 1890, et notamment à l'article 6 qui fixe un minimum de prise en charge, au compte général de fabrication, de 3 hectolitres de vin par 100 kilogrammes de raisins secs.

Il résulte donc des dispositions combinées de cet article et de celles de l'article 12 de la loi de douane, que les vins de raisins secs préparés pour en faire commerce sont frappés d'un droit de 1 fr. par hectolitre de vin fabriqué, sans que le droit puisse être inférieur à 3 francs par 100 kilogrammes de raisins secs mis en œuvre.

L'article 1er de la loi du 26 juillet 1890 reste également en vigueur et la circulation des raisins secs continue à être soumise aux règles suivies actuellement.

Le changement apporté dans l'assiette du droit devait nécessairement entraîner des modifications correspondantes dans les dispositions du décret du 7 octobre 1890 rendu pour l'exécution de la loi du 26 juillet précédent. Ces modifications font l'objet d'un décret en date du 25 janvier, dont le texte est reproduit à la suite de la présente circulaire. Elles portent exclusivement sur les articles 14 et 15 du décret du 7 octobre 1890 relatifs à la tenue des comptes des matières premières et du compte général de fabrication.

Compte des matières premières. — Actuellement, les manquants de raisins secs au compte des matières premières donnent lieu, suivant l'article 14 du décret du 7 octobre 1890, au paiement, par 100 kilogrammes de raisins secs :

1° Des droits généraux et locaux à raison de 3 hectolitres de vin ;

2° Du droit de fabrication de 40 centimes par degré, à raison de 25 degrés.

Aux termes de l'article 1er du nouveau décret, les manquants de l'espèce seront frappés :

1° Des droits généraux et locaux ;

2° Du droit de fabrication de un franc par hectolitre.

Le tout à raison de 3 hectolitres de vin par 100 kilogrammes de raisins secs.

Compte général de fabrication. — Le compte général de fabrication est actuellement suivi à la fois pour le volume et pour le degré (article 15 du décret du 7 octobre 1890). Aux termes de l'article 2 du nouveau décret, ce compte ne sera plus suivi à l'avenir que pour le volume.

Les charges se composeront :

1° Au minimum d'une quantité de vin correspondant à la quantité de raisins secs mis en œuvre, d'après les bases déterminées par l'article 6 de la loi du 26 juillet 1890, c'est-à-dire à raison de 3 hectolitres de vin par 100 kilogrammes de raisins ;

2° Des excédents qui seront constatés dans les cuves de fermentation ou à l'entonnement.

Il est entendu, d'ailleurs, que les excédents résultant de la déclaration même du fabricant, faite en exécution des articles 9 et 10 du décret du 7 octobre 1890, seront également ajoutés aux charges.

Le compte sera déchargé :

1° Des quantités de vin, excédents compris, qui, dès l'achèvement de chaque fabrication, seront portées à l'état de produits comme passibles du droit de fabrication, et seront ensuite immédiatement prises en charge au compte des produits achevés ;

2° Des manquants constatés, soit à l'entonnement, soit en cours de fabrication, et qui auront donné lieu à la constatation immédiate :

a. Des droits généraux et locaux ;

b. De la taxe spéciale de fabrication ;

3° Enfin, des pertes matérielles dûment constatées.

En conséquence, les colonnes 6, 7, 15 à 18 du compte général dont le modèle est annexé à la circulaire n° 606 du 13 octobre 1890, ne seront plus servies à l'avenir.

Manquants chez les entrepositaires de raisins secs en nature. — Aux termes de l'article 1er de la loi du 26 juillet 1890, les acquits-à-caution délivrés à l'adresse des entrepositaires de raisins secs en nature dans les villes sujettes garantissent le droit de fabrication ; il en résulte que les manquants ressortant au compte de ces entrepositaires sont passibles, non seulement des taxes locales, mais encore du droit spécial de fabrication. Ce droit sera calculé à l'avenir sur la base de 3 francs par 100 kilogrammes de raisins secs.

Surveillance de la fabrication. — La fabrication des vins de raisins secs en vue de la vente reste soumise aux formalités prescrites par les règlements antérieurs. Bien que la diminution notable du droit de fabrication soit de nature à rendre moins sensibles, pour le Trésor, les conséquences fiscales de la fraude, le service ne devra pas moins, comme par le passé, exercer une surveillance attentive sur la destination donnée aux raisins secs, sur leur emploi et sur les différentes phases de la fabrication dans les établissements où il a accès.

Mise en vigueur des nouvelles prescriptions. — L'article 12 de la loi du 11 janvier 1892 est exécutoire à compter du 1er février 1892. Le service devra, en conséquence, effectuer, dès la réception de la présente circulaire, un inventaire général chez tous les fabricants de vins de raisins secs et entrepositaires de raisins secs en nature soumis aux exercices et arrêter les comptes d'entrepôt de raisins secs et les comptes de matières premières dans les fabriques. Les manquants résultant de la balance de ces comptes seront passibles de l'ancien droit de fabrication. Les restes formeront la reprise des nouveaux comptes.

Quant au compte général de fabrication, on n'aura pas à l'arrêter au moment de l'inventaire. On se bornera à ouvrir un nouveau compte pour les fabrications dont la déclaration sera postérieure à l'inventaire. On continuera à suivre à l'ancien compte, jusqu'au moment de leur entonnement, les produits en cours de fabrication, et on les imposera à l'ancien droit.

Il n'est pas douteux en effet que, dans l'esprit de la loi, l'abaissement de la taxe spéciale de fabrication doit correspondre au relèvement du droit de douane sur les raisins secs. Aussi, bien qu'il ne puisse être question d'appliquer l'ancien droit à tous les vins qui proviendront de raisins secs introduits en France avant le 1er février 1892, on ne saurait cependant, sans méconnaître les intentions du législateur, faire bénéficier du nouveau mode de taxation intérieure les vins dont la fabrication aura commencé avant cette date et qui, dès lors, proviendraient sûrement de raisins secs non soumis au nouveau tarif des douanes. Les droits de fabrication étant d'ailleurs assurés par la prise en charge au moment même de la mise en œuvre, c'est évidemment le tarif en vigueur au moment de cette prise en charge qui doit être appliqué au produit de la fabrication.

État de produits du droit de fabrication. — Le produit du nouveau droit de fabrication sera inscrit sur un état conforme au modèle annexé à la présente circulaire. Cet état sera fourni par l'Administration comme papier de service, sous le n° 51 F de la série générale. Les receveurs principaux devront faire la demande, par formule spéciale, du nombre d'exemplaires nécessaire aux besoins du service, à raison de quatre exemplaires par an et par recette appelée à en faire emploi.

L'état de produits des droits qui seront encore perçus d'après l'ancien tarif continuera à être dressé à la main, conformément aux indications contenues dans la circulaire n° 597, du 31 juill. 1890.

Il est bien entendu, d'ailleurs, que les constatations de l'espèce seront reportées aux relevés n°s 76, 81, 102, 104, etc., sur des lignes ou à des cadres spéciaux suivant le cas, en établissant une distinction entre les produits de l'ancien et du nouveau droit. En attendant la revision des modèles dont il s'agit, ces lignes ou cadres seront tracés à la main.

Il n'y a pas lieu de supposer que la mise en vigueur du nouveau régime puisse donner naissance à des incidents imprévus et de quelque gravité. Le cas échéant, les directeurs ne devront pas hésiter à en référer à l'Administration sous le timbre de la présente circulaire.

Le Conseiller d'Etat, Directeur général,
Signé : A. CATUSSE.

Pour ampliation :
L'Administrateur de la 3e Division,
Signé : H. ROUSSAN.

(MODÈLE)

Département d | Sous-direction d | Recette particulière d

CONTRIBUTIONS INDIRECTES.

ÉTAT DE PRODUITS.

Droit de fabrication sur les vins de raisins secs fabriqués en vue de la vente ainsi que sur les manquants constatés chez les fabricants et chez les entrepositaires de raisins secs en nature.

Année 189 . | Trimestre d | Raisins secs et vins (de).

Numéros d'ordre.	Folios des arrêtés aux portatifs.	Date de la constatation des droits.	Folios du compte ouvert.	Noms, prénoms et professions des assujettis.	Demeure.	Quantités de raisins secs mises en œuvre.	Prise en charge au minimum à raison de 3 hect. de vin par 100 kil. de raisins secs.	Excédents constatés.	Produit effectif de la fabrication sur lequel le droit doit être calculé.	Manquants de raisins secs chez les entrepositaires de raisins secs en nature et chez les fabricants de vins de raisins secs. Quantité de raisins secs.	Manquants … Quantités de vin imposable à raison de 3 hect. de vin par 100 kil. de rais. secs.	Total des quantités de vin à imposer à raison de 1 fr. par hectolitre. (Total des colonnes 10 et 12)	Droits de fabrication constatés.
1	2	3	4	5	6	7	8	9	10	11	12	13	14

Nous soussignés, employés des Contributions Indirectes, à certifions le présent état de produits, montant à la somme de conforme aux registres portatifs tenus pendant le trimestre 189 .

Fait à , le 189 .

Vérifié par le A , le 189

CIRC. DU 30 JANV. 1892, N° 20.

3e Division. — 1er Bureau.

Voitures publiques. — Mise à l'essai d'un nouveau système de laissez-passer. — Délivrance de laissez-passer n° 24 A aux entrepreneurs de voitures en service d'occasion. — Dépôt de registres n° 24 A entre les mains de ces entrepreneurs.

L'article 118 de la loi du 25 mars 1817 a posé en règle générale que le droit sur les voitures publiques dites *en service d'occasion* est toujours dû pour un trimestre entier, à quelque époque que commence ou cesse le service.

L'article 1er de la loi du 11 juillet 1879 a réduit ce terme à un mois et substitué la coupure mensuelle à la coupure trimestrielle.

Cette règle, toutefois, comporte une exception. Le législateur a prévu le cas où l'entrepreneur serait obligé de suspendre le service d'une voiture pour la mettre en réparation, et il a décidé que, dans cette circonstance, la mise en circulation de la voiture substituée ne donnerait lieu au paiement d'un complément de droit qu'autant qu'elle comporterait un nombre de places plus considérable (art. 9 du décret du 14 fructidor an XII et 117 de la loi du 25 mars 1817).

Bien que le fait de réparation ait été seul visé explicitement par le législateur, le bénéfice de la mesure a été étendu, dans la pratique, aux différentes circonstances où la substitution d'une voiture à l'autre s'applique à une période de quelque durée, par exemple, lorsqu'elle concorde avec un changement de saison. Il eût été facile, d'ailleurs, à l'entrepreneur d'alléguer, en pareil cas, la nécessité d'une réparation. Mais si les changements de voitures prennent un caractère habituel, s'ils se renouvellent à des intervalles fréquents et en quelque sorte réguliers, ce ne sont plus, à vrai dire, des substitutions dans le sens de la loi : ce sont des services alternatifs de plusieurs voitures, et, jusqu'à ce jour, il a été admis que chacune de ces voitures doit acquitter l'impôt.

Cette doctrine ne découle pas seulement des dispositions précitées. Elle trouve encore sa justification dans la quotité du droit fixe appliqué aux voitures d'occasion. Il ne faut pas perdre de vue, en effet, que, aux termes mêmes de la loi, ce droit a été institué pour tenir lieu du droit de dixième imposé aux voitures à service régulier. Le taux, relativement très modique, du droit fixe dénote évidemment que, dans la pensée du législateur, il devait s'appliquer surtout à des voitures ne circulant que de temps à autre pendant la période pour laquelle le laissez-passer est valable. Ce droit s'est encore trouvé allégé par la disposition de la loi du 11 juillet 1879 qui, en substituant le paiement mensuel au paiement trimestriel, a permis aux entrepreneurs de mettre temporairement des voitures en circulation sans acquitter l'impôt pour une trop longue période.

Depuis quelque temps cependant, l'Administration est vivement sollicitée d'étendre les facilités de substitution accordées aux loueurs au delà des limites dans lesquelles elles ont été jusqu'ici renfermées.

A différentes reprises, les loueurs de voitures de place et de remise ont exposé qu'à certaines époques de l'année où la température est sujette à des variations fréquentes, le public réclame, suivant les circonstances atmosphériques, tantôt des voitures fermées, tantôt des voitures découvertes. Dans les conditions actuelles, ils ne pourraient satisfaire à ces exigences de leur clientèle qu'en soumettant à l'impôt un nombre double de voitures, d'où une aggravation de charge qu'ils se refusent à supporter. En admettant même, ajoutent-ils, que l'Administration se prête à des substitutions fréquentes, l'obligation de se rendre chaque fois à la recette buraliste les rendrait difficilement réalisables.

On ne pouvait méconnaître qu'il y a là une situation méritant d'attirer l'attention. De l'état de choses actuel il ne résulte pas seulement, en effet, une gêne pour le public, mais quelquefois encore un véritable danger pour la santé des personnes obligées de faire usage de voitures découvertes par les temps froids ou pluvieux. Le public, d'ailleurs, qui ne s'arrête guère à des considérations de légalité pure, ne s'explique pas qu'une question de forme, — dans laquelle en fait l'intérêt fiscal n'est pas sérieusement engagé, puisque, sous le régime actuel, les loueurs renoncent à faire circuler alternativement les deux espèces de voitures, — vienne mettre obstacle à ses désirs et l'empêcher d'user du mode de locomotion le mieux approprié à la température de la journée.

Les réclamations qui se sont produites à cet égard et qui ont trouvé un écho dans la presse, ont amené l'Administration à rechercher s'il ne serait pas possible de concilier tous les intérêts.

A cet effet, elle a décidé de mettre à l'essai à partir du 1er mars prochain un nouveau système

de laissez-passer libellés de manière à pouvoir être utilisés alternativement pour deux voitures de même contenance, l'une fermée, l'autre découverte, tout en ne comportant le paiement de l'impôt que sur l'une de ces voitures.

Ce laissez-passer sera exclusivement destiné aux entrepreneurs de voitures en service d'occasion ou à volonté, qui déclareront vouloir faire circuler alternativement une voiture fermée et une voiture découverte. Il contiendra la désignation et le signalement de chacune de ces voitures et constatera le paiement du prix d'une estampille pour chacune d'elles, avec indication du numéro de l'estampille applicable à l'une et à l'autre.

A ce propos, l'Administration fait remarquer que la dimension et l'aspect des estampilles ont été depuis peu modifiés de manière à faire disparaître les objections qu'on a quelquefois élevées contre leur apposition. Elle admet, d'ailleurs, qu'en ce qui concerne les voitures de place et les voitures de remise, l'estampille soit apposée sur la plaque de devant du coffre qui supporte le siège du cocher.

Au verso du laissez-passer seront disposées des cases en nombre égal à celui des jours d'un mois, et, tous les jours, avant de se mettre en route, le loueur devra faire connaître, dans la case se rapportant au quantième du mois, quelle est celle des deux voitures qu'il aura ce jour-là l'intention de mettre en circulation.

Le nouveau laissez-passer n'étant valable que pour un mois, il y aura obligation pour l'entrepreneur de le renouveler le premier jour de chaque mois, ce qui, du reste, n'entraînera de sa part qu'une dépense insignifiante et aucun dérangement supplémentaire, du moment qu'il est dans la nécessité de se transporter périodiquement au bureau de la Régie, pour acquitter la redevance mensuelle.

Mais la concession faite aux entrepreneurs de voitures en service d'occasion ne saurait leur donner la faculté de faire rouler alternativement, d'une façon régulière et permanente, dans la même journée, l'une et l'autre des voitures désignées au nouveau laissez-passer. Ils ne peuvent, par exemple, être admis à louer un coupé pour la matinée et à mettre chaque après-midi une victoria en circulation avec le même laissez-passer. L'innovation mise à l'essai consiste à leur permettre d'utiliser, suivant les variations de la température ou les besoins imprévus des voyageurs, soit le coupé, soit la victoria dont il s'agit, c'est-à-dire une voiture fermée ou une voiture découverte.

C'est dans ces conditions, du reste, que l'entente s'est établie avec les délégués des syndicats, et ces industriels ont été les premiers à admettre que la circulation alternative, mais régulière et quotidienne, de deux voitures, avec paiement du droit pour une seule, constituerait un abus inconciliable avec les exigences de l'impôt.

Si l'expérience qui va en être faite permet de donner à la mesure un caractère définitif, l'Administration créera pour son application un nouveau registre de laissez-passer qui prendra dans la nomenclature le numéro 23 A *bis*; mais, en attendant, on pourra utiliser un registre spécial du tirage actuel n° 23 A, auquel on fera subir à la main les modifications indiquées au modèle annexé à la suite de la présente circulaire. Ces modifications seront faites à l'avance, tant à la souche qu'à l'ampliation, par les soins du receveur buraliste.

J'invite les Directeurs à se bien pénétrer des intentions de l'Administration et à prendre les dispositions nécessaires, en vue de permettre aux loueurs qui en feront la demande d'inaugurer le nouveau système de laissez-passer ci-dessus exposé à partir du 1er mars prochain.

La faculté de faire rouler alternativement une voiture fermée et une voiture découverte avec un seul laissez-passer n'est pas le seul objet des réclamations formulées par les syndicats des loueurs de voitures ; ils ont demandé aussi que des facilités leur soient données pour la mise en circulation fortuite de voitures supplémentaires.

Il n'est pas possible d'autoriser, comme ils en ont exprimé le désir, les entrepreneurs de voitures publiques à se faire délivrer des laissez-passer en service accidentel donnant lieu simplement à la perception du droit de 15 centimes par place et par jour. Le bénéfice des dispositions de l'article 11 de la loi du 20 juillet 1837 est, en effet, exclusivement réservé aux personnes autres qu'un entrepreneur de voitures publiques, qui, accidentellement, mettent, à prix d'argent, une voiture en circulation.

Mais il a paru qu'on pouvait donner satisfaction aux pétitionnaires en leur appliquant, le cas échéant, le mode de liquidation du droit en service extraordinaire basé sur la déclaration du nombre et du prix des places réellement occupées.

En règle générale, les laissez-passer en service extraordinaire s'appliquent aux voitures mises fortuitement en circulation à la suite des voitures déclarées en service régulier. Mais, depuis longtemps déjà, l'Administration a admis que le bénéfice de ce mode de liquidation soit étendu aux entrepreneurs qui, n'ayant que des voitures en service d'occasion, sont amenés dans des circonstances exceptionnelles à utiliser momentanément des voitures de réserve ou de rechange. En pareil cas, le laissez-passer est valable pendant toute la journée pour laquelle il a été délivré, et il y a lieu de biffer la mention : *Le présent n'étant pas valable pour le retour, etc., etc.*

Toutefois la délivrance de laissez-passer 24 A ne répondrait pas complètement aux réclamations des loueurs si elle entraînait pour eux l'obligation de se rendre chaque fois à la recette buraliste. La location des voitures dont il s'agit se fait, en effet, généralement à l'improviste et, le plus souvent, les dimanches et jours fériés, c'est-à-dire lorsque les recettes buralistes sont fermées.

Sur quelques points déjà, des registres 24 A ont été mis à la disposition des loueurs, afin de leur permettre de se délivrer eux-mêmes les laissez-passer nécessaires pour la circulation accidentelle de leurs voitures. Ces titres de mouvement doivent mentionner, en toutes lettres, les jours et heures des départs, le nombre des voyageurs transportés et les prix exacts acquittés par eux. Les droits sont perçus le lendemain du jour où il a été fait emploi des laissez-passer, et classés, suivant la règle ordinaire, parmi les droits au comptant.

L'Administration consent à généraliser l'application de cette mesure. Les directeurs pourront en conséquence, autoriser la remise immédiate de registres 24 A aux entrepreneurs qui en feront la demande. Mais ceux-ci devront être bien avertis que l'Administration n'hésiterait pas à prescrire le retrait de ces registres si des abus lui étaient signalés.

Le Conseiller d'Etat, Directeur général,
A. CATUSSE.

Pour ampliation :
L'Administrateur de la 3e Division,
Signé : H. ROUSSAN.

Département de la *Seine-Inférieure*.

Direction de *Rouen*.

Recette particulière de *Rouen-Nord*.

N° *14*.

Année 1892.

NOTA. Aux termes de la loi, aucune voiture ne peut circuler sans le laissez-passer qui lui est applicable, et qui doit être représenté à toute réquisition des employés.

Détail des places et signalement des voitures.

Estampilles n°s	325	326
Places :	Coupé.	Victoria.
Caisse de devant. . .	»	»
Intérieur ou milieu. .	2	2
Rotonde.	»	»
Extérieur.	»	»

Signalement.

	Coupé.	Victoria.
Nombre d'ouvertures.	»	»
Doublure en. . . .	*drap.*	*drap.*
Caisse peinte en. . .	*bleu.*	*vert.*
Trait peint en. . . .	*jaune.*	*bleu.*
Réchampi en. . . .	*vert.*	*jaune.*

Départs :

D
tou les
à heure du
d
ou les
à heure du

Mois de mars 1892.

Désignation des jours.	Désignation de la voiture à laquelle le laissez-passer sera applicable.	Désignation des jours.	Désignation de la voiture à laquelle le laissez-passer sera applicable.
1	Victoria.	17	Coupé.
2	*Idem.*	18	*Idem.*
3	*Idem.*	19	Victoria.
4	Coupé.	20	*Idem.*
5	Victoria.	21	*Idem.*
6	*Idem.*	22	*Idem.*
7	*Idem.*	23	*Idem.*
8	*Idem.*	24	*Idem.*
9	*Idem.*	25	*Idem.*
10	*Idem.*	26	*Idem.*
11	*Idem.*	27	Coupé.
12	*Idem.*	28	*Idem.*
13	*Idem.*	29	*Idem.*
14	Coupé.	30	*Idem.*
15	*Idem.*	31	*Idem.*
16	*Idem.*		

CONTRIBUTIONS INDIRECTES.

VOITURE PUBLIQUE EN SERVICE D'OCCASION.

Laissez passer une voiture dite { *Coupé à 2 places.* / *Victoria à 2 places.*

estampillée n°s { *325* / *326*

appartenant à M. PIERRE, entrepreneur de voitures publiques, demeurant à *Rouen*, rue *Victor-Hugo*, n° *5*, destinée, suivant la déclaration du 1er *mars* 1892, faite en ce bureau sous le n° *3*, par ledit M. PIERRE, à faire un service d'occasion sur la route d
à
pendant le mois de *mars* 1892, concurremment avec
autres voitures comprises dans la même déclaration, dont l'une partant d
tou les
à compter du
et d
tou les

M. PIERRE a payé pour le prix des estampilles apposées sur ladite voiture, dont le signalement est ci-contre, la somme de *quatre* francs.

Le présent laissez-passer n'est valable que jusqu'à l'expiration du mois courant.

Délivré au bureau de *Rouen-Nord* le *premier mars* mil huit cent quatre-vingt-douze.

Le Receveur buraliste,

CIRC. DU 2 FÉVR. 1892, N° 21.

3e Division. — 1er Bureau.

Poudres à feu. — Fixation pour 1892 des prix de vente des poudres d'exportation.

En exécution de l'article 11 du décret du 21 mai 1886, un arrêté du Ministre des finances, en date du 23 janvier, dont le texte est reproduit à la suite de la présente circulaire, a fixé pour 1892 les prix de vente des poudres destinées à être exportées, et a déterminé les espèces de poudres de guerre admises à l'exportation.

Les tarifs en vigueur l'année dernière ont été maintenus, sauf en ce qui concerne quatre des prix actuels qui ont été relevés et portés, savoir :

1° Le prix du kilogramme de poudre de mine lente, à 0 fr. 56 ;

2° Le prix de la poudre forte superfine livrée en boîtes, à 2 fr. 75 le kilogramme ;

3° Le prix de la poudre spéciale extra-fine livrée en boîtes, à 3 fr. 25 le kilogramme ;

4° Enfin, le prix du coton-poudre de guerre en charges comprimées, à 6 fr. 50 le kilogramme.

Ces majorations de prix sont nécessitées par des modifications apportées soit dans le dosage et la valeur des matières composantes, soit dans la forme des boîtes ; l'augmentation du prix du coton-poudre de guerre est due à l'importance des frais de transport qu'entraîne la livraison, en un point quelconque des frontières, de cette matière fabriquée exclusivement à la poudrerie du Moulin-Blanc (Finistère). C'est également pour réduire l'importance des frais de transport qu'occasionne la livraison à l'exportation de faibles quantités d'explosifs, qu'a été insérée dans l'article 1er de l'arrêté précité la condition d'une valeur minimum de 100 francs par commande. Il est bien entendu que cette condition ne devra pas être exigée des débitants de poudre établis dans le pays de Gex et dans la zone neutralisée de la Haute-Savoie.

Pour les indications générales relatives à l'exportation des poudres, le service continuera de se reporter à la circulaire n° 452, du 6 juin 1886, ainsi qu'à la notice imprimée à la suite de la circulaire n° 580, du 1er février 1890.

Le Conseiller d'Etat, Directeur général,
Signé : A. CATUSSE.

Pour ampliation :
L'Administrateur de la 3e Division,
H. ROUSSAN.

CIRC. DU 12 FÉVR. 1892, N° 22.

3e Division. — 1er Bureau.

Principauté de Monaco. — Allumettes chimiques. — Vins vinés. — Mesures prises contre les importations frauduleuses.

Une entente s'est établie entre le gouvernement de la République française et celui de S. A. S. le prince de Monaco en vue d'arrêter les dispositions propres à combattre, d'une part, les importations frauduleuses d'allumettes étrangères qui ont lieu

en France par le territoire monégasque, de l'autre, les réimportations clandestines, sur le territoire français, des vins vinés exportés dans la Principauté après avoir bénéficié de la décharge des taxes intérieures sur l'alcool ajouté. Les résultats de cette entente ont été constatés dans un protocole signé le 24 juin dernier par les représentants des deux gouvernements et pour l'exécution duquel deux ordonnances, dont le texte est reproduit à la suite de la présente circulaire, viennent d'être promulguées par S. A. S. le prince de Monaco.

La première de ces ordonnances, relative aux allumettes chimiques, interdit de fabriquer ou de vendre des allumettes dans la Principauté sans une autorisation du gouverneur général et porte que les allumettes autres que celles d'origine monégasque ou française seront saisies, sans préjudice des poursuites et, s'il y a lieu, du retrait des autorisations accordées. De plus, il a été spécifié au protocole de clôture des conférences que, si des dépôts d'allumettes de contrebande venaient à être découverts, la faculté d'établissement dans la Principauté serait retirée aux dépositaires, et qu'en cas de récidive commise par des étrangers, ceux-ci seraient expulsés du territoire monégasque.

Ces dispositions auront pour effet d'empêcher la constitution de dépôts d'allumettes étrangères, destinés à alimenter les importations frauduleuses en France. Mais il y a encore à prévoir un autre genre de fraude : les différents types fabriqués par les manufactures françaises devant être livrés à la Principauté à des taux voisins du prix de revient, le prix de vente des allumettes à Monaco, que le gouvernement princier fixera lui-même conformément à l'article 4 de l'ordonnance, sera notablement inférieur à celui des allumettes vendues sur le territoire français. Il convient donc de se prémunir contre la réintroduction des allumettes françaises, ainsi vendues à prix réduit.

Dans ce but, il a paru nécessaire de modifier l'aspect extérieur des boîtes ou paquets d'allumettes destinés à être livrés au gouvernement monégasque. L'administration des manufactures de l'Etat étudie en ce moment la question ; lorsqu'elle aura arrêté les signes distinctifs que devront présenter les boîtes ou paquets dont il s'agit, avis en sera donné au service, qui aura ainsi les moyens de connaître les allumettes provenant de réimportations frauduleuses.

En ce qui concerne les vins vinés, des mesures avaient déjà été prises en vue de prévenir la fraude par réimportation. Elles consistaient dans la perception d'un droit de sortie, dont le tarif avait été fixé par une ordonnance princière du 17 janvier 1889 à 2 francs par hectolitre jusqu'à 17° et à 1 fr. 56 par degré au-dessus de ce dernier chiffre. Ces mesures ayant été reconnues insuffisantes, les représentants des deux gouvernements ont été d'accord pour recommander l'adoption de dispositions nouvelles.

Tel est l'objet de la seconde ordonnance, du 12 décembre dernier, qui reproduit à cet égard le texte même du protocole du 24 juin 1891.

Aux termes de ce document, les acquits-à-caution accompagnant les vins vinés à destination de la Principauté doivent mentionner la quantité d'alcool ajoutée à ces vins et leur richesse alcoolique totale. La décharge desdits acquits demeurera suspendue pendant un délai de trois mois et sera subordonnée à la non-réexportation des vins en France. A cet effet, l'agent des douanes représentant les contributions indirectes dans la Principauté devra constater le degré alcoolique des vins exportés du territoire monégasque, exception faite toutefois pour les vins destinés à certaines localités françaises du voisinage, qui s'approvisionnent habituellement à Monaco. Ces dernières boissons seront affranchies du droit de sortie et du contrôle du degré alcoolique institués par l'ordonnance précitée de 1889.

Enfin, le titre légal des vins dans la Principauté, qui était de 17°, est désormais fixé à 15°, comme en France, où les vins sont passibles d'une surtaxe d'alcoolisation à partir de cette limite. Les vins vinés auront donc à supporter à la sortie de Monaco, indépendamment du droit de 2 francs par hectolitre, une taxe de 1 fr. 56 par degré au-dessus de 15°.

J'appelle tout particulièrement l'attention du service sur la disposition du premier paragraphe du protocole, relative à la mention de la quantité d'alcool ajoutée et de la richesse alcoolique totale sur les acquits-à-caution de vins vinés à destination de Monaco. J'invite les Directeurs à tenir la main à l'exacte observation de cette mesure, qui est, du reste, prescrite d'une manière générale à l'égard des acquits de vins vinés en franchise pour l'exportation (circulaire n° 980, du 22 décembre 1864) et qui est indispensable, au cas particulier, pour faciliter le contrôle établi par le gouvernement princier en vue de prévenir les fraudes par réimportation.

Le Conseiller d'Etat, Directeur général,
Signé : A. CATUSSE.

Pour ampliation :
L'Administrateur de la 3e Division,
H. ROUSSAN.

ORDONNANCE DU 12 DÉCEMBRE 1891.

ALBERT Ier, par la grâce de Dieu, prince souverain de Monaco,

Vu le traité du 9 novembre 1865 concernant l'union douanière entre la Principauté et la France;

Vu le Protocole des conférences signé, à Paris, le 24 juin 1891, par notre Ministre plénipotentiaire et les Représentants de la République française ;

Notre Conseil d'État entendu,

Avons ordonné et ordonnons :

Article premier. — A partir du 1er janvier 1892, nul ne pourra fabriquer ni vendre des allumettes dans notre Principauté sans l'autorisation de notre gouverneur général.

Article 2. — A dater du même jour, les allumettes provenant de notre entrepôt pourront seules être mises en vente dans la Principauté.

Art. 3. — Les allumettes autres que celles d'origine monégasque ou française seront saisies, et les contrevenants poursuivis conformément à l'ordonnance du 19 novembre 1890*, dont les dispositions sont déclarées applicables aux allumettes, sans préjudice, s'il y a lieu, du retrait des autorisations prévues à l'article 1er ci-dessus.

Art. 4. — Les marchands seront tenus de se conformer, pour la vente au public, aux prix déterminés par notre gouverneur général et dont le tableau demeurera ostensiblement affiché dans les magasins de détail.

Art. 5. — Notre Secrétaire d'État, notre Avocat général et notre Gouverneur général sont chargés, chacun en ce qui le concerne, de l'exécution de la présente ordonnance.

Donné en notre château de Marchais, le douze décembre mil huit cent quatre-vingt-onze.

Signé : ALBERT.

Pour copie conforme :

Le Conseiller d'Etat,
Directeur général des Contributions indirectes,
Signé : A. CATUSSE.

ORDONNANCE DU 12 DÉCEMBRE 1891.

ALBERT Ier, par la grâce de Dieu, prince souverain de Monaco,

Vu le traité du 9 novembre 1865 concernant l'union douanière entre la Principauté et la France ;

Vu le Protocole des conférences signé, à Paris, le 24 juin 1891, par notre Ministre plénipotentiaire et les représentants du Gouvernement de la République française ;

Vu l'ordonnance du 17 janvier 1889 ;

Notre Conseil d'Etat entendu,

Avons ordonné et ordonnons :

Article premier. — A partir du 1er janvier 1892, les dispositions énoncées dans le protocole signé, le 24 juin dernier, entre notre Ministre plénipotentiaire et les représentants du Gouvernement français et dont la teneur suit, seront appliquées dans notre Principauté, en ce qui concerne les vins vinés introduits sur notre territoire ou exportés à l'extérieur.

Protocole.

A la suite de conférences tenues à Paris, à l'hôtel du Ministère des Affaires étrangères, les soussignés, dûment autorisés à cet effet, sont convenus de ce qui suit :

En ce qui concerne les vins :

1° Les acquits-à-caution accompagnant les vins vinés à destination de la Principauté mentionneront la quantité d'alcool ajoutée à ces vins et leur richesse alcoolique totale. Ils seront remis, à l'arrivée, à l'agent des douanes représentant les contributions indirectes.

La décharge en demeurera suspendue pendant un délai de trois mois et sera subordonnée à la non-réexportation des vins en France ;

2° L'agent des douanes devra constater le degré alcoolique des vins exportés du territoire monégasque et l'inscrira sur les titres de mouvement délivrés pour accompagner le chargement ;

3° Il est établi une zone à destination de laquelle les vins exportés de la Principauté sont affranchis du droit de sortie et du contrôle du degré alcoolique.

Cette zone a pour limites, au sud-ouest, le chemin de Saint-Laurent conduisant à la Turbie ; à l'ouest, le pied du rocher qui surmonte le mont de la Tête de Chien, une partie de l'ancienne voie romaine et une partie de la route de la Corniche ; au nord et à l'est le ravin de la Savine. Elle englobe les quartiers de Saint-Laurent, du cap d'Aglio, de Saint-Antoine (partie en France, partie dans la Principauté) ; des Révoires (*idem*) ; du Castelleretto (*idem*) ; des Moneghetti (*idem*) ; de Saint-Michel (*idem*) ; du Carnier (*idem*) ; de la Tour (*idem*) ; du Tenao (*idem*) ; de Bestagno (*idem*), et de la Vieille (*idem*) ;

4° Le titre légal des vins dans la Principauté sera fixé à 15 degrés.

Fait à Paris, en double exemplaire, le 24 juin 1891.

Signé : Baron F. DU CHARMEL, A. CATUSSE, CLAVERY.

* Voir ci-après le texte de cette ordonnance.

Art. 2. — Toutes les dispositions contraires à la présente ordonnance sont abrogées.

Art. 3. — Notre Secrétaire d'Etat, notre Avocat général et notre Gouverneur général sont chargés, chacun en ce qui le concerne, de l'exécution de la présente ordonnance.

Donné en notre château de Marchais, le douze décembre mil huit cent quatre-vingt-onze.

Signé : ALBERT.

Pour copie conforme :

Le Conseiller d'Etat,
Directeur général des Contributions indirectes,
Signé : A. CATUSSE.

ORDONNANCE DU 19 NOVEMBRE 1890.

ALBERT Ier, par la grâce de Dieu, prince souverain de Monaco, etc.

Article premier. — La fabrication, la vente, le colportage, l'usage dans les établissements publics et la détention par les marchands, dans notre Principauté, en fraude des droits de notre Trésor, des poudres de chasse et de mine, des tabacs et des cartes à jouer, seront punis correctionnellement d'une amende de cinquante à cent francs et de la confiscation.

En cas de récidive, l'amende serait doublée et selon les circonstances, notre Tribunal supérieur pourrait condamner en outre le contrevenant à un emprisonnement de six jours à un mois.

Art. 2. — Les contraventions à l'article précédent seront, ainsi que la saisie du corps du délit, constatées par procès-verbaux, signalés à notre Trésorier général et poursuivies à sa requête, dans le cas où leurs auteurs n'auraient pas immédiatement transigé, en payant le montant des frais, ainsi qu'une portion de l'amende encourue, laquelle ne saurait jamais être inférieure à dix francs.

La confiscation sera toujours maintenue.

Art. 3. — Notre Secrétaire d'Etat, notre Avocat général et notre Gouverneur général sont chargés, chacun en ce qui le concerne, de l'exécution de la présente ordonnance.

Donné en notre château de Marchais, le dix-neuf novembre mil huit cent quatre-vingt-dix.

Signé : ALBERT.

Pour copie conforme :

Le Conseiller d'Etat,
Directeur général des Contributions indirectes,
Signé : A. CATUSSE.

DÉCRET DU 20 FÉVRIER 1892.

Le Président de la République française,

Sur le rapport du Ministre du commerce, de l'industrie et des colonies, et d'après l'avis conforme du Ministre des finances,

Vu l'article 5 de la loi du 5 juillet 1836 ;

Vu l'article 13 de la loi du 11 janvier 1892,

Décrète :

Article premier. — Les maïs destinés à la distillation peuvent être admis temporairement sous les conditions générales déterminées par l'article 5 de la loi du 5 juillet 1836 et sous les conditions spéciales indiquées ci-après.

Art. 2. — Pour chaque quintal métrique de maïs, il devra être représenté 33 litres d'alcool à 90 degrés. Les alcools produits à un degré supérieur seront comptés pour la quantité d'alcool à 90 degrés qu'ils représenteront.

Les excédents de rendement seront pris en charge au même titre que le produit principal de distillation.

Les déficits de rendement qui ne dépasseront pas 10 p. 0/0 ne donneront lieu, hors le cas d'abus constatés, à aucune répétition pour le droit d'entrée du maïs, ni pour la taxe afférente à l'alcool, et seront admis en décharge, au compte du distillateur.

Art. 3. — Les maïs pourront être importés par tous les bureaux de douane, mais à la condition d'être immédiatement dirigés sur une distillerie soumise à l'exercice permanent de l'administration des Contributions indirectes.

La réexportation des alcools ne pourra s'effectuer que par les bureaux ouverts au transit.

Le délai pour la réexportation est fixé à six mois au plus.

Art. 4. — Les acquits-à-caution d'admission temporaire délivrés par le service des Douanes porteront obligation de justifier, par un certificat du service des Contributions indirectes, de l'arrivée des maïs dans les distilleries dans le délai fixé pour le transport. Un échantillon plombé sera joint à l'acquit-à-caution pour que l'identité du maïs puisse être reconnue.

Art. 5. — Dans les distilleries, les maïs seront emmagasinés dans un local spécial sous la double clef du service et du distillateur ; leur mise en œuvre aura lieu séparément, sans mélange d'aucun produit étranger ou indigène.

Les alcools obtenus devront de même être emmagasinés dans un local distinct sous double clef. La réexportation en aura lieu directement en fût

scellé d'un plomb spécial et sous la garantie d'un acquit-à-caution du service des Contributions indirectes, rappelant l'acquit-à-caution d'admission temporaire sur lequel l'opération sera imputée.

Art. 6. — La sortie effective des alcools sera constatée par le service des Douanes, et les acquits-à-caution d'admission temporaire primitivement délivrés seront déchargés, par ces réexportations, proportionnellement au rendement que le maïs aura produit.

Art. 7. — Toute soustraction, toute substitution, tout abus constatés par le service des Douanes ou par le service des Contributions indirectes donneront lieu à l'application des pénalités et interdictions prononcées par l'article 5 précité de la loi du 5 juillet 1836.

Art. 8. — Le Ministre du commerce, de l'industrie et des colonies et le Ministre des finances sont chargés, chacun en ce qui le concerne, de l'application du présent décret, qui sera publié au *Journal officiel* et inséré au *Bulletin des lois*.

Fait à Paris, le 20 février 1892.

Signé : CARNOT.

Par le Président de la République :

Le Ministre du commerce, de l'industrie et des colonies, Signé : JULES ROCHE.

Le Ministre des Finances, Signé : ROUVIER.

Pour copie conforme :

Le Conseiller d'Etat,
Directeur général des Contributions indirectes,
Signé : A. CATUSSE.

CIRC. DU 1er MARS 1892, N° 23.

3e Division. — 1er Bureau.

Taxe unique. — Villes assujetties pour la première fois à la suite du dénombrement de 1891. — Modifications à apporter au tableau des villes rédimées.

Par suite du dernier dénombrement de la population, dont les résultats ont été rendus authentiques par le décret du 31 décembre 1891, inséré au *Journal officiel* du 12 janvier 1892, les dix villes désignées ci-dessous sont, pour la première fois, soumises à la taxe unique. Les boissons déclarées à destination de ces localités doivent désormais donner lieu à la délivrance d'acquits-à-caution.

Jusqu'à ce que les modèles aient été revisés, il conviendra de modifier à la main les indications du tableau n° 117 C, qui est déposé dans les recettes buralistes.

Les mêmes modifications devront être faites aux tableaux placés à la dernière page des registres de perception.

Le Conseiller d'État, Directeur général,
Signé : A. CATUSSE.

Pour ampliation :

L'Administrateur de la 3e Division,
H. ROUSSAN.

Tableau des villes dans lesquelles le régime obligatoire de la taxe unique a été appliqué pour la première fois en exécution du décret du 31 décembre 1891.

Départements.	Villes.
Allier.	Vichy.
Bouches-du-Rhône. . . .	La Ciotat.
Corrèze.	Brive.
Gironde.	Bègles.
Marne (Haute-).	Chaumont.
Nord.	Croix.
Pas-de-Calais.	Liévin.
Seine.	Montrouge. Saint-Mandé.
Seine-et-Oise.	Argenteuil.

Le dénombrement de 1891 a encore eu pour conséquence de rendre le régime de la taxe unique obligatoire dans les villes de Pont-à-Mousson (Meurthe-et-Moselle), Hautmont et le Cateau (Nord), déjà rédimées sur la demande des conseils municipaux.

CIRC. DU 2 MARS 1892, N° 24.

1re Division. — 3e Bureau.

Boissons gâtées. — Effusion sur la voie publique. — Prélèvement d'échantillons.

Légalement, les marchands en gros, les bouilleurs, les liquoristes ne peuvent réclamer, en cas de détérioration des boissons prises en charge à leur compte, une remise ou décharge de droits autre que la déduction instituée par l'article 6 de la loi du 20 juillet 1837. Cette déduction, dont le taux est déterminé par l'ordonnance du 21 décembre 1838 en ce qui concerne les vins, cidres, poirés et hydromels, et par le décret du 4 décembre 1872 en ce qui concerne les spiritueux, est en effet destinée à couvrir non seulement les pertes résultant de l'ouillage, du coulage, des soutirages et des affaiblissements de degrés, mais encore tous autres déchets.

Si, par des considérations d'équité, l'Administration consent à accorder décharge des quantités devenues impropres à la consommation, ainsi qu'elle le fait pour les pertes matérielles résultant d'accidents, elle subordonne l'octroi de cette immunité à la preuve dûment établie qu'avant leur détérioration les liquides gâtés avaient réellement le caractère de boissons et que les quantités représentées sont bien celles qui avaient été prises en charge.

Malgré les recommandations fréquemment adressées aux agents d'exécution, il arrive encore trop souvent que ceux-ci assistent à l'effusion des boissons déclarées avariées et constatent passivement cette opération sans se préoccuper de fournir des indications précises sur la nature, l'origine et l'identité des liquides. A défaut de données et de preuves suffisantes, l'Administration, qui se trouve le plus souvent en présence d'un fait accompli, se voit placée dans l'alternative, ou de priver les intéressés d'une décharge supplémentaire à laquelle ils pourraient prétendre, ou de sacrifier, en la leur accordant, les intérêts du Trésor.

Il a paru dès lors utile de renouveler, en les précisant, les instructions dont le principe est contenu dans les circulaires n°s 504 du 29 décembre 1851 et 392 du 26 mars 1884.

Lorsqu'un négociant veut répandre sur la voie publique des liquides gâtés, le premier soin des employés consiste à en vérifier la nature, à s'enquérir de leur origine ainsi que de la durée de leur séjour en magasin. Les renseignements recueillis à ce sujet et contrôlés ultérieurement à l'aide des registres 49 et 50 A ou des carnets de fabrication sont destinés à être consignés dans l'état de proposition dressé ultérieurement par le Directeur.

La quantité, l'espèce, le degré des boissons doivent être reconnus avec la plus grande attention. La teneur alcoolique peut toujours être exactement constatée quand il s'agit de spiritueux. Les employés ont le devoir de rechercher aussi, contradictoirement avec l'intéressé, la richesse exacte des vins et des cidres, s'ils sont pourvus des appareils nécessaires. A défaut de ces appareils, il convient tout au moins de s'assurer si le liquide représenté ne provient pas, soit d'un dédoublement, soit de lavages de marcs ou de lies.

Lorsque les quantités dont la décharge est sollicitée sont très importantes, il est indispensable de compléter par une analyse les vérifications du service, s'il s'agit de vins, de cidres, de liqueurs, d'infusions, d'alcools altérés ou dénaturés, en un mot de produits dont la nature et la richesse ne peuvent pas être exactement appréciées par un examen des caractères apparents du liquide. A cet effet, trois échantillons seront prélevés et renfermés dans des vases d'une contenance d'un litre au moins, sur l'orifice desquels sera apposée la double empreinte en cire du cachet de la Régie et de celui du négociant. L'un des échantillons sera remis à ce dernier; l'autre sera conservé à la direction pour le cas de contestations ultérieures; le troisième devra être adressé le jour même au laboratoire par le chef local au moyen d'une formule 20 H et en observant les conditions spécifiées pour ce genre d'envoi.

Il est bien entendu que le prélèvement portera sur chaque espèce de liquide à expertiser, et qu'il sera effectué par portions égales sur les différents vaisseaux contenant les boissons de même nature, afin de constituer une moyenne aussi exacte que possible.

L'opération de l'effusion matérielle aura lieu sous les yeux du service, immédiatement après ce prélèvement; mais le procès-verbal administratif mentionnera cette réserve, dont l'intéressé aura été préalablement prévenu, que la décharge à son compte des liquides ainsi répandus sur la voie publique restera subordonnée à la décision de l'Administration.

Si le négociant manifeste l'intention de conserver les boissons jusqu'à notification du résultat de l'analyse et de la décision à intervenir, on pourra accueillir sa demande, à la condition que les liquides soient placés sous les scellés de la Régie.

Sauf le cas où le peu d'importance de la quantité avariée aurait rendu inutile le prélèvement d'échantillons, les propositions de décharge ne seront formulées qu'après réception du bulletin indicatif des résultats de l'analyse, et ce bulletin sera toujours annexé au dossier.

J'invite les directeurs, les sous-directeurs et les vérificateurs de tout ordre à veiller à l'exécution de ces dispositions.

Le Conseiller d'Etat, Directeur général,
Signé : A. CATUSSE.

Pour ampliation :

L'Administrateur de la 1re Division,
SESTIER.

CIRC. DU 3 MARS 1892, N° 25.

2e Division. — 2e Bureau.

Distilleries. — Décret concernant l'admission temporaire des maïs étrangers destinés à la fabrication des alcools à 90° et au-dessus, en vue de l'exportation. — Intervention du service dans l'application de ce décret.

Entre autres dispositions, la loi du 11 janvier 1892, portant établissement du Tarif des Douanes, a, comme l'a fait connaître la circulaire n° 17, du 27 janvier suivant, abrogé, par son article 11, l'article 2 de la loi du 8 juillet 1890 qui accordait l'exemption des droits aux maïs, aux riz et aux blés durs employés à la fabrication de l'amidon sec, en aiguilles et en marrons destinés au blanchissage. D'un autre côté, par son article 13, elle a concédé le bénéfice de l'admission temporaire aux maïs; mais elle a limité cette faveur à ceux qui sont importés pour servir à la production, en vue de la réexportation, des amidons et des alcools purs à 90° et au-dessus. Elle a, de la sorte, implicitement rapporté le décret du 20 mars 1891, d'après lequel « les maïs pouvaient être admis temporairement en franchise des droits pour être transformés en glucoses pour la réexportation ».

Sous réserve de la surveillance des opérations en cours, surveillance qui doit s'effectuer dans les conditions indiquées par les lettres qui ont été spécialement écrites à ce sujet aux directeurs des départements intéressés, le service n'a donc plus à intervenir dans les amidonneries et dans les fabriques de glucoses pour y suivre, ainsi que l'avait prescrit la lettre commune n° 13, du 19 juillet 1890, et la circulaire n° 2, du 8 avril 1891, la transformation des maïs en amidon sec, en aiguilles et en marrons, pour le blanchissage, ou en glucoses pour l'exportation.

Il n'a pas davantage à s'occuper du maïs admis temporairement pour servir à la fabrication des amidons destinés à l'étranger, *mais il devra surveiller l'emploi, dans les distilleries, de ceux qui y seront introduits pour la fabrication des alcools en vue de l'exportation.*

A cet égard, un décret du 20 février dernier, dont le texte est reproduit à la suite de la présente circulaire, détermine les principales conditions dans lesquelles l'intervention du service devra s'exercer.

1. L'article 1er de ce décret autorise l'admission temporaire des maïs destinés à la distillation sous les conditions générales indiquées par l'article 5 de la loi de douanes du 5 juillet 1836 et sous les conditions spéciales énumérées dans les autres articles de ce même décret.

2. Les distillateurs sont tenus, d'après l'article 2, de justifier de la réexportation, pour chaque quintal métrique de maïs, de 33 litres d'alcool à 90°, soit de 29 litres 70 centilitres d'alcool, exprimé en alcool pur. Les alcools produits à un degré inférieur à 90° ne sont pas admissibles à l'apurement des acquits-à-caution d'admission temporaire; ceux d'un degré supérieur seront, pour l'apurement de ces acquits, évalués en alcool à 90°.

3. Lorsque des alcools provenant de la distillation des maïs seront déclarés pour l'exportation à l'apurement des acquits-à-caution d'admission temporaire, il y aura lieu de les inscrire au sommier dont l'objet est défini au § 15 ci-après :

Pour leur volume effectif;

Pour leur degré alcoolique à la température de 15 degrés centigrades;

Pour la quantité d'alcool pur (100°) qu'ils contiendront;

Enfin, pour la quantité d'alcool à 90° qu'ils représenteront.

4. De même, indépendamment des indications prescrites par le paragraphe 113 de la circulaire n° 275, du 22 septembre 1879, les acquits-à-caution mentionneront les renseignements énumérés au paragraphe 23 ci-après.

5. Les alcools déclarés pour l'étranger devront, aux termes de l'article 13 de la loi du 11 janvier dernier, *être purs*, c'est-à-dire provenir exclusivement de la distillation des maïs et être exempts de toute addition, de tout mélange.

6. L'article 2 stipule encore que les excédents de rendement seront pris en charge au même titre que le produit principal de la distillation; d'un autre côté, il porte que, hors le cas d'abus dûment constatés, les déficits de rendement de 10 p. 0/0 et au-dessous ne donneront lieu à aucune répétition pour le droit d'entrée du maïs ni pour la taxe afférente à l'alcool.

Pour l'application de ces dispositions, on devra se conformer aux prescriptions qui font l'objet des paragraphes 48 à 52 de la présente circulaire.

7. Suivant l'article 3, les maïs peuvent être importés par tous les bureaux de douane, à la condition expresse d'être immédiatement dirigés sur une distillerie soumise à la surveillance permanente des employés des Contributions indirectes.

8. Quant aux alcools à représenter pour l'apurement des acquits-à-caution d'admission temporaire, ils ne pourront être réexportés que par les bureaux ouverts au transit: cette réexportation devra être effectuée dans un délai maximum de six mois.

9. L'article 4 oblige les soumissionnaires des acquits-à-caution d'admission temporaire à justifier, par un certificat du service des Contributions indirectes, de l'entrée des maïs en distillerie dans le délai fixé pour le transport. Il stipule, en outre, qu'un échantillon plombé sera joint à chaque acquit-à-caution pour que l'identité du maïs puisse être reconnue par les employés chargés de la surveillance de l'établissement destinataire.

10. Appelé à déterminer les conditions dans lesquelles devrait fonctionner le régime de l'admission temporaire appliqué aux maïs transformés en alcool pour la réexportation, le Comité consultatif des arts et manufactures a émis l'avis que, conformément aux prescriptions générales de la loi du 5 juillet 1836, cette opération devait avoir lieu à l'identique absolu.

11. C'est pour ce motif que l'art. 5 du décret exige :

Le dépôt des maïs dans un local distinct, sous la double clé du service et du distillateur;

La mise en œuvre séparée de cette céréale sans mélange d'aucun produit étranger ou indigène;

Le dépôt des alcools fabriqués dans un local distinct et fermé également à deux serrures;

Enfin, la réexportation directe des alcools en fûts scellés d'un plomb spécial, sous la garantie d'un acquit-à-caution du service des Contributions indirectes rappelant l'acquit-à-caution d'admission temporaire à l'apurement duquel l'opération d'exportation est imputée.

Les mesures suivantes ont été concertées entre les deux Administrations pour l'application de ces dispositions.

Vérification des chargements de maïs à l'arrivée.

12. Les maïs seront immédiatement dirigés sur la distillerie où ils doivent être transformés en alcool. Ils seront soumis, dès leur arrivée, à la vérification des employés des Contributions indirectes auxquels le distillateur remettra l'acquit-à-caution de douanes et l'échantillon plombé qui accompagnaient le chargement.

Mise en magasin et prise en charge des maïs.

13. Après vérification, les maïs seront déposés dans un ou plusieurs magasins n'ayant à l'intérieur qu'une porte fermée à deux serrures. Les autres ouvertures devront être scellées.

14. Toutes les fois que le distillateur voudra retirer du maïs, il en fera la déclaration d'avance en indiquant la quantité dont il a besoin. Cette déclaration sera contrôlée par le service auquel, conformément à l'article 6 du décret du 18 septembre 1879, le distillateur est tenu de fournir les instruments et les ouvriers nécessaires pour les vérifications.

15. Les maïs seront pris en charge :

1° A un compte de matières premières;

2° A un compte spécial ou sommier qui fournira les moyens de suivre l'apurement des acquits-à-caution de douanes.

Ces deux comptes seront suivis sur des portatifs n° 50 *A* distincts.

Compte des matières premières.

16. Le compte des matières premières sera chargé des quantités reconnues à l'arrivée; il sera successivement déchargé de celles qui seront mises en fermentation.

Sommier destiné à suivre l'apurement des acquits-à-caution de douanes.

17. A ce registre, il sera ouvert, pour chaque acquit-à-caution d'admission temporaire, un article particulier où ce titre de mouvement sera analysé.

Du côté des charges, les quantités de maïs énoncées à chaque acquit seront émargées :

Pour leur poids total;

Pour leur quantité représentative d'alcool à raison de 33 litres d'alcool à 90° pour 100 kilog.

18. Les résultats de la vérification des chargements feront l'objet d'un acte qui sera dressé au sommier.

19. Si la vérification a fait ressortir des manquants, les acquits-à-caution ne seront déchargés, lorsque le moment sera venu, que jusqu'à concurrence des quantités effectivement représentées.

Le service ne perdra pas de vue, en effet, que les soumissionnaires et leurs cautions ne sont pas libérés de leurs engagements par le seul fait de la vérification du maïs à l'arrivée, ni même de la mise en œuvre ultérieure de ces produits : ces engagements subsistent au contraire, en entier, jusqu'au moment où il a été justifié de l'exportation d'une quantité d'alcool correspondant au maïs importé.

20. Si la vérification a fait apparaître des excédents, ces excédents resteront complètement en dehors de toute imputation de sortie des alcools, car ils n'ont pas été compris dans les soumissions d'admission temporaire : ils seront seulement signalés au service des Douanes par l'envoi d'un

duplicata de l'acte de vérification dressé au sommier. Signé et daté par les employés qui auront vérifié le chargement, ce duplicata, qu'il y a lieu d'établir pour tous les chargements, quels que soient les résultats de la vérification, sera transmis par la voie hiérarchique. Il constituera le certificat justificatif de l'arrivée des céréales à destination, dont la production est prescrite par l'article 4. Il conviendra, d'ailleurs, de reproduire cet acte de vérification au verso du titre de mouvement en ayant soin de le dater et de le signer.

21. Les différences en plus ou en moins reconnues à l'arrivée, par rapport aux quantités énoncées au titre de mouvement, seront, bien entendu, annotées au sommier, au-dessous de la quantité déclarée.

22. Les alcools provenant de la distillation des maïs d'admission temporaire ne peuvent être expédiés qu'à l'étranger : leur réexportation devra s'effectuer directement, sous la garantie d'acquits-à-caution détachés du registre 2 C.

23. Ces titres de mouvement indiqueront :

D'une part, le numéro d'ordre, la contenance, la tare et le poids brut de chaque futaille ;

D'autre part, pour chaque espèce de spiritueux ayant la même force alcoolique :

1° Le degré d'enfoncement de l'alcoomètre et la température à laquelle ce degré a été constaté au départ ;

2° Le degré alcoolique ramené à la température de 15° centigrades ;

3° La quantité d'alcool pur exprimée en alcool à 100° ;

4° La quantité d'alcool exprimée ou ramenée en alcool à 90° ;

5° Le poids des maïs correspondant à la quantité d'alcool à 90° (100 kilogrammes pour 33 litres) ;

6° Le numéro, la date et le bureau d'émission de l'acquit-à-caution de douanes auquel la sortie sera imputée.

24. Ces divers renseignements seront fournis par les distillateurs dans leurs déclarations d'enlèvement. Le service aura soin de les rappeler exactement sur les acquits-à-caution et d'indiquer, en outre, le vide reconnu au départ sur chaque futaille, ainsi que le numéro de la pince dont il se sera servi pour plomber les fûts.

25. Les déclarations d'exportation ne seront, bien entendu, reçues que pour les alcools purs, c'est-à-dire pour ceux qui proviendront uniquement de la distillation des maïs admis temporairement et dont la richesse alcoolique réelle sera au moins de 90°.

26. Au fur et à mesure des expéditions, le compte général de fabrication et le compte de magasin seront déchargés dans les conditions déterminées par la circulaire du 22 septembre 1879, n° 275. Il en sera de même pour les comptes particuliers de fabrication et de magasin qui, conformément aux prescriptions du paragraphe 40 de la présente circulaire, seront suivis sur les portatifs n°s 8 A et 50 A *bis*.

27. Indépendamment des indications habituelles, on mentionnera aux portatifs n°s 8 A et 50 A *bis*, pour les alcools expédiés à l'étranger, leur richesse alcoolique exprimée ou ramenée, s'il y a lieu, en alcool à 90 degrés.

28. Les acquits-à-caution relatifs à ces envois seront, en outre, analysés au cadre des sorties du sommier tenu pour l'apurement des acquits de douanes à l'article afférent au titre de mouvement en voie d'apurement.

29. Après avoir constaté l'exportation dans les conditions spécifiées à l'article 6, le service des douanes renverra au lieu de départ, dûment déchargés, les acquits-à-caution d'exportation. Au vu de ces titres de mouvement, le cadre des sorties du sommier sera complété par l'annotation de la date de l'exportation. Lorsque tous les acquits n° 2 C délivrés à la décharge d'un même acquit de douanes seront ainsi rentrés, ce dernier acquit sera, à son tour, déchargé par les employés et renvoyé, par la voie hiérarchique, après avoir été annoté de la sortie ou des diverses sorties qui en auront justifié l'apurement. La décharge sera complète, lorsque les exportations d'alcool à 90 degrés correspondront au poids du maïs énoncé au titre de mouvement d'importation, à raison de 33 litres pour 100 kilogrammes.

30. Dès qu'ils auront été annotés au sommier et vérifiés par les agents de contrôle, les acquits-à-caution d'exportation seront renvoyés au chef de la division administrative (directeur ou sous-directeur) chargé d'en suivre l'apurement.

31. Il pourra arriver que les sorties d'alcool seront insuffisantes pour couvrir la totalité des introductions de maïs ou que ces sorties ne pourront être effectuées dans le délai de six mois au plus fixé par l'article 3 du décret.

Dans ce cas, le service, à l'expiration du délai indiqué et après avoir attendu que les derniers acquits-à-caution délivrés aient pu lui être renvoyés, après les avoir réclamés au besoin au chef de la division administrative, apurera le compte de l'acquit de douanes frappé de péremption et le déchargera, mais seulement jusqu'à concurrence de la quantité de maïs correspondant aux alcools à 90 degrés dont l'exportation aura été justifiée. C'est dans ces conditions que le titre de mouvement sera renvoyé au bureau d'émission chargé de percevoir le droit d'entrée du maïs sur la portion non apurée de l'acquit-à-caution d'admission temporaire.

32. C'est également dans ces conditions, comme je l'ai déjà indiqué, que seront déchargés les acquits-à-caution relatifs à des chargements sur lesquels il aura été constaté des manquants à l'arrivée. Les excédents, s'il en a été reconnu, seront signalés au service des douanes au moyen du duplicata de l'acte de vérification dont il a été question au paragraphe 20.

Mise en œuvre des maïs.

33. Au cas particulier, les opérations d'admission temporaire doivent avoir lieu à l'identique absolu. Les maïs devront donc, comme le prescrit au surplus l'art. 5, être mis en œuvre séparément, sans mélange d'aucun produit étranger ou indigène.

Les distillateurs ne pourront, en conséquence, se livrer à ce travail spécial qu'à la condition expresse qu'aucune autre substance ne sera, en même temps, soumise à la macération ou mise en fermentation, et que les appareils à distiller et à rectifier seront entièrement vides.

34. De même, ils ne pourront reprendre leurs travaux de distillation ordinaire que lorsque les opérations de la distillation des maïs, y compris la rectification des flegmes, seront complètement terminées.

35. D'après l'article 2, le rendement du maïs est fixé en alcool à 90 degrés à 33 p. 0/0, soit en alcool pur à 29.70 p. 0/0.

Les excédents de rendement sont pris en charge au même titre que le produit principal de la distillation.

Les déficits sont passibles du droit d'entrée des maïs et de la taxe afférente à l'alcool s'ils dépassent 10 p. 0/0 : s'ils ne dépassent pas cette quotité, ils ne donnent lieu à aucune répétition, à moins que des abus n'aient été constatés.

D'un autre côté, le dépôt des alcools obtenus dans un local distinct, sous la double clé du service et du distillateur, est exigé par l'article 5.

36. De l'ensemble de ces dispositions résulte pour les industriels l'obligation de recueillir dans des vases clos les produits de la distillation et de la rectification, c'est-à-dire de se placer, pour ce travail spécial, bien entendu, sous le deuxième mode de prise en charge prévu par l'article 15 du décret du 18 septembre 1879.

37. La distillation des maïs devra être précédée d'une déclaration qui sera reçue au registre n° 1er.

38. Après cette déclaration, et lorsqu'il n'existera plus aucune matière en fermentation, en distillation ou en rectification, les employés procéderont dans les conditions ordinaires à l'inventaire général des produits de la distillation et de la rectification.

39. Des registres n°s 2 et 3 spéciaux seront alors remis aux distillateurs, qui y inscriront, pour la distillation spéciale des maïs, les déclarations qu'ils ont à faire en exécution des articles 17, 23, 29, 30 et 33 du décret précité de 1879.

40. De même des registres n°s 5 A, 6, 7, 8, 9 et 50 A seront spécialement affectés à la tenue des écritures relatives aux opérations d'admission temporaire. Ces registres spéciaux seront distingués de ceux consacrés aux opérations ordinaires par la mention « *bis* » qui sera inscrite à la suite du numéro particulier à chaque modèle, sauf le portatif n° 8 qui sera désigné sous la rubrique n° 8 A.

41. Les portatifs ordinaires, n°s 8 et 50 A, destinés à suivre le compte général de fabrication et le compte de magasin, devront continuer à présenter journellement la situation du redevable vis-à-vis du Trésor. On y inscrira, en conséquence, comme aux portatifs spéciaux n°s 8 A et 50 A *bis*, au fur et à mesure qu'elles se produiront, les diverses opérations qui donneront lieu à une prise en charge ou qui motiveront une décharge.

42. Dans les distilleries dans lesquelles le premier mode de prise en charge est extraordinairement adopté, on aura soin d'inscrire dans la colonne *ad hoc* du portatif n° 8, ainsi que dans la même colonne du portatif n° 8 A, les quantités prises en charge d'après le rendement minimum déclaré par le distillateur.

43. Pour les distilleries soumises habituellement au deuxième mode de prise en charge, aucune explication ne paraît nécessaire.

44. A la fin de chaque période de distillation du maïs, et avant la reprise des travaux ordinaires, il sera procédé à un inventaire général des produits de la distillation et de la rectification.

45. Les résultats en seront consignés distinctement :

Pour l'ensemble des opérations de distillation et de rectification sur les portatifs n°s 8 et 50 A.

Pour les opérations spéciales à la distillation et à la rectification des maïs d'admission temporaire, sur les portatifs n°s 8 A et 50 A *bis*.

46. En ce qui concerne l'inventaire général des produits provenant de la distillation et de la rectification des substances de toute nature, on se conformera, pour les excédents ou les manquants, aux prescriptions contenues dans les paragraphes 121 à 130 de la circulaire précitée n° 275.

47. Pour la balance de compte à établir au portatif n° 8 A, on procédera ainsi :

Aux quantités d'alcool inventoriées (alcools provenant exclusivement de la distillation des maïs d'admission temporaire) seront ajoutées, dans le cadre dressé à cet effet, les quantités déjà portées en décharge comme ayant été expédiées à l'étranger. Le total de ces quantités, restes et sorties, sera comparé à celui des charges. Les charges, exprimées en alcool à 90°, de même que les quantités restantes et que les sorties, seront obtenues en multipliant le poids des maïs soumis à la distillation (compte des matières premières, côté des décharges) par le taux du rendement fixé par le décret (33 litres d'alcool à 90° pour 100 kilogrammes de maïs) et en divisant le produit par 100.

48. Si des excédents de rendement apparaissent à la suite de cette comparaison, il n'y aura pas lieu de s'en occuper, puisque les excédents dégagés par la balance du compte général de fabrication (portatif n° 8) auront été ajoutés aux charges comme produit du travail courant.

49. Quant aux manquants ou déficits de rendement, trois hypothèses peuvent se produire :

Ou bien ils ne dépasseront pas 10 0/0 du rendement obligatoire de 33 litres, et leur origine ne sera pas attribuée à des manœuvres frauduleuses ;

Ou bien ils ne dépasseront pas cette quotité, mais ils proviendront d'abus dûment constatés ;

Ou bien ils dépasseront cette quotité.

50. Dans la première hypothèse, aucune répétition ne sera exercée ni pour le droit d'entrée du maïs, ni pour la taxe afférente à l'alcool ; ils seront admis en décharge au compte du distillateur.

51. Dans les deux autres hypothèses, le droit général de consommation sera dû sur la quantité d'alcool correspondant au déficit de rendement ; au moyen des renseignements qui lui seront fournis, lors du renvoi de l'acquit-à-caution d'admission temporaire à l'apurement duquel auront été imputés les derniers envois d'alcool pour l'exportation, le service des douanes assurera, de son côté, la perception du droit d'entrée sur la quantité de maïs représentant la quantité d'alcool à 90° formant le déficit constaté.

52. Si des manquants ressortaient au compte général de fabrication (portatif n° 8), il y aurait lieu, lors de l'envoi à l'Administration des propositions de décharge prévues par le paragraphe 130 de la circulaire précitée n° 275, d'indiquer le montant des droits qui auraient été encaissés, à titre de taxe générale de consommation, sur les déficits de rendement constatés au compte particulier de fabrication (portatif n° 8 A).

Plombage des fûts.

53. L'article 5 prescrit le plombage des fûts qui renfermeront des alcools de maïs distillés sous le régime de l'admission temporaire et qui sont déclarés pour l'exportation.

54. Les employés se serviront, pour cette opération, de la pince et des flans qui sont mis à leur disposition par l'Administration. Avant d'y procéder, ils auront soin de soumettre les fûts à une vérification approfondie : leur responsabilité serait, en effet, gravement engagée, si des différences en plus ou en moins étaient constatées à destination sur des fûts dont les scellés auraient été reconnus intacts.

55. Le prix des flans sera remboursé par les distillateurs à raison de 0 fr. 10 chaque. La comptabilité en matières et en deniers sera suivie d'après les règles tracées par la circ. n° 288 du 17 août 1843.

56. Les fûts dont il est question devront, je n'ai pas besoin de l'ajouter, être revêtus de l'étiquette dont l'apposition est prescrite par l'article 14 du décret précité du 18 septembre 1879.

Fermeture des magasins servant au dépôt des maïs et des alcools.

57. Pour la fermeture de ces locaux, le service utilisera les cadenas automatiques et les bulletins de contrôle dont l'emploi est expliqué dans la circulaire n° 275, du 22 septembre 1879, § 47 à 51.

58. D'après l'article 7 du décret, toute soustraction, toute substitution, tout abus constatés par le service des Douanes ou par le service des Contributions indirectes donneront lieu à l'application des pénalités et interdictions prononcées par l'article 5 précité de la loi du 5 juillet 1836. L'exécution de cette disposition rentre exclusivement dans les attributions de l'Administration des douanes.

59. Les instructions qui précèdent devront être portées sans retard à la connaissance du service et des intéressés. Les directeurs devront tenir la main à ce qu'elles soient ponctuellement observées.

Le Conseiller d'État, Directeur général,
Signé : A. CATUSSE.

Pour ampliation :
L'Administrateur de la 2e Division,
Signé : DECHAUD.

CIRC. DU 4 MARS 1892, N° 26.

3e Division. — 3e Bureau.

Tableau des productions périodiques.

Les indications du tableau des productions périodiques publié par la circulaire n° 344 du 5 août 1882 ont, depuis cette époque, subi de nombreux changements. Diverses productions ont été supprimées ; il en a été créé de nouvelles, et, pour certaines autres, les dates de transmission ont dû être avancées, en raison, notamment, de la réduction de la durée de l'exercice financier.

Le nouveau tableau ci-après présente, par division et par bureau, la nomenclature des documents de toute sorte qui doivent être fournis à des époques fixes.

J'invite les Directeurs à veiller à ce que les délais de transmission spécifiés dans ce tableau soient toujours exactement observés.

Le Conseiller d'État, Directeur général,
A. CATUSSE.

Pour ampliation :
L'Administrateur de la 3e Division,
H. ROUSSAN.

DIRECTION GÉNÉRALE DES CONTRIBUTIONS INDIRECTES

TABLEAU DES PRODUCTIONS PÉRIODIQUES.

INDICATION des modèles et états.	OBJET DES MODÈLES ET ÉTATS.	DÉSIGNATION des agents qui sont appelés à fournir les documents à l'Administration.	NATURE DE la périodicité déterminée pour la production des documents.	DATE à laquelle les documents ou les éléments de production doivent parvenir à la Direction.	DÉLAI FIXÉ pour la transmission des documents à l'Administration.	OBSERVATIONS.
	BUREAU CENTRAL ET DU PERSONNEL					
	Cabinet du Directeur général.					
•	Diagrammes et note sommaire sur les variations des recouvrements. (Lettre commune n° 8, du 26 février 1889.).	Directeurs.	Annuel.	. . . .	Avant le 1er février.	
	Personnel.					
132	Rapports sur les surnuméraires. (Lettre commune du 4 septembre 1876, n° 27.).	Directeurs et s.-directeurs.	. . . . .	. . . .	1er rapport, 3 mois; 2e rapport, 1 an; 3e rapport, 2 ans } après l'entrée en fonctions.	
137 A	Feuilles signalétiques des employés. (Circulaire n° 212, du 7 juillet 1877.).	Directeurs, sous-directeurs, inspecteurs séd., contrôleurs et commis princ. de 1re cl. du service gén., inspect. spéc. et contrôl. du service des sucres et distil.	Annuel.	Avant le 1er mai.	Du 20 au 30 mai.	
137 C	État des employés aptes à l'avancement. (Circulaire n° 212, du 7 juillet 1877.)	Directeurs, sous-directeurs, inspecteurs séd., inspecteurs spéc. du service des sucres et distilleries.	Annuel.	Du 1er au 5 novembre.	Du 20 au 30 novembre.	
138	État des congés, vacances et intérims.	Directeurs.	Mensuel.	. . . .	Du 5 au 10 du deuxième mois qui suit celui pour lequel l'état est fourni.	
•	Décompte des remises payées aux comptables sur le montant des obligations cautionnées. (Lett. comm. du 12 avril 1872.)	Directeurs.	Annuel.	. . . .	Le 15 avril au plus tard.	
•	État des changements survenus pendant l'année parmi les agents des contribut. indir. membres de la Légion d'honneur. (Modèle annexé à la lettre commune du 3 fév. 1870. — Lettres communes des 10 décembre 1873 et 22 sept. 1874.)	Directeurs.	Semestriel.	. . . .	Le 10 janvier et le 10 juillet.	
•	État des dépenses imputables au chapit. du personnel. (Notes communes autographiées des 18 octob. 1881 et 25 févr. 1891.)	Directeurs.	Mensuel.	. . . .	Le 8 de chaque mois au plus tard.	
	Bureau du personnel. — Débits.					
•	État des honoraires dus aux médecins assermentés qui ont constaté la situation des employés en instance de pension. (Circulaire n° 432, du 30 novembre 1849.)	Directeurs et s.-directeurs.	Annuel.	Avant le 10 janvier.	Du 10 au 15 janvier.	A fournir en double expédition.
•	État présentant les receveurs buralistes et débitants de tabac jouissant de pensions militaires.	Directeurs.	Trimestriel.	. . . .	Du 5 au 10 du mois qui suit le trimestre pendant lequel la nomination a eu lieu.	
134	État des nominations faites : 1° par le préfet, à de simples débits de tabacs de 2e cl. ; 2° par le direct., à des recettes-débits d'un produit inférieur à 800 fr., dans les communes d'une population agglomérée inférieure à 1,500 âmes.	Directeurs.	Trimestriel.	. . . .	Du 5 au 10 du mois qui suit le trimestre.	
105	Tableau des ventes et bénéfices des débitants de tabacs (A).	Directeurs et s.-directeurs.	Annuel.	Avant le 10 janvier.	Du 5 au 10 février.	(A) A fournir en double expédition.
	1re DIVISION. — 1er, 2e ET 3e BUREAUX.					
72 A	Journal des contrôleurs du service général ayant sous leurs ordres des commis principaux chefs de poste.	Contrôleurs.	Trimestriel.	Avant le 10 du mois qui suit le trimestre.	Avant le 20 du mois qui suit le trimestre.	
85 A	État des reprises au 30 avril par recette particulière.	Receveurs particuliers.	Annuel.	Avant le 5 mai.	Avant le 10 mai.	
85 B	État récapitulatif des reprises au 30 avril par circonscription administrative (direction ou sous-direction).	Directeurs et s.-directeurs.	Annuel.	Avant le 5 mai.	Avant le 10 mai.	
85 C	Bordereau récapitulat. des reprises au 30 avril par département.	Directeurs.	Annuel.	. . . .	Avant le 10 mai.	
86 E	Résumé du travail des inspecteurs.	Inspecteurs.	Trimestriel.	Avant le 10 du mois qui suit le trimestre.	Avant le 15 du mois qui suit le trimestre.	
100 B	État des consignations restituées ou réparties en matière d'acquits-à-caution.	Directeurs et s.-directeurs.	Mensuel.	Avant le 10 de chaque mois.	Du 15 au 20 de chaque mois.	
105	Rapport des directeurs et sous-directeurs sur la situation des produits, l'état du service et l'action du personnel.	Directeurs et s.-directeurs.	Annuel.	Avant le 5 mars.	Avant le 15 mars.	
108 D	1re partie. — Compteream des recettes et dépenses opérées sur les produits d'amendes et confiscations. 2e partie. — Compteream des recettes et dépenses opérées sur les consignations.	Receveurs principaux.	Annuel.	Avant le 1er février.	Du 1er au 10 février.	(B) A fournir en simple expédition. (Circulaire n° 480, du 17 juin 1887.)
108 E	Compteream des avances pour frais judiciaires, etc.	Receveurs principaux.	Annuel.	Avant le 1er février.	Du 1er au 10 février.	
112	État de situation de l'apurement des acquits-à-caution (boissons) (B).	Directeurs et s.-directeurs.	Trimestriel.	Avant le 15 du mois qui suit le trimestre.	Du 15 au 20 du mois qui suit le trimestre.	
•	État des acquits-à-caution (boissons) inscrits au registre n° 166 jusqu'au 31 déc. et non apurés au 31 mars de l'année courante. (Modèle des relevés n° 7, combiné avec le modèle n° 85 A. — Circulaire n° 480, du 29 janvier 1851.)	Directeurs et s.-directeurs.	Annuel.	Avant le 5 avril.	Du 10 au 15 avril.	(C) Avoir soin d'adresser séparément les états 154 D destinés à la 1re division et ceux destinés à la 3e div.
154 D	État présentant les éléments des constatations (C).	Directeurs et s.-directeurs.	Annuel.	Avant le 10 janvier.	Avant le 15 janvier.	
177	État de consistance par circonscription administrative (direction ou sous-direction).	Directeurs et s.-directeurs.	Annuel.	Avant le 1er mars.	Du 15 au 20 mars.	(D) A fournir pour tous les départements sous le timb. du 1er bureau.
180 A	Tableau des recettes buralistes.	Directeurs et s.-directeurs.	Annuel.	Avant le 1er février.	Du 5 au 10 février.	
•	État des frais de tournée des directeurs et des sous-directeurs. (Circulaire n° 282, du 12 décembre 1879.)	Directeurs et s.-directeurs.	Annuel.	Avant le 10 janvier.	Avant le 15 janvier.	
180 AA	État de proposition des indemnités complémentaires à accorder aux buralistes et aux receveurs d'entrée et d'octroi. (Circ. n° 347 du 24 déc. 1829 et note comm. du 10 av. 1886.)	Directeurs et s.-directeurs.	Annuel.	Avant le 10 janvier.	Du 10 au 15 janvier.	(E) Cet état ne sera plus appuyé des annexes présentant le développement des restes à recouvrer au 31 mars.
•	État nominatif des agents admissibles au libre parcours sur les lignes de chemins de fer. (Lettre lithographiée du 10 novembre 1867) (D).	Directeurs.	Annuel.	. . . .	Le 1er décembre au plus tard.	
•	État de proposition d'admission en dépense de frais d'inventaires, de récolements, etc.	Directeurs et s.-directeurs.	Annuel.	. . . .	Immédiatement après la récolte et seulement lorsqu'il y a lieu.	(F) Cette production annuelle a principalement en vue les droits constatés pendant le dernier exercice ; l'admission en reprise indéfinie des droits applicables à des exerc. antér. doit être proposée au fur et à mesure que les justifications nécessaires peuvent être fournies.
196	État de produit des sommes constatées sur les acquits-à-caution non rentrés.	Directeurs et s.-directeurs.	Trimestriel.	Avant le 10 du mois qui suit le trimestre.	Du 15 au 20 du mois qui suit le trimestre.	
•	État de proposition des primes d'apurement à allouer aux receveurs sédentaires ou ambulants. (Modèle annexé à la circulaire n° 614, du 9 janvier 1891.)	Directeurs et s.-directeurs.	Annuel.	Avant le 20 janvier.	Du 25 au 30 janvier.	
•	État de situation des reprises de l'exercice expiré au 31 mars. (Modèles combinés des circulaires n° 61, du 30 mars 1833, et n° 97, du 31 décembre 1834.) (E).	Directeurs et s.-directeurs.	Annuel.	Avant le 5 mai.	Avant le 10 mai.	
•	État des droits constatés dont l'admission en reprise indéfinie est demandée. (Modèle annexé à la circulaire n° 422, du 22 mai 1849) (F).	Directeurs et s.-directeurs.	Annuel.	Avant le 5 avril.	Le 10 avril au plus tard.	
•	État des droits d'entrée ou de taxe unique dont les directeurs ont prononcé l'exonération (boissons ayant fait l'objet de passe-debout). (Circ. n° 17, du 16 mars 1870, et n° 480, du 17 juin 1887) (G).	Directeurs.	Trimestriel.	. . . .	Du 10 au 15 du mois qui suit le trimestre.	(G) A fournir en simple expédition. (Circulaire n° 480.)
•	État des droits d'entrée ou de taxe unique dont les directeurs ont prononcé l'exonération sur des (boissons déclarées pour le dehors du lieu sujet par les entrepositaires.) (Circ. n° 17, du 16 mars 1870, et n° 480, du 17 juin 1887) (H).	Directeurs.	Trimestriel.	. . . .	Du 10 au 15 du mois qui suit le trimestre.	(H) A fournir en simple expédition. (Circulaire n° 480.)

INDICATION des modèles et états.	OBJET DES MODÈLES ET ÉTATS.	DÉSIGNATION des agents qui sont appelés à fournir les documents à l'Administration.	NATURE DE la périodicité déterminée pour la production des documents.	DATE à laquelle les documents ou les éléments de production doivent parvenir à la Direction.	DÉLAI FIXÉ pour la transmission des documents à l'Administration.	OBSERVATIONS.
*	Etat des décharges que les directeurs ont, dans les limites de leur compétence, accordées pour pertes de boissons chez les marchands en gros. (Circ. n° 480, du 17 juin 1887) (A)	Directeurs.	Trimestriel .	. . . .	Du 10 au 15 du mois qui suit le trimestre.	(A) A fournir en simple expédition.
*	Etat de proposition d'organisation de la surveillance des opérations de sucrage des vendanges. (Circ. n° 546, du 9 février 1889, et lettre aut. n° 9090, du 11 juillet 1891) (B).	Directeurs.	Annuel. .	. . . .	Avant le 1er août.	(B) A fournir pour tous les départements sous le timbre du 3e bureau
*	Etat de proposition d'allocation complémentaire pour la surveillance des opérations de sucrage des vendanges (C).	Directeurs et s.-directeurs.	Annuel. .	Avant le 5 janvier. . .	Du 10 au 15 janvier.	(C) Dans les départs où les opérations de sucrage portent sur deux années, un état suppl. doit être fourni aussitôt après la clôture des opérat. de la campag. pour les dépenses postérieures au 1er janv.
*	Etat de proposition d'admission en dépense définitive des frais de télégrammes envoyés pour signaler des fraudes sur les alcools. (Circ. n° 475, du 28 avril 1887.)	Directeurs.	Trimestriel .	. . . .	Avant le 10 du mois qui suit le trimestre.	
*	Etat de proposition d'admission en dépense définitive des frais de télégrammes relatifs à des acquits-à-caution d'alcool non revêtus du timbre rouge. (Circ. n° 590, du 21 juin 1890.)	Directeurs.	Trimestriel .	. . . .	Avant le 10 du mois qui suit le trimestre.	
	2e DIVISION. — 1er BUREAU.					
100 A	Etat récapitulatif des répartitions de produits d'amendes et confiscations.	Directeurs et s.-directeurs.	Mensuel. .	Avant le 10 de chaque mois.	Du 15 au 20 de chaque mois.	(D) Les états 122 D présentant les transact. à l'approb. du Min. doivent être transmis en doub. expéd. à l'Adm.
122 B	Etat de produit des amendes et confiscations.	Directeurs et s.-directeurs.	Trimestriel .	Avant le 10 du mois qui suit le trimestre.	Du 15 au 20 du mois qui suit le trimestre.	
122 D	Rapport sommaire sur les transactions soumises à l'approbation du conseil d'administration ou du Ministre (D).	Directeurs.	Par quinzaine. . .	. . . .	Le 5 et le 20 de chaque mois.	(E) Indépendam. de l'ét. 125 du 4e trim. afférent à la divis. chef-lieu, les direct. doiv. produire un relevé présent' en ce qui conc. les renseig. stat., les résult. de l'ensemble du départ. ou de la région
125	Etat de situation des affaires contentieuses (E).	Dirceteurs et s.-directeurs.	Trimestriel .	Avant le 10 du mois qui suit le trimestre.	Avant le 15 du mois qui suit le trimestre.	
125	Etat de situation des affaires contentieuses restant à apurer au 31 décembre.	Directeurs et s.-directeurs.	Annuel. .	Avant le 25 janvier. . .	Le 30 janvier au plus tard.	
128	Etat des détenus. (Circ. n° 1073, du 14 octobre 1867.)	Directeurs et s.-directeurs.	Mensuel. .	Avant le 3 de chaque mois.	Du 3 au 5 de chaque mois.	
*	Relevé des ordres de visite demandés et délivrés pour toutes les matières, y compris les allumettes. (Lettre commune n° 26, 14 octobre 1878, et Note commune du 22 avril 1890.)	Directeurs.	Trimestriel .	Avant le 5 du mois qui suit le trimestre.	Avant le 8 du mois qui suit le trimestre.	
	2e DIVISION. — 2e BUREAU.					
	1° Sucres et glucoses.					
Série P, 138	Etat de proposition relatif à l'organisation du service de surveillance auprès des fabriques de sucres et de glucoses.	Directeurs.	Annuel. .	Avant le 20 mai. . . .	Avant le 1er juin.	
10	Etat de contrôle. Renseignements sur les sucres. (Circ. n° 486, du 29 août 1887.)	Directeurs.	Mensuel. .	Le 16 de chaque mois. . .	Avant le 20 de chaque mois.	
30 B	Relevé des crédits soumissionnés pour le paiement des droits sur les sucres.	Receveurs principaux. . .	Mensuel. .	Avant le 5 de chaque mois.	Du 5 au 10 de chaque mois.	
*	Tableau du montant des droits dont il a été fait crédit pendant le mois, du montant de la remise payée par les redevables, et du partage de cette remise entre le Trésor et les comptables. (Lettr. communes n° 283, du 11 mars 1874, et n° 10, du 13 mai 1886.)	Directeurs.	Mensuel. .	Avant le 10 de chaque mois.	Du 10 au 20 de chaque mois.	
37	Situation des comptes ouverts aux déposants dans les entrepôts réels de sucres.	Contrôleurs ou commis princ. chefs de service auprès de l'entrepôt.	Mensuel. .	Le 5 de chaque mois. . .	Avant le 8 de chaque mois.	
38	Relevé des sucres bruts dont la destination a été changée en cours de transport.	Directeurs.	Mensuel. .	Le 5 de chaque mois. . .	Avant le 8 de chaque mois.	(F) Le 1er avril, *au plus tard*, de chaque année, les directeurs doivent fournir un état complémentaire n° 41 des recettes effectuées sur les sucres et les glucoses. (Lettre commune n° 42, du 15 janvier 1874.)
41	Renseignements sur les sucres et les glucoses soumis aux droits ou exportés (F).	Directeurs.	Mensuel. .	. . . .	Avant le 8 de chaque mois.	
42 A, 42 B	Relevé des comptes des fabricants de sucre.	Directeurs.	Mensuel.	Le 1er de chaque mois.	Avant le 8 de chaque mois.	
43	Résumé des états nos 42 A et 42 B.	Directeurs.	Mensuel.	Le 1er de chaque mois.	Avant le 8 de chaque mois.	
42 C	Renseignements sur la production des sucres indigènes. (Lettre commune n° 10, du 19 octobre 1891.)	Directeurs.	Mensuel. .	Le 16 de chaque mois. . .	Avant le 20 de chaque mois.	
45 A	Rapport du travail personnel des inspecteurs spéciaux du service des sucres et des distilleries, et situation de la division à la fin de chaque période de la campagne. (Paragraphe 180 de l'instruction du 15 décembre 1853. — Circulaire n° 249, du 28 octobre 1878.)	Inspecteurs spéciaux. . .	Mensuel. .	Le 10 de chaque mois.	Avant le 20 de chaque mois (G).	(G) Ce délai est prolongé de 5 jours pour les productions à fournir en avril et en octobre.
46	Récapitulation du temps employé dans les fabriques de sucre par les inspecteurs du service général. (Paragraphe 185 de l'instruction générale du 15 décembre 1853 et lettre commune n° 1, du 5 janvier 1889.)	Inspecteurs. . . .	Mensuel. .	Le 10 de chaque mois. . .	Avant le 20 de chaque mois.	
*	Rapport général des contrôleurs spéciaux du service des sucres et des distilleries sur la situation du contrôle à la fin de chaque période de la campagne. (Lettre commune n° 1, du 5 janvier 1889.)	Contrôleurs spéciaux. . .	Semestriel. .	. . . .	Avant le 20 des mois de mars et de septembre.	
*	Rapport des directeurs qui ont dans leur circonscription une ou plusieurs inspections du service des sucres. (Paragraphe 182 de l'instruction du 15 décembre 1853. Circulaire n° 249, du 28 octobre 1878.)	Directeurs.	Semestriel. .	. . . .	Avant le 25 des mois de mars et de septembre.	
40	Tableau descriptif des fabriques de sucre. (Lettre commune n° 15, du 5 juin 1882.)	Contrôleurs.	Annuel. .	Du 10 au 12 septembre. .	Avant le 25 septembre.	
54	Situation des comptes des fabricants de glucoses.	Directeurs.	Mensuel. .	Le 5 de chaque mois. . .	Avant le 8 de chaque mois.	
*	Etat, par fabrique de sucre, des quantités portées en reprise le 1er septembre au compte de la fabrication. (Paragraphe 199 de l'instruction du 15 décembre 1853.)	Directeurs.	Annuel. .	Le 10 septembre. . .	Avant le 20 septembre.	
*	Inventaire avant le commencement des travaux de défécation. Inventaire après la cessation des travaux de défécation. . . Inventaire de fin de campagne.	Chefs de poste.	. . . . .	. . . .	Au fur et à mesure que les inventaires sont terminés.	
*	Etat des frais de loyer, de chauffage, d'éclairage et d'entretien des bureaux concédés au service dans les fabriques de sucre et dans les distilleries. (Lettres manuscrites des 2 juin 1853 et 20 février 1854. Note autographiée du 4 mars 1892, n° 5806.)	Directeurs et s.-directeurs.	Trimestriel .	Le 5 du mois qui suit le trimestre.	Du 5 au 10 du mois qui suit le trimestre.	
*	Liste des agents du service des sucres et des distilleries disponibles. (Lettre commune n° 13, du 23 juillet 1891, et note autographiée du 8 décembre 1891, n° 22472.) (H).	Directeurs.	Bimensuel. .	. . . .	Le 1er et le 15 de chaque mois (H).	(H) Etat à fournir seulement pendant le chômage des usines.
*	Rapport sur la coopération aux divers services des agents des sucres et des distilleries détachés au dehors de leur résidence pendant le chômage des usines. (Lettre commune n° 405, du 13 avril 1874, et lettre autographiée du 7 déc. 1891, n° 22419.)	Directeurs.	Annuel. .	. . . .	Avant le 1er novembre.	
*	Etat des indemnités de séjour allouées aux agents du service des sucres et des distilleries, temporairement déplacés. (Note autographiée du 4 mars 1892, n° 5806).	Directeurs et s.-directeurs.	Trimestriel .	Avant le 5 du mois qui suit le trimestre.	Du 10 au 15 du mois qui suit le trimestre.	
*	Etat des indemnités journalières allouées aux surnuméraires et aux préposés stagiaires. (Lettre commune n° 16, du 14 août 1890, et note autographiée du 4 mars 1892, n° 5806).	Directeurs et s.-directeurs.	Trimestriel .	Avant le 10 du mois qui suit le trimestre.	Du 10 au 15 du mois qui suit le trimestre.	
112	Etat de situation de l'apurement des acquits-à-caution délivrés en matière de sucres, de glucoses et de sels.	Directeurs et s.-directeurs.	Trimestriel .	Avant le 15 du mois qui suit le trimestre.	Du 15 au 20 du mois qui suit le trimestre.	
*	Etat des acquits-à-caution (sucres et glucoses, sels) inscrits au registre n° 166 jusqu'au 31 décembre, et non apurés au 31 mars de l'année courante. (Modèle des relevés n° 7 combiné avec le modèle n° 85 A.)	Directeurs et s.-directeurs.	Annuel. .	Avant le 10 avril. . .	Du 15 au 20 avril.	
	2° Sels.					
45	Journal des contrôleurs et des commis principaux de 1re classe du service des salines.	Contrôleurs et commis principaux de 1re classe.	Mensuel. .	Avant le 10 de chaque mois.	Du 15 au 20 de chaque mois.	
*	Etat général des salpêtriers. (Modèle annexé à la circ. n° 47, du 11 juillet 1821. — Lett. commune du 25 février 1824.)	Directeurs.	Annuel. .	Avant le 10 janvier. . .	Du 10 au 20 janvier.	

INDICATION des modèles et états.	OBJET DES MODÈLES ET ÉTATS.	DÉSIGNATION des agents qui sont appelés à fournir les documents à l'Administration.	NATURE DE la périodicité déterminée pour la production des documents.	DATE à laquelle les documents ou les éléments de production doivent parvenir à la Direction.	DÉLAI FIXÉ pour la transmission des documents à l'Administration.	OBSERVATIONS.
•	Tableau indicatif des quantités de sels fabriquées dans les salines et dans les fabriques de produits chimiques et des quantités qui en ont été extraites à toutes destinations. (Circulaire n° 187, du 3 avril 1876.)	Directeurs.	Mensuel. .	Avant le 4 de chaque mois.	Le 5 de chaque mois.	
•	Relevé des quantités de sels dénaturés dans les salines ou dans les dépôts et livrés à l'agriculture. (Modèle annexé à la circulaire n° 14, du 30 novembre 1880.)	Directeurs.	Mensuel. .	Avant le 5 de chaque mois.	Le 5 de chaque mois.	
•	État de situation des fabricants de soude, des fabricants de savons, des fabricants de produits chimiques, etc., admis à recevoir des sels neufs en franchise.	Chefs de poste. . .	Mensuel. .	Avant le 4 de chaque mois.	Le 5 de chaque mois.	
	3° Distilleries.					
Série P. 219.	État de proposition relatif à l'organisation du service de surveillance auprès des distilleries et brûleries.	Directeurs.	Annuel. .	Avant le 20 mai. . . .	Avant le 1er juin.	
13	Propositions de décharge pour déchets ou déficits de rendement dans les distilleries. (Circ. nos 275, 276 et 325 des 22 et 23 septembre 1879 et 15 avril 1881 et lettre commune n° 22, du 11 octobre 1890.)	Chefs de service. . .	Annuel. .	Le 5 novembre. . . .	Avant le 15 novembre.	
14	Renseignements statistiques sur les distilleries. (Lettre commune n° 10, du 2 juillet 1891.)	Directeurs.	Annuel. .	. . . .	Avant le 1er décembre.	
20 B	Situation mensuelle de la fabrication des alcools.	Directeurs.	Mensuel. .	Du 1er au 5 de chaque mois.	Avant le 10 de chaque mois.	
	4° Alcools dénaturés.					
20 D	État présentant, pour les fabricants d'alcool dénaturé, le mode de dénaturation, les quantités de matières employées comme agents de dénaturation et les quantités, par espèce, des produits fabriqués. (Lettre commune n° 5667, du 22 novembre 1873, et lettre commune du 27 septembre 1878, n° 23 ; Circ. n° 337, du 23 juin 1882, et n° 400, du 12 juillet 1884) (A).	Directeurs.	Trimestriel .	Avant le 10 du mois qui suit le trimestre.	Du 10 au 15 du mois qui suit le trimestre.	(A) A fournir à l'Administration en double expédition.
•	État de proposition d'admission en dépense de frais d'achat et d'envoi d'échantillons de substances dénaturantes et d'alcools dénaturés. (Circ. n° 314, du 30 avril 1881) (B).	Directeurs et s.-directeurs.	Trimestriel .	En même temps que l'état 20 D.	En même temps que l'état 20 D.	(B) Les états du 4e trimestre doivent parvenir à l'Administration le 10 janvier au plus tard.
	5° Bières.					
•	État présentant divers renseignements statistiques sur les brasseries. (Exécution de la note autographiée n° 10585, du 9 juin 1891.)	Directeurs.	Annuel. .	. . . .	Avant le 1er mars.	
	6° Vinaigres.					
Série P, 327.	Propositions de décharge pour déficits de rendement dans les vinaigreries. (Lettre autographiée du 28 novembre 1891, n° 21803.)	Directeurs et s.-directeurs.	Annuel. .	Avant le 15 février. . .	Le 1er mars au plus tard.	
•	État des frais d'exercice dus par les fabricants qui ont employé des acides acétiques en franchise des droits. (Circ. nos 147, du 9 avril 1875, et 161, du 1er août 1875.)	Directeurs et s.-directeurs.	Annuel. .	. . . .	Du 1er au 15 février.	
	7° Bacs, pêches, francs-bords, etc.					
182	État de développement, par cours d'eau, des produits de la pêche, des francs-bords, dépendances, prises d'eau, etc.	Directeurs.	Annuel. .	. . . .	Du 1er au 15 janvier. . . .	
183	État de développement des produits des bacs, moins-values et ponts affermés.	Directeurs. . . .	Annuel. .	. . . .	Du 1er au 15 janvier.	
	3e DIVISION. — 1er BUREAU.					
20	Relevé des vinages effectués, soit sur les ports d'embarquement ou aux points de sortie par terre, soit chez les récoltants ou négociants, au moment même de l'enlèvement des vins. (Modèle annexé à la circ. n° 407, du 28 octobre 1884.)	Directeurs.	Annuel. .	Avant le 20 janvier. . . .	Du 25 au 30 janvier.	
20 A	Résumé des comptes ouverts à chaque négociant ou récoltant en ce qui concerne les vinages effectués dans les conditions spéciales déterminées par l'instruction du 22 décembre 1864. (Modèle annexé à la circulaire n° 407, du 28 octobre 1884.)	Directeurs.	Annuel. .	Avant le 20 janvier. . .	Du 25 au 30 janvier.	
•	État présentant, par arrondissement, le taux moyen, par individu, de la quantité de tabac vendue et du produit des ventes, ainsi que le taux moyen du prix de vente. (Modèle n° 4, annexé à la circ. n° 26/40, du 14 sept. 1825.)	Directeurs.	Annuel. .	Avant le 5 février. . .	Du 5 au 10 février.	
•	Relevé des commandes d'allumettes. (Lettres lithographiées nos 320 et 670, des 30 janvier et 12 juillet 1890.)	Directeurs.	Mensuel. .	Du 1er au 5 de chaque mois.	Avant le 10 du mois.	
72	Journal des contrôleurs de la garantie.	Directeurs.	Trimestriel .	Avant le 10 du mois qui suit le trimestre.	Du 15 au 20 du mois qui suit le trimestre.	
88	État de renseignements sur la fabrication, l'importation et l'exportation de la dynamite et de la nitro-glycérine.	Directeurs.	Trimestriel .	Avant le 5 du mois qui suit le trimestre.	Avant le 10 du mois qui suit le trimestre.	
104 A	Relevé général des produits. (Circ. n° 282, du 12 déc. 1879.)	Directeurs et s.-directeurs.	Annuel. .	Le 15 janvier au plus tard.	Le 1er février au plus tard (A).	(A) Le directeur dresse des états récapitulatifs nos 104 A et 104 B pour tout le département.
104 B	Renseignements statistiques. (Circ. n° 282, du 12 déc. 1879.)	Directeurs et s.-directeurs.	Annuel. .	Le 15 février au plus tard.	Le 1er mars au plus tard (A).	
104 C	Relevé supplémentaire des produits de l'exercice précédent. (Circ. n° 188, du 11 mai 1876.)	Directeurs.	Annuel. .	Aussitôt après la clôture des opérations de comptabilité relatives à l'exercice précédent (30 avril).	Comme ci-contre.	
•	État général des fabricants de cartes à jouer. (Modèle annexé à la circ. n° 481, du 5 mars 1851.)	Directeurs.	Annuel. .	. . . .	Du 15 au 20 janvier.	
•	Cartes à jouer. Exportations et importations. (Modèle annexé à la lettre commune n° 21, du 10 mai 1875.)	Directeurs.	Annuel. .	. . . .	Du 15 au 20 janvier.	
112	État présentant la situation de l'apurement des acquits-à-caution. (Dynamite.)	Directeurs et s.-directeurs.	Trimestriel .	Avant le 15 du mois qui suit le trimestre.	Du 15 au 20 du mois qui suit le trimestre.	
•	État des acquits-à-caution (Dynamite) inscrits au registre n° 166 jusqu'au 31 décembre, et non apurés à cette date.	Directeurs et s.-directeurs.	Annuel. .	Avant le 10 avril. . .	Du 15 au 20 avril.	
140 A	Tableau des prix moyens. (Boissons.)	Directeurs et s.-directeurs.	Annuel. .	Avant le 8 janvier. . .	Du 10 au 15 janvier.	
154 C	Situation des recouvrements.	Directeurs.	Mensuel. .	Avant le 2 de chaque mois.	Doit être parvenu au plus tard le 4 de chaque mois.	
154 E	État présentant par nature de taxe le produit de l'impôt sur les boissons. (Lettre commune n° 1, du 17 janvier 1882.)	Directeurs et s.-directeurs.	Mensuel. .	Avant le 2 de chaque mois.	Doit être parvenu au plus tard le 5 de chaque mois.	
154 D	État présentant les éléments des constatations.	Directeurs.	Trimestriel .	Le 10 du mois qui suit le trimestre.	Avant le 15 du mois qui suit le trimestre.	
157	État des visites faites par les employés de la garantie avec l'assistance des commissaires de police chez les fabricants et marchands d'ouvrages d'or et d'argent.	Directeurs.	Trimestriel .	Avant le 10 du mois qui suit le trimestre.	Du 10 au 15 du mois qui suit le trimestre.	
158	État récapitulatif des dépenses faites pour les vacations en matière de garantie.	Directeurs.	Trimestriel .	Avant le 10 du mois qui suit le trimestre.	Du 10 au 15 du mois qui suit le trimestre (B).	(B) A fournir en double expédition.
•	Renseignements relatifs à l'application des lois des 17 juillet 1889, 26 juillet 1890 et 11 janvier 1892 sur l'imposition des raisins secs et des vins de raisins secs. (Note lithographiée du 9 février 1892, n° 901.)	Directeurs.	Mensuel. .	Avant le 5 de chaque mois.	Le 8 de chaque mois.	
163	Relevé des opérations de sucrage des vins. (Lettre commune n° 23, du 20 novembre 1885.)	Directeurs.	Annuel. .	Dès la fin des opérations.	Le 10 décembre.	
163 A	Relevé des opérations de sucrage des cidres. (Même instruction.)	Directeurs.	Annuel. .	Dès la fin des opérations. .	Le 1er février.	
163 B	Relevé des comptes des dépositaires de sucre libéré du droit de 20 francs. (Même instruction.)	Directeurs.	Annuel. .	Avec l'état 163 ou 163 A, suivant qu'il a été opéré des sucrages sur les vins seulement ou sur les vins et les cidres.		
•	Rapport des directeurs sur les opérations de sucrage. (Circulaire n° 196, du 25 juillet 1890.)	Directeurs.	Annuel. .	A l'issue de la campagne. .	A l'issue de la campagne.	
178	État des communes dans lesquelles il est opéré des perceptions locales.	Directeurs et s.-directeurs.	Annuel. .	Avant le 20 janvier.	Du 25 au 30 janvier.	
179	Tableau de consistance par département.	Directeurs.	Annuel. .	. . . .	Du 25 au 30 janvier.	

INDICATION des modèles et états.	OBJET DES MODÈLES ET ÉTATS.	DÉSIGNATION des agents qui sont appelés à fournir les documents à l'Administration.	NATURE DE la périodicité déterminée pour la production des documents.	DATE à laquelle les documents ou les éléments de production doivent parvenir à la Direction.	DÉLAI FIXÉ pour la transmission des documents à l'Administration.	OBSERVATIONS.
180 B	Tableau des exportations de boissons.	Directeurs.	Annuel. . .	Avant le 20 janvier. . .	Du 25 au 30 janvier.	(A) L'aperçu de la production des cidres doit être basé sur les quantités de fruits *récoltées* et non sur les quantités soumises au pressurage.
*	Aperçu du produit de la récolte des vins et des cidres. (Modèle annexé à la lettre commune n° 2201, du 20 septembre 1848.) (A)	Directeurs.	Annuel. . .	Avant le 10 septembre. .	Du 15 au 20 septembre.	
*	Etat approximatif des quantités de vins et de cidres récoltées. (Modèle annexé à la lettre commune du 20 octobre 1866 — Voir la lettre commune n° 207, du 15 janvier 1872, pour les renseignements supplémentaires à fournir) et état des renseignements relatifs à la fabrication des vins de raisins secs et des vins obtenus par addition d'eau sucrée. (Lettre commune n° 21, du 18 octobre 1881, et n° 1, du 17 janvier 1882.)	Directeurs.	Annuel. . .	. . . .	Immédiatement après la récolte et au plus tard le 30 novembre (B).	(B) Si, vers les derniers jours de nov., les opérat. des récolt. ne sont pas encore complètement achev., elles doiv. être dans tous les cas assez avancées pour que le service puisse fourn. dès cette époq., avec une approximat. suffisante, les renseig. que comporte l'état de la récolte et l'état annexe, renseig. que l'Administrat. est tenue de récapituler avant le 5 déc. en vue de leur publication au *Bullet. de statistique* de décembre.
191	Relevé des objets d'or et d'argent présentés à la marque. (Lettre commune n° 12, du 12 juin 1884.)	Directeurs.	Mensuel. .	Avant le 5 de chaque mois.	Le 8 au plus tard.	
*	Etat des montres importées par les bureaux ouverts à l'introduction des montres étrangères.	Directeurs.	Annuel. . .	Avant le 10 janvier. . .	Du 10 au 15 janvier.	
*	Etat des frais de tournées des contrôleurs de la garantie.	Directeurs.	Trimestriel .	Avant le 10 du mois qui suit le trimestre.	Du 10 au 15 du mois qui suit le trimestre.	
Série P. 148	Etat des produits des chemins de fer.	Directeurs.	Trimestriel .	. . . .	Du 15 au 20 du mois qui suit le trimestre.	
*	Etat des ventes de tabacs dans les limites des zones (C).	Directeurs.	Annuel. . .	Avant le 5 février. . .	Du 5 au 10 février.	
*	Etat présentant, par débit, les éléments relatifs à la fixation des contingents en tabacs de zone (D).	Chefs de poste. . . .	Annuel. . .	Avant le 5 février. . .	Du 10 au 15 février.	
*	Etat récapitulant, par poste d'exercice, les éléments relatifs à la fixation de contingents en tabacs de zone (E).	Directeurs.	Annuel. .	. . . .	Du 10 au 15 février.	
*	Rapport sur la fixation des contingents en tabacs de zone.	Directeurs.	Annuel. .	. . . .	Du 10 au 15 février.	
	3e DIVISION. — 2e BUREAU.					
*	Etat de consistance des octrois. (Modèle annexé à la circulaire n° 7/3, du 17 août 1827.)	Directeurs et s.-directeurs.	Annuel. . .	Avant le 5 avril. . .	Du 5 au 10 avril.	(C) A fournir en double expédition.
*	Rapports des préposés en chef d'octroi.	Préposés en chef. . . .	Annuel. . .	Avant le 30 janvier. . .	Le 10 février.	(D) A fournir en double expédition aux directeurs, qui transmettent une expédition à l'Administration.
*	Etat des sommes payées ou dues par les communes à octroi pour indemnités d'exercices. (Modèle annexé à la circulaire n° 309, du 19 février 1881.)	Directeurs et s.-directeurs.	Annuel. . .	Avant le 10 janvier.	Du 15 au 20 janvier. . . .	
Q	Bordereau des recettes et dépenses des octrois. (Lettre commune n° 20, du 28 octobre 1891.)	Préposés en chef ou receveurs d'octroi.	Trimestriel .	Avant le 10 du mois qui suit le trimestre.	Du 10 au 15 du mois qui suit le trimestre.	(E) A fournir en simple expédition.
*	Etat récapitulatif des produits des octrois par département. (Lettre commune du 3 décembre 1864.)	Directeurs.	Annuel. .	. . . .	Du 10 au 15 janvier (avec les bordereaux du 4e trimestre).	
Y	Relevé sommaire des recettes par bureau d'octroi. (Circulaire n° 13/5, du 18 janvier 1828.)	Préposés en chef d'octroi.	Annuel. . .	Avant le 10 janv. (avec les bordereaux du 4e trimest.).		
197	Etat de proposition de répartition de fonds de gestion disponibles en fin d'année. (Octrois gérés par la régie. — Circul. n° 525, du 24 déc. 1857.) (Lett. comm. n° 20, du 28 oct. 1891.)	Directeurs et s.-directeurs.	Annuel. . .	Avant le 10 janvier. . .	Du 10 au 15 janvier. . . .	
*	Etat des communes assujetties aux frais de casernement. (Modèle annexé à la circulaire n° 39, du 20 avril 1823.)	Directeurs.	Annuel. . .	. . . .	Du 10 au 20 janvier. . . .	
*	Etat de situation des recouvrements des frais de casernement constatés pendant l'exercice expiré. (Lettre commune n° 18, du 21 mars 1827.)	Directeurs.	Annuel. .	. . . .	Du 20 au 30 avril.	
*	Décompte général des frais de casernement. (Modèle de la circulaire n° 628/64, du 10 décembre 1857. — Comptabilité publique.)	Directeurs et s.-directeurs.	Annuel. . .	Avant le 15 février. . .	Du 15 au 20 février.	
*	Relevé des octrois dont les actes de perception expirent au 31 décembre. (Modèle n° 1 de la circulaire n° 393, du 15 avril 1884.)	Directeurs.	Annuel. .	. . . .	Du 1er au 15 mai.	
*	Relevé des délibérations prises par le conseil général ou par la commission départementale, en vertu des articles 137 et 138 de la loi du 5 avril 1884. (Modèle n° 2, même circ.) (F).	Directeurs.	. . . . .	A la clôt. de chaq. session du cons. génér., et chaq. fois qu'une décis. est prise par l'assemblée départementle.	Dans les cinq jours de la clôture de la session, ou de la décision de la commission départementale.	(F) Ce relevé doit être accompagné de la copie des rapports des directeurs et, s'il y a lieu, des tableaux présentant l'indication des objets non compris dans le tarif général ou imposés au delà des limites de ce tarif.
*	Etat des droits d'entrée dont, à défaut de certificats de sortie, les directeurs ont, dans la limite de leur compétence, prononcé l'exonération sur les huiles ayant fait l'objet de passe-debout. (Correspondance périodique, 1874.)	Directeurs.	Trimestriel .	. . . .	Du 10 au 15 du mois qui suit le trimestre.	
*	Etat des droits d'entrée dont, à défaut de certificats de sortie, les directeurs ont, dans la limite de leur compétence, prononce l'exonération sur des huiles déclarées pour le dehors du lieu sujet par les entrepositaires. (Correspondance périodique, 1874.)	Directeurs.	Trimestriel .	. . . .		
*	Etat des frais d'exercice mis à la charge des industriels qui emploient des huiles en franchise de l'impôt. (Circ. n° 147, du 9 avril 1875.)	Directeurs.	Annuel. . .	. . . .	Du 1er au 15 février.	
	3e DIVISION. — 3e BUREAU.					
25	Etat des acquits-à-caution du registre n° 24 B délivrés pour les tabacs destinés à être exportés.	Entreposeurs. . . .	Mensuel.	Avant le 5 de chaque mois.	Du 5 au 10 de chaque mois.	
25 B	Etat des acquits-à-caution du registre n° 24 BB délivrés pour l'exportation des poudres à feu.	Entreposeurs. . . .	Mensuel.			
65 A	Situation des entrepôts. (Tabacs.).	Entreposeurs. . . .	Mensuel.	Du 1er au 5 de chaque mois.	Avant le 10 de chaque mois.	
65 B	Situation des entrepôts. (Poudres à feu.).	Entreposeurs. . . .	Mensuel.			
65 C	Tableau récapitulatif des ventes de tabacs et de poudres à feu faites dans chaque entrepôt par département.	Directeurs.	Mensuel.	. . . .		
*	Etat de situation de la vente des tabacs. (Modèle n° 1, annexé à la lettre commune n° 3300, du 25 mars 1861. — Lettre commune du 22 mars 1872.)	Entreposeurs. . . .	Mensuel.	Avant le 5 de chaque mois.	Du 8 au 10 de chaque moie.	
*	Etat de situation de la vente des tabacs. (Modèle n° 2, annexé à la lettre commune n° 3200, du 25 mars 1861. — Lettre commune du 22 mars 1872.)	Directeurs.	Mensuel.	. . . .		
*	Etat de renseignements pour la fixation de l'indemnité à accorder aux entreposeurs sur les quantités de tabacs saisies et classées.	Directeurs.	Annuel. . .	Avant le 10 janvier. . .	Du 10 au 15 janvier.	
*	Etat indiquant, par espèces de tabacs, les quantités vendues pendant le semestre et les restes en magasin à l'expiration du semestre. (Modèle annexé à la lettre commune n° 48, du 28 août 1866.)	Entreposeurs. . . .	Semestriel. .	Avant le 5 du mois qui suit le semestre.	Du 5 au 10 du mois qui suit le semestre.	
*	Etat de proposition d'admission en dépense de sommes payées à des militaires qui ont gardé des convois de poudres de commerce. (Modèle annexé à la lettre commune n° 55, du 20 février 1867.)	Directeurs.	Trimestriel .	Avant le 10 du mois qui suit le trimestre.	Du 10 au 15 du mois qui suit le trimestre.	
70 A	Relevé des registres de classement des tabacs saisis.	Entreposeurs. . . .	Annuel.	Du 5 au 15 janvier. . .	Du 15 au 25 janvier.	
70 B	Relevé des registres de classement des poudres saisies.	Entreposeurs. . . .	Annuel. .			
72 A	Procès-verbaux d'inventaires dans les entrepôts. (Tabacs.).	Agents qui ont procédé aux inventaires.	Annuel. .	Première expédition avant le 5 janvier.	Première expédition, le 5 janvier.	La deuxième expédition des états nos 72 A et 72 B est transmise avec le compte 73.
72 B	Procès-verbaux d'inventaires dans les entrepôts. (Poudres.)			Deuxième expédition, du 10 au 15 janvier.	Deuxième expédition, du 15 au 25 janvier.	
73	Compte annuel des entrepôts. (Tabacs et poudres.)	Entreposeurs.	Annuel. . .	Du 10 au 15 janvier. . .	Du 15 au 25 janvier. . . .	A fournir en double expédition.
77 B	Bordereau récapitulatif des recettes et des dépenses (Tabacs) par département.	Directeurs.	Annuel. .	. . . .	Du 15 au 25 janvier. . . .	
77 C	Même bordereau. (Poudres à feu.).	Directeurs.	Annuel. .			
80	Lettre d'envoi des états nos 65 A, B et C.	Directeurs.	Mensuel.	. . . .	Avant le 10 de chaque mois.	
86	Relevé des cigares exceptionnels. (Bureaux de vente directe.)	Directeurs.	Mensuel.	. . . .	Avant le 10 de chaque mois.	
*	Etat de situation des fournitures dans les entrepôts et comptabilité des colis vides. (Tabacs.)	Entreposeurs. . . .	Annuel. .	Avant le 1er février. . .	Du 1er au 5 février.	
	Etat de situation des fournitures dans les entrepôts, et comptabilité des colis vides. (Poudres à feu.)	Entreposeurs. . . .	Annuel. . .			
*	Inventaire du matériel des entrepôts. (Poudres à feu.	Agents du serv. d'exécution	Annuel. . .	Avant le 1er février. . .	Du 1er au 5 février.	
112	Etat présentant la situation de l'apurement des acquits-à-caution. (Tabacs et poudres.)	Directeurs et s.-directeurs.	Trimestriel .	Avant le 15 du mois qui suit le trimestre.	Du 15 au 20 du mois qui suit le trimestre.	

Indications des modèles et états.	Objet des modèles et états.	Désignation des agents qui sont appelés à fournir les documents à l'Administration.	Nature de la périodicité déterminée pour la production des documents.	Date à laquelle les documents ou les éléments de production doivent parvenir à la Direction.	Délai fixé pour la transmission des documents à l'Administration.	Observations.
•	Etat des acquits-à-caution (tabacs et poudres) inscrits au registre n° 166 jusqu'au 31 décembre, et non apurés au 31 mars.	Directeurs et s.-directeurs.	Annuel.	Avant le 10 avril.	Du 15 au 20 avril.	
151 AA	Etat, par recette principale, des estampilles, instruments et ustensiles sujets et non sujets à consignation.	Receveurs principaux.	Annuel.	Avant le 25 janvier.	Du 25 au 30 janvier.	
151 CC	Etat, par recette principale, des estampilles et instruments sujets à consignation.	Receveurs principaux.	Annuel.	Avant le 25 janvier.	Du 25 au 30 janvier.	
•	Etat des objets nécessaires aux employés chargés de l'exercice des fabriques de sucre.	Receveurs principaux.	Annuel.	. . . .	Dès qu'il est possible de fixer approximativement le produit de la campagne.	
•	Etat de la manutention des poinçons de la garantie. (Modèle n° 1 de la circulaire n° 38, du 10 mars 1832.)	Contrôleurs, essayeurs et receveurs de la garantie.	Annuel.	Avant le 10 janvier.	Du 10 au 15 janvier.	
•	Inventaire descriptif des plaques, papiers, ustensiles, meubles, etc., dans les bureaux de la garantie. (Modèle n° 2 de la circulaire n° 38, du 18 mars 1832.)					
•	Inventaire et distribution de plaques, portefeuilles, etc., de la garantie. (Modèle n° 3 de la circulaire n° 38, du 18 mars 1832.)	Directeurs.	Annuel.	. . . .	Du 10 au 15 janvier.	
155	Situation des crédits. (Lettre commune du 28 octobre 1852.)	Directeurs.	Mensuel.	. . . .	Du 1er au 10 de chaque mois.	
155 *bis*	Situation des cadres du personnel. (Lettre commune du 14 janvier 1879, n° 2.)	Directeurs.	Mensuel.	. . . .	Du 1er au 5 de chaque mois.	
Série D G 53	Relevé individuel des sommes dues ou présumées dues, au 30 avril, à des titulaires de créances dont les droits se rapportent à l'exercice expiré. (Modèle n° 37 annexé au règlement du 26 décembre 1866.)	Directeurs.	Annuel.	. . . .	Du 1er au 10 mai.	
•	Bordereau portant déclaration de crédits sans emploi sur les ordonnances de délégation de l'exercice expiré. (Modèle n° 18 annexé au règlement du 26 décembre 1866.)	Directeurs.	Annuel.	. . . .	Du 1er au 10 mai.	
Série P 39	Etat général des frais de régie. (Lettre commune du 1er décembre 1853.)	Directeurs.	Annuel.	. . . .	Du 10 au 20 décembre.	
•	Etat détaillé des logements qui sont occupés, dans les bâtiments dépendant du domaine de l'Etat, par des fonctionnaires ou agents des contributions indirectes. (Modèle annexé à la lettre lithographiée du 20 septembre 1860.)	Directeurs.	Annuel.	. . . .	Du 1er au 10 octobre.	
•	Tableau des propriétés immobilières de l'Etat affectées à un service public. (Modèle annexé à la lettre commune n° 180, du 23 février 1874.)	Directeurs.	Annuel.	. . . .	Du 1er au 10 octobre.	
•	Tableau présentant la situation du mobilier des bureaux d'ordre.	Directeurs.	Annuel.	. . . .	Du 15 au 20 janvier.	
•	Tableau présentant la situation du mobilier des entrepôts de tabac (vente directe). — (Lettre lithographiée n° 7834, du 23 octobre 1891.)	Directeurs.	Annuel.	Avant le 10 janvier.	Du 15 au 20 janvier.	
•	Tableau présentant, en ce qui concerne les entrepôts de ventes directes, les quantités de tabacs vendues, le produit des ventes, les remises et les frais divers.	Directeurs.	Annuel.	. . . .	Du 1er au 10 février (A).	(A) Cette production ne doit être fournie que pour les départements où il existe des entrepôts de ventes directes
	DIRECTION GÉNÉRALE DE LA COMPTABILITÉ PUBLIQUE.					
51 G	Etats de produits de la vente des allumettes. 1re partie. / 2e partie.	Receveurs principaux.	Annuel.	Avant le 5 juin. / Avant le 5 février.	Du 5 au 10 juin. / Du 5 au 10 février.	
51 C	Etat récapitulatif des produits de la vente des allumettes.	Directeurs.	Exerc. compl.	Avant le 5 juin.	Du 5 au 10 juin.	
76 L	Avis des recettes.	Directeurs et s.-directeurs.	Mensuel.	Le 2 de chaque mois.	Doit être parvenu au plus tard le 5 de chaque mois.	
91 B	Bordereau récapitulatif des recettes et des dépenses.	Directeurs.	Mensuel.	Avant le 5 de chaque mois.	Du 5 au 10 de chaque mois.	
91 C	Etat des rectifications à faire au total des recettes et des dépenses au bordereau n° 91 B du mois de décembre. (Voir la circulaire de la direction générale de la comptabilité, en date du 10 novembre 1875, n° 1196[104.)	Directeurs.	Annuel.	Avant le 5 février.	Du 5 au 10 février.	
95 B	Etat récapitulatif des pièces de dépenses envoyées à la direction générale de la comptabilité publique.	Directeurs.	Mensuel.	Avant le 10 de chaque mois.	Du 15 au 18 de chaque mois.	
98	Mandats de régularisation (à joindre aux états nos 95 B et 91 C. — Circulaire de la direction générale de la comptabilité, en date du 8 avril 1874, n° 1134[101.)	Directeurs.	Mensuel.	. . . .	Aux dates fixées pour l'envoi des états nos 95 B et 91 C.	
101	Relevé général des produits perçus ou constatés.	Directeurs et s.-directeurs.	Annuel.	Avant le 5 février.	Du 5 au 10 février.	
101 A	Etat de situation des droits acquis.	Directeurs	Annuel.	. . . .		
101 *bis*	Relevé général supplémentaire des produits.	Directeurs et s.-directeurs.	Annuel.	Avant le 5 juin.	Du 5 au 10 juin.	
108 A	Compte annuel des receveurs principaux. (Deniers.) 1re partie. Exercice expiré. / 2e partie. Exercice courant.	Receveurs principaux.	Annuel.	Avant le 5 juin. / Avant le 5 février.	Du 5 au 10 juin. / Du 5 au 10 février.	
108 A *bis*	Compte annuel des receveurs principaux. (Matières.)	Receveurs principaux.	Annuel.	Avant le 10 février.	Aussitôt après le renvoi fait par la comptabilité publique des états nos 51 C, C *bis* et CC dûment arrêtés. (Circul. de la comptabilité publique n° 106, du 28 décembre 1877.)	
108 B	Bordereau récapitulatif des comptes des receveurs principaux. (Deniers.) 1re partie. Exercice expiré. / 2e partie. Exercice courant.	Directeurs.	Annuel.	. . . .	Du 1er au 10 juin. / Du 1er au 10 février.	
108 B *bis*	Bordereau récapitulatif des comptes des receveurs principaux. (Matières.)	Directeurs.	Annuel.	1re expédition. / 2e expédition.	Du 1er au 10 février. / Avec le compte n° 108 A *bis*.	
108 C	Procès-verbal de situation de caisse.	Directeurs et s.-directeurs.	Annuel.	Avant le 5 février.	Du 5 au 10 février.	
108 D	1re partie. Comptereau des recettes et des dépenses sur les produits d'amendes et confiscations. / 2e partie. Comptereau des recettes et dépenses opérées sur les consignations.	Receveurs principaux.	Annuel.	Avant le 5 février.	Du 5 au 10 février.	
108 E	Comptereau des avances pour frais judiciaires, etc.	Receveurs principaux.	Annuel.	Avant le 5 février.	Du 5 au 10 février.	
152 B	Procès-verbal d'inventaire des matières au 31 décembre.	Receveurs principaux.	Annuel.	Avant le 10 février.	Avec le compte n° 108 A *bis*.	
160	Relevé des virements de fonds.	Directeurs.	Annuel.	. . . .	Du 15 au 20 janvier.	
244	Bordereau de détail à joindre au compte de fin d'année.	Receveurs principaux.	Annuel.	Avant le 5 février.	Du 5 au 10 février.	
244 *bis*	Bordereau de détail à joindre au compte de 1re partie.	Receveurs principaux.	Annuel.	Avant le 5 juin.	Du 5 au 10 juin.	
253	Etat des restes à recouvrer au 31 décembre. (Circulaire n° 120 de la direction générale de la comptabilité, en date du 4 décembre 1890.)	Directeurs.	Annuel.	Avant le 2 janvier.	Du 2 au 5 janvier.	
•	Etat des communes assujetties aux frais de casernement. (Modèle annexé à la circulaire n° 89, du 20 avril 1823.) Voir la circulaire n° 108, du 30 décembre 1880.	Directeurs.	Annuel.	. . . .	Avec le compte n° 101.	
	MINISTÈRE DES FINANCES. *Direction du personnel et du matériel.*					
79 B	Etat de remboursement du prix des impressions d'octroi.	Receveurs principaux.	Annuel.	Avant le 5 octobre.	Du 10 au 15 octobre.	
151 A	Etat de situation des impressions timbrées.	Receveurs principaux.	Annuel.	Avant le 25 janvier.	Du 25 au 30 janvier.	
151 A *bis*	Etat de situation des timbres et vignettes pour les allumettes et les bougies.	Receveurs principaux.	Annuel.			
151 B	Demande d'impressions timbrées et non timbrées.	Receveurs principaux.	Annuel.	Avant le 1er juin.	Du 1er au 10 juin.	
151 C	Etat de situation des timbres pour la Cour des comptes.	Receveurs principaux.	Annuel.	Avant le 25 janvier.	Du 25 au 30 janvier.	
151 C *bis*	Etat de situation, pour la Cour des comptes, des timbres et vignettes pour les allumettes et les bougies.	Receveurs principaux.	Annuel.			
	Direction du contrôle des administrations financières, de l'inspection générale et de l'ordonnancement.					
Série DC 194	Etat de situation des crédits délégués, des droits constatés au profit des créanciers de l'Etat, des mandats délivrés à ces créanciers et des paiements effectués en vertu de ces mandats. (Modèle n° 43, annexé au règlement du 26 décembre 1866.)	Directeurs.	Mensuel.	. . . .	Le 10 de chaque mois.	

Indication des modèles et états.	Objet des modèles et états.	Désignation des agents qui sont appelés à fournir les documents à l'Administration.	Nature de la périodicité déterminée pour la production des documents.	Date à laquelle les documents ou les éléments de production doivent parvenir à la Direction.	Délai fixé pour la transmission des documents à l'Administration.	Observations.
Série DC 53	Relevé individuel des sommes dues ou présumées dues, au 30 avril, à des titulaires de créances dont les droits se rapportent à l'année expirée. (Modèle n° 37, annexé au règlement du 26 décembre 1866.)	Directeurs.	Annuel. .	. . . .	Avant le 15 mai.	
Série DC 195	Etat de développement, par classes d'emplois, du montant net de la dépense définitive de l'exercice pour traitements fixes. (Modèle n° 44, annexé au règlement du 26 déc. 1866.)	Directeurs.	Annuel. .	. . . .	Avant le 15 mai.	
	Caisse centrale du trésor public.					
5 Fin.	Bordereau mensuel des obligations cautionnées. (Circulaire n° 479, du 16 juin 1887.)	Receveurs principaux. . .	Décadaire. .	. . . .	Les 1er, 11 et 21 de chaque mois.	
50 Fin.	Lettre d'envoi du bordereau n° 50 et des obligations. . .	Receveurs principaux. . .	Décadaire. .			
	Direction du mouvement général des fonds.					
52 Fin.	Lettre d'avis de l'envoi à la caisse centrale du bordereau mensuel des obligations cautionnées.	Receveurs principaux. .	Décadaire. .	. . . .	Les 1er, 11 et 21 de chaque mois.	
	Direction de la dette inscrite.					
»	Etat général des intérêts des cautionnements (Modèle annexé à la circulaire n° 510, du 9 novembre 1857.)	Directeurs.	Annuel. .	. . . .	Le 1er juillet.	
»	Etat supplémentaire des intérêts des cautionnements. . .	Directeurs.	Annuel. .	. . . .	Le 1er janvier.	

LETT. COMM. DU 16 MARS 1892, N° 28.

2e Division. — 2e Bureau.

Mélasses. — Méthode d'analyse. — Notification de la Décision ministérielle du 27 janvier 1892.

Monsieur le Directeur, à la suite de réclamations formulées par des distillateurs et des importateurs contre le procédé analytique des mélasses étrangères, le Comité consultatif des arts et manufactures a reçu la mission de rechercher quelle était la méthode d'analyse susceptible de fournir les résultats les plus exacts.

Après de laborieuses études, le Comité consultatif a, dans sa séance du 18 novembre dernier, émis l'avis que le procédé d'analyse chimique qu'il convenait d'adopter officiellement est le procédé Clerget, en appliquant la formule de Creydt pour les mélasses de betterave et la formule Clerget pour les mélasses de canne. Ce procédé se trouve décrit à la suite de la présente.

Par décision du 27 janvier dernier, le Ministre des finances a approuvé les conclusions du Comité consultatif.

Cette décision a été notifiée, pour exécution en ce qui le concerne, au directeur du Laboratoire central.

Veuillez, je vous prie, en informer les employés sous vos ordres.

Vous aurez, du reste, à faire remettre un exemplaire de la présente lettre aux chefs de service de chacune des fabriques de sucre de votre département, avec recommandation d'en porter, sans retard, les diverses dispositions à la connaissance des industriels.

Recevez, etc.

Le Conseiller d'Etat, Directeur général,
Signé : A. CATUSSE.

Description du procédé Clerget, tel que la sous-commission a proposé de l'adopter.

1° Prendre 32 gr. 40 (16 gr. 20 × 2) de mélasse. Les placer dans une fiole graduée de 200 centimètres cubes de façon que la fiole soit incomplètement pleine, et que l'on puisse agiter le liquide. Ajouter la quantité nécessaire de sous-acétate de plomb liquide, par portions de deux centimètres cubes à la fois, à des intervalles réguliers de cinq à dix minutes, en ayant soin d'agiter à chaque addition ; continuer la défécation jusqu'à ce que le liquide ne précipite plus par le sous-acétate. Compléter le volume à 200 centimètres cubes et filtrer.

2° Prendre la liqueur filtrée et polariser. Si le liquide est trop coloré, ajouter à 50 centimètres cubes de liquide filtré un gramme de noir pur fin, préalablement desséché, et laisser le noir en contact du liquide (en ayant soin d'agiter) pendant le moins de temps possible.

3° Prendre 100 centimètres cubes de liquide filtré, et les placer dans une fiole de 200 centimètres cubes environ. Ajouter 10 centimètres cubes d'acide chlorhydrique à 21° B. Suspendre la fiole dans un bain-marie, en faisant en sorte qu'elle y plonge jusqu'à la naissance du col. Elever progressivement, en dix ou douze minutes, l'eau du bain-marie depuis la température du laboratoire jusqu'à ce que le liquide de la fiole marque 69-70° centigrades. Pour rendre l'évaporation du liquide aussi faible que possible, on pourra, à l'aide d'un bouchon et d'un tube effilé, fermer presque complètement l'orifice de la fiole. Pendant l'opération, agiter de temps à autre la fiole sans la sortir du bain-marie. Un thermomètre devra être maintenu dans le liquide de la fiole. Retirer la fiole du bain-marie, et la laisser refroidir spontanément au moins jusqu'à 40° centigrades ; la refroidir ensuite jusqu'à 20° et polariser de nouveau, en ayant soin que la température du tube se maintienne à 19-21°. On peut, comme dans le cas du titre direct, faire usage de noir fin pour décolorer le liquide.

Dans le cas où la mélasse ne contient que du saccharose et du raffinose, on applique la formule suivante de Creydt, où A est la déviation polarimétrique directe, et B la déviation polarimétrique après inversion, augmentée de 10/100 de sa valeur et prise avec le signe × ou — ; on déduit ainsi la quantité de saccharose S, et de raffinose anhydre R, que contiennent 100 grammes de mélasse.

$$S = \frac{(A-B)-0,493\ A}{0,827} \quad ou\ S = 0,613\ A - 1,209\ B$$

$$R = \frac{A-S}{1,80}$$

Dans le cas où la mélasse contient du saccharose et du sucre inverti en quantité notable, on applique simplement la formule Clerget :

$$S = \frac{200\ (A-B)}{288-t}$$

où t est la température à laquelle se fait l'observation polarimétrique.

CIRC. DU 19 MARS 1892, N° 27.

3e Division. — 1er Bureau.

Chemins de fer et voitures publiques. — Exécution des articles 26, 27 et 28 de la loi de finances du 26 janvier 1892.

L'impôt sur les transports fut un de ceux auxquels les pouvoirs publics demandèrent, à la suite des événements de 1870-1871, les ressources nécessaires pour faire face aux exigences de la situation financière. Les transports de voyageurs et de marchandises en grande vitesse, déjà soumis à un impôt de 12 p. 0/0, décimes compris, furent frappés d'une surtaxe de 10 p. 0/0 par la loi du 16 septembre 1871. Quelque temps après, la petite vitesse fut également imposée : la loi du 21 mars 1874 la greva d'un impôt de 5 p. 0/0.

Ce dernier impôt, malgré sa quotité minime, ne laissa pas d'apporter une certaine perturbation dans les transactions commerciales. Aussi figura-t-il, dès que les circonstances le permirent, parmi les premiers dégrèvements opérés : la loi du 26 mars 1878 en prononça la suppression.

Les considérations qui motivèrent l'affranchissement de la petite vitesse pouvaient, dans une certaine mesure, s'appliquer à l'impôt sur la grande vitesse. Toutefois, il ne parut pas possible de priver, à cette époque, le Trésor d'une partie des revenus considérables que cet impôt lui procurait, et il fut maintenu dans son intégralité ; mais sa réduction était déjà décidée et n'était plus qu'une question de disponibilités budgétaires.

Aussi le Gouvernement, lorsqu'il négocia, avec les grandes compagnies de chemins de fer, les Conventions de 1883, eut-il soin d'y faire insérer une clause portant que, si l'Etat venait à supprimer la taxe établie en 1871, les compagnies réduiraient elles-mêmes de 10 et de 20 p. 0/0 les taxes qu'elles perçoivent pour leur propre compte sur les transports de voyageurs de seconde et de troisième classe.

Ces stipulations ne faisaient que rendre plus désirable un dégrèvement dont le public devait ainsi retirer des avantages bien supérieurs au sacrifice consenti par l'Etat.

L'augmentation croissante du revenu public et les plus-values attendues de la nouvelle tarification douanière ont rendu possible la réalisation de cette importante réforme, et de nouvelles négociations avec les compagnies ont permis d'étendre aux transports de marchandises les avantages qui doivent résulter de l'abaissement combiné des tarifs perçus par elles et de l'impôt établi au profit du Trésor.

Le dégrèvement de la grande vitesse fait l'objet des articles 26, 27 et 28 de la loi du 26 janvier 1892, insérée au *Journal officiel* du 27 du même mois. Ces articles sont ainsi conçus :

« Art. 26. — Est supprimée, à dater du 1er avril 1892, la taxe additionnelle de 10 p. 0/0 établie par l'article 12 de la loi du 16 septembre 1871 :

« 1° Sur le prix des places des voyageurs transportés par chemins de fer, par voitures publiques, par bateaux à vapeur ou autres, consacrés au public ;

« 2° Sur le prix des transports de bagages, y compris les 10 centimes d'enregistrement, et des messageries à grande vitesse par les mêmes voies.

« Art. 27. — Sont supprimées en totalité, à partir de la même date, les taxes proportionnelles qui sont actuellement perçues sur les prix nets de transport en grande vitesse des messageries, denrées et bestiaux. Les excédents de bagages, les finances et les chiens restent passibles de la taxe de 12 p. 0/0.

« Art. 28. — A partir du 1er avril 1892, les dispositions du dernier paragraphe de l'article 8 de la loi du 28 juin 1833 et de l'article 2 de la loi du 11 juillet 1879 cesseront d'être applicables aux entreprises de chemins de fer et de tramways autres que les tramways à traction de chevaux.

« Pour les chemins de fer d'intérêt local et les tramways à traction mécanique, quelle que soit leur longueur, il sera perçu, à partir de la même date, une taxe proportionnelle de 3 p. 0/0 sur le prix des places des voyageurs et des transports de bagages en grande vitesse.

« Les entreprises de tramways à traction mécanique, sur le réseau desquelles le prix des places ne dépasse pas 30 centimes, pourront, sur leur demande, être maintenues au droit fixe. »

On remarquera que le dégrèvement, sanctionné par les articles 26 et 27, n'a pas la même importance pour les voyageurs et pour les marchandises. En ce qui concerne les voyageurs et leurs bagages, l'article 26 de cette loi supprime seulement la surtaxe établie en 1871. Pour les transports de messageries et de denrées, qui intéressent à un si haut point le commerce de détail et l'agriculture, l'article 27 comporte la suppression complète de tous les impôts sur la grande vitesse, à l'exception des excédents de bagages, des finances et des chiens, qui restent passibles de l'ancien impôt de 12 p. 0/0.

A ces deux mesures, qui sont l'objet principal de la réforme, vient s'en ajouter une autre qui, sans avoir, au point de vue de ses conséquences économiques et financières, une égale importance, doit cependant appeler plus particulièrement notre attention, parce que, touchant non plus seulement au tarif, mais à l'assiette même de l'impôt, elle s'écarte davantage de l'état de choses existant.

Actuellement, les compagnies qui ne sortent pas d'une même ville ou d'un rayon de 40 kilomètres de ses limites ne paient que le droit fixe des services d'occasion, pourvu qu'il n'y ait pas continuité immédiate de service pour un point plus éloigné, même après changement de voiture. La question de savoir comment doit être interprétée la disposition relative à la continuité de service a soulevé d'assez grandes difficultés, et l'Administration a dû se montrer très tolérante pour ne pas mettre obstacle dans le service des correspondances. Au cours de la discussion devant les Chambres, il a été signalé, en outre, que, dans beaucoup de cas, les compagnies placées sous le régime du droit fixe d'occasion appliquaient des tarifs comprenant l'impôt proportionnel, et percevaient ainsi des voyageurs un impôt supérieur à celui légalement exigible et qu'elles reversaient elles-mêmes au Trésor.

Le Gouvernement et les Chambres ont clairement manifesté l'intention de faire cesser cet état de choses. L'article 28 de la loi de finances édicte, en conséquence, que le régime du droit fixe cessera, à partir du 1er avril, d'être applicable aux entreprises de chemins de fer et — sauf une restriction dont il sera parlé plus loin — aux entreprises de tramways autres que les tramways à traction de chevaux.

Ces entreprises passent donc obligatoirement sous le régime du droit proportionnel qui seul permet de répartir, avec une exactitude complète, entre les voyageurs l'impôt que les compagnies sont tenues de reverser intégralement au Trésor.

Mais on n'a pas voulu que cette mesure d'unification dans l'assiette de l'impôt se traduisît par une aggravation sensible de charges pour les petites entreprises, et l'on a été ainsi amené à créer en leur faveur une tarification spéciale. Toutefois, le bénéfice de cette tarification ne dépend plus de la longueur du parcours. A cette distinction, en effet, il a paru convenable de substituer une distinction basée sur le caractère des entreprises et les besoins auxquels elles répondent. La quotité du droit proportionnel n'est donc pas la même, d'une part, pour les chemins de fer d'intérêt général, et, d'autre part, pour les chemins de fer d'intérêt local et les tramways à traction mécanique. Tandis que les premières entreprises restent assujetties au paiement de l'ancien impôt de 12 p. 0|0 sur le prix des places des voyageurs, ainsi que sur les prix nets de transport des excédents de bagages, des finances et des chiens, il ne doit être perçu, pour les secondes, quelle que soit l'étendue du réseau, qu'une taxe proportionnelle de 3 p. 0|0 sur les prix des places des *voyageurs* et des *excédents de bagages* en grande vitesse.

La loi étant muette en ce qui concerne les finances et les chiens transportés sur les chemins de fer d'intérêt local et les tramways, on doit inférer de son silence à cet égard que le transport de ces objets est indemne de toute taxe.

Enfin, par son dernier paragraphe, l'article 28 excepte de l'application de la taxe proportionnelle les entreprises de tramways à traction mécanique sur le réseau desquelles le prix des places n'excède pas 30 centimes, c'est-à-dire, en général, celles qui font dans l'intérieur ou la banlieue d'une même ville un service assimilable à celui des lignes d'omnibus. A raison du nombre considérable de trajets qu'effectuent journellement les voitures affectées à ce genre de service, le droit fixe ne constitue qu'une charge relativement minime, et le passage au régime du droit proportionnel eût entraîné, pour ces entreprises, une aggravation d'impôt que le législateur a voulu leur épargner. Le régime du droit fixe demeure donc applicable, sur leur demande, aux lignes de tramways à traction mécanique sur lesquelles le prix des places le plus élevé n'excède pas 30 centimes pour le parcours de la totalité du réseau exploité.

Je donne ci-après les instructions que comporte, au point de vue de la constatation de l'impôt, l'application des mesures nouvelles.

1° Chemins de fer.

A partir du 1er avril prochain, les chemins de fer seront classés en deux catégories bien distinctes : les uns, ceux d'intérêt général, seront passibles de l'ancien impôt de 12 p. 0|0 des recettes nettes, soit 12|112es ou 3|28es des recettes brutes, sur le prix des places des voyageurs et sur les prix de transport des excédents de bagages, des finances et des chiens ; les autres, ceux d'intérêt local, ne seront assujettis qu'à une taxe proportionnelle de 3 p. 0|0 des recettes nettes, soit 3|103es (fraction irréductible) des recettes brutes sur le prix des places des voyageurs et des transports de

bagages en grande vitesse, les finances et les chiens étant complètement indemnes.

Exemples :

Soit une recette brute imposable de 24,864 francs.

L'impôt exigible s'élèvera :

1° S'il s'agit d'une compagnie de chemin de fer d'intérêt général, à

$$\frac{24,864 \times 3}{28} = 2664 \text{ fr.}$$

2° S'il s'agit d'une compagnie de chemin de fer d'intérêt local ou d'un tramway, à

$$\frac{24,864 \times 3}{103} = 724 \text{ fr. } 20 \text{ c.}$$

La recette nette ressort :

dans le 1er cas à 24,864f. — 2,664f. 00c. = 22,200f. 00c.
dans le 2e cas à 24,864f. — 724f. 20c. = 24,139f. 80c.

et l'impôt calculé sur cette recette nette à raison de 12 p. 0|0 et de 3 p. 0|0 donne bien, comme ci-dessus, 2,664 francs dans le premier cas et 724 fr. 20 dans le second.

La date de la mise en vigueur du nouveau régime ayant été fixée au 1er avril, les prix de transport versés ou acquis aux compagnies jusqu'à l'expiration de la journée du 31 mars restent passibles des anciennes taxes. L'impôt actuel des 29|154 doit donc être payé :

1° En ce qui concerne les voyageurs, sur le prix des billets délivrés jusqu'au dernier train quittant la gare avant minuit, alors même que la partie la plus importante du trajet s'effectuerait le 1er avril et jours suivants ;

2° En ce qui concerne les marchandises, sur le prix du transport de celles dont la gare de départ aura pris livraison jusqu'au 31 mars inclus, sans qu'il y ait à faire de distinction entre celles qui sont expédiées en port payé et celles qui voyagent en port dû.

Paiement de l'impôt proportionnel sur les 10 centimes payés par les voyageurs à titre d'enregistrement de bagages.

Il est entendu que les 10 centimes payés lors de l'enregistrement d'un bagage continueront à être soumis à l'impôt de 12 ou de 3 p. 0|0, comme faisant partie intégrante du prix total de la place que le voyageur doit payer. Le texte de l'article 26 confirme pleinement à cet égard la jurisprudence établie par l'arrêt de la Cour de cassation du 31 mai 1876.

Revision des tarifs des Compagnies.

Les changements apportés dans la quotité et l'assiette de l'impôt d'une part et, d'autre part, les réductions de tarifs consenties par les grandes compagnies elles-mêmes entraînent des remaniements dans les barèmes des prix à payer par les voyageurs et les expéditeurs de marchandises.

Les grandes compagnies se sont déjà mises en mesure de reviser et de faire homologuer leurs nouveaux tarifs. D'un autre côté, les directeurs ont été invités à se préoccuper de la situation qui va être faite aux petites lignes, soit d'intérêt général, soit d'intérêt local, et à se mettre en rapport avec les préfets de leur circonscription, en vue de s'assurer que les prix de transport, impôt compris, ont été mis en harmonie avec les dispositions de la nouvelle loi. Les sommes dont ces différentes entreprises sont autorisées à majorer les prix de transport résultant de l'application des tarifs qui leur sont propres ne doivent, en aucun cas, dépasser : pour les premières 12 p. 0|0, et, pour les secondes, 3 p. 0|0 de ces mêmes prix. Ainsi, un tarif de 10 francs perçu pour le compte de la compagnie donne lieu (impôt compris) à un prix total de 11 fr. 20 (taxe de 12 p. 0|0) ou de 10 fr. 30 (taxe de 3 p. 0|0). Le fait, par une compagnie, d'encaisser, en sus de ce qui lui revient en vertu de son cahier des charges, une somme supérieure à l'impôt légalement exigible et qu'elle reverse au Trésor, constituerait de sa part un véritable acte de concussion qu'il serait du devoir de l'Administration de signaler au Ministre.

Suppression de la réfaction.

La surtaxe établie en 1871 n'atteignait que les prix ou fractions de prix de 0 fr. 50 et au-dessus. Eu égard à la difficulté d'établir dans les écritures une distinction entre les recettes passibles et les recettes non passibles de cette surtaxe, il avait été alloué aux compagnies n'établissant pas cette distinction et dont les recettes étaient par suite frappées en totalité de la surtaxe, une déduction dont le taux, revisable tous les cinq ans, est resté uniformément fixé à deux centimes par article de perception. La loi de finances ayant supprimé la taxe additionnelle, la réfaction disparaît également. On ne devra plus, dès lors, en tenir compte dans le calcul de l'impôt.

Suppression de la déclaration en service extraordinaire.

Jusqu'ici, les compagnies de chemins de fer placées sous le régime du droit fixe d'occasion ont été

admises à déclarer en service extraordinaire les voitures supplémentaires qu'elles désirent mettre accidentellement en circulation. Le droit proportionnel applicable à ces voitures est alors de 29|154es pour les prix ronds de 0 fr. 50 et au-dessus, et de 12|112es pour les prix et fractions de prix inférieurs à cinquante centimes.

A partir de la mise en vigueur de la nouvelle loi, la déclaration en service extraordinaire n'aura plus de raison d'être, et les compagnies de chemins de fer auront à reverser au Trésor, sur toutes les recettes brutes, soit l'impôt de 12|112es, soit celui de 3|103es, suivant la distinction établie ci-dessus.

Modifications à apporter aux imprimés et états de produits.

La transformation opérée dans l'assiette de l'impôt aura nécessairement pour conséquence d'apporter certaines modifications dans la contexture des imprimés et des états de produits (nos 148, série P, 61 A, 102, 104, etc.). En attendant la revision des modèles, les directeurs feront subir à la main à ceux du tirage actuel les corrections nécessaires.

Relativement à l'état 148, série P, on devra servir, comme par le passé, les cadres n° 1 (mouvement des voyageurs) et 2 (situation des constatations et des restes à recouvrer) de la 1re page, et tirer un trait sur les cadres nos 1 et 2 de la 2e page, qui n'ont plus de raison d'être, du moment que la réfaction est supprimée. Quant aux cadres 3, 4 et 5 de la 3e page, on aura soin de les utiliser, en y apportant quelques rectifications, suivant le modèle imprimé à la suite de la présente circulaire. Enfin, on portera dans le dernier cadre de la page 3, actuellement affecté aux chemins de fer imposés au droit fixe, les tramways à traction mécanique sur le réseau desquels le prix des places ne dépasse pas 30 centimes et qui auront demandé à être maintenus sous ce régime. Le premier relevé 148 qui sera fourni à l'expiration du 2e trimestre 1892 ne devra comprendre que les constatations de ce trimestre, qui servira de point de départ à la nouvelle assiette de l'impôt.

2° Tramways a traction mécanique.

De même que les chemins de fer d'intérêt local, les tramways à traction mécanique n'auront plus désormais à acquitter que la taxe proportionnelle de 3 0|0 des recettes nettes sur le prix des places des voyageurs et des transports de bagages. Pourront seules être maintenues, sur leur demande, au droit fixe les entreprises sur le réseau desquelles le prix des places ne dépasse pas 30 centimes.

Conformément aux prescriptions de la lettre autographiée du 20 février, n° 1233, les directeurs ont déjà dû se préoccuper des mesures à prendre en vue d'assurer à la date fixée par la loi le fonctionnement du nouveau régime.

Parmi les cas qui se présenteront et qui peuvent donner lieu à quelques difficultés, on peut prévoir les suivants :

Une même compagnie exploite plusieurs lignes de tramways à traction mécanique, dont les unes, comportant des places d'un prix supérieur à 30 centimes, passeront obligatoirement sous le régime du droit proportionnel, tandis que pour les autres la compagnie demandera le maintien du droit fixe.

Une même compagnie exploite des lignes de tramways à traction mécanique, tombant sous le régime du droit proportionnel, et d'autres lignes à traction animale ou même des lignes d'omnibus, auxquelles le bénéfice du droit fixe est acquis de plein droit.

Pour ces différents cas, il est indispensable que, dans les écritures qu'elles tiennent tant en exécution de leurs cahiers des charges qu'en conformité de l'article 118 de la loi du 25 mars 1817, lesdites compagnies fassent apparaître distinctement les recettes afférentes aux lignes qui vont se trouver placées sous le régime du droit proportionnel.

Les directeurs ont dû également examiner, de concert avec les délégués de ces compagnies, les mesures qu'il peut y avoir à prendre en ce qui concerne l'attribution totale ou partielle à telle ou telle ligne du prix des correspondances échangées entre deux lignes placées sous deux régimes différents et qui donnent droit au voyageur quittant l'une de continuer son trajet sur l'autre sans paiement d'un nouveau prix.

Enfin les agents qui seront appelés à constater l'impôt d'après les écritures des compagnies n'ont certainement pas manqué, suivant l'invitation qui leur en a été faite, de se rendre compte à l'avance de la forme sous laquelle ces écritures sont présentées, et de rechercher les moyens de contrôle que peut offrir le rapprochement des écritures centralisées au siège de la compagnie avec les feuilles journalières tenues par les conducteurs ou par les chefs de station.

Suppression de la déclaration en service extraordinaire.

Les compagnies de tramways à traction mécanique étant désormais soumises au paiement de l'impôt proportionnel de 3 p. 0|0 dans les conditions sus-indiquées, le décompte du droit en service extraordinaire pour les voitures supplémentaires qu'elles mettent accidentellement en circulation cessera d'être établi. Toutefois, ce mode de liquidation des droits continuera à être admis relativement aux entreprises sur le réseau desquelles le prix des places ne dépasse pas 30 centimes et qui, pour ce motif, seront, sur leur demande, maintenues au droit fixe.

Exigibilité de l'impôt de dizaine en dizaine.

Aux termes de l'article 118 de la loi du 25 mars 1887, le droit de dixième du prix des places et du prix du transport des marchandises est exigible tous les dix jours. Cette règle continuera à être suivie pour la constatation de l'impôt applicable aux chemins de fer et sera dorénavant mise en pratique quant à la taxe proportionnelle de 3 p. 0|0 afférente aux tramways à traction mécanique.

3° Entrepreneurs de voitures publiques à service régulier.

Le tarif des droits sur les prix de transport, auxquels sont assujettis les entrepreneurs de voitures publiques à service régulier, a été fixé par la loi du 11 juillet 1879 (art. 3) à 22.50 p. 0|0 de la recette nette lorsque les prix déclarés sont de 50 centimes et au-dessus, et 12 p. 0|0 des mêmes recettes lorsque ces prix sont inférieurs à 50 centimes. La formule qui, appliquée directement à la recette brute, donne le montant de l'impôt exigible, est 9|49es dans le premier cas et 3|28es dans le second.

Comme conséquence de la suppression de la taxe additionnelle de 10 p. 0|0, les entrepreneurs dont il s'agit n'auront plus à acquitter, à partir de la mise en vigueur de la nouvelle loi, que la taxe de 3/28es ou 10.72 p. 0|0 sur le produit total des places des voyageurs, déduction faite du tiers pour places vides.

La même tarification est applicable au produit des bagages, finances et chiens transportés par les voitures en service régulier; les autres articles de messagerie sont, pour les voitures de terre et d'eau comme pour les chemins de fer, affranchis de tout impôt.

Rien n'est changé aux dispositions concernant les voitures de terre déclarées en service extraordinaire comme auxiliaires soit d'un service régulier, soit d'un service d'occasion, si ce n'est qu'à l'avenir la taxe de 3|28es sera seule applicable à la totalité des recettes imposables.

Abonnements.

La réduction d'impôt consentie par la nouvelle loi déterminera sans doute un certain nombre d'entrepreneurs, soumis au régime de l'abonnement, à réclamer une diminution de leurs traités. Aucune restriction ne devant être apportée à l'exécution de cette loi, les entrepreneurs qui en feront la demande seront admis d'office à résilier leurs engagements. A cet effet, les bases des soumissions actuellement en vigueur seront revisées à partir de la date d'exécution de la loi. Les recettes passibles d'impôt d'après lesquelles ces soumissions ont été établies (col. 28 et 29 de l'état 119) seront reconstituées et il y aura lieu d'en prendre seulement les 3|28es. Les résultats obtenus donneront les chiffres des redevances exigibles pour le temps à courir jusqu'au 31 décembre prochain.

Les éléments de calcul et le chiffre des abonnements revisés seront inscrits à de nouveaux états 119 et soumis à l'approbation de l'Administration sous le timbre de la 1re division.

J'invite les directeurs à se bien pénétrer des dispositions de la présente circulaire et à en assurer l'exécution.

Le Conseiller d'État, Directeur général,
Signé : A. Catusse.

CHEMINS DE FER D'INTÉRÊT GÉNÉRAL ET D'INTÉRÊT LOCAL ET TRAMWAYS A TRACTION MÉCANIQUE.

Voyageurs. Cadre n° 3.

Numéros des lignes.		Trimestre courant.	Trimestres antérieurs.	Total.
1	Recettes brutes passibles de la taxe de 12/112.			
2	Recettes brutes passibles de la taxe de 3/103.			
3	Total des recettes brutes.			
4	Produit net de l'impôt à raison de 12/112 des recettes inscrites ligne 1			
5	Produit net de l'impôt à raison de 3/103 des recettes inscrites ligne 2. .			
6	Total du produit net de l'impôt. . . .			

Marchandises (A). Cadre n° 4.

Numéros des lignes.		Trimestre courant.	Trimestres antérieurs.	Total.
7	Recettes brutes passibles de la taxe de 12/112.			
8	Recettes brutes passibles de la taxe de 3/103.			
9	Total des recettes brutes.			
10	Produit net de l'impôt à raison de 12/112 des recettes inscrites ligne 7			
11	Produit net de l'impôt à raison de 3/103 des recettes inscrites ligne 8			
12	Total du produit net de l'impôt. . . .			

Récapitulation. Cadre n° 5.

Numéros des lignes.		Voyageurs.	Marchandises.	Total.
13	Recettes brutes. (Voyageurs, ligne 3. — Marchandises, ligne 9.).			
14	Produit de l'impôt. (Voyageurs, ligne 6. — Marchandises, ligne 12.)			
15	Recettes nettes. — Différences entre les lignes 13 et 14. .			
16	Produit total de l'impôt. — Total égal à celui de la ligne 14.			

(A) Excédents de bagages, finances et chiens pour les chemins de fer d'intérêt général (12/112).
Excédents de bagages seulement pour les chemins de fer d'intérêt local et les tramways à traction mécanique (3/103).

Lett. comm. du 28 mars 1892, n° 29.

3e Division. — 1er Bureau.

Justifications à exiger des fabricants et des éprouveurs d'armes, à l'appui de leurs demandes de poudres. — Apposition d'une marque distinctive sur les emballages de poudres destinées à l'exportation.

Monsieur le Directeur, la livraison aux fabricants et aux éprouveurs d'armes, de poudres de guerre destinées aux épreuves des armes, a été la conséquence nécessaire de la loi du 14 août 1885 sur la fabrication et le commerce des armes et des munitions non chargées, attendu que l'exécution des épreuves de tir, par les fabricants, est indispensable à l'exercice de leur industrie.

La loi précitée n'impose aux fabricants aucune formalité, en ce qui concerne les armes non réglementaires et les munitions non chargées employées pour ces armes, et elle n'exige, pour les armes et munitions des modèles réglementaires, que l'envoi au préfet du département d'une simple déclaration dont il est délivré un récépissé.

Bien qu'il ne puisse être apporté de restriction à l'exercice des droits accordés par la loi susvisée, en soumettant à des formalités spéciales la livraison des poudres nécessaires aux épreuves, il convient cependant qu'avant d'accueillir une demande et de faire venir des poudres en entrepôt, l'Administration soit assurée que les demandeurs sont en situation d'utiliser les poudres pour leurs épreuves. D'ailleurs, la circulaire n° 1046, du 22 novembre 1866, a bien eu soin de spécifier que les fabricants d'armes dûment patentés et les éprouveurs d'armes dûment commissionnés étaient seuls admis à s'approvisionner de poudre de guerre.

En ce qui concerne les poudres destinées à l'armement des navires et à l'exportation, une disposition spéciale a été insérée dans le décret du 21 mai 1886, dont l'article 2 spécifie que les déclarations annexées aux demandes de poudres faites par les armateurs et les exportateurs doivent être visées, pour les exportations maritimes, par le commissaire de marine du lieu de l'armement ou de l'embarquement, et, pour les exportations par la voie de terre, par le préfet du département où réside le négociant pour le compte duquel se fait l'exportation.

Par analogie avec cette disposition, il y a lieu d'exiger, à l'avenir, que toutes les demandes de poudres pour l'épreuve des armes, lesquelles bénéficient du tarif d'exportation, soient appuyées, ou d'un extrait certifié de la patente des demandeurs, ou d'un certificat de l'autorité municipale établissant leur qualité ou profession de fabricant d'armes. La présentation de l'une ou de l'autre de ces deux pièces, en faisant connaître exactement le siège de la fabrication des armes et le lieu d'emploi des poudres, ne pourra que faciliter l'exercice des mesures de contrôle et de surveillance établie antérieurement et qui se trouvent indiquées page 7 de la circulaire n° 452, du 6 juin 1886.

A l'avenir, les fabricants et les éprouveurs d'armes devront adresser leurs demandes, appuyées de l'une des deux pièces ci-dessus, à l'entrepôt de la Régie le plus rapproché du lieu où la poudre doit être livrée. Les entreposeurs transmettront ces demandes, par la voie hiérarchique, aux directeurs des poudreries, lesquels en référeront, si besoin est, au Ministre de la guerre, suivant les instructions qui leur seront spécialement données à cet effet.

J'appelle tout particulièrement votre attention sur ce point que les entreposeurs ne doivent pas subordonner la commande des poudres de l'espèce à la réception d'une autorisation préalable émanant soit du Ministre de la guerre, soit de l'Administration.

Sans doute, ainsi que le mentionne la note commune du 6 mars 1891, n° 1623, la plupart des commandes importantes pour l'exportation, ainsi que des commandes pour les épreuves ou essais d'armes, sont faites directement à la Direction des poudres et salpêtres du Ministère de la guerre, et, dans ce cas, l'Administration transmet un avis lithographié indiquant le tarif à appliquer.

Mais ce n'est pas là une règle à laquelle les négociants sont tenus de se conformer.

L'envoi des demandes au Ministre de la guerre n'a pas, non plus pour objet d'obtenir une autorisation de livraison, mais de déterminer les types des poudres à fournir et de savoir si le service des poudres et salpêtres est en mesure de les fabriquer.

Il convient, à cet effet, de rappeler aux entreposeurs qu'ils doivent, sans avis préalable de l'Administration, appliquer d'office aux commandes de l'espèce le tarif d'exportation des poudres à feu, tarif revisé et fixé à nouveau, au commencement de chaque année, par un arrêté ministériel.

Afin de prévenir, dans le voisinage des frontières, la contrebande par réimportation, il a été créé, pour les poudres de chasse, des boîtes spéciales exclusivement réservées à l'exportation.

Les mêmes considérations s'appliquent à toutes les espèces de poudres, et particulièrement aux poudres de mine.

En conséquence, sur l'avis du Ministre de la guerre, il a été décidé qu'à partir du 1er avril prochain, tous les emballages de poudres destinées à l'exportation seront munis d'une marque distinctive, facilement reconnaissable.

Les entreposeurs devront, à l'avenir, mentionner explicitement, sur toutes leurs demandes, les espèces et quantités de poudres destinées à l'exportation.

Recevez, etc.

Le Conseiller d'État, Directeur général,
A. Catusse.

Lett. comm. du 1er avril 1892, n° 30.

3e Division. — 3e Bureau.

Matériel. — Nouvelle prorogation du traité des transports. — Modification, à partir du 1er avril 1892, des prix stipulés à ce traité.

Monsieur le Directeur, par lettre commune n° 25, du 28 décembre 1891, vous avez été informé que le traité passé avec les compagnies de chemins de fer pour les transports du Ministère des finances, qui devait prendre fin le 31 décembre 1891, a été prorogé jusqu'au 31 mars 1892. Une nouvelle prorogation vient d'être consentie pour une période de trois mois expirant au 1er juillet 1892.

Une modification, toutefois, est apportée.

Le traité actuel stipule pour la vitesse accélérée un prix de 0 fr. 22 par tonne et par kilomètre et, pour les trains spéciaux en vitesse accélérée, un minimum de 5 francs par kilomètre, avec la mention que ces prix ne comprennent pas l'impôt de 1871.

Comme, à partir du 1er avril 1892, l'impôt ancien aussi bien que l'impôt de 1871 sont supprimés sur les transports dont il s'agit, les prix susindiqués se trouvent ramenés à 0 fr. 19643 et à 4 fr. 4643.

Je vous prie d'assurer immédiatement l'exécution de ces dispositions, qui doivent avoir leur effet à dater du 1er avril.

Recevez, etc.

Le Conseiller d'État, Directeur général,
A. Catusse.

Circ. du 6 avril 1892, n° 28.

3e Division. — 1er Bureau.

Sucrage des vendanges. — Acheteurs de vendanges. — Achats de seconde main ; achats par simples intermédiaires. — Avis du Conseil d'État.

En autorisant le sucrage des vins avant la fermentation, avec modération de taxe, la loi du 29 juillet 1884 a voulu venir en aide à la viticulture éprouvée par le phylloxéra et les autres maladies de la vigne, et permettre l'amélioration des récoltes lorsque des circonstances exceptionnelles en ont compromis la qualité.

Dans la pensée du législateur, telle qu'elle s'est manifestée au cours des débats parlementaires, cette mesure était prise dans un intérêt purement agricole, et elle ne devait profiter qu'aux viticulteurs et aux vignerons.

Cependant, afin de ne pas léser les intérêts de la viticulture dans les régions où, dès cette époque, les propriétaires avaient l'habitude de vendre leurs récoltes à l'état de vendanges, le Conseil d'Etat a fait insérer dans le décret du 22 octobre 1886 une disposition qui étend aux acheteurs de vendanges le bénéfice de la même faveur, à la condition toutefois de représenter au service, au moment de la dénaturation des sucres, les certificats primitifs de récolte délivrés à leurs vendeurs par les autorités locales.

Pour compléter l'effet de cette mesure et en faciliter l'application, l'Administration a, de son côté, autorisé les chefs de service locaux ou, à leur défaut, les receveurs buralistes à se faire remettre les certificats de récoltes délivrés aux propriétaires qui désirent vendre leur récolte par fractions à plusieurs acheteurs ou ne la céder qu'en partie seulement, et à délivrer, au vu de ces certificats et dans la limite des quantités de vendanges qui y figurent, des attestations mentionnant les quantités partielles de vendanges ainsi vendues et rappelant la date du certificat primitif, ainsi que le nom du vendeur. (*Circ. n° 528 du 24 septembre* 1888.)

Mais la cession des vendanges en nature qui, en dehors de certaines contrées où la vinification exige des soins particuliers, ne constituait alors qu'un fait purement accidentel, a revêtu, dans ces derniers temps, un caractère nouveau de spéculation commerciale, de telle sorte que, dans la plupart des cas, le sucrage de ces vendanges a cessé d'être l'opération d'intérêt exclusivement viticole que le législateur de 1884 avait eu en vue de favoriser.

Au cours de l'année 1891 notamment, l'Administration a été saisie de nombreuses demandes de subdivisions de certificats de récolte, émanant, non plus de viticulteurs désirant vendre leurs récoltes, par fractions, à l'état de vendanges, mais de véritables commerçants non propriétaires, achetant les récoltes en gros pour les revendre en détail à une nombreuse clientèle disséminée sur les points les plus éloignés des vignobles, et qu'ils prétendaient faire bénéficier du sucrage à prix réduit.

Ainsi transportée systématiquement de la propriété chez le consommateur, et alors que les raisins ont successivement passé par plusieurs mains, la fabrication du vin est devenue une véritable opération industrielle, étrangère à la viticulture dont elle lèse même, à certains égards, les intérêts.

Le but principal et la conséquence effective de ce trafic sont de priver le Trésor du montant des droits de circulation et de consommation sur les vins préparés et sur les alcools provenant de leur distillation clandestine ou de celle de leurs marcs.

L'Administration ne pouvait se prêter à de telles combinaisons, et elle s'est refusée à admettre au bénéfice de la modération de taxe le sucrage des vendanges achetées de seconde main.

Cette décision ayant provoqué des réclamations, la question a été soumise au Conseil d'Etat, qui, dans sa séance du 29 décembre 1891, a formulé l'avis dont le texte est reproduit ci-après :

« La Section des finances, de la guerre, de la marine et des colonies du Conseil d'Etat, sur le renvoi qui lui a été fait par le Ministre des Finances de la question de savoir si les personnes qui n'achètent pas directement aux récoltants peuvent réclamer, pour le sucrage des vendanges, la réduction de taxe accordée par l'article 2 de la loi du 29 juillet 1884 ;

« Vu l'art. 2 de la loi du 29 juillet 1884 ;

« Vu les articles 1 et 6 du règlement d'administration publique du 22 juillet 1885 ;

« Vu la dépêche du Ministre des finances, en date du 6 novembre 1891 ;

« Ensemble les pièces du dosier ;

« Considérant que l'article 2 de la loi du 29 juillet 1884, qui accorde une réduction de taxe pour les sucres employés au sucrage des vendanges, cidres et poirés, dispose qu'un règlement d'administration publique déterminera préalablement les mesures applicables à l'emploi de ces sucres ;

« Considérant que le règlement d'administration publique rendu le 22 juillet 1885, en vertu de la disposition précitée, exige, par son article 6, que la quantité de vendanges soit constatée par des certificats de l'autorité municipale, qui, au moment de l'opération du sucrage, sont remis par le récoltant au service, ou par l'acheteur qui a traité directement avec le récoltant ; que, dans ce dernier cas, les certificats mentionnent les quantités de vendanges qui ont été cédées ; qu'aucune disposition du règlement n'autorise les acheteurs, qui ont revendu en détail les vendanges acquises des récoltants, à fractionner les certificats qui leur ont été remis, de manière à transmettre à chacun des sous-acquéreurs le droit d'obtenir avec réduction de taxe une quantité de sucre proportionnelle à la quantité de vendanges qui a été revendue.

« Est d'avis :

« Qu'il y a lieu de répondre à la question posée par M. le Ministre des finances dans le sens des observations qui précèdent. »

L'avis du Conseil d'Etat est la confirmation de l'interprétation adoptée par l'Administration.

Les directeurs devront, en conséquence, tenir rigoureusement la main à ce que les vendanges achetées de seconde main soient exclues du bénéfice du sucrage à prix réduit et donner au service les instructions nécessaires.

Il importe, toutefois, de remarquer que l'on ne doit pas considérer comme acheteurs de seconde main les négociants ou les simples particuliers qui font effectuer des achats de vendanges pour leur propre compte et en leur nom, par des personnes remplissant simplement le rôle de courtiers ou commissionnaires. L'intermédiaire, dans ce cas, ne saurait être assimilé au spéculateur qui fait le commerce d'acheter des récoltes en gros pour les revendre en détail, et, dans ces conditions, l'opération doit être considérée comme un achat direct et soumise au même régime. Au surplus, dans les achats de l'espèce, le certificat de récolte ou les attestations partielles délivrées par l'Administration sont établis au nom de l'acheteur réel, qui se trouve, dès lors, dans les conditions réglementaires pour obtenir le bénéfice du sucrage à taxe réduite.

Le Conseiller d'État, Directeur général,
A. Catusse.

Lett. comm. du 9 avril 1892, n° 31.

3e Division. — 1er Bureau.

Chemins de fer. — Conditions auxquelles les agents des contributions indirectes et des octrois sont autorisés à circuler dans l'enceinte des voies ferrées.

Monsieur le Directeur, la circulaire n° 347, du 2 décembre 1846, qui a notifié au service les dispositions de l'ordonnance du 21 novembre de la même année, relative à l'exploitation et à la police des chemins de fer, dispose que, conformément à l'article 62 de ladite ordonnance, les employés des contributions indirectes et des octrois, qui ont déjà un libre accès dans les gares, stations, magasins et autres établissements dépendant des chemins de fer, sont autorisés, dans l'exercice de leurs fonctions et munis de leurs commissions, à traverser et parcourir librement la voie de ces chemins toutes les fois que le service pourra l'exiger, en se conformant, d'ailleurs, aux mesures de précautions qui auront été déterminées.

La même circulaire ajoute qu'on ne devra user de cette faculté qu'avec réserve, et seulement dans des cas extraordinaires, ou bien lorsque les agents de la régie poursuivraient des fraudeurs ou auraient à prendre des mesures soit pour garantir les intérêts des perceptions, soit pour assurer la régularité du service.

Il importe que ces dernières prescriptions soient toujours exactement observées. Je vous prie en conséquence de rappeler aux agents placés sous vos ordres qu'ils doivent, d'une manière générale, s'abstenir de pénétrer dans l'enceinte des chemins de fer, à moins qu'ils n'y soient expressément appelés par l'exercice de leurs fonctions, et que, dans ce cas, ils doivent représenter, à toute réquisition, aux agents des compagnies, la commission dont ils sont tenus d'être porteurs, afin de justifier ainsi de leur identité et de leur droit à circuler sur la voie ferrée en vertu de l'article précité de l'ordonnance de 1846.

Vous voudrez bien veiller à ce que des recommandations analogues soient adressées aux agents des octrois par les soins des maires ou des préposés en chef.

Recevez, etc.

Le Conseiller d'Etat, Directeur général,
A. Catusse.

Loi du 12 avril 1892

concernant le service des colis postaux (1).

Le Sénat et la Chambre des députés ont adopté,

Le Président de la République promulgue la loi dont la teneur suit :

Article premier. — Est approuvée la convention concernant le service des colis postaux conclue, le 15 janvier 1892, entre l'administration des postes et des télégraphes et les administrations et compagnies de chemins de fer de l'Etat, du Nord, de l'Est, de Paris-Lyon-Méditerranée, de l'Ouest, d'Orléans et du Midi, et dont une copie authentique est annexée à la présente loi.

Art. 2. — Le Gouvernement est autorisé à étendre, par des traités spéciaux, le service des colis postaux en dehors des limites d'exploitation prévues par la convention du 15 janvier 1892.

Art. 3. — Des décrets insérés au *Bulletin des lois* détermineront, s'il y a lieu, les mesures à prendre par l'Etat pour l'exécution de la convention du 15 janvier 1892, et des traités prévus à l'article 2 précédent ; ils en fixeront la date d'exécution ainsi que les taxes à acquitter par le public français.

Art. 4. — Les dispositions de l'article 9 de la loi du 25 juin 1856, de l'article 9 de la loi du 4 juin 1859 et de l'article 9 de la loi du 25 janvier 1873, sont applicables, selon le cas, à l'insertion :

1° Dans les colis postaux, de lettres ou de notes manuscrites ayant le caractère de correspondance personnelle ;

2° Dans les colis postaux sans déclaration de valeur, d'espèces monnayées, de matières d'or ou d'argent, ou d'autres objets précieux.

Les dispositions de l'article 5 de la loi du 4 juin 1859 sont applicables au fait de déclaration frauduleuse d'une valeur supérieure à la valeur réelle du contenu des colis postaux portant déclaration de valeur.

L'administration des postes et télégraphes est autorisée à transiger avant comme après jugement.

Art. 5. — Les colis postaux auxquels s'applique la présente loi, ainsi que les actes de toute nature relatifs aux marchés passés par l'Etat en exécution de la présente loi, bénéficieront des réductions ou immunités de droits de timbre ou autres accordées par les lois des 3 mars 1881, 24 et 25 juillet 1881.

La présente loi, délibérée et adoptée par le Sénat et par la Chambre des députés, sera exécutée comme loi de l'Etat.

Fait à Paris, le 12 avril 1892.

Carnot.

Par le Président de la République,
Le Ministre du commerce et de l'industrie,
Jules Roche.

—

CONVENTION CONCERNANT LE TRANSPORT DES COLIS POSTAUX, CONCLUE ENTRE L'ÉTAT ET LES COMPAGNIES DE CHEMINS DE FER.

Les soussignés :

M. Justin de Selves, directeur général des postes et des télégraphes, agissant au nom de l'Etat et sous réserve de l'approbation du Ministre du commerce, de l'industrie et des colonies d'une part ;

Et, d'autre part,

MM. Gustave Cendre, directeur des chemins de fer de l'Etat ;

Albert Sartiaux, ingénieur en chef de l'exploitation du chemin de fer du Nord ;

Roger Barabant, directeur de la compagnie des chemins de fer de l'Est ;

Gustave Noblemaire, directeur de la Compagnie des chemins de fer de Paris à Lyon et à la Méditerranée ;

Charles Marin, directeur de la compagnie des chemins de fer de l'Ouest ;

(1) Transmise avec la circ. du 30 juill. 1892, n° 35.

Émile Heurteau, directeur de la compagnie du chemin de fer de Paris à Orléans ;

Ernest Blagé, directeur de la compagnie des chemins de fer du Midi ;

Sous réserve de l'approbation de leurs conseils d'administration respectifs ;

Vu les lois des 3 mars 1881, 24 juillet 1881 et 25 juillet 1881 ;

Vu la convention et le règlement concernant l'échange international des colis postaux, signés à Vienne le 4 juillet 1891 ;

Sont convenus de ce qui suit :

Article premier. — Les compagnies de chemins de fer ci-dessus mentionnées s'engagent à effectuer le transport des colis postaux de 0 à 3 kilogrammes et de 3 à 5 kilogrammes dans les conditions fixées par la Convention internationale et le règlement y annexé du 4 juillet 1891. Elles s'engagent, en outre, à étendre le service des colis postaux aux localités desservies par leurs correspondances, ou, à défaut, par des courriers de dépêches en voiture.

Les transports par voie ferrée sont effectués dans les trains en usage pour le service des colis de grande vitesse.

Les compagnies susmentionnées sont substituées, pour tout ce qui concerne le transport, aux avantages et aux obligations résultant, pour le Gouvernement français, des stipulations des actes internationaux précités, et ce, sous réserve des conditions et restrictions suivantes :

Régime international.

Art. 2. — La rémunération des compagnies de chemins de fer sera de 50 centimes, taxe internationale fixée pour chaque pays par l'article 5, § 1er, de la Convention du 4 juillet 1891.

Cette rémunération comprend :

1° Dans toutes les localités pourvues d'une gare, la réception des colis à la gare ou aux bureaux de ville désignés par les compagnies ;

2° Le transport sur les voies ferrées et la transmission entre compagnies ;

3° L'accomplissement des formalités en douane.

Elle ne comprend pas les droits fiscaux établis ou à établir.

Pour tous les colis en transit par la France, y compris ceux en provenance ou à destination de la Corse et de l'Algérie, la rémunération des compagnies est également fixée à 50 centimes.

Dans les localités non pourvues d'une gare, les colis postaux sont reçus dans les bureaux de correspondance des compagnies, ou, s'il n'existe pas de tels bureaux, dans les bureaux de poste desservis par des courriers de dépêches en voiture.

Pour la réception de ces colis et leur apport à la gare, il est perçu de l'expéditeur une rémunération supplémentaire de 25 centimes par colis, qui est acquise aux compagnies, à charge par elles de supporter les frais de cette opération.

Art. 4. — Les compagnies de chemins de fer sont autorisées à percevoir, en cas de factage à l'arrivée, un droit de 25 centimes. Sauf arrangement contraire avec les offices intéressés, ce droit est perçu du destinataire au moment de la livraison du colis ; il comprend la remise :

Soit à domicile, si la localité est pourvue d'une gare, si elle est desservie par un correspondant ou, à défaut d'un service de correspondance, si elle est le point extrême d'un service de dépêches en voiture ;

Soit au bureau de poste, si la localité, n'étant pas desservie par un correspondant, est desservie au passage par un courrier de dépêches en voitures.

Art. 5. — Conformément à l'article 5 de la convention internationale du 4 juillet 1891 :

1° Les colis encombrants dépassant 1 m. 50 dans un sens quelconque ou ceux qui, par leur forme, ne se prêtent pas facilement au chargement avec d'autres colis, qui sont volumineux ou qui demandent des précautions spéciales, sont soumis à une taxe supplémentaire de 50 p. 100 ;

2° Les déclarations de valeur sont acceptées jusqu'à 500 francs inclusivement, moyennant un droit proportionnel d'assurance égal à celui qui est ou sera perçu au départ de France pour les lettres avec valeur déclarée ;

3° L'envoyeur peut grever le colis expédié d'un remboursement maximum de 500 francs, moyennant un droit spécial de 0 fr. 20 par fraction indivisible de 20 francs du montant du remboursement ;

4° L'envoyeur peut obtenir un avis de réception d'un colis postal moyennant un droit fixe de 25 centimes.

Toutes les perceptions prévues par le présent article sont encaissées au départ au profit des compagnies ou offices contractants.

Art. 6. — Les colis du régime international pourront, à la demande des expéditeurs, être remis à domicile par un porteur spécial, immédiatement après leur arrivée au lieu de destination, moyennant une taxe de 50 centimes et dans les conditions prévues à l'article 8 de la convention du 4 juillet 1891.

Art. 7. — Dans les relations avec les pays qui y consentiront, les expéditeurs pourront prendre à leur charge les droits de douane exigibles à l'arrivée, moyennant déclaration préalable et dépôt d'arrhes suffisantes au bureau de départ, conformément à l'article 9, § 2, de la convention et à l'article 8 du règlement du 4 juillet 1891.

Les expéditeurs pourront également faire retirer du service les colis postaux, ou en faire modifier l'adresse, aux conditions et sous les réserves déterminées pour les objets de correspondance. De plus, ils seront tenus de garantir d'avance le paiement du port dû pour la nouvelle transmission.

Art. 8. — Tout colis postal destiné à être embarqué sur un paquebot français ou étranger est porté à bord de ce paquebot par les soins des compagnies de chemins de fer.

Tout colis postal arrivant en France par mer est débarqué en douane où il est pris livraison par les compagnies de chemins de fer, qui seront chargées de l'accomplissement des formalités en douane s'il s'agit d'un paquebot étranger. Lorsque, au contraire, les colis postaux seront apportés par un paquebot-poste français, la compagnie maritime sera chargée de remplir les formalités douanières.

Régime intérieur.

Art. 9. — Les compagnies de chemins de fer s'engagent à faire le transport à l'intérieur :

1° Des colis postaux de 3 kilogrammes et au-dessous, au prix de 50 centimes par colis ;

2° Des colis postaux de 3 à 5 kilogrammes, au prix de 70 centimes par colis.

Cette rémunération comprend la réception des colis postaux à la gare ou aux bureaux de ville désignés par les compagnies dans toutes les localités pourvues d'une gare, le transport sur les voies ferrées, la transmission entre compagnies.

Les colis postaux originaires des localités non pourvues d'une gare et destinés à emprunter la voie ferrée sont passibles d'une taxe supplémentaire de 25 centimes, comme il est dit à l'article 3 ci-dessus.

Art. 10. — Les compagnies de chemins de fer sont autorisées à percevoir en cas de factage à l'arrivée, pour les colis postaux ayant emprunté la voie ferrée, un droit de 25 centimes. Cette rémunération comprend la remise :

1° Soit à domicile, si la localité est pourvue d'une gare, si elle est desservie par un correspondant ou, à défaut d'un service de correspondance, si elle est le point extrême d'un service de dépêches en voiture ;

2° Soit au bureau de poste si la localité, n'étant pas desservie par un correspondant, est desservie au passage par un courrier de dépêches en voiture.

Art. 11. — Pour les colis circulant exclusivement sur les voies de terre, en dehors de la voie ferrée, les compagnies s'engagent à assurer le transport moyennant le prix de 50 ou de 70 centimes. Cette opération comprend la réception dans les bureaux correspondants ou, à défaut, dans les bureaux de poste, des colis à livrer dans un autre bureau de correspondance ou un autre bureau de poste relié au bureau de dépôt par un ou plusieurs services de correspondance ou de courriers de dépêches en voiture, l'échange ou la transmission entre les divers services dont il s'agit.

De plus, en cas de distribution au domicile du destinataire, les compagnies auront droit à la taxe spéciale de 25 centimes.

Les taxes de 50 et de 70 centimes prévues à l'article 9 et au présent article ne comprennent pas les droits fiscaux établis ou à établir.

Art. 12. — Les dispositions de l'article 5 de la présente convention s'appliquent au transport des colis postaux à l'intérieur sous les réserves suivantes :

1° Les déclarations de valeurs sont acceptées jusqu'à 500 francs inclusivement, moyennant un droit proportionnel d'assurance égal à celui qui est ou qui sera perçu à l'intérieur pour les lettres avec valeur déclarée ;

2° Le droit spécial à percevoir pour un remboursement de 500 francs et au-dessous sera égal au prix de transport payé pour le colis grevé de remboursement.

Sont applicables au transport des colis postaux à l'intérieur celles des stipulations des actes internationaux susvisés qui n'ont rien de contraire au présent article. Toutefois, les colis *dits* encombrants, circulant exclusivement à l'intérieur de la France continentale, seront exonérés de la taxe additionnelle de 50 p. 100.

Dispositions communes.

Art. 13. — Les colis postaux pour l'intérieur et pour l'étranger expédiés contre remboursement ou avec valeur déclarée ne sont acceptés que dans les gares ou dans les bureaux spécialement désignés à cet effet.

Le maximum de 500 francs auquel sont soumis, par les articles 5 et 12 ci-dessus, les colis postaux

avec valeur déclarée ou contre remboursement, pourra être élevé ultérieurement d'un commun accord.

Art. 14. — Les compagnies de chemins de fer s'engagent à payer aux receveurs des postes 5 centimes par colis reçu de l'expéditeur ou livrable au destinataire dans les bureaux de poste.

Art. 15. — Les compagnies de chemins de fer auront la faculté, toutes les fois qu'elles n'auront pas conclu de traités spéciaux pour le transport ou la réexpédition des colis postaux, soit avec leurs correspondants ordinaires, soit avec des courriers de dépêches en voitures, de faire effectuer par les courriers et sur les parcours qu'ils desservent l'enlèvement ou la livraison dans un bureau de poste, le transport et la remise à domicile aux prix maxima ci-après stipulés par leur cahier des charges, savoir : 15 centimes par colis pris ou livré dans un bureau de poste ou transmis à un autre courrier ou correspondant ; 25 centimes par colis livré à domicile ; 15 centimes pour retour de fonds encaissés sur les colis grevés de remboursement.

Art. 16. — La présente convention aura la même durée que la participation du Gouvernement français à la convention internationale, et elle engage les compagnies de chemins de fer dans la limite de la durée de leurs concessions.

Art. 17. — Toutes les contestations auxquelles pourraient donner lieu entre l'administration, les compagnies et les tiers, l'exécution et l'interprétation de la présente convention, ainsi que des actes internationaux susvisés, seront jugées par les tribunaux administratifs.

Art. 18. — La présente Convention annule et remplace celle du 2 novembre 1880, en ce qui concerne les compagnies de chemins de fer contractantes.

Art. 19. — Conformément à l'article 8 de la loi susvisée du 3 mars 1881, la présente Convention est dispensée du timbre et sera enregistrée gratis lorsqu'il y aura lieu à l'enregistrement.

Fait en autant d'originaux qu'il y a de parties intéressées.

A Paris, le 15 janvier 1892.

Approuvé l'écriture : A. DE SELVES. — *Approuvé l'écriture :* G. CENDRE. — *Approuvé l'écriture :* BARABANT. — *Approuvé l'écriture :* J. SARTIAUX. — *Approuvé l'écriture :* G. NOBLEMAIRE. — *Approuvé l'écriture :* MARIN. — *Approuvé l'écriture :* E. HEURTEAUX. — *Approuvé l'écriture :* BLAGÉ.

Approuvé par les conseils d'administration des compagnies :

Le Président du conseil d'administration des chemins de fer de l'État, BOUCHARD. — *Le Président du conseil d'administration de la compagnie du chemin de fer du Nord,* A. DE ROTHSCHILD. — *Le Président du conseil d'administration de la compagnie des chemins de fer de l'Est,* VAN BLAREMBERGUE. — *Le Président du conseil d'administration de la compagnie des chemins de fer de Paris à Lyon et à la Méditerranée,* E. CAILLAUX. — *Le Président du conseil d'administration de la compagnie des chemins de fer de l'Ouest,* E. BLOUNT. — *Le Président du conseil d'administration de la compagnie du chemin de fer d'Orléans,* ALPH. DE COURCEL. — *Le Président du conseil d'administration de la compagnie des chemins de fer du Midi,* AD. D'EICHTHAL. — Approuvé : *Le Ministre du commerce, de l'industrie et des colonies,* JULES ROCHE.

LETT. COMM. DU 25 AVRIL 1892, N° 32.

3e Division. — 1er Bureau.

Emploi des vélocipèdes dans l'Administration des contributions indirectes.

Monsieur le Directeur, depuis que la vélocipédie a cessé d'être un sport de pure distraction pour entrer dans la voie des applications pratiques, l'Administration s'est préoccupée de rechercher si elle ne trouverait pas, dans l'utilisation des vélocipèdes, des avantages particuliers.

Les renseignements recueillis auprès des directeurs, ceux qu'ont pu fournir les employés qui font déjà concourir le vélocipède à l'exécution du service, l'avis des spécialistes et des fabricants, enfin les résultats d'essais tentés par l'Administration elle-même, ont établi que, sans doute, le nouveau mode de transport ne peut servir en tous lieux et en tout temps, et que, par cela même, il ne saurait être substitué, d'une manière générale, aux chevaux et aux voitures en usage dans certaines recettes.

Mais l'expérience a démontré aussi, avec non moins d'évidence, qu'employé comme véhicule supplémentaire et facultatif, le vélocipède est appelé, en raison de ses qualités particulières et surtout de sa vitesse, à rendre, dans bien des cas, des services importants à tous les employés des postes actifs.

Dans un grand nombre de recettes à pied, il peut alléger sensiblement la fatigue des parcours ; dans les postes ruraux, en général, il facilitera l'exécution du service, les courses imprévues, certains travaux supplémentaires et, en particulier, la surveillance des opérations de sucrage.

Mais c'est surtout à la surveillance, à la recherche et à la poursuite de la fraude que son concours sera le plus utile, en tous lieux. Dans les régions où la fraude est fortement organisée, il offre déjà au service un moyen d'atteindre les contrebandiers, en supprimant l'avantage que ceux-ci doivent à la vitesse de leurs chevaux.

Ces appréciations reposent sur des actes contentieux rapportés dans des circonstances telles que la répression de la fraude n'eût pas été possible sans le concours des vélocipèdes.

L'Administration pense donc que le moment est venu de recourir à ce nouvel auxiliaire, et elle n'hésiterait pas à l'imposer d'office si elle pouvait compter sur un nombre suffisant de vélocipédistes exercés, sans lesquels les meilleures machines ne sauraient donner d'utiles résultats.

Ce personnel spécial faisant défaut, elle se borne à recommander, — mais elle recommande d'une manière particulière, — l'emploi du vélocipède à tous les employés actifs, commis, commis principaux, receveurs et contrôleurs, qui se croiront en état d'en faire usage et d'en tirer un bon parti dans l'intérêt du service.

L'Administration est même disposée à faciliter, à ceux de ces agents qui en manifesteront le désir, l'achat de machines de bonne qualité, d'une part en les faisant bénéficier des réductions sensibles de prix qu'elle a pu ou pourra obtenir des fabricants, d'autre part en faisant à ces employés, pour leurs achats, une avance de 300 francs au maximum, remboursable par termes mensuels de 15 francs.

Toutefois, elle n'entend favoriser que l'achat de machines de fabrication nationale, et d'une qualité qui permette de rendre des services réellement utiles à l'Administration, c'est-à-dire de vélocipèdes de route proprement dits, robustes et de fabrication irréprochable (1).

Seront exclus, au contraire, des mêmes avantages, tous les produits de fabrication étrangère, les modèles de luxe ou de course, ceux qui sont munis de caoutchoucs pneumatiques, les anciens bicycles et enfin les machines d'occasion ou de bazar, dont l'origine et la qualité sont, le plus souvent, très incertaines.

En fixant le maximum de l'avance à 300 francs, l'Administration n'entend pas limiter le choix des employés à des machines de ce prix ; mais, au delà, ils seront tenus d'acquitter le surplus au comptant.

Les dépenses auxquelles donneront lieu les avances seront imputées à la ligne 250 du bordereau 91 (avances pour le service des contributions indirectes) et les retenues mensuelles, lorsqu'elles motiveront la délivrance d'une quittance timbrée du registre 71, à la ligne correspondante 103.

L'emploi des vélocipèdes restant, jusqu'à nouvel ordre, facultatif, aucun changement ne sera apporté dans la fixation des frais de tournées des agents des recettes ambulantes qui en feront usage. C'est seulement après une expérience d'une certaine durée qu'il sera possible d'apprécier si l'adoption de ce mode de locomotion doit entraîner des modifications dans l'organisation des postes, telles que la transformation de recettes à deux chevaux en recettes à un cheval, et de recettes à un cheval en recettes à pied. Les directeurs seront appelés, lorsque le moment en sera venu, à formuler leur avis à cet égard, et l'Administration s'attachera à faire profiter le personnel des économies qui pourraient être ainsi réalisées.

Vous voudrez bien porter les dispositions qui précèdent à la connaissance de tous les employés ; elles contribueront à répandre l'emploi du vélocipède dans le personnel, et l'Administration aura sans doute ainsi, dans un délai rapproché, une pépinière d'agents vélocipédistes habiles et de bonne volonté, où elle pourra puiser pour organiser ses brigades de surveillance, former des sections spéciales dans les grandes villes et monter en vélocipédistes tous les postes où l'emploi du nouveau véhicule paraîtra susceptible de donner de bons résultats.

Vous aurez à adresser à l'Administration, avant le 31 mai prochain, un état conforme au modèle ci-après. Vous annoterez spécialement, dans la colonne d'observations, les demandes d'avances auxquelles il ne vous paraîtra pas convenable de donner suite. Des états analogues seront fournis ultérieurement, au fur et à mesure des nouvelles demandes qui pourraient se produire.

Recevez, etc.

Le Conseiller d'État, Directeur général,
A. CATUSSE.

(1) Un vélocipède destiné à un usage pour ainsi dire journalier doit présenter une résistance exceptionnelle : il sera muni, soit de caoutchoucs pleins de 0 m. 019 au moins et, de préférence, de 0 m. 022 ou même de 0 m. 025, soit de caoutchoucs creux de très bonne qualité et de faible diamètre intérieur. Le poids d'une bicyclette robuste ne doit pas être inférieur à 17 kilogrammes, et il sera préférable qu'il atteigne 18 à 20 kilogrammes. Les formes dites « à cadre » ou « à demi-cadre » seront recherchées de préférence. La bicyclette à demi-cadre, moins coûteuse et d'une simplicité de forme qui l'expose à moins de dérangements et facilite les réparations, suffit à toutes les exigences, quand la fabrication en est soignée.

Toutes les maisons françaises dont la marque est connue fabriquent ou peuvent fabriquer de telles machines.

Trois industriels, MM. F. Gras, A. Clément et Pattey, Lee et Cie (marque Securitas) ont déjà soumis à l'Administration des modèles paraissant remplir les conditions voulues et pour lesquels ils ont consenti, en faveur de l'Administration, des réductions importantes qui en abaissent les prix à 300, 325 et 355 francs environ, y compris les accessoires indispensables (lanterne, porte-bagages et grelot ou corne d'appel) ainsi que l'emballage et les frais de transport jusqu'à la gare la plus rapprochée du domicile des employés.

3e DIVISION.

1er BUREAU.

Exécution de la lettre commune n° 32 du 25 avril 1892.

CONTRIBUTIONS INDIRECTES.

DÉPARTEMENT d

État nominatif des employés qui désirent faire l'acquisition de vélocipèdes par l'intermédiaire de l'Administration.

Nom de l'employé.	Grade et résidence de l'employé.	Désignation de la gare la plus rapprochée du siège de la résidence des employés.	Désignation des machines. Nature de la machine (tricycle ou bicyclette.)	Désignation des machines. Nom et adresse du fabricant.	Désignation des machines. Description détaillée de la machine d'après le catalogue.	Désignation des machines. Prix d'achat, y compris les accessoires indispensables (corne ou grelot lanterne et porte-bagages)	Montant de l'avance demandée par l'employé.	Observations du directeur.

NOTA. — On pourra remplacer la description détaillée de la machine par l'indication de la page exacte du catalogue où la machine se trouve représentée et décrite.

LETT. COMM. DU 27 AVRIL 1892, N° 33.

Bureau central et du Personnel.

Concours de préposés pour le grade de commis.

Monsieur le Directeur, le concours annuel institué pour l'admission des préposés au grade de commis aura lieu le 30 mai prochain.

Comme par le passé, tous les préposés de 1re et de 2e classe, âgés de 40 ans au plus, pourront y prendre part.

La liste des postulants sera close le 18 mai, et transmise, dès le lendemain, en double expédition, sous le timbre de la présente.

Les préposés à pourvoir du grade de commis à l'ancienneté seront choisis, cette année, parmi ceux nés pendant les années 1842 à 1861 inclus et promus à la 1re classe antérieurement à 1887. Vous voudrez bien vous reporter, à cet égard, à la Lettre commune n° 7 du 3 avril 1890.

Les dossiers d'examen et la liste des candidats, établie par ordre de mérite, me seront adressés au plus tard le 11 juin.

Recevez, etc.

Le Conseiller d'État, Directeur général,
A. CATUSSE.

CIRC. DU 28 AVRIL 1892, N° 29.

3e Division. — 1er Bureau.

Revision des impressions. — Acquits d'alcool et quittances du registre n° 9. — Visa de conformité relatif au paiement du droit de consommation.

En vue de prévenir les irrégularités et les malversations qui peuvent se produire à propos de l'acquittement du droit de consommation par les débitants rédimés, l'Administration va faire imprimer, sur les registres où est relatée cette perception, les visas suivants :

1° Au dos des acquits d'alcool et au-dessous de la mention du paiement du droit de consommation, *vu conforme aux énonciations de la quittance du registre n° 9* ;

2° Au bas des quittances du registre n° 9, *vu conforme aux énonciations figurant au dos de l'acquit-à-caution.*

Ces visas devront être apposés par le receveur, le chef de poste ou de section au moment de la reconnaissance des spiritueux de nouvelle venue et du retrait des acquits chez les débitants. L'Administration rappelle à cette occasion qu'aussitôt après avoir encaissé le droit de consommation, le buraliste doit restituer l'acquit-à-caution au redevable en même temps qu'il lui remet la quittance du registre n° 9, quittance que ledit redevable est tenu de représenter au service pour obtenir la décharge du titre de mouvement.

Les employés seront ainsi matériellement obligés d'opérer un contrôle dont ils se dispensent assez fréquemment, et, d'un autre côté, leur responsabilité se trouvera effectivement engagée si les vérificateurs reconnaissent ultérieurement l'absence des visas ou le défaut de conformité des pièces visées.

Dès à présent, et jusqu'à épuisement des registres des anciens tirages, les visas dont il s'agit seront libellés à la main.

Le Conseiller d'État, Directeur général,
Signé : A. CATUSSE.

Pour ampliation :
L'Administrateur de la 3e Division,
H. ROUSSAN.

LETT. COMM. DU 28 AVRIL 1892, N° 34.

Bureau central et du Personnel.

Recrutement des préposés.

Monsieur le Directeur, un concours pour le recrutement des préposés des divers services aura lieu, le 18 juin prochain, dans les Directions.

Veuillez en informer le préfet de votre département et le prier de faire publier l'avis ci-joint dans le *Recueil des actes administratifs*. Vous assurez aussi aux moyens d'obtenir l'insertion gratuite de cet avis dans tous les journaux de la région. Enfin, vous ne négligerez pas d'indiquer les conditions et la date de l'examen aux divers chefs de service, en les invitant à donner aux intéressés toutes les explications utiles.

Les postulants devront se faire inscrire dans vos bureaux avant le 23 mai, et produire, pour cette date, les pièces réglementaires, adhésion préfectorale comprise, que vous m'adresserez, dès le lendemain, sous le timbre de la présente, avec deux expéditions de la liste des candidats.

Les autres dispositions relatives au concours ont été fixées ou rappelées par la Lettre commune n° 8, du 8 mai 1890. Je vous prie de vous y reporter, au besoin, et de me faire parvenir, le 26 juin au plus tard, les dossiers d'examen et la liste des candidats établie par ordre de mérite.

Recevez, etc.

Le Conseiller d'État, Directeur général,
A. CATUSSE.

CIRC. DU 30 AVRIL 1892, N° 30.

2e Division. — 2e Bureau.

Sucres bruts indigènes et coloniaux, représentant des excédents de rendement ou des déchets de fabrication non libérés de la taxe spéciale de 30 francs. Exportation à la décharge des comptes d'admission temporaire.

Les sucres bruts de toute origine, déclarés pour la consommation, sont frappés d'un droit de 60 francs par 100 kilogrammes de sucre raffiné, à l'exception toutefois de *ceux de provenance indigène ou coloniale* qui représentent soit des excédents de rendement, soit des déchets de fabrication. Les sucres de cette catégorie ne sont assujettis, à la sortie des fabriques ou des entrepôts, qu'à la taxe spéciale de 30 francs. Ils jouissent donc d'une prime de 30 francs.

Lorsque ces derniers produits sont livrés à la consommation intérieure, aucun inconvénient ne résulte du traitement particulier auquel ils sont soumis. Mais il n'en est pas de même quand ils sont exportés.

Dans ce dernier cas, en effet, la constatation du passage des sucres dont il s'agit à l'étranger ne les affranchit que de la taxe spéciale de 30 francs, qui leur est applicable; elle n'assure pas aux exportateurs le bénéfice de la prime que l'Etat ne doit supporter qu'indirectement par voie de moins-value sur ses recettes.

En cas d'exportation, la loi n'autorise pas la restitution des droits perçus. Mais, sous le régime de l'admission temporaire créé par l'article 5 de la loi du 7 mai 1864, les sucres *libérés d'impôt* donnent lieu, au moment de l'exportation, à la délivrance de certificats n° 7 qui sont l'équivalent d'une restitution et qui, sous le tarif actuel, représentent uniformément une valeur de 60 francs par 100 kilogrammes de sucres exprimés en raffiné. Des certificats de l'espèce ne peuvent donc être délivrés, lors de l'exportation des sucres *primés*, qu'autant que la taxe de 30 francs, dont ces produits sont passibles, ait été préalablement acquittée, soit à la sortie des fabriques, soit à l'enlèvement des entrepôts réels. Or l'obligation de faire cette avance implique une gêne, une charge dont les intéressés ont exprimé le désir d'être affranchis.

Saisi de la question, le Ministre a jugé que satisfaction pouvait être accordée aux réclamants, et il a décidé, le 11 de ce mois, qu'en cas d'exportation, les sucres indigènes et coloniaux, représentant les excédents de rendement ou les déchets de fabrication, pourraient être admis à la décharge des comptes d'admission temporaire, aux conditions suivantes :

En ce qui concerne les sucres indigènes, *imposables au droit de 30 francs par 100 kilogrammes*, déclarés pour l'étranger, ils pourront être dirigés des établissements expéditeurs, fabriques ou entrepôts réels, sur les lieux d'exportation, en suspension du paiement des droits, sous le lien d'acquits-à-caution du registre 9 C (modèle créé par la circulaire n° 600, du 8 août 1890).

Ils donneront lieu à la délivrance de certificats de sortie d'une valeur égale au montant de la prime à laquelle ils auront droit.

Transmissibles par voie d'endossement comme les autres certificats, les nouveaux titres, dont le modèle est ci-joint, seront établis sur une formule spéciale qui portera le n° 7 D de la nomenclature. Ils seront imprimés à l'encre noire sur papier teinté en rose et seront traversés par une double ligne diagonale rouge pour les distinguer des modèles déjà adoptés. Ainsi que le mentionnent les indications du libellé et du cadre, ils ne pourront servir à la régularisation des obligations d'admission temporaire que jusqu'à concurrence de *moitié* des quantités de sucre raffiné dont ils constateront l'exportation.

J'invite les Directeurs à porter ces dispositions à la connaissance des intéressés ainsi que des comptables qui reçoivent des soumissions d'admission temporaire et à en surveiller l'exécution.

Le Conseiller d'Etat, Directeur général,
Signé : A. CATUSSE.

Pour ampliation :
L'Administrateur de la 2e Division,
Signé : DECHAUD.

LETT. COMM. DU 4 MAI 1892, N° 35.

2e Division. — 2e Bureau.

Sucres. — Crédits d'enlèvement. — Indications à fournir aux chefs de service et aux receveurs.

Monsieur le Directeur, aux termes du paragraphe 132 de l'Instruction générale du 15 décembre 1853, les industriels ou négociants qui désirent enlever des fabriques ou des entrepôts, sans justification préalable du paiement des droits, les sucres destinés à la consommation (ou à l'admission temporaire), peuvent être admis à souscrire une soumission cautionnée, à la *convenance* du receveur principal. Dans ce cas, celui-ci indique, tant aux chefs de service qu'aux comptables subordonnés, les quantités dont l'enlèvement se trouve autorisé

ainsi que la période pendant laquelle le crédit est accordé.

Sous le régime d'un tarif unique, ces indications étaient suffisantes pour permettre aux chefs de service de s'assurer si les quantités expédiées se trouvaient renfermées dans les limites du crédit accordé. Mais il n'en est plus ainsi depuis que les sucres candis, les excédents et les sucres destinés à l'amélioration des vendanges sont frappés de taxes différentes, car, suivant que les sucres expédiés sont passibles d'un droit plus ou moins faible, on peut imputer sur le crédit d'enlèvement ouvert au redevable une quantité plus ou moins grande.

Il est donc indispensable que le receveur principal fasse connaître aussi aux chefs de service le montant des droits dont le paiement peut être ajourné. L'Administration est cependant informée que cette indication n'est pas fournie sur plusieurs points.

Au cas où il en serait ainsi dans votre département, vous devriez inviter les receveurs principaux à se conformer à la règle tracée ci-dessus.

Recevez, etc.

Le Conseiller d'Etat, Directeur général,
A. CATUSSE.

CIRC. DU 5 MAI 1892, N° 31.

3e Division. — 1er Bureau.

Tarif des douanes. — Saindoux destinés à des usages industriels. — Surveillance des opérations de mélange et de dénaturation par le service des Contributions indirectes.

Aux termes de la note du n° 30 du tarif des douanes annexé à la loi du 11 janvier 1892, les saindoux destinés aux usages industriels peuvent être admis en franchise, à la condition d'être mélangés à d'autres graisses et dénaturés sous la surveillance du service des douanes.

En ce qui concerne le mélange avec d'autres graisses, la question s'est posée de savoir si cette opération doit obligatoirement précéder l'importation, c'est-à-dire avoir été effectuée à l'étranger. Il a été reconnu qu'une exigence de cette nature aurait pour effet de priver du bénéfice de la loi diverses industries qui sont obligées, pour les besoins de leur fabrication, de s'approvisionner exclusivement de saindoux en branches, absolument frais et sortant de l'abatage. Tel est notamment le cas de la parfumerie. D'ailleurs, si la loi a subordonné la concession de la franchise à une double garantie, elle n'a pas dit d'une manière formelle que l'une des deux aurait lieu avant l'introduction. En conséquence, le Ministre des Finances a décidé, d'accord avec son collègue du Commerce et de l'Industrie, que le mélange dont il s'agit pourrait être effectué facultativement, soit avant, soit après l'importation.

Quant à la dénaturation, il a été démontré qu'il serait matériellement impossible d'y procéder dans les bureaux de douanes. La nécessité s'impose donc d'autoriser le transport des produits dans les usines où ils doivent être mis en œuvre, et d'admettre que leur dénaturation puisse avoir lieu dans ces usines, sous la surveillance du service des Contributions indirectes, partout où il n'existe pas de service de douane.

A cet effet, les saindoux déclarés pour un usage industriel devront être dirigés sur l'usine de destination avec la garantie du plombage et sous le lien d'un acquit-à-caution. Après avoir été mélangés avec d'autres graisses sous la surveillance des agents des Contributions indirectes, si ce mélange n'a pas eu lieu avant l'importation, ils seront ensuite dénaturés en présence de ces mêmes agents, suivant le procédé indiqué par le comité consultatif des arts et manufactures. Ce procédé consiste à faire chauffer au bain-marie, à environ 100 degrés, la masse à dénaturer, puis à tamiser à la surface un poids de benjoin finement pulvérisé égal à 1/4 p. 0/0 du poids des saindoux, enfin à maintenir cette température pendant une demi-heure, en agitant le mélange.

Le service restera d'ailleurs maître de fixer les jours et les heures des différentes opérations.

Les employés inscriront sur un carnet les quantités dénaturées, et ils établiront sur papier libre un certificat, signé par eux, relatant : 1° la date de la dénaturation et sa durée ; 2° le numéro et la date de l'acquit-à-caution ; 3° le nombre de colis mentionnés à cette expédition ; 4° le nombre de colis représentés et l'état du plombage ; 5° le poids des saindoux reconnus ; 6° le poids des graisses ajoutées ; 7° le poids total des quantités soumises à la dénaturation.

Les certificats de l'espèce seront annexés aux acquits-à-caution, qui, dûment déchargés, devront être renvoyés au directeur des douanes du lieu d'expédition.

La question de l'indemnité à verser par les intéressés pour frais de surveillance ou d'exercice a été réservée. Elle fera l'objet, s'il y a lieu, d'instructions complémentaires.

D'après les renseignements fournis par le comité consultatif des arts et manufactures, les industries qui emploient les saindoux et qui pourront, par suite, réclamer le bénéfice de la disposition précitée du tarif des douanes, sont, en dehors de la pharmacie, la fabrication des savons et, en particulier, des savons parfumés, la préparation des pommades et la parfumerie en général.

Le Conseiller d'Etat, Directeur général,
Signé : A. CATUSSE.

Pour ampliation :
L'Administrateur de la 3e Division,
Signé : H. ROUSSAN.

LETT. COMM. DU 7 MAI 1892, N° 36.

2e Division. — 2e Bureau.

Sucres et distilleries. — Campagne 1892-1893. — Organisation du service.

Monsieur le Directeur, vous recevrez, en même temps que la présente lettre commune, le nombre d'exemplaires des modèles série P, nos 138 et 219, qui vous sont nécessaires pour établir vos propositions relatives à l'organisation du service des sucres et des distilleries pendant la campagne 1892-1893.

Ces propositions, qui devront être transmises dans la première quinzaine du mois de juin au plus tard, seront présentées distinctement et en double expédition :

1° Pour les fabriques de sucre ;
2° Pour les raffineries ;
3° Pour les fabriques de glucose ;
4° Pour les brûleries et distilleries.

En se référant aux instructions déjà données sur la matière, notamment par les lettres communes nos 7, du 17 avril 1886, et 6, du 18 mai 1887, l'Administration rappelle qu'on ne saurait apporter trop de soin à la formation des relevés dont il s'agit. Elle a eu souvent l'occasion de remarquer, par exemple, en les rapprochant des états n° 13 ou d'autres documents, que les modèles n° 219 présentaient, relativement à l'importance de la distillation, des chiffres inexacts ou exagérés. Vous tiendrez la main à ce que ces documents soient établis désormais avec toute la précision possible. Il est indispensable spécialement que les espèces des matières premières soient bien indiquées, et que leurs quantités soient exprimées en hectolitres pour les liquides et en quintaux métriques pour les autres matières.

Le Conseiller d'Etat, Directeur général,
A. CATUSSE.

LETT. COMM. DU 27 MAI 1892, N° 37.

1re Division. — 3e Bureau.

Recommandations aux agents de contrôle et d'exécution. — Tenue des comptes de gros en ce qui concerne les spiritueux à haut degré.

Monsieur le Directeur, l'Inspection générale des finances relève fréquemment, dans ses rapports, l'inscription aux carnets de circulation de visas fictifs et la mention aux registres d'ordres de tournées qui n'ont pas été régulièrement visitées. On peut en tirer cette conclusion que les investigations ne sont pas assez approfondies dans les bureaux de direction et de sous-direction, et que les inspecteurs ne se préoccupent pas suffisamment de la sincérité des justifications de travail qu'ils ont mission de contrôler.

J'insiste pour que les vérificateurs de tout ordre ne négligent jamais de relever en temps utile ces simulations de service.

Je tiens à faire observer, en même temps, que les inspecteurs doivent recueillir, en aussi grand nombre que possible, pour les rapprocher des souches, des quittances de tous les registres de perception indistinctement, et non pas seulement des quittances nos 9 et 74, comme cela se pratique ordinairement.

Enfin, je leur recommande de nouveau de ne pas se borner à examiner les écritures et la marche générale du service ; ainsi que l'a prescrit la circulaire n° 554, du 1er avril 1889, il est indispensable qu'ils portent principalement leur attention sur les exploitations commerciales ou industrielles importantes, sur les questions se rattachant aux législations nouvelles ou aux services spéciaux, sur les circonstances qui, directement ou indirectement, peuvent faire échec à l'impôt.

En vue d'éviter les compensations qui peuvent s'établir chez les marchands en gros entre les excédents et les manquants de spiritueux à degrés différents, la circulaire n° 545, du 5 février 1889, a prescrit de suivre pour mémoire les entrées et les sorties des spiritueux à haut degré, et d'utiliser à cet effet la marge et les colonnes restées libres du portatif 50 A. On constate parfois que la tenue de ce compte est limitée aux opérations du trimestre, et que les employés, faute d'avoir entre les mains le portatif de la période précédente, ne se trouvent pas en mesure de constater les situations anormales. Il est nécessaire de relater, lors de la reprise, le détail des restes en spiritueux à haut degré reconnus au dernier recensement, ainsi que le chiffre des entrées et des sorties postérieures à ce recensement, lorsqu'il n'a pas été effectué le dernier jour du trimestre.

En un mot, le nouveau portatif doit présenter toutes les indications indispensables pour que la tenue du compte en question aboutisse à des résultats utiles.

Lors des appels et des vérifications, les employés supérieurs s'assureront que cette prescription est bien comprise et régulièrement exécutée.

Recevez, etc.

Le Conseiller d'État, Directeur général,
A. CATUSSE.

CIRC. DU 11 JUIN 1892, N° 32.

3e Division. — 1er Bureau.

Villes rédimées. Etablissement du régime de la taxe unique à Dôle.

Un décret en date du 26 avril 1892 ayant fixé à 11,051 habitants le chiffre de la population agglomérée de la commune de Dôle (Jura), le régime de la taxe unique a été établi dans cette ville à partir du 1er juin courant. Par suite, les boissons déclarées à destination de Dôle donneront lieu désormais à la délivrance d'acquits-à-caution.

En attendant que les modèles aient pu être revisés, il conviendra de modifier à la main les indications du tableau 117 C, qui est déposé dans les recettes buralistes, ainsi que la nomenclature des villes rédimées imprimée à la dernière page des registres de perception.

Le Conseiller d'État, Directeur général,
Signé : A. CATUSSE.

Pour ampliation :
L'Administrateur de la 3e Division,
Signé : H. ROUSSAN.

LETT. COMM. DU 15 JUIN 1892, N° 38.

2e Division. — 1er Bureau.

Contentieux. — Application de la loi du 14 août 1889. — Procédure à suivre en vue de l'exercice de l'action fiscale.

Monsieur le Directeur, l'exécution des dispositions répressives de la loi du 14 août 1889 a donné lieu à des difficultés d'application sur lesquelles l'Administration croit utile d'appeler votre attention.

Ainsi que l'a indiqué la circulaire n° 572 du 18 novembre 1889, — appréciation que l'arrêt de cassation du 18 juillet 1891 a, d'ailleurs, confirmée, — le défaut d'identité judiciairement constaté entre la nature du vin transporté et celle mentionnée à l'expédition donne ouverture à deux actions : l'une publique, poursuivie par le procureur de la République, et l'autre civile, dont l'exercice appartient à la Régie.

Le ministère public, à qui revient l'initiative des poursuites, doit donc être saisi, sans délai, du procès-verbal rapporté.

Or, en règle générale, le juge du lieu du délit est le juge naturel de l'infraction : le lieu où s'exécute l'acte coupable est, en effet, ordinairement attributif de compétence.

Par application de ce principe, qui découle de la législation criminelle sur la compétence *ratione loci* des juridictions de répression, le garde des sceaux, dans une lettre adressée le 25 avril 1890 au ministre des finances, a fait connaître que les infractions à l'article 1er de la loi précitée, étant la conséquence d'un acte de commerce accompli dans des conditions spéciales de fraude, doivent être portées devant le tribunal correctionnel du lieu où le fait contraventionnel a été perpétré. « Un acte de commerce, a dit le ministre de la justice, ne saurait évidemment constituer une infraction continue ; par suite, l'infraction est commise au lieu où l'acte de commerce est accompli, c'est-à-dire au lieu même où l'expédition de la marchandise a été opérée. »

En matière de circulation de boissons, le procès-verbal est, il est vrai, toujours déféré au tribunal du lieu de la saisie; dans ce cas, en effet, la contravention procédant soit de l'absence d'expédition, soit de l'inapplicabilité au chargement du titre de mouvement représenté, peut être considérée comme se continuant et se renouvelant, en quelque sorte, à chaque instant, pendant tout le temps que dure le transport, jusqu'au moment où elle est constatée. Mais ce mode de procéder, que la jurisprudence a consacré (A. C. du 6 janvier 1876. Mémorial du contentieux, t. XIX, p. 225), ne met pas obstacle à ce que le tribunal du domicile de l'expéditeur soit saisi de l'affaire au point de vue de la répression fiscale, lorsqu'il est établi que c'est bien dans ce lieu qu'a été commis le délit résultant de la fausse déclaration de la nature des vins mis en circulation.

Vous devez donc, dans les cas de l'espèce, faire parvenir, par la voie du service, le procès-verbal au procureur de la République dans le ressort de qui est située la recette buraliste d'où émane l'expédition accompagnant le chargement saisi.

Il convient, en outre, de se concerter avec ce magistrat, afin que l'action fiscale s'exerce concurremment avec l'action publique.

Il est de principe, en effet, que la répression d'un fait unique de fraude passible à la fois de pénalités de droit commun et de peines fiscales, doit être simultanément poursuivie par le ministère public et par la partie civile. La juridiction qui prononce sur la poursuite du ministère public, sans décider en même temps sur l'action civile, épuise son pouvoir ; par suite, elle violerait la maxime *non bis in idem*, si elle se saisissait à nouveau du même fait pour statuer sur les condamnations revenant à la Régie.

Sur ce point, la Cour de cassation, confirmant sa jurisprudence antérieure (A. C. des 17 mars 1837, 17 février 1868, 19 novembre 1891), vient de rendre, à la date du 6 mai 1892, l'arrêt dont les principaux considérants sont reproduits ci-après :

« Attendu, en droit, que les tribunaux de répression ne sont compétents pour statuer sur l'action civile qu'accessoirement à l'action publique, et que ce principe est applicable à la régie des contributions indirectes toutes les fois que la contravention fiscale qu'elle relève peut donner lieu à l'application d'une peine corporelle ; que la loi du 14 août 1889, en imposant à l'expéditeur l'obligation de déclarer la véritable nature du vin expédié, et à la Régie celle de délivrer des titres appropriés à la déclaration, a virtuellement modifié l'article 10 de la loi du 28 avril 1816, en ce sens que, désormais, si la déclaration est reconnue fausse, l'expéditeur qui a provoqué la remise du titre inapplicable commet une double contravention, l'une à la loi du 14 août 1889, l'autre à la loi du 28 avril 1816, articles 6 et 10, mais qu'il ne s'agit, en réalité, que d'un fait unique, passible, tout à la fois, de pénalités de droit commun et de peines fiscales; que la répression n'en peut donc être poursuivie que simultanément, et que la juridiction qui a épuisé son pouvoir en statuant sur la poursuite du ministère public ne peut se saisir à nouveau du même fait, entre les mêmes parties, à la requête de la Régie, assimilée à une partie civile;

« Que, par l'effet de la loi du 14 août 1889, le ministère public a le droit de requérir les peines portées par cette loi et celles qui résultent de la législation fiscale, et que le juge a le pouvoir de les appliquer d'office ; que la Régie profite des preuves administrées par le ministère public ; qu'elle peut intervenir dans la poursuite du ministère public pour réclamer, dans son intérêt, l'application des peines fiscales, mais qu'elle le doit dans les termes de l'article 3 du Code d'instruction criminelle, et qu'elle ne peut ni saisir le même tribunal, ni saisir un autre tribunal, lorsque le juge a statué sur l'action publique ;

« Qu'à défaut de dispositions contraires dans la loi du 14 août 1889, l'article 3 du Code d'instruction criminelle, qui édicte un principe d'ordre public dans le but d'éviter le scandale de décisions correctionnelles contradictoires sur le même fait, doit recevoir son application ; qu'il en doit être ainsi surtout lorsqu'il s'agit de rechercher la véritable nature du vin expédié dans les deux poursuites ;

« Qu'il importe peu que la Régie puisse ou non saisir, à son choix, la juridiction civile, puisque, en lui imposant la juridiction correctionnelle, le législateur ne l'a pas autorisée à se soustraire à la règle imposée à toute partie civile devant les tribunaux de répression. »

Cette doctrine constante de la Cour suprême subordonne donc l'exercice de l'action de la Régie, accessoirement liée à une action publique, à l'accomplissement de diverses formalités sur la stricte observation desquelles l'Administration insiste d'une manière toute particulière.

Ainsi, par l'intermédiaire de vos collègues, vous ne devez pas omettre de vous informer auprès du procureur de la République à qui a été transmis le procès-verbal constatant l'infraction, de la date à laquelle l'affaire sera appelée à l'audience correctionnelle. Puis, dès que ce renseignement vous est parvenu, il importe d'adresser au chef de service de l'arrondissement où la contravention doit être jugée, des conclusions aux fins de condamnation, que celui-ci remet ensuite au défenseur habituel de la Régie, avec mission d'intervenir dans la cause, directement, sans citation préalable, et de prendre les mesures utiles pour que le tribunal statue simultanément et par un même jugement sur les deux actions engagées.

Enfin, il va sans dire que, dans le cas où le ministère public se refuserait à poursuivre l'infraction constatée, ou si l'instruction ordonnée était close par une ordonnance de non-lieu, il conviendrait de revenir à la règle générale suivie par l'Administration, c'est-à-dire qu'il y aurait lieu (l'exercice de l'action fiscale ayant été autorisé) de porter le procès-verbal devant le tribunal correctionnel du lieu de la saisie.

Recevez, etc.

Le Conseiller d'État, Directeur général,
Signé : A. CATUSSE.

CIRC. DU 16 JUIN 1892, N° 33.

3e Division. — 1er Bureau.

Poudres à feu. — Mise en vente de nouvelles poudres pyroxylées de chasse.

Les poudres de chasse pyroxylées qui, depuis 1882, sont fabriquées par l'État et livrées à la consommation, ont été, malgré les améliorations notables que leur fabrication a déjà reçues, l'objet de plaintes sur lesquelles l'attention de M. le ministre de la guerre a été appelée à diverses reprises. Les consommateurs signalent tantôt la trop grande quantité de fumée que ces poudres produisent, tantôt les résidus solides et durs qu'elles laissent dans les armes, tantôt l'excès de vivacité qu'elles accusent dès qu'elles sont employées dans un état de dessiccation trop complète ou à une charge un peu supérieure à celle qu'indiquent les instructions jointes aux boîtes les contenant.

M. le ministre de la guerre a fait rechercher de nouveaux types de poudres dont l'emploi ne donnât plus lieu à ces divers inconvénients. Ces recherches, exécutées dans les poudreries de Vonges et de Sevran-Livry, ont abouti à la détermination de deux nouveaux types de poudres de chasse qui ont été désignées : celui de Vonges, par la lettre P, celui de Sevran-Livry par la lettre J, et qui jouissent des propriétés suivantes :

Les poudres pyroxylées P et J donnent moins de fumée dans le tir que la poudre pyroxylée dénommée poudre S ; elles brûlent complètement dans les armes et n'y laissent pas de résidus solides ou adhérents ; elles ne donnent pas, pour les augmentations de charge compatibles avec le volume des douilles ordinaires, des pressions excessives ou dangereuses pour les armes.

Leur emploi paraît donc devoir faire cesser les plaintes auxquelles la poudre actuelle S a donné lieu.

Au cours des expériences entreprises sur les poudres pyroxylées de chasse, les ingénieurs des poudres et salpêtres ont, en outre, reconnu qu'il y aurait avantage à créer, dans chaque type, une série de numéros de grosseur, comme il a été fait pour les poudres noires, afin de les approprier plus complètement aux armes des différents calibres usités en France. Dans chaque type, on aurait, pour le calibre 12, la grosseur n° 1 et, pour les calibres 16 et 20, la grosseur n° 2. De plus, dans le type J, dont le mode de fabrication s'y prête le mieux, on aurait la grosseur n° 0 pour les carabines de précision rayées et la grosseur n° 3 pour les pistolets de tir. Ces deux derniers numéros de grosseur sont destinés à satisfaire aux demandes faites par certains armuriers.

En conséquence, la série des poudres pyroxylées de chasse à offrir aux consommateurs sera, à partir du 1er juillet 1892, celle qu'indique le tableau suivant :

Dénomination.	Espèce.	Numéros de grosseur.	Destination.
Poudre pyroxylée S. . . .	Type actuel. .	1	Fusils de chasse calibre 12.
		2	Fusils de chasse calibre 16 et 20.
Poudre pyroxylée P. . . .	Type de Vonges.	1	Fusils de chasse calibre 12.
		2	Fusils de chasse calibre 16 et 20.
Poudre pyroxylée J. . . .	Type de Sevran-Livry. . .	0	Carabines rayées.
		1	Fusils de chasse calibre 12.
		2	Fusils de chasse calibre 16 et 20.
		3	Pistolets et revolvers.

Pour les poudres des types J et P, la forme générale des boîtes actuelles sera conservée; la hauteur seule en sera modifiée d'après la densité gravimétrique des poudres. Ces boîtes, dont les contenances seront de 100 grammes, 200 grammes, 500 grammes et 1 kilogramme, seront recouvertes d'un vernis *rouge* pour la poudre J, *brun* pour la poudre P, et munies d'étiquettes indiquant le type et le numéro de poudre, la contenance et le prix de vente.

Pour les poudres du type S, les boîtes imprimées actuelles seront provisoirement conservées; mais leur partie conique recevra une étiquette blanche portant les inscriptions nécessaires.

Une notice indiquant la nature et le mode d'emploi de la poudre sera jointe à chaque boîte.

Pour tous les types, les boîtes seront placées dans des caisses des modèles actuellement en usage, contenant respectivement 9 kilogrammes et 2 kilogrammes de poudre pyroxylée.

La mise en vente des nouvelles espèces de poudre est fixée au 1er juillet prochain.

Les poudres de chasse pyroxylées restant en approvisionnement à cette date dans les entrepôts devront être classées comme poudres du nouveau type S n° 2 et vendues comme telles.

Les prix de revient des nouvelles poudres P et J étant sensiblement les mêmes que celui de la poudre pyroxylée ordinaire S, le prix de vente actuel de cette dernière deviendra applicable à toutes les espèces.

Les demandes de poudres pyroxylées devront toutes être adressées à la poudrerie de Sevran-Livry, à l'exception de celles concernant l'Algérie, qui devront être envoyées à la poudrerie de Saint-Chamas.

Au début, il conviendra de limiter strictement les commandes aux demandes des consommateurs et de régler sur ces premières commandes l'importance des approvisionnements à constituer.

En ce qui concerne la conservation des poudres pyroxylées, aucune mesure nouvelle n'est à prescrire autre que celles contenues dans la circulaire n° 595, du 11 juillet 1890.

Le Conseiller d'État, Directeur général,
A. CATUSSE.

Pour ampliation :
L'Administrateur de la 3e Division,
Signé : H. ROUSSAN.

LETT. COMM. DU 27 JUIN 1892, N° 39.

3e Division. — 3e Bureau.

Allumettes chimiques. — États de concordance. — Création d'un nouveau modèle d'état annuel.

Monsieur le Directeur, afin d'assurer, relativement aux ventes d'allumettes chimiques, la concordance qui doit exister entre les écritures des contributions indirectes et celles des manufactures de l'État, la circulaire n° 587, du 9 mai 1890, a prescrit la production, par les directeurs et les sous-directeurs, aux manufactures expéditrices, de relevés mensuels et d'états annuels, les uns présentant l'analyse de chaque commande expédiée et décomptée pendant le mois écoulé, les autres énonçant, pour chaque type d'allumettes et d'accessoires, le total des envois effectués durant l'année expirée.

Ces relevés, qui ne comportent ni l'indication de la valeur des expéditions, ni la mention de leur constatation dans la comptabilité en deniers des contributions indirectes, ne sauraient constituer, pour la Cour des comptes, la justification voulue des sorties inscrites dans la comptabilité en matières des manufactures. En vue de remédier à cet inconvénient, l'Administration, de concert avec la direction générale des manufactures de l'État, vient de créer un nouveau modèle de relevé annuel, présentant, avec les quantités expédiées par les manufactures, les sommes constatées par le service des contributions indirectes.

Suivant la règle adoptée pour les états de concordance annuels dont le modèle a été annexé à la circulaire n° 587 précitée, et auxquels ils seront substitués à l'avenir, les nouveaux relevés devront être dressés par manufacture. Les chefs divisionnaires les établiront immédiatement après la liquidation complète et définitive des commandes de l'année. Ils s'assureront que l'ensemble des quantités et des sommes portées à ces documents correspond aux totaux des états 51 G de l'exercice, et, après y avoir certifié la constatation de la valeur des expéditions dans la comptabilité en deniers, ils les transmettront en double, par votre intermédiaire, aux manufactures expéditrices.

Les relevés ancien modèle fournis pour les deux exercices écoulés depuis la reprise de l'exploitation du monopole par l'État ne présentant que des énonciations insuffisantes, vous ferez établir d'urgence et vous adresserez, *avant le 15 juillet*, aux manufactures, qui les feront parvenir à leur Administration pour être mis à l'appui des comptes matières en cours de vérification, de nouveaux relevés des ventes effectuées pendant chacune des années 1890 et 1891.

En ce qui concerne la comptabilité en deniers, la Direction générale de la comptabilité publique a, de son côté, décidé qu'à partir de l'exercice 1892 il devra être fourni à l'appui des comptes individuels des receveurs principaux, en remplacement des états 51 G, dont la production a été prescrite par sa circulaire n° 121, du 6 février dernier, et qui ne lui seront plus transmis à l'avenir, des relevés du nouveau modèle, en simple expédition, indiquant, pour chaque division administrative, les résultats des ventes opérées soit pendant la première, soit pendant la deuxième partie de l'exercice. De même, en fin d'exercice, vous aurez à lui adresser, au lieu et place de l'état 51 G récapitulatif produit jusqu'ici, un relevé de la totalité des ventes effectuées dans l'étendue de votre département, pendant l'exercice entier, deuxième et première parties réunies.

Bien entendu, les relevés joints aux comptes des receveurs principaux devront présenter le total des quantités et des sommes inscrites aux relevés qui auront été ou qui seront adressés aux diverses manufactures ayant fait des envois dans la circonscription, et l'état récapitulatif du département l'ensemble de celles énoncées aux états des sous-directions. Les sous-directeurs, pour les relevés de leur division, auront à certifier que les totaux en sont conformes à ceux des états 51 G, 101 et 101 bis, et, de votre côté, vous consignerez la même attestation sur le relevé départemental.

Le nouveau modèle, dont je vous adresse des exemplaires en nombre suffisant pour la formation des états de concordance de 1890 et de 1891, sera fourni comme papier de service et prendra le n° 74 A bis. Il en sera de même, dorénavant, pour l'état de concordance mensuel, qui portera le n° 74 A. Dès la réception de la présente, les receveurs principaux devront demander, sous le timbre du bureau du Matériel des finances, qui sera prochainement en mesure de les leur expédier, le nombre d'exemplaires de ces deux modèles nécessaires aux besoins de leur circonscription.

Veuillez, je vous prie, donner les ordres utiles en vue d'assurer l'exécution de ces dispositions.

Recevez, etc.

Le Conseiller d'État, Directeur général,
A. CATUSSE.

CIRC. DU 28 JUIN 1892, N° 34.

3e Division. — 1er Bureau.

Allumettes chimiques. — Reprise des allumettes défectueuses chez les détaillants. — Interdiction de mise en vente des allumettes détériorées par la faute des détaillants.

La circulaire n° 587 du 9 mai 1890 a tracé les règles applicables au renvoi en manufacture des allumettes chimiques de mauvaise qualité et a fait droit de la sorte aux réclamations que pouvaient entraîner, de la part des commerçants, les malfaçons accidentelles susceptibles de se produire dans la fabrication. Mais ces règles ne s'appliquent qu'aux allumettes dont les négociants en gros demandent le renvoi. Elles supposent que le commerçant en gros vérifie la qualité des produits contenus dans chaque caisse avant de la détailler. C'est ce qui n'a pas toujours lieu dans la pratique; des produits défectueux peuvent ainsi arriver chez des détaillants et exciter, de leur part aussi bien que de celle des consommateurs, des plaintes légitimes.

Il a paru que ces réclamations étaient de nature à motiver une modification aux errements actuellement adoptés.

A cet effet, voici, après entente avec l'Administration des manufactures de l'État, quelles sont les nouvelles règles à suivre concernant la reprise des allumettes défectueuses chez les détaillants :

Lorsqu'à la suite de visites chez les détaillants (que d'ailleurs ces visites soient faites ou non à la demande de ceux-ci), les employés des contributions indirectes constateront la mauvaise qualité de certains produits et qu'ils estimeront, après un examen attentif des circonstances, qu'il n'y a pas eu détérioration chez le débitant, ils dresseront un procès-verbal sur papier libre exposant avec autant de précision que possible les motifs de leurs conclusions. Ils déclareront ensuite dans ce procès-verbal qu'il y a lieu, pour le négociant ayant fourni la marchandise, d'échanger au détaillant les paquets, boîtes ou portefeuilles qu'ils auront soin d'y énumérer et d'en demander le renvoi en manufacture. Une expédition du procès-verbal sera adressée au négociant fournisseur, l'autre à la manufacture d'allumettes desservant la circonscription. L'original de cet acte sera conservé dans les bureaux de la direction ou sous-direction, pour servir en cas de besoin.

Il est entendu que le renvoi ne peut être effectué que par l'intermédiaire du négociant en gros qui a livré les allumettes ; la responsabilité de celui-ci doit, en effet, rester engagée, la détérioration pouvant avoir eu lieu dans ses magasins ou en cours de transport.

Les renvois pour échange en manufacture par les négociants en gros se feront suivant les principes posés dans la circulaire précitée n° 587. Toutefois, on ne devra plus naturellement exiger le renvoi par caisse entière; en revanche, et pour éviter des frais de transport inutiles, les renvois ne devront être faits que par colis pesant au moins 40 kilogrammes. Pourront dès lors être réunies dans ce colis les quantités reprises à divers détaillants, en suite de procès-verbaux distincts, sous la seule condition que les quantités provenant d'un même détaillant soient empaquetées à part avec une étiquette indiquant l'origine et rappelant le procès-verbal concluant à l'échange.

Il sera fait exception à cette limite minima de 40 kilogrammes dans deux cas : 1° lorsque les quantités à échanger seront directement rapportées sans frais aux manufactures ; 2° lorsque le procès-verbal le plus ancien remontera à un an.

Mais s'il est équitable de tenir compte aux intermédiaires des accidents de fabrication, l'Administration doit, par contre, prévoir l'éventualité où les constatations du service lui feraient conclure qu'il y a eu une détérioration imputable au détenteur de la marchandise.

Selon les dispositions de l'article 1er de la loi du 15 mars 1873, tout commerçant patenté (ou tout autre dûment autorisé) doit, moyennant la déclaration prescrite par l'article 26 du règlement du 29 novembre 1871, être admis à faire le débit des allumettes aux consommateurs, en se conformant aux règlements généraux de l'État.

Ces règlements généraux comportent nécessairement l'obligation pour les détaillants de tenir les allumettes dans un bon état de conservation. A ce point de vue, les intermédiaires, chargés de la vente des produits du monopole, ne sauraient être considérés comme des négociants ordinaires ayant un droit de propriété absolue sur les marchandises qu'ils ont achetées et pouvant en disposer à leur gré, sans aucun contrôle ultérieur. En leur délivrant l'autorisation de vendre des allumettes et en leur accordant une remise pour effectuer cette vente, l'Administration leur délègue une partie du monopole exclusif de fabrication et de vente que la loi lui a conféré, et elle est en droit de mettre à l'exercice de cette partie du monopole les conditions qu'elle juge convenables. La première de ces conditions est de livrer au public les allumettes dans l'état même où ils les ont reçues, et de supporter les conséquences des détériorations survenues par leur fait.

Par application de ces principes, il doit être fait défense aux détaillants de mettre en vente, au prix marqué, des boîtes ou paquets d'allumettes détériorés par leur propre faute, par suite, par exemple, du séjour dans un endroit trop humide. Le cas échéant d'une constatation faite dans ces conditions, les employés relateront dans un procès-verbal bien explicite les motifs de leurs conclusions. S'il n'y a pas de contestation de la part du détaillant, le chef de service des contributions indirectes, auquel le procès-verbal aura été transmis, prescrira immédiatement au service local de déchirer, en présence du négociant, les vignettes scellant les boîtes et paquets détériorés, lesquels auront été mis en réserve. L'absence de vignette entraînera, *ipso facto*, l'interdiction de mise en vente des produits dont il s'agit ; et le dépositaire ne pourra plus, dès lors, les utiliser que pour son usage personnel. S'il y a contestation, le service prélèvera un échantillon des allumettes détériorées, qu'il adressera, par la voie hiérarchique, avec une expédition du procès-verbal, à la manufacture desservant la circonscription du marchand en gros ayant fourni la marchandise.

L'expertise faite en manufacture donnera lieu à un procès-verbal dressé par les employés supérieurs et dont une expédition sera transmise au chef de service des contributions indirectes pour la circonscription administrative où se trouve le domicile du détaillant. Ce procès-verbal conclura que la détérioration des allumettes expertisées est imputable au défaut de soin du marchand en détail, ou spécifiera, au contraire, qu'elle est due simplement à un accident de fabrication.

Dans le premier cas, le service opérera comme il a été dit plus haut.

Dans le second cas, c'est-à-dire s'il est reconnu par la manufacture que la mauvaise qualité des allumettes est due à un accident de fabrication, on suivra, pour la reprise à faire chez le détaillant, les règles tracées ci-dessus qui sont en tous points applicables.

Admettant l'hypothèse où, par extraordinaire, les employés supérieurs de la manufacture déclareraient dans leur procès-verbal que les allumettes soumises à l'expertise sont de qualité marchande, le service local, sur l'ordre du directeur ou du sous-directeur, lèverait l'interdiction provisoire faite au détaillant, et les allumettes sur lesquelles les échantillons auraient été prélevés pourraient, en conséquence, être livrées à la vente.

Je vous prie d'assurer l'exécution de ces prescriptions.

Le Conseiller d'Etat, Directeur général,
A. CATUSSE.

Pour ampliation.
L'Administrateur de la 3e Division,
Signé : H. ROUSSAN.

LETT. COMM. DU 29 JUIN 1892, N° 40.

3e Division. — 3e Bureau.

Matériel. — Nouvelle prorogation du traité des transports.

Monsieur le Directeur, le traité passé, le 22 décembre 1885, avec les Compagnies syndiquées de chemins de fer, pour le transport des tabacs, des poudres à feu, des impressions et autres objets du matériel des Finances, a été successivement prorogé du 1er janvier 1892 au 31 mars de la même année, et de cette dernière date à celle du 1er juillet suivant. (Lettres communes nos 25, du 28 décembre 1891, et 30, du 1er avril 1892.)

D'accord avec les représentants des Compagnies, le Ministère vient de décider que le traité en question sera de nouveau prorogé jusqu'au 1er août prochain.

Veuillez informer le service de cette décision.

Recevez, etc.

Le Conseiller d'Etat, Directeur général,
A. CATUSSE.

LETT. COMM. DU 30 JUIN 1892, N° 41.

Bureau central et du Personnel.

Concours pour les places vacantes à l'Administration centrale.

Monsieur le Directeur, un concours est ouvert en vue de pourvoir aux vacances d'emplois de commis à l'Administration centrale ; seront admis à y prendre part les agents en possession du traitement de 2,000 à 2,400 francs.

Aucune modification n'est apportée aux conditions d'examen insérées dans la lettre commune n° 14, du 22 juillet 1890.

Les épreuves écrites auront lieu le 3 octobre prochain.

Vous aurez à transmettre à l'Administration, du 10 au 15 août, la liste des candidats de votre département avec les notices individuelles et l'adhésion du préfet pour chaque candidature.

Recevez, etc.

Le Conseiller d'Etat, Directeur général,
A. CATUSSE.

LETT. COMM. DU 9 JUILL. 1892, N° 42.

3e Division. — 2e Bureau.

Octrois. — Traitement des préposés en chef.

Monsieur le Directeur, aux termes de l'article 155 de la loi du 28 avril 1816, le traitement des préposés en chef des octrois doit être fixé par le Ministre des finances sur la proposition des conseils municipaux.

Cette disposition est souvent perdue de vue et il arrive fréquemment que des délibérations municipales, modifiant les émoluments alloués à ces agents, ne sont pas soumises à la sanction ministérielle, ou ne le sont qu'après plusieurs années, lorsqu'une vérification a fait ressortir l'irrégularité commise.

Le Ministre, qui a remarqué la rétroactivité de la plupart des décisions qu'il est appelé à prendre, estime que, dans de telles conditions, la ratification, sans laquelle les votes des conseils municipaux ne devraient être suivis d'aucun effet, perd son caractère de contrôle pour n'être plus qu'une simple formalité, contrairement au but de la loi, qui a voulu réserver à l'autorité centrale, chargée de la surveillance des octrois, le soin d'en assurer la régularité et le bon fonctionnement, au point de vue des frais de perception et des charges qu'ils peuvent entraîner.

Il ne faut pas que, sous prétexte d'ignorance de la loi, ou d'omission, les municipalités puissent ainsi éluder tout contrôle et appliquer des mesures dont la mise à exécution doit être préalablement autorisée par l'autorité supérieure.

Je vous prie donc de vous concerter avec M. le Préfet de votre département pour qu'il soit rappelé aux maires des communes intéressées que la législation en vigueur ne donne aux conseils municipaux, en ce qui concerne la fixation des émoluments des préposés en chef d'octroi, qu'un droit de proposition, et que les mesures modificatives, aussi bien que celles qui fixent le traitement initial, ne sauraient être exécutoires qu'après avoir reçu la sanction ministérielle. Les municipalités devront, d'ailleurs, être averties que les demandes de fixation devant avoir un effet rétroactif seraient difficilement admises à l'avenir.

Afin que les situations anormales, s'il en existe encore, soient régularisées à bref délai, vous voudrez bien examiner si les émoluments des préposés en chef des octrois de votre département sont actuellement en conformité avec les décisions ministérielles qui en ont fixé le chiffre, et provoquer, s'il y a lieu, les mesures de régularisation nécessaires.

Recevez, etc.

Le Conseiller d'Etat, Directeur général,
A. CATUSSE.

LETT. COMM. DU 21 JUILL. 1892, N° 43.

2e Division. — 2e Bureau.

Sucres et distilleries. — Campagne 1892-1893. — Organisation du service.

Monsieur le Directeur, l'Administration a réglé l'organisation du service des sucres et des distilleries pour la campagne 1892-1893. Ses décisions, en ce qui concerne votre département, sont consignées sur les états nos 138 et 219, série P, que vous trouverez ci-joints.

Sauf quelques changements dont les motifs sont indiqués dans la colonne « Observations » des états précités, les effectifs, arrêtés par la précédente organisation, ont été généralement maintenus. La composition des diverses sections de surveillance paraît suffisante pour répondre, sur tous les points, aux besoins du service.

Comme par le passé, l'Administration compte sur le dévouement et la clairvoyance des agents de tous grades pour sauvegarder partout, d'une manière complète, les intérêts du Trésor. Si, néanmoins, vous vous trouviez amené, par des cas imprévus, à présenter des demandes de renforcement, elle les examinerait avec intérêt et y donnerait suite chaque fois qu'elles lui paraîtraient convenablement justifiées. Il conviendra du reste de lui fournir des renseignements circonstanciés et précis, afin qu'elle puisse toujours se prononcer en parfaite connaissance de cause. Vous ne perdrez pas de vue, à cet égard, qu'aux termes de la circulaire n° 404, du 17 août 1884, un minimum de travail effectif de dix heures par jour doit être exigé de chaque agent.

De même que les années précédentes, un certain nombre de surnuméraires et de préposés stagiaires concourront à la surveillance des fabriques de sucre et des râperies. Relativement à l'utilisation et à la rémunération de ces agents, vous aurez à vous conformer aux règles rappelées par les paragraphes 4 à 7 de la Lettre commune n° 16, du 14 août 1890.

Chômage des usines. — Utilisation des employés.

Lorsque des agents disponibles par suite du chômage des usines sont envoyés dans d'autres départements, il est nécessaire que la manière dont leur travail et leur conduite sont appréciés par les chefs qui les utilisent temporairement soit connue des directeurs sous les ordres desquels ils sont normalement placés et qui les notent. A cet effet, les directeurs qui disposeront, pendant le chômage des usines, d'employés du service des sucres et des distilleries, devenus disponibles dans d'autres départements, auront à établir, pour chacun d'eux, une feuille 137 A qu'ils adresseront à leurs collègues avant le 1er mai de chaque exercice. Cette année, par exception, ces feuilles seront transmises en même temps que les avis de retour des employés détachés.

Recevez, etc.

Le Conseiller d'Etat, Directeur général,
A. CATUSSE.

LETT. COMM. DU 22 JUILL. 1892, N° 44.

3e Division. — 3e Bureau.

Perte d'un timbre humide : abus à craindre ; recherches à effectuer.

Monsieur le Directeur, un timbre humide, de la catégorie de ceux destinés, par application des dispositions de la circulaire n° 590, du 21 juin 1890, à être apposés sur les titres de mouvement énonçant des quantités supérieures à deux hectolitres d'alcool pur, adressé, le 2 avril dernier, à un Receveur principal d'un département du centre et portant le n° 4578, a été adiré par le service des postes.

Dans la crainte que cet instrument n'ait été soustrait en vue d'un usage frauduleux, il y a lieu d'en signaler sans retard la perte aux employés et de les inviter à examiner soigneusement toutes les expéditions de plus de deux hectolitres d'alcool pur qu'ils auront occasion de vérifier, soit en cours de transport, soit aux entrées des villes sujettes ou au domicile des redevables, à l'effet de s'assurer que l'empreinte spéciale dont elles sont revêtues ne correspond pas, quant au numéro d'ordre, à celle du timbre égaré.

Si un acquit portant l'empreinte du timbre n° 4578 était remis aux employés, ceux-ci devraient tout d'abord le retenir, le viser *ne varietur*, sommer la personne qui l'aurait représenté d'y apposer également son paraphe et déclarer provisoirement procès-verbal pour transport ou introduction sans expédition. Ils rendraient ensuite compte immédiatement au chef de la circonscription administrative, lequel, après enquête au lieu d'origine indiqué sur l'expédition, informerait aussitôt que possible, sous le timbre du Contentieux, l'Administration, qui déciderait s'il convient ou non de dénoncer l'affaire au parquet.

J'ajouterai que, dans les bureaux de Direction ou de Sous-Direction, tous les acquits-à-caution mentionnant plus de deux hectolitres d'alcool pur remis lors des versements et, par voie rétrospective, ceux rentrés déchargés depuis la date précitée du 2 avril, devront être l'objet d'un contrôle des plus attentifs.

Toute remarque de nature à éveiller les soupçons serait instruite et signalée comme il vient d'être dit.

Recevez, etc.

Le Conseiller d'Etat, Directeur général,
A. CATUSSE.

CIRC. DU 30 JUILL. 1892, N° 35.

3e Division. — 1er Bureau.

Service des colis postaux. — Exécution de la loi du 12 avril 1892.

Une loi du 12 avril 1892, insérée au *Journal officiel* du 14 du même mois, a approuvé la convention concernant le service des colis postaux conclue, le 15 janvier 1892, entre l'administration des postes et télégraphes et les administrations et compagnies de chemins de fer de l'Etat, du Nord, de l'Est, de Paris-Lyon-Méditerranée, de l'Ouest, d'Orléans et du Midi.

Cette convention annule et remplace celle du 2 novembre 1880, en ce qui concerne les compagnies de chemins de fer contractantes.

En vertu des dispositions de l'article 3 de la loi susvisée, un décret du 27 juin dernier a fixé au 1er juillet 1892 la date de la mise en vigueur du nouveau régime applicable aux colis postaux, ainsi que les taxes à acquitter par le public français.

Considérée au point de vue des recettes du Trésor sur les transports à grande vitesse, la convention du 15 janvier 1892 ne contient qu'une seule innovation : c'est celle qui consiste dans l'élévation du poids maximum des colis postaux de 3 à 5 kilogrammes.

Sous le régime antérieur à la mise en vigueur de la loi de finances du 26 janvier 1892, l'élévation du poids maximum assigné aux colis postaux aurait pu avoir un effet appréciable sur le rendement de l'impôt de la grande vitesse. Mais la question a perdu presque toute son importance par suite de la suppression de cet impôt pour tous les transports de marchandises, autres que les excédents de bagages, les finances et les chiens. L'immunité dont bénéficient à cet égard les colis postaux ne porte donc plus aujourd'hui que sur les transports de finances jusqu'à concurrence de 5 kilogrammes.

Aux termes de l'article 5 de la nouvelle loi, les réductions ou immunités de droits de timbre ou autres accordées par les lois des 3 mars 1881, 24 et 25 juillet 1881, sont maintenues et s'appliquent aussi bien aux colis de 3 à 5 kilogrammes qu'aux colis de 0 à 3 kilogrammes.

Les circulaires nos 316 du 9 mai 1881 et 327 du 9 septembre 1881 ont fait connaître les dispositions des lois précitées portant approbation des conventions des 2 et 3 novembre 1880, relatives à l'organisation du service international des colis postaux.

Le service devra se reporter à ces instructions.

Le Conseiller d'État, Directeur général,
Signé : A. CATUSSE.

Pour ampliation :
L'Administrateur de la 3e Division,
Signé : H. ROUSSAN.

LETT. COMM. DU 1er AOUT 1892, No 45.

3e Division. — 3e Bureau.

Matériel. — Nouvelle prorogation du traité des transports.

Monsieur le Directeur, le traité passé, le 22 décembre 1885, avec les Compagnies de chemins de fer pour le transport des tabacs, des poudres à feu, des impressions et autres objets du matériel des finances, qui devait prendre fin le 1er août 1892, est prorogé, d'accord avec lesdites Compagnies, jusqu'au 1er octobre prochain.

Veuillez donner immédiatement connaissance au service de cette disposition et veiller personnellement à son exécution.

Recevez, etc.

Le Conseiller d'État, Directeur général,
A. CATUSSE.

DÉCRET DU 2 AOUT 1892 (1).

Le Président de la République française,

Vu la loi du 11 janvier 1892, portant fixation du tarif général des douanes ;

Vu la loi du 19 brumaire an VI sur la garantie des matières d'or et d'argent ;

Sur le rapport du Ministre des finances,

DÉCRÈTE :

Article premier. — Deux poinçons spéciaux sont créés pour constater le paiement du droit de douane complémentaire dû en cas d'insertion dans des boîtiers en or de mouvements de montres d'origine étrangère portant la lettre A et la lettre M, ou dans des boîtiers en argent de mouvements ayant la même origine et portant la lettre M.

Art. 2. — Ces poinçons seront apposés d'une manière visible, tout auprès des marques déjà existantes. Ils auront pour emblème, savoir :

1° Les lettres R F enlacées lorsqu'il s'agira du transfert dans un boîtier en or d'un mouvement portant les lettres A ou M.

2° Une colombe à ailes déployées lorsqu'il s'agira du transfert dans une boîte en argent d'un mouvement marqué M.

Art. 3. — Les deux poinçons nouveaux auront, l'un et l'autre, la forme d'une ellipse.

Les dessins de ces deux poinçons resteront annexés à la minute du présent décret.

Le Ministre des finances est chargé de l'exécution du présent décret, qui sera publié au *Journal officiel* et inséré au *Bulletin des lois*.

Fait à Fontainebleau, le 2 août 1892.

CARNOT.

Par le Président de la République :
Le Ministre des Finances,
ROUVIER.

LETT. COMM. DU 3 AOUT 1892, No 46.

3e Division. — 1er Bureau.

Vins survinés.

Monsieur le Directeur, de renseignements parvenus à l'Administration il résulte que, depuis la mise en vigueur du nouveau tarif des douanes qui entrave l'introduction en France de vins étrangers à haut degré, quelques départements du Midi expédient, à destination des grandes villes, des vins suralcoolisés dans des proportions anormales au moyen d'alcools produits librement par les bouilleurs de cru ou fabriqués clandestinement.

Dans l'état actuel de la législation, les vins ne paient que les droits du vin tant qu'ils ne titrent pas plus de 15°9.

Mais la question se pose de savoir si l'on doit reconnaître le caractère de vin à des mélanges dans lesquels la proportion d'alcool ajouté atteint et dépasse même quelquefois la richesse naturelle du liquide.

On n'a jamais entendu par vinage qu'une légère addition d'alcool strictement limitée à la dose nécessaire, à l'égard de certains vins, pour en assurer la conservation et le transport.

(1) Transmis avec la circ. du 6 oct. 1892, no 42.

Lorsque cette limite est notoirement dépassée, l'addition d'alcool modifie la nature du liquide et altère le rapport normal de ses éléments constitutifs ; ce n'est plus à proprement parler un vinage, et il ne semble pas possible dès lors de conserver à de telles mixtures le caractère et la dénomination de *vin*.

Je vous prie, en conséquence, de donner des instructions au service pour qu'à l'avenir le régime des dilutions alcooliques soit appliqué aux vins de consommation courante qui auront été l'objet de survinages dans des proportions anormales.

A cet effet, le service devra transmettre au laboratoire central, dans les formes prescrites par la circulaire no 599, du 8 août 1890, des échantillons prélevés sur les vins ordinaires accusant à la distillation une richesse alcoolique élevée et n'ayant qu'un poids spécifique sensiblement inférieur à la densité normale des vins (1).

Des procès-verbaux devront être provisoirement déclarés et l'Administration devra être consultée sur la suite à donner à l'affaire, par un rapport spécial auquel sera joint le bulletin d'analyse du laboratoire.

Les dispositions qui précèdent devront être portées à la connaissance des intéressés.

Recevez, etc.

Le Conseiller d'État, Directeur général,
A. CATUSSE.

(1) L'expérience a montré que, dans la grande majorité des cas, la densité des vins est voisine de celle de l'eau et jamais inférieure à 0,985.

Cette densité pourra être déterminée soit par le densimètre, soit par l'alcoomètre. Il y a présomption de survinage lorsque l'alcoomètre, plongé dans le vin, s'y enfonce de plusieurs degrés.

CIRC. DU 5 AOUT 1892, No 36.

3e Division. — 1er Bureau.

Allumettes chimiques. — Changement de circonscriptions des manufactures d'allumettes. — Nouveau tarif général pour la vente des allumettes destinées à l'exportation.

L'administration des manufactures de l'État vient de dresser un nouveau tableau des prix de vente en gros des allumettes applicable à partir du 1er juillet 1892.

Ce tableau comporte des modifications de circonscriptions qui peuvent se résumer comme suit :

La circonscription de la manufacture de Bègles est diminuée des départements de l'Allier, Cher, Nièvre, qui sont ajoutés à la circonscription de Pantin, et des départements de l'Indre, Deux-Sèvres, Vendée, Vienne, qui seront désormais desservis par la manufacture de Trélazé.

La circonscription de Pantin est en outre augmentée des départements d'Eure-et-Loir, Loiret, Yonne, empruntés à celle de Trélazé.

Les receveurs des contributions indirectes auront donc à se conformer à l'avenir, pour la transmission des commandes, aux indications de ce tableau, qui remplace celui annexé à la circulaire no 16, du 30 décembre 1891.

Dans la nouvelle composition réglementaire des *caisses d'échantillons*, ont été supprimés les types tombés en désuétude et dont l'approvisionnement ne doit plus être exigé.

On remarquera aussi que sur le tableau des prix de vente ne figurent plus deux types dont la fabrication a cessé et pour lesquels les approvisionnements laissés par l'ex-compagnie fermière sont désormais épuisés. Ce sont les types 83 G et 101 P.

Par une décision en date du 19 juillet, le Ministre des finances a, sur la proposition de l'administration des manufactures de l'État, approuvé un nouveau tarif général pour la vente des allumettes chimiques destinées à l'exportation.

Ce tarif est imprimé ci-après.

Suivant les dispositions de la circulaire no 587 du 9 mai 1890, les commandes d'allumettes destinées à l'exportation doivent « d'une manière générale être établies, transmises et acquittées selon « les règles tracées par la circulaire no 575 pour les « commandes d'allumettes à destination de l'intérieur ». Il résulte de cette disposition que, pour être admis à déposer auprès d'un receveur des contributions indirectes une demande d'allumettes pour l'exportation, tout négociant doit, au préalable, avoir accompli la formalité de déclaration imposée à ceux qui veulent entreprendre le commerce d'allumettes à l'intérieur.

Cette manière de procéder peut avoir des inconvénients. Les obligations qu'entraîne la déclaration de vente en gros d'allumettes font, paraît-il, reculer la plupart des négociants qui s'occupent d'exportation, principalement à Paris, en sorte que, pour formuler leurs demandes, ils doivent emprunter l'intermédiaire d'un marchand en gros d'allumettes. Il en résulte pour eux une gêne et des difficultés qui entravent le développement de nos exportations.

D'accord avec l'administration des manufactures de l'État, il a été décidé qu'à l'avenir il suffira, pour déposer une demande d'allumettes destinées à l'exportation, de produire une patente de commissionnaire en marchandises ou toute autre assimilable.

J'invite les Directeurs à assurer l'exécution de ces diverses prescriptions et à veiller à ce que les renseignements nécessaires soient donnés, en temps utile, à tous les intéressés.

Le Conseiller d'État, Directeur général,
A. CATUSSE.

Pour ampliation :
L'Administrateur de la 3e Division,
Signé : H. ROUSSAN.

OBSERVATIONS.

Les commandes pour les types 90 P, 94 G, 34 et 83 G ne seront soldées que jusqu'à l'épuisement des stocks des manufactures et il ne sera plus exigé des négociants qu'ils en soient approvisionnés.

Les manufactures d'allumettes livreront aux marchands en gros d'allumettes qui en feront la demande (comprise dans celle d'un envoi soit de 500 à 5,000 kilogrammes, soit de 5,000 kilogrammes et au-dessus) des *caisses d'échantillons* composées suivant le détail ci-après et comprenant tous les types mis en vente dont l'assortiment est réglementaire.

Types d'allumettes.	Nombre de paquets ou boîtes.				Prix au détail de la boîte ou du paquet.	Nombre d'allumettes par paquets ou boîtes.	Nombre d'allumettes dans la caisse.	Prix du tarif. Expéditions de 500 à 5.000 kilogr.	Prix du tarif. Expéditions de 5,000 kilogr. et au-dessus.
					fr. c.			fr. c.	fr. c.
83 P.	Portefeuilles.	20			0 10	150	3,000	1 72	1 68
85 P.	*Idem.*	40			0 05	60	2,400	1 72	1 68
87 G.	Paquets.	5			0 40	500	2,500	1 72	1 68
94 P.	*Idem.*	5			0 30	500	2,500	1 29	1 26
76 G.	Portefeuilles.	20			0 10	100	2,000	1 72	1 68
86 P.	*Idem.*	20			0 10	100	2,000	1 72	1 68
84 P.	*Idem.*	50			0 05	50	2,500	2 15	2 10
76 A.	*Idem.*	20			0 10	100	2,000	1 72	1 68
92.	*Idem.*	20			0 10	100	2,000	1 72	1 68
91.	*Idem.*	20			0 05	50	1,000	0 86	0 84
105 A.	Paquets.	10			1 10	1,000	10,000	9 46	9 24
102 D.	Boîtes.	10			0 35	250	2,500	3 01	2 94
101 E.	*Idem.*	20			0 10	50	1,000	1 72	1 68
106.	*Idem.*	20			0 10	40	800	1 72	1 68
53.	*Idem.*	10			0 45	500	5,000	3 87	3 78
52.	Portefeuilles.	50			0 10	100	5,000	4 30	4 20
51.	*Idem.*	50			0 05	50	2,500	2 15	2 10
56.	Boîtes.	5			0 80	500	2,500	3 44	3 36
26.	*Idem.*	50			0 10	40	2,000	4 30	4 20
20 A.	*Idem.*	50			0 10	40	2,000	4 30	4 20
41 I.	*Idem.*	5			1 20	500	2.500	5 16	5 04
3 A.	*Idem.*	50			0 15	50	2,500	6 45	6 30
11 D.	*Idem.*	50			0 15	50	2,500	6 45	6 30
16 B.	*Idem.*	50			0 15	50	2.500	6 45	6 30
30 J.	*Idem.*	20			0 25	40	800	4 30	4 20
14 A.	Flacons.		4		0 75	»	»	2 10	2 10
15 A.	Frottoirs.			20	0 05	»	»	0 58	0 58
Total.	Boîtes ou paquets.	670					66,000	86 10	84 16
	Flacons.		4						
	Frottoirs.			20					

Tableau des prix de vente en gros des allumettes.

(1er juillet 1892).

Numéros des types.	ESPÈCES D'ALLUMETTES	Nombre d'allumettes par boîte ou par paquet.	Prix au détail de la boîte ou du paquet.	Poids de la caisse.	Nombre de boîtes ou de paquets par caisse.	Prix de la caisse par achats. de 500 kilogr. à 5,000 kilogr.	de 5,000 kilogr. et au-dessus.
			fr. c.	kilogr.		fr. c.	fr. c.
	Bois carré au phosphore ordinaire. *Demi-presse.*						
90 P	Petite section. Paquet.	8,500	2 00	30	50	86 00	84 00
94 G	Grande section. Paquet.	500	0 30	120	1,000	258 00	252 00
83 P	Petite section. Portefeuille.	150	0 10	55	2,000	172 80	168 00
85 P	Petite section. Portefeuille.	50	0 05	48	4 000	172 00	168 00
	Presse.						
87 G	Grande section. Paquet. (Pâte rouge ou marron.).	500	0 40	120	1,000	344 00	330 00
94 P	Petite section. Paquet.	500	0 30	48	800	129 00	120 00
76 G	Grande section. Portefeuille. { Pâte rouge. (Pliage par 20 portefeuilles). Pâte marron. (Pliage par 30 portefeuilles).	100	0 10	130	4,000	344 00	330 00
86 P	Petite section. Portefeuille. (Pâte rouge ou marron.)	100	0 10	85	4,000	344 00	336 00
84 P	Petite section. Portefeuille. (Pâte rouge ou marron.)	50	0 05	80	8,000	344 00	336 00
	Bois carré au phosphore amorphe. *Soufrées.*						
76 A	Grande section. Portefeuille.	100	0 10	120	4,000	344 00	330 00
92	Petite section. Portefeuille.	100	0 10	51	2,500	215 00	210 00
91	Petite section. Portefeuille.	50	0 05	54	5,000	215 00	210 00
	Paraffinées suédoises.						
105 A	Moyennes. Paquet.	1,000	1 10	40	200	189 20	184 80
102 D	Moyennes. Coulisse en bois.	250	0 35	66	1,000	301 00	294 00
101 E	Moyennes. Coulisse en bois.	50	0 10	96	4,000	344 00	236 00
	Tisons amorphes.						
106	Petites. Coulisse en bois.	40	0 10	22	1,000	86 00	84 00
	Bois rond au phosphore ordinaire.						
53	Boîte ménagère.	500	0 45	86	1,000	387 00	378 00
52	Portefeuille.	100	0 10	56	2,500	215 00	210 00
51	Portefeuille.	50	0 05	55	5,000	215 00	210 00
	Bois strié ou cannelé. *Paraffinées.*						
56	Boîte en bois, viennoise.	500	0 80	30	200	137 60	134 40
	Allumettes en cire. *Boîtes à coulisse.*						
20	Au phosphore ordinaire.	40	0 10	36	4,000	344 00	336 00
26 A	Au phosphore amorphe (petites).	40	0 10	9	1,000	86 00	84 00
34	Au phosphore amorphe (moyennes).	30	0 10	9	1,000	86 00	84 00
	Boîtes illustrées en trois couleurs.						
41 I	Boîte de famille. (Pâte bleue ou marron.).	500	1 20	23	200	206 40	201 60
3 A	Prie-Dieu. (Pâte bleue ou marron.).	50	0 15	45	4,000	516 00	504 00
				13	1,000	129 00	126 00
11 D	Tabatière. (Pâte bleue ou marron.)	50	0 15	56	4,000	506 00	504 00
				16	1,000	129 00	126 00
16 B	Tiroir. (Pâte bleue ou marron.)	50	0 15	54	4,000	516 00	504 00
				15	1,000	129 00	126 00
30 J	Grande coulisse ; allumettes *dites* cinq-minutes. (Pâte bleue ou marron.).	40	0 25	20	500	129 00	126 00
33 G	Boîte d'amadou chimique.	30	0 13	11	1,000	129 00	126 00
	Caisse d'échantillons.	Divers.	Divers.	20	670	86 10	84 16
	Produits à l'usage des allumettes au phosphore amorphe.						
14 A	Poudre spéciale (par boîte de 20 flacons.).	»	0 75 le flacon	»	20	10 f 50 la boîte.	
15 P	Frottoirs (par paquet de 100 frottoirs).	»	0 05 le frottoir	»	100	2 90 le paquet.	

Circonscriptions des manufactures d'allumettes.

BÈGLES-BORDEAUX. — Adresse : M. l'Ingénieur de la manufacture d'allumettes, Bègles (Gironde).	MARSEILLE. — Adresse : M. l'Ingénieur de la manufacture d'allumettes, avenue du Prado, 123, Marseille.	PANTIN. — Adresse : M. le Directeur de la manufacture d'allumettes de Pantin (Seine).	TRÉLAZÉ. — Adresse : M. le Directeur de la manufacture d'allumettes de Trélazé (Maine-et-Loire).
Ariège.	Ain.	Aisne.	Calvados.
Aveyron.	Alpes (Basses-).	Allier.	Côtes-du-Nord.
Cantal.	Alpes (Hautes-).	Ardennes.	Finistère.
Charente.	Alpes-Maritimes.	Aube.	Ille-et-Vilaine.
Charente-Inférieure.	Ardèche.	Cher.	Indre.
Corrèze.	Aude.	Eure.	Indre-et-Loire.
Creuse.	Belfort (Territoire de).	Eure-et-Loir.	Loir-et-Cher.
Dordogne.	Bouches-du-Rhône.	Loiret.	Loire-Inférieure.
Garonne (Haute-).	Corse.	Marne.	Maine-et-Loire.
Gers.	Côte-d'Or.	Marne (Haute-).	Manche.
Gironde.	Doubs.	Meurthe-et-Moselle.	Mayenne.
Landes.	Drôme.	Meuse.	Morbihan.
Lot.	Gard.	Nièvre.	Orne.
Lot-et-Garonne.	Hérault.	Nord.	Sarthe.
Puy-de-Dôme.	Isère.	Oise.	Sèvres (Deux-).
Pyrénées (Basses-).	Jura.	Pas-de-Calais.	Vendée.
Pyrénées (Hautes-).	Loire.	Seine.	Vienne.
Tarn.	Loire (Haute-).	Seine-Inférieure.	
Tarn-et-Garonne.	Lozère.	Seine-et-Marne.	
Vienne (Haute-).	Pyrénées-Orientales.	Seine-et-Oise.	
	Rhône.	Somme.	
	Saône (Haute-).	Vosges.	
	Saône-et-Loire.	Yonne.	
	Savoie.		
	Savoie (Haute-).		
	Var.		
	Vaucluse.		

Tarif général pour l'exportation des allumettes.

Types.	Genres de boîtes ou paquets.	Nombre d'allumettes à la boîte.	Unité.	Tarif général. — Levée minima 10 unités.	Compléments de prix à exiger en cas de non justification d'exportation.
				fr. c.	fr. c.
	Allumettes en cire. *Types pour l'intérieur*				
3 A.	Prie-Dieu.	50	Grosse.	3 30	18 50
11 D.	Tabatière.	50	*Idem.*	4 20	17 40
16 B.	Tiroir.	50	*Idem.*	3 90	17 70
30 J.	Grande coulisse (cinq minutes).	40	*Idem*	8 15	27 85
41 I.	Boîte de famille.	500	Douzaine.	1 75	12 05
	Types d'exportation.				
16 P.	Tiroir petit modèle.	40	Grosse.	3 55	50 00
16 I.	— grand modèle.	60	*Idem.*	4 50	50 00
18.	— de 125 grammes.	230	Kilog. (8 boîtes).	2 05	50 00
28.	Petite coulisse non vernie.	25	Grosse.	1 10	25 00
29.	Coulisse non vernie.	60	*Idem.*	2 70	50 00
36[1].	— une couleur.	50	*Idem.*	1 70	50 00
36[2].	— deux couleurs.	50	*Idem.*	1 80	50 00
	Allumettes en bois. *Types pour intérieur.*				
87.	Paquet bois carré. Grande section.	500	Douzaine.	0 80	4 00
53.	Boîte ménagère, bois rond.	500	*Idem.*	0 90	4 50
105 A.	Paquet suédoises (frottoir compris).	1.000	*Idem.*	3 00	10 20
101 E.	Coulisse suédoise moyenne.	50	Centaine.	1 55	8 45
102 D.	Grande coulisse suédoise.	250	*Idem.*	6 65	28 35
106.	Coulisse tisons.	40	*Idem.*	3 15	6 85
	Types d'exportation.				
51 E[1].	Portefeuille une couleur.	50	Grosse.	0 95	12 50
51 E[2].	— deux couleurs.	50	*Idem.*	1 00	12 50
52 E[1].	— une couleur.	100	*Idem.*	1 70	25 00
52 E[2].	— deux couleurs.	100	*Idem.*	1 80	25 00
68.	— non illustré.	200	*Idem.*	3 30	50 00

Les boîtes 16 I et 36 pourront être livrées sur demande avec des contenances supérieures ou inférieures à la contenance indiquée.

Dans ce cas les prix de la grosse seront :

1° Pour les boîtes 16 I, augmentés de 0 fr. 03 par allumette en sus de 60, diminués de 0 fr. 02 par allumette en moins.

2° Pour les boîtes 36 , et 36 , , augmentés de 0 fr. 02 par allumette en sus de 50, diminués de 0 fr. 01 par allumette en moins.

Les prix de la grosse de 36 , (deux couleurs) seront diminués de 0 fr. 05 lorsque les boîtes seront garnies avec des allumettes de 0 m. 028 de longueur au lieu de 0 m. 032.

Les prix des tarifs spéciaux seront augmentés de 0 fr. 05 pour les portefeuilles 51 et 52, et de 0 fr.10 pour les portefeuilles 62, lorsque le paquetage sera demandé par moins de 50 grosses.

Lorsque les coulisses 101, 102, 106 seront demandées paquetées par douzaine et par grosse, les prix de la centaine seront augmentés de 0 fr. 02.

Les commandes pour l'exportation d'allumettes bois des types pour intérieur devront toujours être distinctes des commandes d'allumettes cire ou de types bois pour exportation.

Il ne sera pas fait de livraison pour l'exportation inférieure à dix unités (grosses, etc.).

Le nombre de boîtes demandé dans chaque type doit être d'une unité (grosse, etc.).

Les prix du présent tarif comprennent l'emballage simple en bois.

Les emballages spéciaux sont à la charge des exportateurs.

Pour les allumettes en cire ou en bois (types d'exportation), les prix s'entendent des marchandises prises à Marseille franco à quai ou en gare.

Pour les allumettes en bois (types pour intérieur), ils s'entendent des marchandises rendues franco à quai sur le port de Marseille, en gare dans tous les autres ports d'exportation.

Les commandes sont reçues à Marseille, à l'agence d'exportation, 39, rue Vacen.

Dans tous les autres ports, elles doivent être remises en double expédition au receveur des contributions indirectes, dans les conditions réglées par la circulaire de l'administration des contributions indirectes, n° 587 du 9 mai 1890.

Indépendamment des mentions habituelles, les commandes pour l'exportation devront porter l'engagement, signé par le négociant et par sa caution, de produire dans le délai d'un mois, à partir du jour de l'expédition, la justification de l'exportation des allumettes, ou, à défaut de justification, de payer, en sus du montant de la facture établie d'après les prix figurant au présent tarif, les compléments de prix indiqués dans les circulaires de l'administration des contributions indirectes.

Les allumettes provenant de Marseille (cire ou bois types d'exportation) seront, comme celles des types bois pour intérieur, expédiées en gare du port d'embarquement à l'adresse de l'exportateur.

Celui-ci devra s'engager auprès du receveur des contributions indirectes à payer soit les emballages spéciaux (zinc, fer-blanc, toile cirée ou goudronnée, etc.) dont il aura fait la commande, soit les frais de transport depuis Marseille pour les allumettes cire ou bois types d'exportation.

Au moment où l'exportateur prendra livraison des marchandises, il lui sera remis un acquit-à-caution qu'il sera tenu de faire décharger en douane.

L'Administration ne prend aucun engagement en ce qui concerne les délais de livraison. Elle promet seulement de faire tout son possible pour livrer, dans les délais fixés par l'exportateur, les allumettes que celui-ci aura demandées. A cet égard, elle entend rester seule juge des nécessités de son service.

CIRC. DU 20 AOUT 1892, N° 37.

3e Division. — 1er Bureau.

Poudres à feu. — Surveillance des fabrications de poudres par les particuliers.

Par la circulaire n° 625, en date du 25 février 1891, l'Administration a appelé l'attention du service sur les fabrications de poudres faites, à titre d'essai, par les particuliers.

Elle a rappelé que ces préparations, lorsqu'elles ne se bornent pas à des études de laboratoire, constituent une infraction à la législation fiscale qui prohibe d'une façon absolue la fabrication de la poudre par les simples particuliers.

Mais en ce qui concerne les recherches faites par des inventeurs en vue de soumettre au Ministère de la guerre de nouveaux produits, quelques

mesures sont nécessaires, dans l'intérêt du Trésor et de la sécurité publique.

Il y a lieu notamment d'empêcher que ces fabrications de laboratoire ou d'essai portent sur des quantités de matières illimitées et se poursuivent pendant un laps de temps indéterminé.

La situation des personnes qui se livrent à ces préparations doit, d'ailleurs, être régularisée. Il est donc nécessaire d'imposer à tout particulier qui veut se livrer à l'étude ou à la recherche des poudres et explosifs l'obligation de se pourvoir de l'autorisation prévue par l'article 24 de la loi du 13 fructidor an V et par l'art. 2 de la loi du 24 mai 1834.

Après entente entre les trois départements de la guerre, de l'intérieur et des finances, il a été décidé que l'autorisation de fabrication serait accordée, sur la demande de chaque intéressé, par le préfet du département où la fabrication doit avoir lieu.

L'arrêté préfectoral déterminera, pour chaque cas spécial, le laps de temps pour lequel l'autorisation sera valable et il précisera la nature des matières à manutentionner, les lieux de préparation et le maximum de la quantité qui pourra être préparée et conservée.

Il a été entendu qu'une ampliation des arrêtés pris par les préfets serait adressée à l'Administration qui donnera au service des instructions pour l'exécution de chaque décision spéciale.

Le Conseiller d'Etat, Directeur général,
Signé : A. CATUSSE.

Pour ampliation :
L'Administrateur de la 3e Division,
Signé : H. ROUSSAN.

LETT. COMM. DU 22 AOUT 1892, N° 47.

2e Division. — 2e Bureau.

Sucres. — Nouvelles instructions pour l'application de l'article 15 du décret du 25 août 1887.

Monsieur le Directeur, prévoyant que les expéditions de mélasses ne suffiraient pas toujours pour couvrir la quotité laissée disponible par application de l'article 15 du décret du 25 août 1887, l'Administration a, par la Lettre commune n° 22 du 31 juillet 1888, tracé la marche à suivre dans les diverses éventualités qui pouvaient se présenter.

Elle a expliqué, notamment, qu'il n'y aurait pas lieu de considérer comme un véritable manquant le découvert qui apparaîtrait sur les charges imposables, si ce découvert provenait, bien entendu, de l'expédition, au tarif réduit, de sucres passibles du droit plein. Dans ce cas, il était prescrit « de déclasser, sur les expéditions effectuées « au tarif de 30 francs, une quantité correspon- « dant au déficit, de faire ainsi disparaître ce « manquant, et de recouvrer, par voie de rappel, « les droits restant à acquitter sur les quantités « expédiées au tarif de 30 francs ». Ainsi, dans l'exemple donné par la Lettre précitée, le compte était réglé « en faisant passer, par acte motivé au « portatif n° 7, 30,000 kilogrammes de la colonne « des sorties non imposables dans celle des sorties « imposables, de manière qu'il se soldait, confor- « mément à la réalité des faits, par un excédent « de 220,000 kilogrammes seulement. Le décompte « des droits afférents aux 30,000 kilogrammes de « sucres ainsi transférés d'une catégorie à l'autre « était modifié, et la taxe intégrale de 60 francs, « étant constatée aux états de produits, était « perçue sous la déduction de 30 francs par 100 « kilogrammes déjà acquittés et dont le versement « était considéré comme un acompte encaissé sur « les droits exigibles... »

Mais la loi du 5 août 1890 a, par son article 1er, modifié les conditions dans lesquelles s'effectuaient les envois de sucres imposables au droit réduit. Précédemment, ces produits ne pouvaient sortir des fabriques qu'après acquittement de l'impôt dont ils sont passibles; maintenant ils peuvent être dirigés sur les entrepôts en suspension du paiement du droit.

Il est donc à présumer que le mode de déclassement qui vient d'être décrit ne pourra pas être toujours appliqué.

Advenant cette hypothèse, il conviendra de procéder de la manière suivante :

Le déclassement sera opéré *sur les quantités expédiées sur les entrepôts, en suspension du paiement des droits*. Par un acte motivé au portatif n° 7 A, on fera passer de la colonne des sorties au droit réduit dans celle des sorties au droit plein une quantité égale au découvert. De cette manière, la compensation sera établie entre les charges imposables au droit plein et les décharges de même nature.

Dès que cette opération sera effectuée, le chef de service de la fabrique signalera au receveur,

par bulletin 26, la quantité déclassée et la somme qui, à raison de 30 francs, représentant la différence entre le tarif réduit et le tarif plein, devra être payée par l'industriel, à titre de droit complémentaire.

En ce qui touche l'imputation de cette recette, il a été décidé, de concert avec la Direction générale de la Comptabilité publique, qu'elle serait faite à une ligne spéciale qui sera ouverte au chapitre des sucres, sous le titre de *Recettes complémentaires effectuées par application de l'article* 15 *du décret du* 25 *août* 1887.

Vous voudrez bien donner des ordres pour que les modifications nécessaires soient, en attendant la revision des modèles, opérées à la main tant au relevé 101 qu'aux registres 102 et 104.

La même distinction devra être établie aux relevés mensuels n° 41. A cet effet, une ligne spéciale, intitulée comme il vient d'être dit, sera tracée à la main *immédiatement* au-dessous de celle destinée à présenter les totaux (*quantités et droits*) des constatations au droit réduit de 30 fr. (*cadre A, partie gauche*). On y inscrira, d'une part, en raffiné, la quantité déclassée ; d'autre part, la somme constatée. Cette somme sera, en outre, reportée à une ligne spéciale qui sera ouverte sous la même dénomination au cadre B, lequel présente la récapitulation des droits constatés.

Il est bien entendu que les opérations dont il s'agit ne seront effectuées qu'autant que la marche tracée par la Lettre commune n° 22 précitée ne pourrait pas être suivie.

Je vous prie de donner d'urgence des instructions pour que les dispositions qui précèdent soient appliquées lors du règlement des comptes de la présente campagne.

Recevez, etc.

Le Conseiller d'État, Directeur général,
Signé : A. CATUSSE.

LETT. COMM. DU 22 AOUT 1892, N° 48.

2e Division. — 2e Bureau.

Publication d'un « Manuel du service des sucres », par M. P. Turquin.

Monsieur le Directeur, M. Turquin, sous-chef de bureau à la Direction générale, qui a publié, en 1886, un *Manuel des octrois* très estimé, fait paraître à la librairie Oudin, de Poitiers, dans le *Journal des Contributions indirectes*, un *Manuel du service des sucres*.

Divisé en trois parties, cet ouvrage comprendra :

1° L'historique de la législation et des notions élémentaires sur la fabrication et sur l'analyse des sucres ;

2° Sous le titre d'*Instructions coordonnées pour l'exercice des fabriques, des entrepôts et des raffineries et pour la surveillance à la circulation*, une réédition de l'Instruction générale du 15 décembre 1853, complètement refondue et mise en harmonie avec les dispositions administratives actuellement en vigueur ;

3° La législation annotée.

Il se terminera par une table alphabétique destinée à faciliter les recherches.

Fait avec un soin scrupuleux, présenté avec une connaissance approfondie du sujet, ce *Manuel*, qui sera ultérieurement publié sous forme de volume, sera utile non seulement aux employés spécialement chargés de la surveillance des fabriques de sucre, des raffineries et des entrepôts, mais encore à leurs collègues des autres services. Aux uns et aux autres, je le recommande comme un guide sûr à consulter dans l'étude des diverses questions qui intéressent l'exécution et la suite du service des sucres.

Recevez, etc.

Le Conseiller d'Etat, Directeur général,
A. CATUSSE.

CIRC. DU 22 AOUT 1892, N° 38.

1re Division. — 2e Bureau.

Dénombrement de la population. — Périmètre de l'agglomération dans les villes sujettes aux droits d'entrée ou à la taxe unique. — Arrêtés à prendre par les Préfets. — Plan ou croquis sommaire de la ville.

La publication des résultats du dénombrement de la population, dans la forme où elle est opérée actuellement ne fournit aucune indication sur les limites dans lesquelles se trouve comprise la partie réputée agglomérée de la population dans chaque commune. Faute d'être exactement renseignés à cet égard, certains contribuables, domiciliés dans le périmètre des lieux sujets au droit d'entrée ou à la taxe unique, ne se conforment pas aux obligations fiscales qu'ils sont tenus de remplir et, dans le même ordre d'idées, il arrive aussi fréquemment que les agents de l'Administration sont conduits, en l'absence de documents précis déterminant la configuration de l'agglomération, à accorder des franchises ou à opérer des perceptions n'ayant aucune base légale.

Frappée des inconvénients résultant de cet état de choses, l'Inspection générale des finances a souvent demandé, dans ses rapports de tournée, qu'il fût dressé un titre régulier établissant nettement le périmètre de l'agglomération dans tous les lieux sujets. C'est ce qui a conduit l'Administration à prescrire aux Directeurs (*Circulaire n° 629, du 18 mars* 1891) de prier les Préfets de déterminer ce périmètre dans l'arrêté destiné à promulguer et à mettre en vigueur les résultats du dénombrement de la population.

Dans la plupart des départements, les Préfets ont satisfait aux demandes qui leur ont été adressées en exécution de ces instructions, mais, dans quelques autres, ils ont hésité, pensant que la fixation des agglomérations rentrait plutôt dans les attributions des maires, et ils ont demandé l'avis de M. le Ministre de l'intérieur.

Après entente entre les deux départements de l'intérieur et des finances, il a été reconnu qu'il appartenait aux représentants du pouvoir central de prendre toutes les mesures de publicité désirables, dans une matière qui intéresse presque exclusivement le Trésor.

Les Directeurs devront donc, partout où la situation ne serait pas encore régularisée, s'entendre avec l'autorité préfectorale, afin que, dans toutes les villes sujettes au droit d'entrée ou à la taxe unique, les périmètres du territoire soumis à ces taxes soient exactement déterminés par des arrêtés. Il va sans dire que les Préfets pourront faire figurer ce renseignement dans le texte même de l'arrêté d'homologation des tarifs d'entrée ou bien le donner sous forme de simple avis, publié soit à la suite dudit arrêté, soit par affiche spéciale, lorsque les tarifs ne sont pas modifiés.

Ces arrêtés ou ces avis devront être placardés dans les recettes buralistes et les bureaux d'entrée. Il conviendra, en outre, de dresser pour chacun de ces bureaux un plan ou croquis sommaire de la ville et de la banlieue, reproduisant au moyen d'un trait de couleur très apparent le périmètre de l'agglomération, plan ou croquis auquel sera jointe une liste détaillée des maisons faisant partie de l'agglomération et situées au delà des bureaux d'entrée.

Les chefs de poste, contrôleurs et inspecteurs devront s'assurer fréquemment que ces documents sont tenus à jour et conservés avec soin.

Les directeurs et sous-directeurs auront, de leur côté, à veiller à l'exécution des dispositions qui précèdent.

Le Conseiller d'État, Directeur général,
A. CATUSSE.

Pour ampliation :
L'Administrateur de la 1re Division,
L. SESTIER.

CIRC. DU 22 AOUT 1892, N° 39.

3e Division. — 3e Bureau.

Tabacs. — Plombage des sacs des débitants dans les entrepôts. — Mesures destinées à en assurer l'inviolabilité.

Les débitants de tabacs qui s'approvisionnent aux entrepôts par l'entremise de commissionnaires se plaignent parfois de ne pas recevoir intégralement les quantités inscrites à leurs factures. Or, il a été reconnu que, dans la plupart des cas, les manquants doivent être attribués à des soustractions commises en cours de route et favorisées par le conditionnement des plombs actuellement en usage pour le scellement des sacs.

En vue d'assurer l'intégrité des livraisons, le service des manufactures de l'État vient, sur la demande de l'Administration, d'adopter un nouveau modèle de flan, à cloison intérieure, qui constituera une sérieuse garantie contre les enlèvements clandestins, à la condition toutefois que l'opération du plombage soit effectuée conformément aux prescriptions suivantes :

Couper les deux bouts de la ficelle obliquement, afin de faciliter leur introduction dans la cavité du flan ; les y passer, l'un en dessus, l'autre en dessous de la cloison ; faire un demi-nœud ; repasser les bouts de la ficelle en sens inverse et presser fortement le plomb dans la pince.

Les trois figures ci-contre feront bien comprendre les diverses parties de l'opération. Elles représentent la position successive de la ficelle :

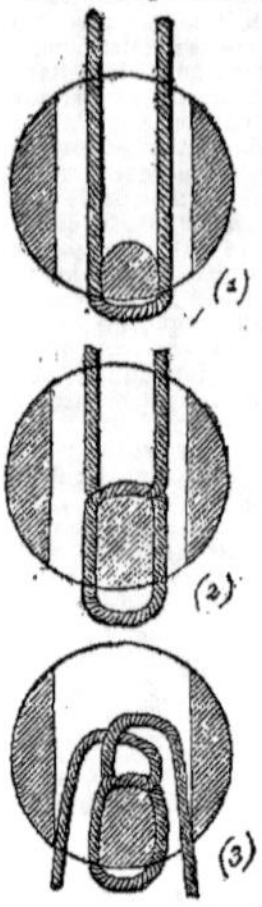

A son premier passage dans la cavité du flan (figure n° 1) ;

A la formation du demi-nœud (figure n° 2) ;

A son deuxième passage (figure n° 3).

(1)

(2)

(3)

Ainsi, pour que le plombage soit efficace, il ne suffit pas de passer les bouts de la ficelle dans la cavité du flan et de les y repasser en sens inverse ; il faut encore, et c'est là un point sur lequel j'appelle toute l'attention des entreposeurs, faire un demi-nœud sur la cloison intérieure, entre le premier et le second passage. Des expériences ont démontré que si l'on néglige cette précaution, il est facile, en tirant sur le flan, de le faire glisser et, par suite, de rendre le plombage illusoire.

Rien n'est changé aux dispositions de la lettre commune n° 38, du 18 décembre 1880, concernant la demande des plombs et leur renvoi en manufacture.

Aux termes de la circulaire n° 37, du 1er mai 1852, les entreposeurs sont seuls responsables des plombs qu'ils remettent aux débitants. Il est donc de leur devoir et de leur intérêt de tenir la main à ce que les débitants rapportent à l'entrepôt tous les plombs qui leur ont été livrés.

La même circulaire a fixé à 50 centimes par 50 gros plombs et à 50 centimes par 220 petits plombs la somme à payer par les entreposeurs en cas de manquants. A l'avenir, ainsi que la Direction générale des Manufactures de l'État l'a fait connaître, il y aura lieu d'appliquer les tarifs ci-après :

30 centimes pour 100 petits plombs ;
60 centimes pour 100 gros plombs.

Le Conseiller d'État, Directeur général,
Signé : A. CATUSSE.

DÉCRET DU 2 SEPT. 1892,

modifiant les points de sortie (1).

Le Président de la République française,

Vu les décrets des 29 février 1876 et 23 mars 1878, concernant la régularisation du mouvement des boissons entre la France et la Suisse ;

Vu le décret du 19 novembre 1883, portant nomenclature des bureaux désignés pour régulariser le mouvement des boissons sur les frontières des deux États ;

Vu les modifications apportées à cette nomenclature par les décrets des 17 janvier et 18 juin 1885, du 1er février 1887, des 31 janvier et 25 août 1888, du 30 août 1889 ;

Vu les nouvelles dispositions concertées entre le gouvernement français et le gouvernement suisse ;

Sur le rapport du Ministre des finances,

Décrète :

Article premier. — La nomenclature des bureaux désignés par l'article 1er du décret du 19 novembre 1883 et par les décrets des 17 janvier et 18 juin 1885, du 1er février 1887, des 31 janvier et 25 août 1888, du 30 août 1889, pour constater la sortie des boissons expédiées sur la Suisse en franchise des droits de circulation et de consommation, conformément aux articles 5, 8 et 87 de la loi du 28 avril 1816, est modifiée ainsi qu'il suit :

BUREAUX FRANÇAIS.	BUREAUX SUISSES correspondant AUX BUREAUX FRANÇAIS.
Département de la Haute-Savoie.	
Pierre-Grand.	Rozon. Pierre-Grand.
Douvaine.	Anières. Hermance.
Chens.	Hermance. Nyon.

(1) Transmis avec la circ. du 27 sept. 1892, n° 40.

Art. 2. — Le ministre des finances est chargé de l'exécution du présent décret, qui sera inséré au *Journal officiel* et au *Bulletin des lois*.

Fait à Fontainebleau, le 2 septembre 1892.

Signé CARNOT.

Par le Président de la République :
Le Ministre des Finances,
Signé : ROUVIER.

Pour copie conforme :
Le Conseiller d'État, Directeur général,
CATUSSE.

CIRC. DU 27 SEPT. 1892, N° 40.

3e Division. — 1er Bureau.

Boissons exportées de France en Suisse et de Suisse en France. — Décret du 2 septembre 1892. — Remplacement des bureaux suisses de Froinex et de Corsier par les bureaux de Pierre-Grand et d'Anières.

Un décret en date du 2 septembre 1892, imprimé à la suite de la présente circulaire, modifie la nomenclature des bureaux désignés pour régulariser le mouvement des boissons sur la frontière franco-suisse, dans les conditions prévues par la convention du 10 août 1877.

Aux termes de ce décret, le bureau fédéral de Froinex, correspondant au bureau français de Pierre-Grand (Haute-Savoie), est transféré à Pierre-Grand (Suisse), et celui de Corsier, correspondant aux bureaux français de Douvaine et de Chens, est transféré à Anières.

Les modifications nécessaires devront être effectuées à la main sur les tableaux annexés à l'instruction pratique des registres d'acquits-à-caution 2 A, 2 B, 2 C et 2 D, ainsi que sur la liste de la circulaire n° 382 du 27 novembre 1883.

Le Conseiller d'État, Directeur général,
Signé : A. CATUSSE.

CIRC. DU 27 SEPT. 1892, N° 41.

3e Division. — 1er Bureau.

Tarif des douanes. — Produits chimiques non dénommés, à base d'alcool. — Saponine. — Fixation du droit afférent à ce produit.

On importe depuis quelque temps une substance extraite des racines de la saponaire d'Orient par un traitement à l'alcool et connue dans le commerce sous le nom de saponine.

Ce produit, d'une valeur de 125 à 180 francs le kilogramme, rentre dans la classe des produits chimiques non dénommés à base d'alcool.

Aux termes de la loi du 11 janvier 1892 (n° 282 du tableau A du Tarif des douanes), les droits spécifiques afférents à cette catégorie de produits doivent être déterminés par le Comité consultatif des Arts et Manufactures, d'après la quantité d'alcool entrant dans leur fabrication, sans qu'en aucun cas, le taux de ces droits puisse être inférieur à 5 p. 0/0 de la valeur.

Appelé à établir le droit applicable à la saponine, le Comité a déclaré, par avis du 27 juillet 1892, que la quantité d'alcool nécessaire à la préparation de cette substance peut être évaluée à 25 litres par kilogramme de produit. Il a, par suite, proposé :

1° De fixer à 20 francs par kilogramme (25 litres à raison de 80 francs l'hectolitre) le droit de douane applicable à la saponine en tarif général (1) ;

2° De percevoir sur ce produit la taxe intérieure de dénaturation (37 fr. 50 par hectolitre), d'après la même base que le droit de douane.

Ces conclusions ayant été ratifiées par les départements ministériels compétents, je prie les Directeurs d'en informer les intéressés et d'adresser au service des instructions en conséquence.

Le Conseiller d'État, Directeur général,
Signé : A. CATUSSE.

Pour ampliation :
L'Administrateur de la 3e Division,
Signé : H. ROUSSAN.

(1) Les produits chimiques non dénommés étant exclus du tarif minimum, le droit du Tarif général (20 francs par kilogramme) est applicable à la saponine de toute origine.

Lett. comm. du 30 sept. 1892, n° 49.

3e Division. — 3e Bureau.

Matériel. — Nouvelle prorogation du traité des transports.

Monsieur le Directeur, le traité passé, le 22 décembre 1885, avec les compagnies de chemins de fer pour le transport des tabacs, des poudres à feu, des impressions et autres objets du matériel des finances, qui devait prendre fin le 1er octobre 1892, est de nouveau prorogé, d'accord avec lesdites compagnies, jusqu'au 1er décembre prochain.

Veuillez donner immédiatement connaissance au service de cette disposition et veiller personnellement à son exécution.

Recevez, etc.

Le Conseiller d'Etat, Directeur général,
Signé : A. Catusse.

Circ. du 6 oct. 1892, n° 42.

3e Division. — 1er Bureau.

Garantie. — Montres importées à l'état fini. — Transfert, à l'intérieur, des mouvements de montre d'un boîtier dans un autre. — Décret du 2 août 1892. — Instructions pour l'application de la loi du 11 janvier 1892 et du décret du 2 août suivant.

Les montres finies importées en France sont frappées d'un droit de douane destiné à atteindre simultanément la valeur du mouvement de la montre et celle du boîtier et dont le taux est d'autant plus élevé que la boîte est en métal plus précieux.

Les mouvements finis importés isolément sont également taxés à l'entrée, et le droit qui les frappe est plus élevé que celui qui atteint les montres complètes dont le boîtier est en métal commun.

En vue de prévenir la fraude qui consisterait à introduire dans des boîtiers sans valeur des mouvements de prix que l'on transférerait, après leur entrée en France, dans des boîtes d'or ou d'argent, la loi de douane du 11 janvier 1892, dont les dispositions ont été portées à la connaissance du service par la circulaire n° 17 du 27 janvier 1892, a spécifié que, sur le mouvement de toute montre importée en France, devra désormais avoir été apposée, par les soins du producteur étranger, à l'endroit le plus rapproché possible du barillet et d'une manière visible, la lettre M, pour la boîte en métal commun ; A, pour la boîte en argent ; O, pour la montre en or.

A l'intérieur, le transfert d'un mouvement portant les lettres M ou A dans des boîtiers d'un métal plus précieux ne peut se faire qu'après avoir payé le droit de douane complémentaire et avoir fait apposer, à côté de la lettre primitive, à titre d'acquit, un poinçon spécial.

Un décret, en date du 2 août dernier dont le texte figure à la suite de la présente circulaire, détermine la forme et l'emblème des nouveaux poinçons dont tous les bureaux de garantie vont être incessamment munis par les soins de l'Administration des Monnaies.

Ces deux poinçons, dont le dessin figuratif est reproduit à la suite de la présente circulaire, n'ont qu'un seul module, suffisamment réduit pour que l'apposition des marques sur les mouvements de montres de petit calibre se fasse sans inconvénient. En outre, les poinçons reproduisent les emblèmes par un simple trait apparaissant en creux sur l'objet marqué, ce qui a pour effet de prévenir la détérioration pouvant résulter du poinçonnement sur les pièces délicates d'une montre.

Le différent ou signe distinctif de chaque bureau est placé, pour le poinçon à l'emblème R. F., à la partie supérieure du monogramme, et, pour le second poinçon, derrière les ailes de la colombe.

Aux termes des dispositions de la loi du 11 janvier 1892, il appartient au service des Contributions indirectes, chargé actuellement de vérifier l'apposition des poinçons de garantie sur les matières d'or et d'argent, de percevoir le droit de douane complémentaire dans les cas de transfert prévus plus haut, et d'apposer en même temps le poinçon spécial.

Il est tenu, en outre, de s'assurer, au cours de ses vérifications chez les assujettis à la garantie, que les mouvements revêtus d'une des lettres spécifiées par la loi ou des poinçons spéciaux sont bien contenus dans des boîtiers d'un métal correspondant à ces lettres et poinçons.

Dans le cas contraire, les contraventions seront constatées dans la forme usitée en matière de garantie.

La perception du droit complémentaire se fera, le cas échéant, d'après le tarif qui figure à la suite de la présente circulaire.

Les recouvrements opérés à ce titre seront transférés par voie de virement dans la caisse du receveur principal de la douane, à Paris.

Pour l'apposition des poinçons créés par le décret, le service ne perdra pas de vue qu'il s'agit d'une opération délicate demandant une certaine dextérité de main ; elle devra être faite, autant que possible, en présence de l'assujetti qui sera

invité à disposer la pièce de façon à prévenir les détériorations.

Les Directeurs auront à adresser à l'Administration, à l'expiration de chaque année, un état présentant le nombre de mouvements de montres transférés avec paiement du droit complémentaire, le montant des droits perçus et le nombre des procès-verbaux rapportés pour contraventions aux dispositions qui précèdent.

Le Conseiller d'Etat, Directeur général,
A. Catusse.

Tableau des droits complémentaires de douane à percevoir en cas de transfert d'un mouvement portant une marque indicative dans un boîtier d'un métal plus précieux que celui correspondant à cette lettre.

Nature de l'opération.		Droit perçu au moment de l'importation sur la montre en métal correspondant à la marque primitive.		Droit exigible à l'importation pour la montre en métal correspondant à celui dans lequel le mouvement doit être placé après poinçonnage par la garantie.		Complément de droit exigible.		Observations.
		Si l'échappement est à cylindre.	Si l'échappement est à ancre ou autre.	Si l'échappement est à cylindre.	Si l'échappement est à ancre ou autre.	Si l'échappement est à cylindre.	Si l'échappement est à ancre ou autre.	
		fr. c.	fr. c.	fr. c.	fr. c.	fr. c.	fr. c.	
Transport d'un mouvement marqué M dans une boîte . .	en or. . .	2 00	2 50	6 00	7 00	4 00	4 50	Le service de la garantie ne pouvant reconnaître si la montre primitivement importée a acquitté les droits du tarif général ou ceux du tarif minimum, les droits du tarif général doivent toujours être exigés pour les opérations de l'espèce.
	en argent	2 00	2 50	2 00	3 00	»	0 50	
Transport d'un mouvement marqué A dans une boîte en or.		2 00	3 00	6 00	7 00	4 00	4 00	

Désignation des deux poinçons spéciaux destinés à constater le paiement du droit de douane complémentaire dû en cas d'insertion, dans des boîtiers en or, de mouvements de montres d'origine étrangère portant la lettre A et la lettre M, ou dans des boîtiers en argent de mouvements ayant la même origine et portant la lettre M.

Type de chaque poinçon.	Forme.	Place du signe distinctif des bureaux pour les départements (1).	Dessin figuratif de chaque poinçon.
1° Poinçon à employer dans le cas de transfert, dans un boîtier en or, d'un mouvement de montre portant les lettres A ou M.			
Les lettres RF enlacées.	Elliptique.	Au-dessus des deux lettres RF.	
2° Poinçon à employer dans le cas de transfert, dans un boîtier en argent, d'un mouvement de montre marqué M.			
Une colombe à ailes déployées.	Elliptique.	Entre les ailes et la queue.	

(1) Il n'y a aucun signe particulier sur les poinçons du bureau de Paris.

Circ. du 7 oct. 1892, n° 43.

3e Division. — 3e Bureau.

Comptabilité — Limitation des dépenses susceptibles d'être inscrites au compte des avances à régulariser. — Dispositions relatives à la liquidation et à l'ordonnancement de diverses dépenses.

Aux termes des circulaires du Bureau de l'ordonnancement et de la Direction générale de la comptabilité publique nos 23 et 120, des 12 février et 4 décembre 1890, il ne doit être effectué de paiement au compte des avances à régulariser qu'en cas de nécessité absolue et lorsque les dépenses ont un incontestable caractère d'urgence ou d'imprévu.

Dans le service des Contributions indirectes, cette règle n'est pas exactement observée. L'examen des compteraux produits, en fin d'année, par les receveurs principaux démontre que, parmi les dépenses imputées aux avances, beaucoup ne justifient pas l'emploi de ce mode exceptionnel de paiement. Or, s'il importe d'accorder aux comptables toutes les facilités que réclame l'exécution même du service, il convient aussi, pour le bon ordre de la comptabilité, de restreindre aux cas où elles sont rigoureusement indispensables les dérogations au principe de l'ordonnancement préalable établi par l'article 82 du décret du 31 mai 1866, et rappelé dans l'article 75 du règlement du 26 décembre 1866 sur les dépenses du Ministère des finances.

S'inspirant de cette double considération, l'Administration vient de déterminer : d'une part, les dépenses susceptibles à l'avenir d'être portées aux avances et, d'autre part, celles qui, admises jusqu'ici au même compte, ne devront plus être payées qu'après ordonnancement et mandatement.

Ces dépenses, pour chacune des deux catégories, sont les suivantes :

1° *Dépenses qui restent susceptibles d'être inscrites au compte des avances* :

Appointements des employés et indemnités aux surnuméraires changés, démissionnaires ou révoqués ;

Rémunération des travaux supplémentaires aux agents des laboratoires ;

Frais divers et extraordinaires relatifs au service de la garantie ;

Achats d'instruments ou d'ustensiles dans le cas seulement où le marchand n'est pas fournisseur habituel de l'Administration ;

Achats d'échantillons de toutes sortes à soumettre à l'analyse ;

Frais d'emballage, de transport et de correspondance extraordinaires ;

Frais d'escorte et de garde des chargements de poudres à feu ;

Parts de loyers tombant à la charge de la Régie par suite de vacances d'emplois, lorsque les crédits n'auront pu être ouverts en temps utile ;

Indemnités kilométriques pour frais de route ;

Indemnités pour services extraordinaires, *en cas d'urgence reconnue par l'Administration.*

Honoraires des médecins assermentés ;

Avances pour achats de moyens de transport ;

Arrérages de pensions payés par provision ; — Secours aux employés blessés, à leurs veuves ou orphelins, *en cas d'urgence reconnue par l'Administration.*

Frais judiciaires et frais de poursuites ;

Frais de refonçage des barils vides à renvoyer en poudrerie ;

Restitution des droits de garantie avancés par l'Administration des postes ;

Remboursement des obligations protestées ;

Frais de transport de tabacs avancés pour le compte du Ministère de la guerre ;

Achats de timbres de l'Enregistrement.

Cette nomenclature est rigoureusement limitative. Si des incidents particuliers de service ou des nécessités urgentes paraissaient exiger impérieusement une exception, les Directeurs auraient à soumettre préalablement des propositions et attendraient des instructions.

Aucune innovation n'est apportée en ce qui concerne les dépenses du service des manufactures de l'État, lesquelles continueront à être inscrites au compte des avances dans les mêmes conditions que par le passé.

2° *Dépenses qui ne devront plus être payées qu'après ordonnancement et mandatement* :

Rétribution fixe des chimistes auxiliaires des laboratoires ;

Indemnités à divers receveurs pour insuffisance de remises ;

Gratifications aux agents ;

Indemnités fixes aux surnuméraires et aux préposés temporaires adjoints aux sections de surveillance des fabriques de sucres ou des râperies pendant la durée des travaux ;

Indemnités aux agents chargés de la surveillance des opérations de sucrage ;

Part contributive des agents pour les termes de loyer payables d'avance ;

Loyers des bureaux dans les sucreries, les distilleries et autres établissements industriels ;

Frais de chauffage, d'éclairage et d'entretien des bureaux.

Indemnités pour frais de recensements et d'inventaires ;

Indemnités pour services extraordinaires, *à moins de décision spéciale de l'Administration autorisant l'avance* ;

Indemnités de déplacement ;

Indemnités fixes de séjour aux agents détachés du service des sucres et des distilleries ;

Indemnités pour pertes de chevaux et pour dépréciation de montures et indemnités de licenciement ;

Secours, *à moins de décision spéciale de l'Administration autorisant l'avance* ;

Vacations aux commissaires de police pour le service de la garantie ;

Répartition du disponible, en fin d'année, sur les fonds de gestion des octrois.

Les modifications qu'entraîne, pour ces diverses sortes de dépenses, l'interdiction du paiement aux avances sont indiquées ci-après :

Gratifications aux agents. Indemnités de déplacement. Indemnités pour pertes de chevaux et pour dépréciation de montures et indemnités de licenciement.

Comme par le passé, l'Administration fera elle-même ordonnancer les gratifications aux agents, les indemnités pour pertes de chevaux ou pour dépréciation de montures et celles de déplacement ou de licenciement, qui font toujours l'objet d'une décision spéciale.

Les directeurs n'auront donc, lorsque l'avis d'ordonnancement leur sera parvenu, qu'à hâter l'établissement des mandats et leur remise aux ayants droit, de manière que le paiement puisse avoir lieu dans le plus bref délai.

Rétribution fixe des chimistes auxiliaires des laboratoires. Indemnités fixes aux surnuméraires et aux préposés temporaires adjoints aux sections de surveillance des fabriques de sucre ou des râperies. Indemnités fixes de séjour aux agents détachés du service des sucres et distilleries.

Toutes ces dépenses peuvent être assez exactement prévues pour que les directeurs soient à même d'assurer la régularité des paiements. Il leur appartiendra, en conséquence, de demander chaque mois, par leur état n° 155, l'ouverture des crédits nécessaires et de faire liquider mensuellement les droits des agents au moyen d'états 93 A spéciaux.

Relativement aux indemnités fixes de séjour des agents détachés du service des sucres et distilleries, les directeurs transmettront à l'Administration, sous le timbre de la division et du bureau compétents, dans les dix jours qui suivront l'expiration de chaque trimestre, un état (*modèle n° 1 ci-après*) présentant, pour la période trimestrielle écoulée, le relevé détaillé de la dépense.

Indemnités à divers receveurs pour insuffisance de remises.

Les indemnités fixes (1) attribuées aux receveurs buralistes pour insuffisance de remises seront liquidées chaque mois au tableau 93 A ; il incombera, dès lors, aux directeurs de réclamer, en temps utile, les crédits nécessaires. Quant aux allocations complémentaires accordées en fin d'année, l'Administration continuera d'en provoquer elle-même l'ordonnancement.

Indemnités aux agents chargés de la surveillance des opérations de sucrage.

Conformément aux dispositions de la circulaire n° 546, du 9 février 1889, les allocations attribuées aux agents déplacés ainsi qu'aux préposés temporaires sont payées mensuellement au moyen d'états 93 A spéciaux. Les directeurs ont par suite, en ce qui concerne ces allocations, à demander les crédits nécessaires. Mais l'Administration se réserve de faire ordonnancer les frais extraordinaires de déplacement et les dépenses pour travaux supplémentaires qui, aux termes de la lettre commune n° 20 du 28 octobre dernier, doivent faire l'objet de propositions distinctes.

Part contributive des agents pour les termes de loyers payables d'avance.

Sur certains points où les baux conclus au nom de l'Administration stipulent, conformément aux usages locaux, que le loyer est payable d'avance, la part contributive des occupants, au lieu d'être versée par eux au moment même de l'exigibilité des termes trimestriels ou semestriels, est généralement prélevée sur les fonds du Trésor, avec imputation au compte des avances provisoires et recouvrée, dans le cours du trimestre ou du semestre, au moyen d'acomptes mensuels.

Le nouveau régime ne permet pas de maintenir cette façon de procéder. Les agents auront donc désormais à payer, lors de chaque échéance, l'intégralité de leur part contributive.

Dans ces conditions, lorsqu'au cours d'un terme il y aura changement du titulaire de l'emploi, le nouvel occupant remboursera directement à son prédécesseur, jusqu'à concurrence du montant de sa part contributive, la somme du loyer acquittée par celui-ci pour le laps de temps à courir. En cas de vacance ou bien encore lorsque, par suite de la différence des traitements, la part contributive du titulaire entrant sera inférieure à celle de l'agent sortant, l'Administration tiendra compte à ce dernier de la somme retombant à la charge de l'État. Le Directeur aura, le cas échéant, à fournir une proposition d'admission en dépense dont le montant sera ordonnancé, s'il y a lieu ; mais, il est bien entendu que, même dans cette hypothèse, le paiement ne sera effectué qu'après mandatement.

Si, au contraire, la part contributive du nouveau titulaire est supérieure à celle de l'ancien occupant, le premier devra rembourser, aussitôt installé, non seulement la portion du loyer avancée par son prédécesseur, mais encore celle qui aurait été imputée en trop aux dépenses publiques. Le receveur principal aurait alors à changer ses écritures, sauf, s'il y a lieu, à réclamer immédiatement à la direction générale de la comptabilité publique, pour les rectifier, les pièces justificatives déjà produites et à modifier en conséquence les antérieurs du bordereau 91 A du mois.

En conséquence, ce n'est que lorsque la vacance existera au moment de l'exigibilité du terme que la partie de la redevance représentant la part contributive de l'occupant sera imputée au compte des avances à régulariser.

Quant aux sommes tombant à la charge de la Régie, par suite de vacances d'emplois, sur les loyers payables à l'expiration du terme de jouissance, elles continueront à être portées aux avances dans les conditions anciennes. Toutefois, lorsque la vacance prendra fin au cours d'un terme, le Directeur devra former *immédiatement* une proposition d'admission en dépense. Dans ce cas, le paiement ne sera effectué aux avances que si l'Administration n'a pu obtenir et notifier l'ordonnancement avant l'expiration du terme.

Loyers des bureaux dans les sucreries, les distilleries et autres établissements industriels.

Soumis à des éventualités diverses, ces loyers sont susceptibles de variations. Néanmoins, comme l'Administration est préalablement appelée à en fixer le taux annuel, il est possible d'évaluer approximativement la dépense. Les Directeurs auront, dès lors, à demander les crédits par leur état mensuel n° 155, de manière à être en mesure d'établir les mandats à échéance. Il est bien entendu que, pour les dépenses de l'espèce, de même que pour toutes celles qu'ils sont désormais appelés à mandater directement, il ne leur sera plus délivré de lettres d'avis de paiement (*modèle série P, n° 83*).

Dans les dix premiers jours de chaque trimestre, ils adresseront à l'Administration, sous le timbre de la division et du bureau compétents, un relevé (*modèle n° 2*) de la dépense effectuée pendant le trimestre précédent.

Frais de chauffage, d'éclairage et d'entretien des bureaux.

Les frais de chauffage, d'éclairage et d'entretien des bureaux sont, en thèse générale, réglés par voie d'abonnement. Il est fait exception pour les bureaux d'ordres et les bureaux de sortie qui, sur différents points, sont séparés des bureaux de recette, et pour les bureaux du service dans les fabriques de vins de raisins secs, ainsi que dans les entrepôts de sucre, les sucreries, les raffineries, les distilleries, les salines et les fabriques de bougie, lorsque les industriels refusent de se charger de leur entretien ou qu'il y a désaccord sur le taux de la redevance. Dans ces divers cas, la dépense avait été jusqu'ici payée sur mémoire et imputée au compte des avances. A la fin de chaque trimestre, les Directeurs transmettaient leurs propositions de régularisation à l'Administration, qui, après examen des justifications produites, en faisait ordonnancer le montant.

A ce mode de procéder il est substitué un nouveau système basé sur la délivrance des crédits provisionnels. Les frais de chauffage, d'éclairage et d'entretien des bureaux n'étant pas sujets à de grandes variations, les Directeurs demanderont, à leur état 155 du premier mois de chaque trimestre, l'ouverture du crédit présumé nécessaire, d'après la dépense correspondante de l'année précédente, pour y faire face pendant toute la durée de la période trimestrielle. Ils pourront ainsi délivrer les mandats avant paiement. Mais, pour permettre à l'Administration de contrôler l'emploi du crédit, ils lui adresseront, dans un délai de dix jours après l'expiration du trimestre, le relevé détaillé de la dépense, avec une copie certifiée des mémoires des fournisseurs. Ce relevé, dont le modèle est ci-annexé (*modèle n° 3*), sera produit sous le timbre de la 1re division pour les bureaux de sortie et les fabriques de raisins secs, sous celui du 2e bureau de la 2e division pour les bureaux du service dans les entrepôts de sucre, les sucreries, les raffineries, les distilleries, les salines et les fabriques de bougie, enfin, sous celui du 3e bureau de la 3e division pour les bureaux d'ordres.

Quant aux frais d'éclairage payés sur facture pour les bureaux de vente directe des tabacs, ils seront ordonnancés dans les mêmes conditions et motiveront la production au 3e bureau de la 3e division de justifications analogues.

Indemnités pour frais de recensements et d'inventaires.

Ces indemnités représentent la rémunération des préposés dont le concours est temporairement utilisé soit pour reconnaître à l'entrée des villes sujettes les quantités de vendanges au moment de la récolte, soit pour assurer l'inventaire des quantités fabriquées ; elles comprennent, en outre, les frais de publications ou d'affiches, les dépenses pour achat et impression des bons de vendanges, enfin les frais de loyer et d'éclairage des bureaux provisoirement institués dans les mêmes circonstances, ou de certains bureaux déjà existants qui doivent rester ouverts après les heures réglementaires. Bien qu'elles soient susceptibles de varier d'année en année, suivant les mesures de service adoptées à raison de l'importance de la récolte et de la nature du régime appliqué (*inventaire ou reconnaissance à l'introduction*), les Directeurs pourront, en se basant sur les dépenses engagées au même titre durant l'année précédente et en appréciant les causes possibles de variations, évaluer approximativement celles auxquelles ils auront à pourvoir.

Dorénavant, ils demanderont mensuellement à leur état n° 155 la délégation du crédit afférent au personnel, dont les émoluments seront liquidés à un état 93 A spécial.

Relativement aux autres dépenses (*frais de publication ou d'affiches, achat et impression des bons de vendanges, loyer et chauffage des bureaux*), ils se conformeront aux règles qui viennent d'être tracées au sujet des frais de chauffage, d'éclairage et d'entretien payés sur mémoire pour certains bureaux. Le relevé de la dépense effectuée (*modèle n° 4 ci-joint*) devra être transmis au bureau compétent de la 1re division.

---

(1) Comme toutes les dépenses fixes, ces indemnités doivent figurer au tableau des frais de Régie.

Vacations aux commissaires de police pour le service de la garantie. Répartition du disponible, en fin d'année, sur les fonds de gestion des octrois.

Dans quelques départements, les vacations des commissaires de police en matière de garantie sont imputées aux avances. Cette exception n'étant pas justifiée, la dépense ne devra être acquittée désormais, sur tous les points, que lorsque l'Administration, après vérification des états trimestriels nos 157 et 158, l'aura fait ordonnancer. Il en sera de même pour les allocations réparties, en fin d'année, sur les fonds de gestion des octrois.

Recommandations générales.

Les mesures qui précèdent devront être mises à exécution à partir de l'ouverture de l'exercice 1893. Les Directeurs auront, en conséquence, à prendre dès à présent les dispositions voulues pour en assurer la stricte application aux dépenses de cet exercice.

Le nouveau système réalise une simplification appréciable des écritures; mais il serait de nature à entraîner certaines complications si les demandes de crédits n'étaient pas établies avec le soin et la circonspection voulus. Pour les dépenses autres que les dépenses fixes, il importera donc, surtout dans les derniers mois de l'année, de se tenir en garde contre toute tendance de majoration. Les ressources attribuées à l'Administration étant à peine en rapport avec ses charges, il est du plus haut intérêt qu'aucune somme ne reste inutilement immobilisée entre les mains des ordonnateurs. A cet effet, il leur est expressément recommandé, non seulement de vérifier par eux-mêmes l'exactitude des évaluations de dépenses portées aux situations mensuelles, mais encore de veiller à ce que, dès le commencement de l'exercice et successivement de mois en mois, il soit tenu compte, dans les demandes de crédits qu'il leur appartient de former pour les diverses catégories de dépenses (*dépenses fixes, dépenses d'urgence, dépenses mandatées*), des sommes qui, pour un motif quelconque, auraient pu leur être déléguées en trop, de façon à n'avoir plus à présenter dans la colonne 15 (*Annulations*) de l'état n° 155, fourni dans les dix premiers jours du mois de janvier de la seconde année, que les excédents de crédits afférents au mois de décembre.

L'Administration se réserve d'ailleurs d'examiner attentivement les demandes de crédits. Afin d'en faciliter le contrôle, lorsque les évaluations présenteront, comparativement aux paiements opérés pendant le mois ou le trimestre correspondant de l'année précédente, une différence de quelque importance, soit en plus, soit en moins, on devra l'expliquer dans la colonne d'observations de l'état 155.

D'un autre côté, en ce qui concerne les frais de loyers des bureaux dans les sucreries, les distilleries et autres établissements industriels, ceux de séjour des agents du service des sucres et des distilleries, de perception à l'introduction des vendanges, de chauffage, d'éclairage et d'entretien des bureaux, comme l'Administration ne pourra en vérifier la liquidation qu'après l'inscription aux dépenses publiques, il conviendra, pour éviter les rectifications ultérieures, d'apporter le plus grand soin à l'établissement des décomptes.

On rappelle en terminant que, suivant les dispositions de la lettre commune n° 20, l'Administration se réserve de provoquer elle-même l'ordonnancement de toutes les dépenses qui, ayant donné lieu à des propositions d'admission ou de régularisation, ne peuvent être liquidées qu'en vertu de décisions du Conseil et qui doivent faire l'objet de lettres d'avis de paiement. Les Directeurs se borneront donc, *dès l'envoi de leurs propositions*, à comprendre ces dépenses dans les droits constatés à leur état 155, en laissant à l'Administration le soin de réclamer l'ouverture des crédits nécessaires.

Le Conseiller d'État, Directeur général,
Signé : A. CATUSSE.

Pour ampliation :
L'Administrateur de la 3e Division,
Signé : H. ROUSSAN.

2e DIVISION. — 2e bureau.

MODÈLE N° 1.

DIRECTION d — * trimestre 189 .

CONTRIBUTIONS INDIRECTES.

État des indemnités pour frais de séjour hors de la résidence, allouées aux agents détachés dans le département d pendant le trimestre 189 .

Noms des agents.	Grades.	Résidence officielle des agents.		Résidence à laquelle ces agents sont attachés provisoirement.	Montant de l'indemnité par jour.			Temps d'exercice pendant les mois			Total du nombre de jours.	Indemnité revenant à l'employé.	Observations.
		Poste.	Département.		Commis : 0 f. 50.	Préposés : 1 f.	Préposés : 0 f. 50						
1	2	3	4	5	6	7	8	9	10	11	12	13	14

Le présent état, s'élevant à la somme de , est certifié exact par le Directeur du département d A , le 189 .

---

* DIVISION. — * bureau.

MODÈLE N° 2.

ANNÉE 189 . — * trimestre.

CONTRIBUTIONS INDIRECTES.

Direction ou Sous-Direction Département d * Direction d Recette principale d

*Relevé de la dépense applicable au * trimestre 189 , pour le loyer des bureaux concédés au service dans les (1)*

(Lorsque la redevance allouée aux industriels comprend les frais de chauffage, d'éclairage et d'entretien des bureaux, ces frais doivent figurer au présent état cumulativement avec le loyer, et ils ne donnent pas lieu, dans ce cas, à la formation d'un état spécial modèle n° 3.)

(1) Fabriques de sucre et de glucose, — Raffineries, — Distilleries, — Fabriques de bougie, — Fabriques de vins de raisins secs.

Noms des industriels.	Localités où sont situés les établissements.	Montant annuel de la redevance.	Portion de la redevance afférente au trimestre d	Date des décisions de l'Administration.	Observations. (Mentionner dans cette colonne l'importance et la cause des augmentations ou des diminutions survenues pendant le trimestre, comparativement au trimestre précédent.)
1	2	3	4	5	6
* 1° *Fabriques de sucre et de glucose.*					
2° *Raffineries.*					
3° *Distilleries.*					
4° *Fabriques de bougie.*					

* Sur l'état à produire sous le timbre du 2e bureau de la 2e division, avoir soin d'inscrire les établissements par ordre alphabétique, et suivant le classement ci-après : fabriques de sucre, fabriques de glucose, raffineries, distilleries industrielles (règlement A), distilleries agricoles (règlement A *bis*), distilleries soumises au règlement B, et fabriques de bougie. En ce qui concerne les fabriques de vins de raisins secs, il sera dressé un état spécial, sous le timbre de la 1re division.

Le présent état, montant à la somme de est certifié exact par le Directeur soussigné. A , le 189 .

---

* DIVISION. — * bureau.

MODÈLE N° 3.

DÉPARTEMENT d

CONTRIBUTIONS INDIRECTES.

* Trimestre 189 .

(1) Bureaux de sortie et des fabriques de vins de raisins secs.
Bureaux du service dans les entrepôts de sucre, les sucreries, les raffineries, les distilleries, les salines et les fabriques de bougie.
Bureaux d'ordres et des bureaux de vente directe des tabacs.

Relevé de la dépense applicable aux frais de chauffage, d'éclairage et d'entretien des (1).

Désignation		Dépenses effectuées			Total des dépenses par bureau.	Dépenses constatées pendant le trimestre correspondant de l'année précédente.	Observations.
des divisions administratives.	des bureaux.	pour frais de chauffage.	pour frais d'éclairage.	pour frais d'entretien.			
1	2	3	4	5	6	7	8

NOTA. — Ce relevé doit être accompagné d'une copie certifiée des mémoires, factures ou quittances des fournisseurs. Certifié par le Directeur soussigné. A , le 189 .

— 187 — — 188 — — 189 —

1re DIVISION. MODÈLE N° 4. DÉPARTEMENT

• bureau. d

CONTRIBUTIONS INDIRECTES.

Année 189 .

État des frais effectués pour la perception des droits d'entrée à l'introduction des vendanges et pour l'inventaire des vins fabriqués à l'intérieur des lieux sujets.

Désignation			Nombre de jours de service.	Frais de bureaux.			Frais d'affiches et de publications.	Frais d'achat et d'impression des bons de vendanges.	Autres frais accessoires.			Total général (Col. 7 à 12.)	Part à la charge de la Régie.	Somme payée par la Régie l'année précédente.	Observations.
des divisions administratives.	des communes.	des bureaux.		Loyer.	Éclairage	Total.									
1	2	3	4	5	6	7	8	9	10	11	12	13	14	15	16

NOTA. — Ce relevé doit être accompagné d'une copie certifiée des mémoires, factures ou quittances des fournisseurs ou des parties prenantes. Certifié par le Directeur soussigné. A. le 189

LETT. COMM. DU 31 OCT. 1892, N° 50.

2e Division. — 2e Bureau.

Service des alcools dénaturés. Nouveau système d'emballage des échantillons.

Monsieur le Directeur, par ma lettre lithographiée n° 21827, du 28 novembre 1891, j'ai prescrit l'envoi à l'Administration, sous le timbre de la présente lettre, des échantillons concernant :

Le méthylène,

L'alcool présenté à la dénaturation,

L'alcool dénaturé,

qui, jusqu'alors, avaient été directement adressés au laboratoire central.

Pour compléter cette mesure, j'ai décidé d'étendre à cette partie du service les règles depuis longtemps suivies en matière de sucres pour assurer l'uniformité dans le logement et l'emballage des échantillons. J'ai fait établir à cet effet un nécessaire comprenant, savoir :

Une bouteille en verre, de la capacité de 50 centilitres environ, sur laquelle sont gravés les mots « Contributions indirectes » ;

Un paillon ;

Un étui cylindrique en fer-blanc.

Dorénavant, les échantillons en question devront être logés dans les récipients du nouveau modèle.

Chaque bouteille sera fermée au moyen du bouchon contenu dans le nécessaire, puis, après avoir été enveloppée dans le paillon, elle sera introduite dans l'étui métallique. Ce dernier objet est muni, dans sa partie supérieure, de 4 trous qui correspondent à autant d'ouvertures percées dans le couvercle.

Cette disposition a été prise pour faciliter le scellement des boîtes.

Dûment ficelées, scellées du double cachet de la Régie et de l'industriel, et revêtues d'une étiquette détachée de la formule n° 20 E, ces boîtes continueront à être expédiées à l'Administration, comme colis postaux, sous le timbre du 2e bureau de la 2e division.

Les bouteilles en verre ne devront, bien entendu, porter aucune indication relative à leur provenance ou à leur contenu.

L'Administration est, dès à présent, en mesure de fournir les nécessaires.

Je vous prie, en conséquence, d'inviter les receveurs principaux de votre département à demander, sans aucun retard, sous le timbre du 3e bureau de la 3e division, le nombre de nécessaires d'emballage qui, selon les prévisions que vous devrez établir avec soin, paraissent devoir être utilisés pendant une période de trois mois.

Vous veillerez à ce que les demandes ne soient pas exagérées et à ce que les approvisionnements soient toujours proportionnés aux besoins présumés.

Recevez, etc.

Le Conseiller d'État, Directeur général,
Signé : A. CATUSSE.

LETT. COMM. DU 10 NOV. 1892, N° 51.

3e Division. — 1er Bureau.

Cartes à jouer. — Adjudication de la fourniture du papier filigrané.

Monsieur le Directeur, le 30 novembre prochain, il sera procédé, dans l'hôtel du Ministère des finances, à l'adjudication, pour neuf années consécutives, à partir du 1er janvier 1893, de la fourniture du papier filigrané destiné à la fabrication des cartes à jouer.

Vous trouverez ci-joints :

1° Quatre exemplaires du cahier des charges qui doit servir de base à cette adjudication ;

2° Cinq affiches annonçant l'époque à laquelle l'adjudication aura lieu ;

3° Deux feuilles de papier filigrané pour servir d'échantillons et dont on pourra prendre connaissance dans vos bureaux.

Vous voudrez bien ne négliger aucun moyen pour donner à cette adjudication toute la publicité désirable, faire notamment apposer ces affiches dans les arrondissements où il existe des papeteries, et avertir, même par lettre, ceux des fabricants que vous croirez disposés à présenter des soumissions.

Recevez, etc.

Le Conseiller d'État, Directeur général,
Signé : A. CATUSSE.

LETT. COMM. DU 10 NOV. 1892, N° 52.

3e Division. — 3e Bureau.

Tabacs. — Tabacs de luxe vendus directement aux consommateurs par les entreposeurs.

Monsieur le Directeur, en vue de favoriser le développement de la vente des tabacs de luxe, l'Administration, par la lettre commune n° 13 du 23 août 1887, a décidé, après entente avec la Direction générale des Manufactures de l'État, que les consommateurs de province habitant une localité non pourvue d'un bureau de vente directe auraient, à l'avenir, sous certaines conditions déterminées, la facilité de recevoir sans frais, par l'intermédiaire de l'entreposeur de leur arrondissement, toutes les espèces de cigares de luxe que l'on ne trouve pas dans les débits ordinaires. Elle a réglé, en outre, que les entreposeurs seraient rémunérés de l'accroissement de travail et de responsabilité que ce genre de ventes pourrait leur occasionner au moyen de la remise proportionnelle de 1 p. 0/0 fixée par le décret du 27 août 1877, et que cette remise serait, en exécution des prescriptions du paragraphe 6 de la loi du 9 juin 1853, assujettie, jusqu'à concurrence des trois quarts, à la retenue de 5 p. 0/0 au profit de la Caisse des retraites.

Afin de permettre à l'Administration de suivre l'effet de ces mesures, vous fournirez désormais, sous le timbre de la présente, du 1er au 10 février de chaque année, un état conforme au modèle ci-après :

Désignation des entrepôts.	Espèces vendues en 18 .	Produit de la vente en 18 .	Remise de 1 p. 0/0 revenant à chaque entreposeur sur le montant des ventes de 18 .	Retenue de 5 p. 0/0 sur les 3/4 de la remise inscrite colonne 4.	Montant net de la remise payée à chaque entreposeur pour 18 .	Observations.
1	2	3	4	5	6	7

Vous n'omettrez pas de faire annoter en conséquence le tableau des productions périodiques transmis par la circulaire n° 26, du 4 mars 1892.

Recevez, etc.

Le Conseiller d'État, Directeur général,
Signé : A. CATUSSE.

CIRC. DU 11 NOV. 1892, N° 44.

2e Division. — 2e Bureau.

Sucres. — Entrepôts réels. — Réouverture de l'entrepôt de Rouen.

La ville de Rouen vient de prendre les mesures nécessaire pour assurer, dans les conditions déterminées par l'article 21 de la loi du 31 mai 1846, le fonctionnement de l'entrepôt réel des sucres indigènes qui lui a été concédé par un décret du 19 mai 1851 (1) et qui, à défaut de magasins spéciaux, se trouvait, en fait, fermé depuis longtemps.

En conséquence, les sucres indigènes peuvent, dès à présent, être reçus dans l'entrepôt réel de Rouen.

J'invite les directeurs à en informer le service et le commerce.

Le Conseiller d'État, Directeur général,
Signé : A. CATUSSE.

Pour ampliation :

L'Administrateur de la 2e Division,
Signé : DECHAUD.

CIRC. DU 12 NOV. 1892, N° 45.

3e Division. — 1er Bureau.

Allumettes chimiques. — États annuels de concordance. — Imputation d'exercice. — Répartition de la valeur du phosphore et du soufre saisis.

Aux termes de la circulaire n° 587, du 9 mai 1890, les recettes provenant de l'exécution des commandes d'allumettes, transmises avant la fin de l'année et pour lesquelles l'avis d'expédition n'est pas encore parvenu à la date du 31 décembre, doivent être rattachées à l'exercice pendant lequel la commande a été formée, et faire l'objet, par conséquent, d'un état de produit n° 51 G complémentaire.

D'un autre côté, les quantités d'allumettes ayant fait l'objet de commandes ainsi rattachées à l'exercice pendant lequel les commandes ont été dressées figurent sur l'état de concordance n° 74 A *bis*, qui, suivant les dispositions de la lettre commune n° 39, du 27 juin 1892, est transmis aux Manufactures expéditrices, immédiatement après la liquidation complète et définitive des commandes de l'année.

Ainsi donc, la règle adoptée en la circonstance, c'est que l'exercice sur lequel doivent être imputées les recettes en matière d'allumettes est déterminé par la date d'envoi de la demande à la Ma-

(1) Voir la circulaire n° 591 du 31 mai 1859.

nufacture désignée pour l'approvisionnement de la région. Toutes les commandes transmises jusqu'au 31 décembre d'une année ont été considérées, depuis la reprise du monopole par l'Etat, comme faits acquis à cet exercice, bien qu'elles aient pu être l'objet de livraisons effectuées en totalité ou en partie dans le courant des mois de janvier ou de février de l'année suivante.

Cette manière de procéder, concertée dans le principe avec l'Administration des Manufactures de l'Etat, a motivé ultérieurement de sa part des objections. Elle a fait valoir que la concordance entre les écritures des deux services ne pouvait pas s'établir en fin d'année, attendu que, en ce qui concernait la comptabilité en matières des établissements expéditeurs, l'imputation d'exercice résultait de la date de l'expédition des produits, les Manufactures ne pouvant, en effet, porter en sortie, au compte d'un exercice, des quantités qui existent effectivement en restes à l'inventaire ; d'où cette conséquence que les commandes remises aux employés des contributions indirectes, à la fin de décembre 1890, par exemple, mais trop tard pour être soldées avant le 31 décembre, figuraient au compte de 1890, dans les états de concordance de cette Administration, et à celui de 1891 dans les écritures de l'établissement expéditeur.

En vue de remédier à ces inconvénients, il a été décidé, d'un commun accord, que, contrairement à ce qui a été pratiqué jusqu'à ce jour dans la comptabilité en deniers des contributions indirectes, l'exercice sur lequel doivent être imputés les produits de la vente des allumettes chimiques sera déterminé à l'avenir, non pas d'après la date de l'enregistrement des commandes, mais d'après la date de l'expédition des marchandises. Les seuls envois pouvant donner lieu à des constatations complémentaires à rattacher à l'exercice précédent seront ceux effectués avant le 31 décembre et restant en cours de transport à la fin de l'année.

Cette même règle sera applicable aux commandes soldées par des envois fractionnés. Les quantités comprises dans ces envois figureront dans l'un ou l'autre exercice selon que leur expédition de la Manufacture sera antérieure ou postérieure au 31 décembre.

Je crois devoir rappeler à ce sujet que les encaissements relatifs aux livraisons partielles doivent être immédiatement portés en recette définitive, et qu'en cas de consignation préalable de la valeur des commandes, cette consignation doit être apurée au fur et à mesure de l'établissement des décomptes partiels.

Les dispositions contraires à ces nouvelles règles, insérées dans les instructions précédentes, sont et demeurent abrogées.

En exécution de la circulaire n° 581, du 18 février 1890, le phosphore saisi, s'il est de bonne qualité et susceptible d'être utilisé dans les fabrications, doit être dirigé d'office sur la Manufacture la plus voisine, où il est examiné et expertisé. Le procès-verbal d'expertise de la manufacture contient l'énonciation du poids net du phosphore, et en fixe la valeur estimative. Ce n'est donc qu'après la réception de ce procès-verbal que l'état de répartition n° 71 C peut être établi, et il va sans dire que les indications relatives au poids et au prix fixé (col. 3 et 6 de l'état 71 C) doivent toujours exactement concorder avec celles mentionnées dans ledit procès-verbal. Cependant, à maintes reprises, des différences de poids imputables au service des Contributions indirectes ont été constatées entre ces deux documents. J'insiste pour qu'il n'en soit plus ainsi à l'avenir.

Les règles adoptées à l'égard des saisies de phosphore seront désormais applicables en cas de saisie de soufre pour fraude en matière d'allumettes. Toutefois ne devront être dirigées sur la manufacture la plus voisine que les saisies de soufre atteignant au moins 50 kilogrammes. En raison de l'élévation des frais de transport, qui absorberaient totalement ou dépasseraient même la valeur du produit, les quantités inférieures à ce chiffre seront détruites sur place. Cette destruction sera constatée au moyen d'un procès-verbal administratif dont il y aura lieu d'annexer une copie au dossier contentieux. Par exception à la règle tracée ci-dessus, on devra, le cas échéant d'une saisie simultanée de phosphore et de soufre, adresser ces matières aux manufactures, quelle que soit la quantité de l'un et l'autre produit. En attendant la revision du modèle n° 71 C, il conviendra d'apporter à la main, sur cet état, les modifications nécessaires.

S'il arrive que le service soit amené à opérer la saisie de quantités importantes de bois débités destinés à la fabrication d'allumettes de fraude, il y aura lieu, immédiatement après la rédaction du procès-verbal judiciaire, de transmettre, par colis postal, à la manufacture la plus voisine, un échantillon des bois saisis auquel sera jointe une copie sur papier libre du procès-verbal. Le directeur sera informé ultérieurement, par les soins de

l'Administration des Manufactures de l'Etat, de la destination à donner à ces matières.

Le Conseiller d'Etat, Directeur général,
Signé : A. CATUSSE.

Pour ampliation.

L'Administrateur de la 3e Division,
Signé : H. ROUSSAN.

LETT. COMM. DU 26 NOV. 1892, N° 53.

3e Division. — 3e Bureau.

Matériel. — Nouvelle prorogation du traité des transports.

Monsieur le Directeur, le traité passé, le 22 décembre 1885, pour le transport des tabacs, des poudres à feu, des impressions et autres objets du matériel des finances, est de nouveau prorogé, d'accord avec les Compagnies de chemins de fer, jusqu'au 1er janvier 1893.

Veuillez assurer, en ce qui vous concerne, l'exécution de cette disposition.

Recevez, etc.

Le Conseiller d'Etat, Directeur général,
Signé : A. CATUSSE.

LETT. COMM. DU 12 DÉC. 1892, N° 54.

3e Division. — 3e Bureau.

Allumettes chimiques. — Etat annuel de situation des paiements de la valeur des matières premières provenant de saisies et reconnues utilisables dans la fabrication des allumettes.

Monsieur le directeur, en vue de faciliter au service des manufactures de l'Etat l'établissement de son compte en matières et en deniers concernant l'exploitation du monopole des allumettes chimiques, l'Administration a besoin de connaître le montant exact des paiements effectués, au cours de chaque exercice, sur la valeur des matières premières (*phosphore, soufre, bois débités*) provenant de saisies et qui, après avoir été dirigées sur la Manufacture d'allumettes la plus voisine, auront été reconnues pouvoir être utilisées dans la fabrication (*Circulaires n°s 581 du 18 février 1890 et 45 du 12 novembre 1892*).

Afin de la renseigner à cet égard, vous formerez désormais, après le 30 avril de chaque année, date de la clôture des opérations de l'exercice, un relevé conforme au modèle ci-après, que vous transmettrez, sous le timbre de la présente, du 20 au 25 mai, dernier délai.

Veuillez faire annoter en conséquence le tableau des productions périodiques annexé à la circulaire n° 26 du 4 mars 1892.

Recevez, etc.

Le Conseiller d'État, Directeur général,
Signé : A. CATUSSE.

DÉPARTEMENT d — CONTRIBUTIONS INDIRECTES. — 3e DIVISION.

Exercice 18 . — *Relevé des saisies de matières premières utilisables dans la fabrication des allumettes chimiques, et situation des paiements effectués ou restant à effectuer sur la valeur desdites matières à l'expiration de l'exercice 18 .* — 3e bureau.

Lieux où ont été effectuées les saisies.	Services qui ont opéré les saisies.	Dates des procès-verbaux de saisies.	Quantités et valeurs déterminées par l'expertise. Quantités.			Valeurs.			Total des valeurs donnant lieu à répartition. (Col. 7, 8 et 9.)	Répartition des valeurs			Paiements effectués			Sommes restant à payer à la clôture de l'exercice.	Observations.
			Phosphore.	Soufre.	Bois débités.	Phosphore	Soufre.	Bois débités.		aux saisissants.	au Trésor.	aux pensions.	dans la 1re partie de l'exercice (du 1er janvier au 31 décembre).	dans la 2e partie de l'exercice (du 1er janvier au 30 avril de la 2e année).	Total (Col. 14 et 15).		
1	2	3	4	5	6	7	8	9	10	11	12	13	14	15	16	17	18

L'exactitude du présent état est certifiée par le Directeur soussigné. A , le 189 .

CIRC. DU 14 DÉC. 1892, N° 46.

3e Division. — 1er Bureau.

Tarif des douanes. — Produits chimiques non dénommés à base d'alcool. — Chlorure d'éthyle ou éther chlorhydrique.

Un avis du Comité consultatif des arts et manufactures, en date du 15 octobre 1882, rappelé dans la circulaire n° 370 du 26 mai 1883, a fixé à 2 lit. 50 par kilogramme de produit la proportion d'alcool imposable dans le *chlorure d'éthyle* ou *éther chlorhydrique*. C'est sur cette base que sont actuellement perçus le droit de douane et le droit de dénaturation afférents au chlorure d'éthyle importé de l'étranger.

Par un nouvel avis, en date du 12 octobre dernier, auquel les Départements du Commerce et des Finances ont donné leur adhésion, le Comité consultatif a *fait connaître* qu'en raison des nouveaux procédés employés pour la préparation de ce produit, il y avait lieu d'adopter désormais, comme base de perception du droit de douane et de la taxe de dénaturation, la proportion d'un litre d'alcool pour un kilogramme de chlorure d'éthyle.

Je prie les Directeurs de porter cette décision à la connaissance des intéressés et du service.

Le Conseiller d'Etat, Directeur général,
Signé : A. CATUSSE.

Pour ampliation :

L'Administrateur de la 3e Division,
Signé : H. ROUSSAN.

CIRC. DU 14 DÉC. 1892, N° 47.

3e Division. — 3e Bureau.

Tabacs. — Mise en vente de cigarettes Sportsman à bout ambré.

En vue de répondre au désir exprimé par un certain nombre de consommateurs, la Direction générale des Manufactures de l'Etat vient de décider la mise en vente, à titre d'essai, de cigarettes à bout ambré.

Les nouvelles cigarettes sont vendues au public tant dans les bureaux de vente directe que dans les débits ordinaires, sous la dénomination de « *cigarettes Sportsman à bout ambré* ». J'indique ci-après, pour chaque espèce, les prix à payer par les débitants et par les consommateurs :

ESPÈCES.	PRIX DE VENTE par kilogramme de 1,000 cigarettes. Aux débitants.	PRIX DE VENTE par kilogramme de 1,000 cigarettes. Aux consommateurs soit dans les bureaux de vente directe soit dans les débits ordinaires.
	fr. c.	fr. c.
Cigarettes en tabac à 12 fr. 50.	40 »	50 »
— — à 16 francs.	56 »	60 »
— — à 20 francs.	65 50	70 »
— — à 25 francs.	75 »	80 »
— — à 35 francs.	94 »	100 »
— — à 45 francs.	113 »	120 »

La couleur du bout ambré variera selon l'espèce du tabac et sera, sauf pour les cigarettes en scaferlati à 12 fr. 50, semblable à celle de la bande qui entoure actuellement les boîtes de cigarettes de la même composition, savoir :

ESPÈCE DU TABAC contenu dans la cigarette.	COULEUR DU BOUT de la cigarette.
Scaferlati ordinaire.	Ambre jaune.
— supérieur.	— rose.
— maryland.	— vert clair.
Levant ordinaire.	— lilas.
— supérieur.	— chamois.
Scarferlati à 25 francs . . .	— bleu ciel.
— à 35 francs . . .	— vert foncé.
— à 45 francs . . .	— rouge ponceau.

Les *cigarettes Sportsman* seront livrées en boîtes de 100, de 50 et de 25, dans les conditions déterminées pour les cigarettes de luxe par le décret du 24 mars 1888 et par la circulaire n° 512, du 13 avril suivant. En conséquence, les entreposeurs autres que ceux des Ventes directes n'auront jamais en magasin aucun approvisionnement de ces produits qu'ils ne demanderont à la manufacture qu'au fur et à mesure des commandes des débitants. Ceux-ci ne pourront réclamer moins de 1 kilogramme de cigarettes à l'un des prix ci-dessus fixés, mais ce minimum pourra comprendre à la fois des *cigarettes Sportsman* et d'autres espèces de luxe au même prix ; enfin, ils seront tenus de vendre les boîtes entières, dans l'état même où elles leur seront remises, sans pouvoir les détailler sous aucun prétexte.

La manufacture de Paris-Gros-Caillou, chargée de la fabrication des nouvelles cigarettes, sera prochainement en mesure de commencer ses envois. Les entreposeurs devront donc, dès la réception de la présente circulaire, porter les dispositions qui précèdent à la connaissance de tous les débitants de leur circonscription.

Les *cigarettes Sportsman* à bout ambré seront prises en charge et inscrites en sortie dans les écritures des entrepôts, d'après leur prix, cumulativement avec les autres variétés de luxe. De même que celles-ci, elles figureront aux états 65 et aux comptes 73 sur une seule ligne ou dans une seule colonne intitulée : *cigarettes de luxe à divers prix* ; mais les comptables auront à fournir, à l'appui de ces documents, un tableau présentant le développement des quantités par prix.

Le Conseiller d'Etat, Directeur général,
Signé : A. CATUSSE.

Pour ampliation :
L'Administrateur de la 3e Division,
Signé : H. ROUSSAN.

LETT. COMM. DU 30 DÉC. 1892, N° 55.

3e Division. — 1er Bureau.

Garantie. — Renvoi des poinçons hors d'usage. — Nouvelles recommandations.

Monsieur le Directeur, par sa lettre commune n° 16, du 29 juillet 1886, l'Administration a rappelé au service les règles à suivre pour la mise au rebut des poinçons hors d'usage.

Elle a fait ressortir que l'emploi de poinçons usés ou détériorés d'une manière quelconque a le grave inconvénient de compromettre l'authenticité de la marque apposée sur les bijoux, d'en rendre en tous cas la vérification très difficile et d'exposer à de regrettables erreurs.

Elle a, en conséquence, recommandé de nouveau aux contrôleurs de la garantie de ne pas hésiter à réformer les poinçons, sans distinction de durée d'emploi, dès qu'ils ne fournissent plus des empreintes nettes et complètes, sous peine de voir leur responsabilité sérieusement engagée.

Elle a rappelé enfin que l'attention des inspecteurs, lors des vérifications qu'ils sont appelés à faire dans les bureaux de garantie, doit particulièrement se porter sur l'état et l'emploi des ustensiles de marque.

Ces instructions si précises et récentes encore semblent, cependant, avoir été déjà perdues de vue dans quelques départements, car un certain nombre de poinçons hors de service renvoyés à la Monnaie depuis quelque temps ont motivé, de la part du graveur de cette Administration, des observations démontrant que l'usage de ces poinçons a été trop prolongé.

L'Administration insiste donc une fois encore sur l'observation des règles qu'elle a précédemment tracées et qui sont rappelées dans la présente lettre commune.

Vous voudrez bien faire procéder à une vérification minutieuse de tous les poinçons actuellement en exercice et faire renvoyer à l'Administration des Monnaies tous ceux qui paraîtront défectueux, sous la réserve que les bureaux de garantie seront suffisamment approvisionnés de poinçons neufs pour parer aux nécessités du service de la marque. Dans le cas contraire, il conviendra d'adresser immédiatement à la Monnaie une demande de poinçons neufs nécessaires pour le remplacement des instruments hors d'usage.

Recevez, etc.

Le Conseiller d'Etat, Directeur général,
Signé : A. CATUSSE.

LETT. COMM. DU 30 DÉC. 1892, N° 56.

3e Division. — 3e Bureau.

Matériel. — Nouvelle prorogation du traité des transports.

Monsieur le Directeur, le traité passé, le 22 décembre 1885, pour le transport des tabacs, des poudres à feu, des impressions et autres objets du matériel des finances, est prorogé, d'accord avec les compagnies de chemins de fer, jusqu'à nouvel ordre.

Veuillez assurer, en ce qui vous concerne, l'exécution de cette disposition.

Recevez, etc.

Le Conseiller d'Etat, Directeur général,
Signé : A. CATUSSE.